U0929904

THREE
YEARS
2009-
2012

谨以此书纪念

国家林业局信息化管理办公室成立三周年

（2009 年 1 月至 2012 年 1 月）

中国林业信息化丛书

DEMONSTRATION PROJECTS OF CHINA FORESTRY INFORMATIZATION

中国林业信息化示范案例

李世东 ▣ 主编

中 国 林 业 出 版 社

图书在版编目(CIP)数据

中国林业信息化示范案例／李世东主编. —北京：中国林业出版社，2012. 2

(中国林业信息化丛书／贾治邦主编)

ISBN 978-7-5038-6554-1

Ⅰ. ①中… Ⅱ. ①李… Ⅲ. ①林业－信息化－案例－中国 Ⅳ. ①F326. 2－39

中国版本图书馆 CIP 数据核字(2012)第 079256 号

中国林业出版社·自然保护图书出版中心

策划编辑：刘家玲

责任编辑：刘家玲

出　版：中国林业出版社(100009 北京西城刘海胡同 7 号)

E-mail：wildlife_cfph@163. com　　电话：83225836

发　行：新华书店北京发行所

印　刷：北京中科印刷有限公司

版　次：2012 年 2 月第 1 版

印　次：2012 年 2 月第 1 次

开　本：787mm×1092mm　1/16

字　数：520 千字

印　张：24. 5

定　价：78. 00 元

《中国林业信息化》丛书编辑委员会

《中国林业信息化示范案例》编辑委员会

序

“十一五”以来，特别是2009年首届全国林业信息化工作会议以来，各地各单位认真落实“加快林业信息化，带动林业现代化”的重要部署，掀起了全面加快林业信息化的新高潮，呈现出持续快速发展、全面健康推进的良好态势，为全面推进现代林业建设做出了重大贡献。

一、首抓顶层设计，科学谋划了林业信息化发展蓝图。适应当今信息时代新变化和现代林业发展新要求，顺应广大林农更多更快更好信息服务新期待，我们首先组织开展了全国林业信息化顶层设计：制定了《全国林业信息化建设纲要》及《全国林业信息化建设技术指南》，形成了全国林业信息化的纲领性文献；组织召开了两届全国林业信息化工作会议，确立了“加快林业信息化，带动林业现代化”的发展思路；精心编制了《全国林业信息化发展“十二五”规划》，绘就了今后5年的发展蓝图；超前开展了中国林业信息化发展战略研究，提出了中长期发展的科学方略。

二、加强基础建设，建成了全国林业信息高速公路。全国林业专网联通了全国各省级林业主管部门和国家林业局京内外直属单位，建成了传输各类信息数据的高标准信息高速公路。各级林业主管部门加快办公内网建设，国家林业局建成了集工作、信息、学习、生活和交流五大平台于一体的内网大平台。各地各单位加大了机房标准化建设力度，明显改善了运行环境和发展条件。

三、强化政务应用，林业开始迈入无纸化办公时代。2010年6月1日，国家林业局正式启用综合办公系统，实现了办文、办会、办事等政府机关主要工作的在线办理。2011年初，国家林业局移动办公系统正式上线运行，彻底打破了传统办公方式的时空界限，实现了随时随地办公新模式，获得“电子政务管理效能提升奖”等。各级林业主管部门加快推进办公自动化进程，显著提高了工作效率，降低了行政成本。

四、狠抓网站整合，打造了中国林业统一服务窗口。国家林业局对原有各司局各单位、各省级林业主管部门网站进行了有机整合，新建了森林公园等网站群，形成了以中国林业网主站为龙头，以数百个子站为主体的大规模网站群，打造了中国林业“网上航空母舰”，科学构建了信息发布、在线办事、互动交流、林业展示四大版块，增建了繁体版和英文版，开办了中国林业网络电视台，建设了中国林业网络博物馆、中国林业网络博览会，全面提升了信息服务功能。2011年国家林业局信息公开在中央部委中名列第二，国家林业局政府网进入中央部委前10名，荣获“中国政府网站领先奖”。

五、优化资源配置，基本建成共建共享统一平台。实施了国家自然资源和地理空间数据库、国家林业局内外网整合改造等重点项目，新建了科技成果、林业专家、电子图书馆等一批重点数据库，整合改造了100多个重点数据库，初步实现了省级以上林业专业数据集中管理和跨部门数据共享。启动实施林业资源监管体系建设项目，新建了森林、湿地、荒漠、生物多样性资源监管等重点应用系统。建设了国家林业局内外网统一平台。

六、积极争取支持，取得了“金林工程”立项等重大突破。认真谋划推进“金林工程”这一林业信息化的龙头工程、全局工程，必将有力带动现代林业大踏步向前迈进。我们紧紧抓住信息化从“互联时代”到“物联时代”的良好契机，成为“国家物联网应用示范工程”首批6个试点部委之一。确定了辽宁、福建、湖南和吉林森工等为全国林业信息化示范省。

七、完善保障体系，形成了林业信息化良好运行机制。组织机构取得突破，经中央机构编制委员会办公室批准成立了国家林业局信息中心，负责组织、协调、指导、监督、管理全国林业信息化建设和电子政务工作，与信息化管理办公室两块牌子一套人马；2/3的省级林业主管部门设立了独立信息化机构。资金投入得到加强，各级林业主管部门5年共投入林业信息化建设资金12.6亿元。制度标准不断健全，制定了《全国林业信息化工作管理办法》等10多项制度，成立了全国林业信息化标准委员会，认真梳理了300多个现行标准，研究制定了20多个急需的基础性标准。信息安全保障不断完善。合作交流进一步加强。管理方法不断创新，发布了首部《中国林业信息化发展报告》，开展了全国林业信息化发展水平评测和网站绩效评估，组织了年度10件大事评选，征集评选了林业信息化标识。

总的来看，林业信息化建设实现了大步跨越，发生了翻天覆地的变化，已成为现代林业建设的一大亮点，成为展现林业部门良好形象的一张名片，有力提升了林业的地位和社会影响力，大大改变了过去林业落后保守的形象。当前，林业已逐渐成为一个信息林业，信息技术正在成为促进现代林业发展最强劲的驱动力量。

“十二五”时期林业信息化建设的总体要求是：围绕“发展现代林业、建设生态文明、推动科学发展”这个中心，按照“加快林业信息化，带动林业现代化”的总体思路，坚持工程带动，强化应用服务，推进资源整合，拓展工作领域，完善体制机制，努力形成“五个统一”的建设格局，大力提升林业信息化水平，为加快转变林业发展方式、全面推动现代林业发展做出新贡献。

林业信息化是推进林业科学发展的重要手段，是关系林业工作全局的战略举措和当务之急。我们一定要高度重视，认真对待，积极行动，狠抓落实，确保林业信息化建设各项任务全面完成。

贾治邦

2012年2月26日

我们有一个梦想

（代前言）

在新年钟声刚刚敲响、新春佳节即将到来的特殊时刻，我们欢聚一堂，举行林业信息化工作座谈会暨国家林业局信息化管理办公室成立三周年总结会，共同回顾过去，展望未来，感到十分高兴和无比激动。

三年前，一群有志于林业信息化事业的同仁，顺应全球信息化浪潮，响应国家林业局党组的英明决策，怀揣着一个美好梦想从四面八方走到一起。我们有一个梦想，就像一棵棵幼苗梦想着长成参天大树！我们有一个梦想，犹如一片片砖瓦梦想着变成摩天大厦！我们有一个梦想，即是通过加快林业信息化早日实现林业现代化！

三年来，我们克服重重困难，冲破重重阻力，启动了中国林业信息化的腾飞之旅，铸就了中国林业信息化的“航空母舰”，取得了几十项第一，获得了几十项突破，创造了林业信息化发展最快、收获最丰、成效最好的光荣历史，书写了一段精彩纷呈、灿烂辉煌的华美篇章！

三年来，林业信息化顶层设计首先推出，发布了《全国林业信息化建设纲要》及《全国林业信息化建设技术指南》，制定了首个全国林业信息化发展五年规划，首次将林业信息化在全国林业发展五年规划中单独列章，科学谋划了林业信息化全面加快发展的新蓝图。

三年来，林业信息化全面加快发展的冲锋号角响彻全国，召开了第一届和第二届全国林业信息化工作会议，确立了“加快林业信息化，带动林业现代化”的发展思路和“五个统一”的基本原则，把林业信息化建设推向新的阶段。

三年来，我们狠抓工程建设，打造了首个中国林业网站群、首个集五大平台于一体的国家林业局办公网，建设了覆盖各地各单位的国家林业专网，建成了高标准的国家林业中心机房，实现了无纸化办公和移动办公，开启了打破时空界限的电子办公新时代。

三年来，国家林业局信息化管理办公室和国家林业局信息中心正式成立，24 个省区市成立了独立的林业信息化管理机构，确立了两批全国林业信息化建设示范省，出台了一系列制度标准，连续发布了林业信息化年度发展报告，为林业信息化又好又快发展打下了坚实基础。

三年来，各地各单位信息化建设取得了重要进展。湖南实施了“测土配方”工程，辽宁实现了省、市、县三级网上协同办公，福建开发了综合营造林管理系统，吉林森工研发了经济运行系统，江西开发了林权交易系统，广东建设了林权管理系统，北京建设了网格化管理系统，河南建设了森林资源数据库，内蒙古开展了盟市信息化示范建设，浙江、山西建设了林权一卡通管理系统，山东启动了市县林政资源管理系统，陕西实现了无纸化办公，沈阳市建设了林农服务平台……各地各单位的积极举措，如繁星一般点亮神州大地，形成了全国林业信息化蓬勃发展的绚丽景象。

短短三年，全国林业信息化建设实现了大步跨越，发生了翻天覆地的变化。林业信息化已成为现代林业建设的一大突出亮点，成为展现林业部门良好形象的一张亮丽名片。

回首三年，我们走过了一条充满荆棘、异常艰辛、极其曲折的发展之路。大家付出了太多的汗水，承受了太大的压力，饱尝了酸甜苦辣，体会了人间冷暖。困难面前见真情，坎坷面前显英雄。我们没有退缩，没有言败，我们成功地顶了过来，站了起来，冲了上去！

三年来，林业信息化得到了中央有关部门和国家林业局党组的充分肯定。在2011年中国政府透明度报告中，国家林业局信息公开在中央部委中名列第二。国家林业局政府网在中央部委排名中，由2006年的第23名跃升至2011年的第10名，荣获中央部委“优秀政府网站奖”、“中国政府网站领先奖”、“品牌栏目奖”、“精品栏目奖”等十几项奖励。各地各单位先后获得“全国林业信息化十佳单位”、“全国林业十佳网站”、“国家林业局十佳网站”等数十项荣誉。

三年来所取得的每一个成绩，每一点进步，归功于国家林业局党组的亲切关怀，归功于各部门的大力支持，归功于各地各单位的高度重视，归功于有关高等院校、科研单位、IT企业的积极参与，归功于社会各界朋友的关心鼓励，更归功于全体林业信息化同行的艰辛付出！在这里，请允许我代表国家林业局信息化管理办公室，真诚地向大家道一声谢谢：衷心感谢在座各位的辛勤汗水和共同努力，衷心感谢所有同行的同舟共济和真情奉献！

各位同仁，朋友们：

回顾过去，路途艰辛；放眼未来，任重道远！虽然林业信息化建设硕果累累，但这只是万里长征的第一步，我们美好梦想的实现之旅才刚刚开始。我们清醒地认识到，林业信息化的发展，与国家林业局党组的要求还有很大差距，与林业改革发展的需求还有很大距离，一些制约林业信息化发展的关键问题还没有得到根本解决，一些积极因素还没有全部调动起来。我们不能有丝毫的松懈，不能有任何的犹豫，必须奋起直追、不懈努力。当前，实现林业信息化的美好梦想，我们既面临着宝贵的机遇，也面临着严峻的挑战。

就机遇而言：一是历史时代之机遇。当今时代是信息时代，信息化发展潮流浩浩荡荡一路奔流，信息技术发展日新月异一日千里，信息化战略已成为全球共识，时代给我们提供了实现梦想的最佳舞台。二是林业发展之机遇。绿色增长成为时代强音，绿色新政成为世界共鸣，林业正处于大有作为的战略机遇期和黄金发展期，形势给我们提供了实现梦想的良好平台。三是领导重视之机遇。以两届全国林业信息化工作会议的成功召开为标志，“加快林业信息化，带动林业现代化”已成为整个林业行业的共同意志，内因给我们提供了实现梦想的决胜擂台。

就挑战而言：一是资源整合之挑战。由于种种原因，导致林业信息资源分散，思想认识保守滞后，资源整合阻力很大，有些地方甚至举步维艰。二是基础薄弱之挑战。基实才能筑厦，根深才能茂冠。林业信息化起步早，但不少地方体制机制运行不畅，复合人才十分短缺，基础设施非常薄弱，难以支撑林业信息化持续快速发展。三是深化应用之挑战。信息化应用的领域越来越广，要求越来越高，数量越来越大，时间越来越迫切。恰如逆水行舟，不进则退。

机遇稍纵即逝，时光千载难逢。我们要牢牢把握机遇，积极应对挑战。一张白纸能画最新最美的图画，我们要把挑战转化为机遇，把压力转化为动力，把劣势转化为优势，发挥自身特点，努力赶超跨越，实现美好梦想，不辜负大家的期待，不辜负领导的重托，不辜负时代的使命。

各位同仁，朋友们：

今后三年，是我国林业信息化大有作为充满希望的三年。林业信息化“十二五”规划已经印发，未来几年林业信息化发展的美好蓝图已经绘就。我们要紧紧围绕“发展现代林业，建设生态文明，推动科学发展”这个中心，突出建设、应用、运维三个重点，坚持强化基础、提升水平、拓展领域、深化合作、规范管理，推动林业信息化发展阶段由互联网向物联网推进，建设领域由电子政务向电子商务拓展，技术手段由现代信息技术向下一代信息技术提升，应用服务由局部向整体延伸，努力使林业信息化实现新的突破。再用一个三年，力争到2014年，提前实现“十二五”目标，在新一轮信息化浪潮中冲向各行业前列，引领林业加快实现现代化。

下一个三年，发展阶段要由互联网向物联网推进。紧紧抓住信息化从“互联时代”向“物联时代”发展的良好契机，组织实施好智能林业物联网应用示范项目，科学制定林业物联网发展规划，积极推进物联网建设，从“数字林业”到“智慧林业”，使林业尽快实现物联世界。

下一个三年，建设领域要由电子政务向电子商务拓展。在强化林业电子政务建设的同时，积极向林业电子商务、电子社区等领域拓展，建设中国林业电子商务大平台、大基地、大产业，促进信息化与林业生产服务全面深度融合，充分发挥信息化的引领、带动和支撑保障作用。

下一个三年，技术手段要由现代信息技术向下一代信息技术提升。积极建设中国林业云、中国林业物联网，大力推动发射中国林业星，努力做好北斗卫星应用示范等工程建设，促进物联网、云计算、IPv6、新一代移动通信等信息技术在林业行业的普及应用，大幅提升林业信息化的建设和应用水平。

下一个三年，应用服务要由局部向整体延伸。以提高服务保障能力为目标，加快林业信息化八大行动计划进程，在广度上推动信息化应用从点向面延伸，在深度上推动信息化应用由公共办公向核心业务推进。

各位同仁，朋友们：

我们是时代弄潮儿，我们是时尚领跑者。我们共同选择了这一最具时代特征、最具开创精神的事业，尽管前进的道路上布满荆棘、曲折艰难，尽管奋斗的历程会异常艰辛、充满挑战，但我们满怀信心，胸有成竹，一定能战胜各种挑战，这正是我们信息化事业所有同仁的价值所在。

三年来，走过的是岁月，留下的是足迹，带来的是希望，送到的是祝福，我们相信，在国家林业局党组的正确领导下，在大家的共同努力下，我们一定会再创新的辉煌，续写新的篇章！我们的梦想一定要实现！我们的梦想一定能够实现！

李世东

2012年1月9日

目　录

CONTENTS

应用系统示范案例

THREE YEARS 2009-2012

网络平台示范案例

WANGLUO PINGTAI SHIFAN ANLI

第一章　辽宁数字林业核心平台

当今世界已进入信息时代，信息化正以前所未有的方式对社会变革的方向起着决定作用。2007 年，按照辽宁省数字林业总体规划，经省发改委、财政厅批准，辽宁省林业厅在全国率先研发了数字林业核心平台(以下简称核心平台)。该平台以其强大的功能，以提高软件成果的重复利用率；减少系统升级换代所带来的新一轮投入；实现快速开发，缩短建设周期，确保系统高效运行；改变应用开发商的恶性竞争为有序竞争，消除信息孤岛等巨大优势，为快速实现其他业务应用系统平台建设提供了强有力的保障和基础。

核心平台研究于 2007 年 5 月开始，2009 年 12 月，由中国科学院唐守正院士主持鉴定，结论是："该项目的研究从辽宁林业信息化建设的实际出发，以资源整合和信息共享为目的，设计方案合理，方法先进，逻辑清晰，效益显著，实现了技术创新、架构创新和应用创新，填补了我国林业信息化大型应用技术支撑平台的空白。本项成果居国际同类研究成果的先进水平"。该成果 2009 年 12 月被国家林业局确定为全国林业信息化示范项目。2010 年 12 月获得辽宁省科学技术奖励二等奖。

核心平台开发之初就将核心平台定位在以支撑应用为根本，以创新为突破口，充分吸收和借鉴国内外的先进经验，利用平台架构、J2EE 技术、中间件技术、门户技术、工作流技术、目录服务技术，实现平台应用的灵活性和标准规范的协调一致性；实现应用功能良好的开放性和扩展性；真正实现在建和将建的业务系统快速开发、快速应用和灵活调整。可灵活实现与其他系统的集成，实现快速修改。

核心平台实现了三个创新。①架构创新：核心平台采用省、市、县三级架构，全省共用一个平台，由分布式部署向集中式部署转变，实现一点接入，全网服务。②技术创新：整合技术，实现流程整合、数据整合、界面整合；应用了集群部署的方式；应用了门户技术，实现各个应用系统之间资源共享和处理；采用建模技术，实现了应用系统的快速搭建。③应用创新：将计算机技术、网络技术、门户技术、中间件技术、3S 技术等集成在一起，为各应用系统集成和开发提供工具，节省了经费，缩短了开发时间；实现了资源共享，信息共享，数据共享，该科研成果已在辽宁省林业厅内37个行政事业单位、14个市林业局、78个县林业局推广使用两年，并在被确定为全国林业信息化示范项目后，与国家林业局专网联通实现应用访问。目前已在核心平台上集成14个应用系统并得到广泛使用。

第一节　主要功能

一、实现目标

核心平台建设成为辽宁“数字林业”业务运行平台和门户展示的基础，是各林业业务系统建设的核心层，提供整个数字林业的核心和基础服务，所有专网用户单点登录进入个性化功能界面即可通过该支撑层实现业务共享，各业务管理平台也可共享该层面的服务。通过核心平台的建设大大节省了整个“数字林业”业务运行管理建设周期，同时实现整个“数字林业”建立在统一的标准规范的基础之上。

核心平台是各业务应用系统运行和建设的核心部分，通过该平台建设实现门户统一，用户权限控制、功能配置，个性化界面展示和各种数据交换等。该平台包括：单点登录与统一授权管理、业务协同架构系统、数据共享与交换系统等内容。

二、建设框架

核心平台建设以构件复用和集成为基础，采有多层体系架构设计的方法，将数据服务、基础操作、业务逻辑、展现逻辑、用户界面、工作流程有效地分离，各个层次之间的数据交互通过开放的XML总线技术实现，保证层次之间的构散耦合，同时提供面向构件的应用机制，在每个层次上基于可视化的构件组装方式来搭建应用系统，实现各系统的业务逻辑与代码完全分离(图1)。

从图1可以看出，技术实现框架从上至下由接入层、应用层、服务层、资源层构成，整个架构集中体现：以资源层为依托，以应用层和服务层为核心，通过接入层，全面为各层次客户提供高品质的个性化服务。利用SinoEP平台搭建，在此平台上经过配置、开发、集成，实现辽宁数字林业的核心平台建设。

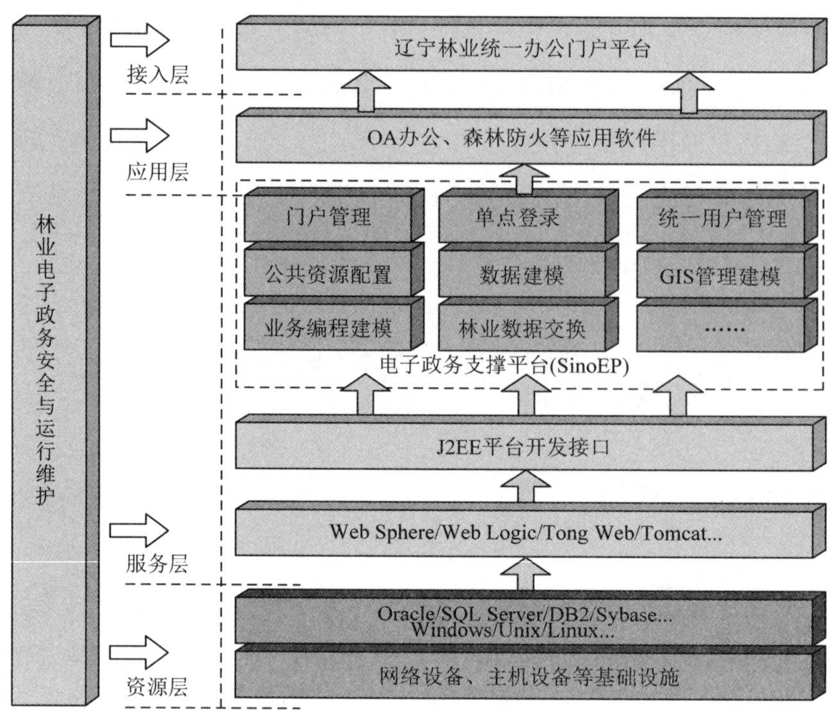

图1　技术实现架构图

三、平台实现功能

(一)门户管理系统

核心平台的门户管理系统实现辽宁数字林业门户统一入口和个性化用户界面表现。以此为平台，各种应用系统、数据资源集成到该平台之上，根据每个用户使用特点和角色的不同，形成个性化的应用界面，通过对事件和消息的处理、传输，把用户与其功能相关者有机地联系在一起，实现门户用户界面结构定制、风格定义、布局定义、栏目定义等。为应用界面提供丰富的设置手段和管理功能，能提供直观明了的用户界面、简单易用的操作风格。

以应用支撑平台(SinoEP V3.6)搭建辽宁数字林业核心平台。SinoEP以构件复用和集成为核心，对分布式计算中间件做了进一步的封装，屏蔽了与应用不相关的技术细节，为快速实现应用软件的开发和部署提供了强有力的保障。核心平台提供包括服务层、应用层的服务(图2)。

如图2所示，通过统一标准的构件化核心平台门户管理系统，或以实现行政审批、协同办公、营造林管理、森林防火、决策支持、门户网站等等各类应用融合在一起，建成综合业务管理系统，实现各部门系统联动、高效的处理业务，真正做到应用系统的“随需应

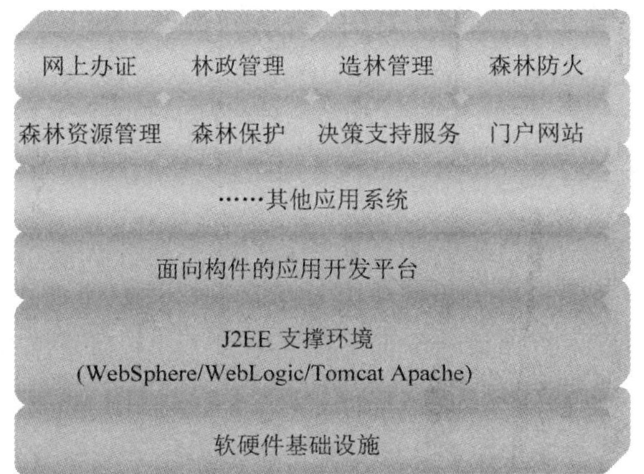

图 2　功能实现架构图

变”并同当期的业务管理水平相适应。

通过该系统的建设，对分散异构的信息资源，在兼顾原有信息资源配置体系的条件下实现无缝集成，通过对内容、数据和应用的多方面整合，实现统一门户，提供可控性服务和个性化服务，达到信息资源的最大增值。

1. 门户管理器

门户管理器是实现门户结构定制、风格定义、布局定义、栏目定义的主要底层支持。门户管理器主要包括门户框架定义、面板配置管理、页面风格定义、门户显示引擎等。

门户框架定义是一个信息门户最基本的布局的设置，门户框架定义可以将一个门户划分成若干功能区域，每个区域又可包含若干个面板；一个门户可以有几种不同的框架。每个面板和页面的风格都可以根据用户的要求进行灵活配置和选择。实现信息的分层次、分权限、个性化输出。实现统一的视图管理，统一的访问入口。

2. 个性化界面配置管理

通过个性化界面定制，用户可以自己对已有的界面进行栏目调整、自由布局，使之完全符合用户的操作习惯。

界面定制的内容包括：栏目内容、色彩主题和页面布局等。

提供多系统、多方式的系统整合功能；

支持用户之间的交流协作和多系统之间的通信协作；

充分利用现有资源，提供开放的二次开发接口；

支持来自远程门户所提供的内容和应用程序。

如管理员想要修改整个系统的样式及其风格，那么只需要在系统管理中的页面设置中修改相应配置项即可，而不用重复地修改每一个功能页面。

而且基于 Portlet 的嵌入式页面设计也给不同角色的用户带来了操作上的方便，比方说 Portal 页面的个性化拖动位置及页面的关闭与打开都是用户的常规操作。

所以系统提供了统一的界面风格，可为每个用户群提供一个一致的、个性化定制的和易于使用的操作界面。

（二）单点登录系统

核心平台建立统一的资源管理模型和体系，包括统一的用户管理、统一的目录管理、统一的授权管理等。单点登录系统包含多级分布式授权管理体系，支持独立的外部认证，独立的内部授权。用户信息管理系统负责维护证书及 LDAP 目录服务的内容。用户登录辽宁林业统一门户时，Portal 将身份凭证传递给应用系统，与 LDAP 整合的各应用系统在收到认证请求后，向 LDAP 服务器发起认证请求，由 LDAP 目录服务器通知应用系统认证结果，进而完成整个认证过程。整个平台预留与 CA 系统的衔接接口，对用户证书的各种操作请求也可由系统自动完成。

1. 授权子系统

用户角色分析和定义：省级用户、区市级用户、区县级用户、乡镇级用户、省上级纵向用户、省横向用户各级用户经过统一的授权管理、用户身份认证，通过单点登录系统进行认证和授权服务，调用信息服务系统提供的资源。

资源分析和定义：对系统资源的分析和定义是为了确定用户角色可访问的资源，以此划分用户角色可拥有的权限，资源划分得越细，对权限的定义会更精确。根据对本系统的分析，分解出对资源(包括数据、人员和设备等)的动作。

2. 授权流程

界定用户角色和资源后，根据要接入单点登录与统一授权管理系统，按以下流程实现登录授权过程。

管理控制台。管理控制台提供了一个集中统一的管理平台，通过这些管理控制台，进行方便的管理控制操作，减轻了管理的负担。

用户通过统一办公门户平台进行统一登录，通过松耦合集成方式，实现单点登录、权限控制、页面布局等无缝集成。例如，OA 办公系统作为整个电子政务平台中的一个子系统，有权访问该系统的用户通过授权进入该系统，实现单点登录，文件办理一目了然，全网漫游。建立统一的资源管理模型和体系，包括统一的用户管理，统一的目录管理，统一的授权管理等。符合多级分布式授权管理体系；支持独立的外部认证，独立的内部授权。

（三）林业业务协同系统

针对辽宁林业管理和各业务特点，通过模型驱动来构架、简化和集成各类业务系统，提升软件的开发、发布和维护效率，实现辽宁林业信息化过程中的用户参与、快速开发、快速应用、灵活调整，大幅度提升管理系统实施和应用的成功率及投入产出比。

林业业务协同系统是实现各应用系统的底层支撑，该系统包括：林业数据建模、林业

业务表单建模、林业业务流程建模、林业组织机构建模、业务权限模型、林业业务统计模型、林业业务报表模型、GIS 管理模型等模型。

通过模型驱动来构架、简化和集成各类业务系统，提升软件的开发、发布和维护效率，实现辽宁林业信息化过程中的用户参与、快速开发、快速应用、灵活调整，大幅度提升管理系统实施和应用的成功率及投入产出比。

林业数据建模。针对林业公共基础数据、森林资源数据以及其他业务数据的数据库建设和管理，提供数据存储和使用的数据建模功能，为整个数字林业的数据库建设和数据应用奠定基础。

林业业务表单建模。系统中的大量业务，都是通过表单来表现的，由此可见表单在应用中的重要性。对于复杂界面的设计，提供所见即所得的设计方法，使系统界面的建设工作变得简单而高效。同时提供对于签名和图章等复杂需求的支持。通过表单中字段与数据库的绑定，可以实现通过自定义表单完成业务操作的功能。使用表单建模工具，用户可对自己的系统表现界面进行自由定义。更改操作界面成为一件轻而易举的事情。

林业业务流程建模。平台提供了强大的流程建模能力，支持各种可能的复杂流程定义，支持复杂的流程协作，包括复杂的人员，部门协作，默认和强制合作方式等。支持流程和环节的时间控制，支持电子政务中需要考虑的承诺制时间限制，包括时间限定、提醒方式等等。

林业组织机构建模。组织机构提供对系统中多视角的机构模型方案，为灵活强大的权限系统和业务应用提供有力的支撑，ECA 默认提供以下组织结构模型：人员模型：对系统的人员进行管理，可以添加、删改人员信息。人员以树状结构列出，按照人员拼音首字母进行分组，以便于查找定位。还可以对人员的信息进行导出和导入。组织结构模型：包括部门结构、职务结构、团队结构、角色结构等。对各种角色进行管理，可以添加、删改相应角色。各种角色以树状结构列出，可以直接在树上进行修改名称及改变从属关系。另外可以将人员引入到相应的机构下，形成低级节点。

业务权限模型。业务权限模型规划基于 ECA 的系统安全模型，主要包括两个方面的权限模型：模块权限和平台权限。

林业业务统计模型。数据透视表：一种交互的、交叉制表，用于对多种来源的数据进行汇总和分析。建立在数据仓库理论基础上的业务统计模型，可按照用户的业务需要，定制各类数据分析模块，实现不同粒度上的数据分析，同样支持切片、挖掘等等数据分析常见的功能要求。

林业业务报表模型。以一个集成化的报表、分析和交付解决方案，为每一个企业提供了理解企业信息所需的强大功能。它面向任何一种数据源和应用提供了全面可定制化的解决方案，为员工、客户和供应商提供了对可交互的、可操作的信息的安全访问能力，帮助人们理解能够推动业务发展的决策信息。业务协同架构平台依据 Crystal Reports 提供了强大的内容创建和集成功能的高效的报表技术。

GIS 管理模型。在基础地理信息系统 ArcGIS 平台的基础上，开发提供对 GIS 中图层地物的自主定义，支持网络化 GIS 操作的需求，可实现对 GIS 元数据管理和更新的功能，同时对于业务中的 GIS 信息进行管理。用户可对系统中的图层和地物，包括地物的属性、线形符号等进行自定义，完全实现配置化管理。核心平台提供了一套功能强大、配置灵活的工作流引擎。该引擎可以为 OA 日常办公、网上办证审批等提供服务。通过该引擎的配置工具可以对辽宁林业系统所有的审批流程进行配置和更改。当业务进行调整时，管理人员通过工作流提供的可视化配置工具可以对业务流程进行灵活的调整。统一的工作流引擎改变了以往多系统、多入口的现状，实现待办事宜的统一办理，使用户通过一个界面就可以对当前的所有待办事项一目了然。基于核心平台开发的各应用系统将采用统一的安全管理机制，组织机构、用户注册和授权均在统一的平台中进行。

(四)数据共享与交换系统

信息共享与交换系统属于信息化基础设施，具有非常关键的承上启下的作用，该系统通过对数据目录、应用目录、服务目录、用户目录及相关元数据库的统一管理，实现对各类林业信息资源的逻辑管理，并通过目录服务、导航服务、数据交换服务、安全服务等为上层应用系统和门户获取所需的资源提供各类统一的基础支撑服务。信息资源共享交换的过程中，首先通过信息导航服务找到资源，如果资源在省林业数据中心，则通过数据交换服务直接进行数据交换；如果在某市林业数据中心，则通过分布部署在省林业厅和市林业局的中间件建立起来的省、市两级信息交换通道，调用数据交换服务实现信息的交换。

数据交换。据支持以 XML 技术标准和规范在省市节点之间采用端对端(P2P)对等的方式直接交换，数据路由可根据数据内容自动分发，包括省市地址信息、审批业务信息等；数据路由也可按业务规则进行流转，而且支持动态灵活地连接和构建新的业务系统。能够提供各种数据格式之间的转换，包括 XML 与 XML 之间、文本文件与 XML 之间、XML 到 SMTP、XML 到 SMS 短信、数据库与 XML 之间的转换，并提供多种转换函数；支持多种灵活的交换策略，包括对等交换(数据“不落地”)模式和交换共享(数据“落地”集中)模式；支持多种通讯传输方式如 HTTPs、异步可靠事件方式(JMS、Web 服务等)；提供穿防火墙的数据库、文件和 email 同步机制；提供数据交换的安全机制，包括对传输内容的压缩加密和解压解密，节点身份认证(CA/PKI)等安全管理功能；提供集成一体化的远程统一部署、监控、跟踪、日志和测试功能，通过省林业厅信息交换中心可以集中监控部署在各市的交换节点。

目录管理。目录管理系统是信息资源组织和管理的基础设施，主要提供元数据管理、目录管理和安全管理等方面的功能以及自身维护等扩展功能。另外，基于目录资源的组织管理，提供目录的查询和导航服务，可以灵活地对导航模式进行管理。系统对外需提供元

数据服务接口和目录服务接口。元数据管理主要实现元数据的编目、审核、发布以及查询功能，同时实现对元数据自身的增加、删除和修改功能，具体包括元数据查询、元数据注册、元数据发布、元数据授权等功能。目录管理主要实现从元数据生成目录到目录浏览、检索的全过程的管理，包括目录浏览、目录检索、目录生成、目录注册、目录的增加、删除和修改功能。

安全服务。本系统集成辽宁省林业部门选择或自建的CA认证平台服务接口，完成用户、组织机构、角色信息的同步和统一认证功能。提供用户统一管理、统一授权，日志管理等功能，并与相关数据库平台安全机制和相应消息传递平台的安全机制紧密、有机地结合，控制用户的数据请求和访问，通过严格的身份验证和权限管理，确保应用系统不被非法或越权访问。对提供的基础服务进行统一封装，为各类应用系统提供统一的安全认证服务、单点登录服务、授权服务等接口。实现安全交换管理、灵活接入管理、多级授权管理、统一门户管理。

平台管理。对平台的业务管理模式进行梳理，确定平台运行与管理机制，并开发相应的功能模块以支持管理机制的实现。实现平台统一的运行日志管理、安全与异常处理功能，实现状态监控管理，包括对平台及其服务组件的远程管理和监控。实现平台负载均衡管理，根据平台中的各模块的负载程度，自行进行负载均衡管理。

（五）林业信息即时通信系统

即时通信系统为辽宁省全体林业主管部门的用户提供了先进的、即时的交流通讯平台。该系统与各应用系统紧密结合，提供高效率的通信服务、先进的多媒体应用、稳定高效的数据/文件存储，并支持用户的远程登录。

先进合理的内部应用。即时通信系统在数据结构上将人员和部门分开定义，采用部门多层的应用，让用户可以根据自身的实际组织架构，自由地定义内部的部门结构和即时通信用户结构，以满足内部分组、分部、分级等实际需求。

高效率的通信服务。即时通信系统的通信方式不是只在即时通信Client与即时通信Server的单一TCP或UDP连接上进行通信，这其中还有File－Storage（文件存储服务，即FileServer）的参与。即时通信用户可以进行包括Audio/Video的直接交流。在技术上，即时通信系统采用了业界先进的Audio/Video处理和传播技术，传输通道上采用了P2P优选网络技术，同时可以根据网络带宽情况进行自适应调节，确保最佳的表现效果。

稳定高效的数据/文件存储。即时通信系统服务器端采用了Access数据库作为数据存储方式，利用ODBC访问技术，采用最优的系统分析方法指导数据库表的设计，充分发挥了Access数据库小巧、稳定、高效、灵活的特点。另外，当交互的数据流比较大的时候，即时通信系统采用文件的方式存储数据流，利用操作系统提供的文件管理功能，灵活地避免了Access数据库日渐庞大所带来的效率降低。在以后的升级版本中，即时通信系统将引入腾讯公司自己开发的一套更灵活、简便、稳定的文件存储系统。

安全的系统服务。即时通信系统在数据通信中，采用128位消息加密机制，确保信息在各个通路之间中的传输安全，同时，配合严谨而灵活的用户权限机制，最大程度上解决了企业应用中的安全隐患问题。用户应用即时通信系统的时候，系统管理员、普通客户端用户、信息服务部门管理员等等，不同的角色在系统中有不同的用户权限。即时通信系统采用了严谨而又非常灵活的用户权限机制，以求能够合理地搭建企业实际应用的权限框架。

第二节　主要措施和经验

2007年辽宁省林业厅做出建设核心平台的部署后，在各级林业主管部门的共同努力下，平台建设进展顺利。经过广泛调研，全面规划，精心设计，2007年5月正式启动了核心平台开发工作。通过梳理业务流程，提炼林业主要业务共性，建立相关业务基础数据规范和系统接口标准，并经过紧张开发和反复测试，完成了核心平台建设。在辽宁林业信息化建设全面推进的同时，统一的核心平台建设也全面完成。

一、统一认识，规划先行

核心平台建设是辽宁林业信息化建设的重要基础性工程，涉及范围广、工作量大、要求高。只有从思想上高度重视，切实加强组织领导，才能确保核心平台建设顺利进行。辽宁省林业厅为进一步提高认识，加强组织领导，切实把林业信息化工作当作一件大事来抓，成立了辽宁“数字林业”建设领导小组，领导小组办公室设在信息中心，并将信息化工作领导小组成员单位扩大至全厅主要业务处室。在时间紧、任务重的条件下，首先进行了辽宁数字林业总规划及核心平台建设等6个子规划的编写工作。根据规划目标，研究制定核心平台建设方案。按照统一规划和方案落实核心平台建设目标，并妥善处理好当前与长远、上下级平台建设之间的关系。

二、规范标准，合力推进

标准化是解决有效地开发和利用信息资源、开发信息技术，保障信息技术设施建设优质高效和网络的无缝连接，确保各系统间互联互通，确保信息安全可靠的基本手段和保障。核心平台建设不同于一般的单项系统建设，对技术与业务的融合有着更高的要求，为加强沟通协调，统一平台间嵌入标准和对现有接口模式及信息交换方法进行规范，编制了《辽宁数字林业应用系统开发集成规范》、《信息安全与单点登录规范》、《辽宁“数字林业”

建设与管理标准》、《数据交换与共享标准》等辽宁林业信息化标准规范体系。包括总体标准、应用标准、安全标准、网络标准、数据交换标准以及管理标准等 10 大项 21 个标准。

三、运行管理，密切协作

充分发挥统一核心平台的优势，加强平台集中数据的深度应用。通过核心平台应用，使系统不衔接的变衔接，流程不畅通的变畅通，信息不共享的变共享。以主要业务数据及相关信息管理部门为核心，对系统进行高效、统一、安全、集中的运行维护和管理是保证整个系统正常运行的必备手段。结合平台建设和应用，加强数据中心建设，建立统一数据交换平台，为林业业务管理系统数据畅通运行提供高效通道，逐步实现高度集中处理的目标。在此基础上，加强对集中的数据信息的整理、挖掘和加工，进而实现综合利用，充分发挥数据信息资源的价值。目前已有 14 个系统在核心平台上运行，实现了对现有系统资源的整合和资源共享，达到了统一规范、统一平台、统一管理的目标。各系统间密切配合协作，部门信息系统相互衔接，平台建设的整体效益不断提升。

四、示范总结，创新提高

在全国林业系统范围内，辽宁省是首个应用门户技术把林业系统内的多个业务子系统有机融合为一个整体的省份，不仅如此，还通过主流的信息和网络技术使各个业务系统之间能够通过业务基础模型的整合和工作流的建立，使其可以实现业务处理的多元化和一体化，充分消除了信息单元的孤立性和大幅度降低了业务处理的冗余度以及复杂度，使林业各业务系统能够在核心平台之上全方位、多角度地为林业工作人员服务。示范点应用建设是核心平台在示范市、县的综合部署和应用，结合辽宁数字林业核心平台相关的数据和功能，旨在实现各级用户的统一，规范管理，为示范点的林业业务应用提供基础支撑服务。核心平台首次应用了基于 Portal 技术的门户开发方法，把数据模型通过协同业务系统的支持和 LDAP 数据交换的稳定传输，能够正常地在各个应用系统之间进行共享和处理。

第三节　效益分析和所获荣誉

核心平台已在全省范围内推广使用，在核心平台上集成并正式运行的系统有全省协同办公系统、全省森林资源管理系统、全省林火监测信息管理系统、全省森林防火视频监控系统、全省档案信息查询系统、全省行政审批系统、全省造林作业设计协同管理系统、全省统计分析管理系统、全省视频点播系统、全省即时通信系统、全省视频会议系统、全省林木林产品综合交易系统、全省生态公益林管理系统、内网门户网站共计 14 个业务应用系统。该平台已在全省厅内37个行政和事业单位、14个市林业局、78个县林业局推广使用，取得了明显的经济效益和社会效益。

一、效益分析

一是软件开发费用的节省。由于核心平台提供了三层架构，目前14个应用系统全部实现了一个软件省、市、县三级使用，目前辽宁省有110个市县区林业局，如果每个县区林业局投入10万元开发办公自动化软件，全省就是1100万元。2007年前本溪市林业局投入500万元开发了本溪市林业局资源管理系统，只限于本市使用，如果14个市林业局全部开发资源系统全省就是7000万元，如果每个县也开发，全省可超过1亿元。利用核心平台的三级架构和技术，省市县三级全部使用省厅开发的软件，目前14个应用系统全部是省厅统一开发三级使用，为全省节约软件开发费用超过1亿元。

二是硬件投入费用和服务费的减少。由于是大集中管理，所有的软件都通过核心平台部署在全省中心机房，省、市、县三级相关部门不用投入硬件服务器和大量的维护人员，每年能给基层减少投入2000多万元。

三是整体效益更加显著。目前辽宁省用于信息化建设投资近2亿元，由于核心平台的作用实现了资源整合、信息共享，使若干个应用系统的硬件资源得到充分的利用，在一个平台上使全省森林资源、防火监控、视频会议、各种应用软件的统一使用变成了现实，实现了资源利用最大化，效益最大化。

四是行业辐射效益显著。2009年底国家林业局确定辽宁为首批全国林业信息化示范省，核心平台是示范项目之一。目前已有黑龙江、吉林、江西、河南、广西、广东、山东、内蒙古、福建、浙江、新疆等省（自治区）林业厅（局）和吉林森工集团来考察核心平台的建设。有的省以辽宁省为蓝本实施开发。核心平台作为基础平台，对推动行业信息化建设起到了示范引导作用，成效显著。

二、所获荣誉

核心平台研究开始于2007年5月，12月份通过平台建设项目验收，2009年12月25日，由中国科学院唐守正院士主持鉴定，结论是："该项目的研究从辽宁林业信息化建设的实际出发，以资源整合和信息共享为目的，设计方案合理，方法先进，逻辑清晰，效益显著，实现了技术创新，架构创新和应用创新，填补了我国林业信息化大型应用技术支撑平台的空白。本项成果居国际同类研究成果的先进水平。"该成果2009年12月被国家林业局确定为全国林业信息化示范项目。2010年4月获得辽宁林业科学技术奖一等奖，同年12月获得辽宁省科学技术奖励二等奖。2010年列入全国林业信息化十件大事之一（图3）。

目前，我国林业信息化建设正处于加快发展阶段，2009年首届全国林业信息化工作会议后，在国家林业局信息化建设整体框架下，各地都在开展基础设施建设和应用软件的开发，核心平台的研发成功，对推动全国林业信息化建设具有重要的作用。一是可以提高软件成果的重复利用率；二是可以大大减少系统升级换代所带来的新一轮投入；三是变分散投入为集中投入，可以为各地信息系统建设节约大量资金；四是科学合理地确定系统的软硬件档次，避免因系统能力与业务需求脱节所造成的浪费；五是实现快速开发，缩短建设周期，确保系统高效运行；六是改变应用开发商的恶性竞争为有序竞争，大大降低系统建设和运行的风险。

KEJIJIANG

証　書

获奖项目：辽宁省数字林业核心平台

获奖单位：辽宁省林业厅信息中心

奖励等级：一等奖

奖励日期：二〇一〇年四月

证书号：2010—20—01

图3　所获荣誉证书

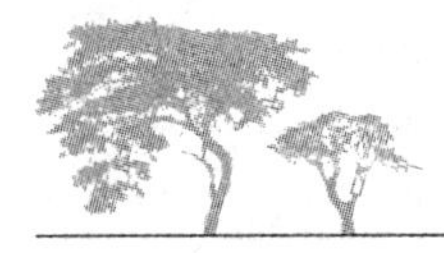

第二章　吉林省林业信息化专网

吉林省林业信息化建设由于多方面的原因基础设施薄弱、应用相对落后，远不能满足林业科学发展的需要。吉林省林业厅从战略高度清醒地认识到，未来吉林省的各种林业信息化应用均要依赖一个覆盖全省的“省—市—县”三级互联互通的林业信息化专网来支持，该网络一日不开通，开发、部署、整合各类林业信息化应用就无从谈起。为此，吉林省林业厅要在林业系统内建立一套高性能、高可用性、高管理性，以 IP 为基础、集广域网和局域网为一体、整合数据、语音和图像等多业务端到端的统一的一体化网络平台，支持多协议，多业务，安全策略，流量管理，服务质量管理，资源管理。整个网络提供可调控的充足带宽，满足目前林业系统内部多种业务、办公系统的承载需求，并能够在不改变网络的情况下满足 IP 电话、视频会议、VOD 等多业务系统的承载要求，有效支撑并保证吉林省林业厅正常生产运行及日常办公的网络需求，保护信息系统的稳定运行和信息安全，形成一套完整安全可靠的网络支撑架构。

吉林省林业信息化专网建设按省、市、县三级架构进行构建，采取与吉林省广电公司合作的方式，充分利用吉林省各级吉视传媒传输专网，建立了吉林省林业信息化专网。项目覆盖全省的省、市、县(含森工局、自然保护区、厅属各单位)三级共 103 个网点，在省林业厅部署核心路由器、核心交换机；各市、州林业局部署汇聚路由器、汇聚交换机；各区县级单位部署接入路由器、接入交换机，同时从数据专网的安全性进行考虑，部署防火墙、IPS 网路安全设备，以达到防护各级机构的目的。最终形成以省林业厅为中心，连通厅直属各单位和各市、县林业主管部门的传输主干网，实现了省林业厅至各地市(州)林业局 8M 带宽专线、各市级林业局至各县林业局 4M 带宽专线。

结合吉林省林业信息化建设的总体规划，根据目前吉林省林业厅现有网络状况，遵照“统一规划，统一标准；统一管理，分级负责；强化服务，面向应用；整合资源，促进共享；注重实用，超前设计”的原则，以逐步建立起功能齐备、互通共享、高效便捷、稳定安全的林业信息化体系，进行吉林省林业信息化专网的建设。

第一节　主要功能

网络基础架构建设是一个系统工程，吉林省林业信息化专网建设按照“统一规划、统筹安排，统一标准、相互配套”的原则进行，采用先进的“平台化”建设思想，避免重复投入、重复建设，充分考虑整体和局部的利益，坚持近期目标与远期目标相结合。本项目依靠技术体系，积极采用先进设备软件，在设计上充分体现以信息应用为主的设计原则，系统性能稳定、使用方便、经济合理。

一、高效的网络架构设计

（一）网络拓扑设计

吉林省林业信息化专网的构成由省中心专网、地市中心专网以及县中心专网三级结构构成，分别连接入各地吉视传媒传输专网，通过吉视传媒传输专网进行上下级之间的数据交换。同时各个中心内部署了信息安全设备，对中心之间的数据流进行控制，防止恶意数据流的扩散（图 4）。

省中心网络设计。省中心部署一台 Cisco 7206 路由器，作为全省数据专网的核心路由器。7206 路由器通过 1 个 GE 光口与吉视传媒传输专网前端汇聚交换机 GE 光口互联，前端交换机通过百兆电口与传输设备对接，路由器通过子接口方式完成用省中心和 10 地市

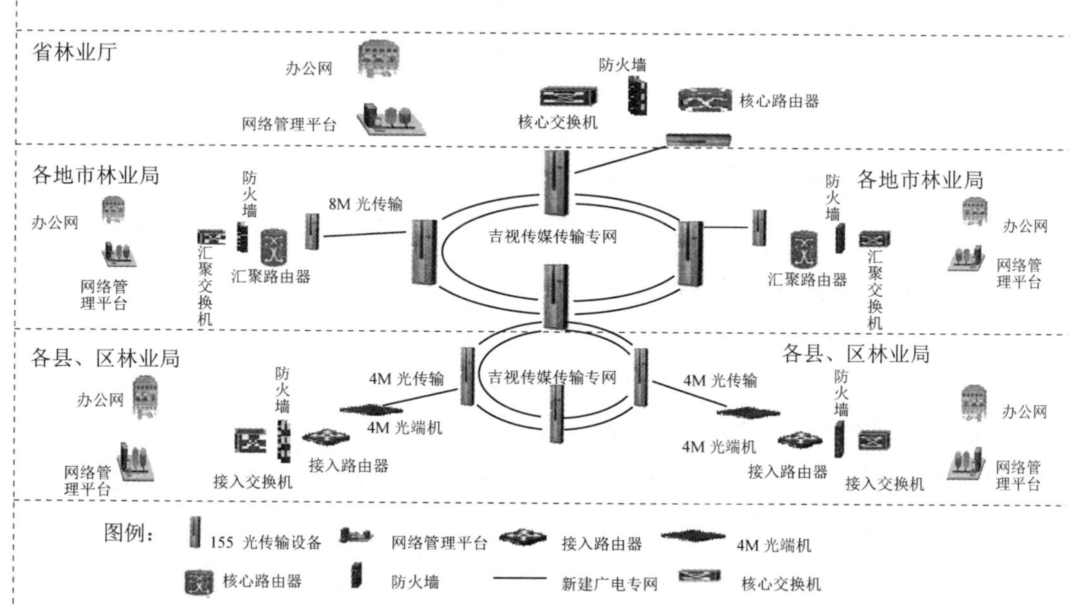

图 4　专网拓扑图

及直属单位路由器的互通，同时使用一台 Cisco 4506 交换机作为省中心网络的核心交换机，用于视频会议设备、数据中心设备的接入。从安全方面考虑，在路由器和交换机之间部署一台启明星辰 USG-FW-4000D 防火墙，用于过滤与下级机构之间的恶意数据流，防止安全事件的扩散。为确保数据的高速可靠传送，4506 与防火墙、核心路由器之间采用 GE 光口连接。同时还在局域网内部署了一台启明星辰 NIPS-2060D 入侵防御设备，通过核心交换机将关键流量镜像至入侵防御设备上，来分析网络中是否存在恶意流量。为了方便整体的网络管理，在局域网内部署了一台 CiscoWorks 网管设备用于对全省的网络设备进行统一的网络管理。

地市中心网络设计。各地市中心部署一台 Cisco 3925 路由器，通过 1 个 GE 光口与吉视传媒传输专网传输前端汇聚交换机 GE 光口互联，交换机通过百兆电口与传输设备对接，传输设备完成本地区各市县林业局链路汇聚，地市核心 3925 路由器通过 GE 子接口方式与省中心和县接入路由器互联。地市中心部署一台 Cisco 3560G 三层交换机作为地市中心局域网的核心交换机，用于视频会议系统及办公 PC 的接入。从安全方面考虑，在路由器和交换机之间部署一台启明星辰 USG－FW－800A 防火墙，用于过滤与上下级机构之间的恶意数据流，防止安全事件的扩散。为保证数据的高速可靠传送，核心交换机、防火墙与核心路由器之间采用 GE 电口端口互联。

县中心网络设计。县中心部署一台 Cisco 1841 路由器，用于连接地市中心汇聚路由器。1841 路由器采用百兆电口通过一对光纤收发器与吉视传媒传输专网传输设备的百兆电口互联。县区部署一台 Cisco 2918 二层交换机作为县中心局域网的核心交换机，用于视频会议系统及办公 PC 的接入。从安全方面考虑，在路由器和交换机之间部署一台启明星辰 USG-FW-200B 防火墙，用于过滤与各个上级机构之间的恶意数据流，防止安全事件的扩散。

（二）路由协议设计

考虑到吉林林业信息化专网涉及使用到大量的防火墙设备，所以专网使用静态路由作为主要的路由协议，同时考虑各地各单位的 IP 地址能够汇总，以方便静态路由的设置和管理。具体路由设计为：

省中心。在核心交换机上将各地市的路由指向核心路由器；在防火墙上将省中心局域网的路由指向核心交换机，将各地市的汇总路由指向核心路由器；在核心路由器上将省中心局域网的路由指向防火墙，将各地市的汇总路由指向各个地市的核心路由器上。

地市中心。在核心交换机上将省中心局域网和各地市的汇总路由指向核心路由器；在防火墙上将本地市局域网的路由指向核心交换机，将省中心及各地市的汇总路由指向核心路由器；在核心路由器上将本地市中心局域网的路由指向防火墙，将省中心及各地市的汇总路由指向省中心和各个地市的核心路由器上。

县中心。在防火墙上将省中心及地市的汇总路由指向核心路由器；在核心路由器上将本中心局域网的路由指向防火墙，将省中心及地市的汇总路由指向上级地市的核心路由器上。

生成树设计。交换机网通过生成树(Spanning Tree)协议(STP)确定节点间的传输路径，防止交换机网的冗余连接产生二层环路，协议通过交换BPDU(桥协议数据单元)自动学习生成树路径。

综合吉林省林业厅应用需求，并结合实际情况，本方案使用PVST+协议，并划分多个生成树域。

QoS设计。QoS旨在针对不同用户和不同应用的需求，为其提供不同的服务质量保证，提供专用带宽、减少链路时延、降低时延抖动、减少数据包丢失率、平滑网络流量等。它有一系列的度量指标，包括时延、抖动、吞吐量和丢包率等。

二、可靠的网络安全设计

(一)网络安全体系设计

1. 网络安全体系模型

对吉林省林业信息化专网“全网安全”来说，安全不仅有技术层面，还包括管理层面、组织层面和标准层面等一系列内容，因此对吉林省林业信息化专网安全体系结构的要求是多层次、多方面、立体的安全构架。针对“全网安全”的要求，网络安全体系涉及的各个环节包括：安全策略、安全管理体系、安全技术体系、安全标准体系、安全组织体系等几个部分。相互之间的关系如图5。

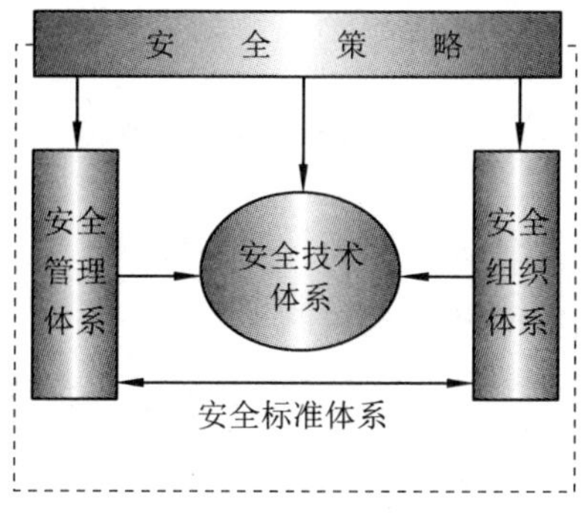

图5 安全体系关系图

从图5中可以看出，安全技术的应用是整个安全系统中的中心部分，是安全实施的重要途径，是保证安全策略和安全管理制度得到执行的具体手段，是提高安全管理人员自动实现安全管理，降低劳动强度的合理途径。但实施安全技术的前提是安全策略的制定，安全策略是一切安全建设的出发点，是为实现安全目标所采取的指导性政策，随着业务和技术的发展，安全目标和安全策略会动态发展。实施和管理安全技术的主体是安全组织体系中的人员，这也是在整个安全实施和管理中的关键点之一，在日常安全系统管理维护过程中，相关人员按照安全管理体系中的管理制度，依靠安全技术体系中的技术支持，对整个系统进行安全资产管理、技术管理和风险管理。

从建设的角度，吉林省林业信息化专网安全系统是一个不断改进的动态系统，一般要经历风险分析和安全策略制定，安全系统方案设计，安全系统、管理制度和标准的实施及人员的培训，安全审计和安全评估等四大阶段。随着系统应用的发展、技术的发展，定期的安全评估后将不断地调整系统的风险，从而会引起安全策略的更新，系统建设进入下一个循环。

2. 网络安全技术体系模型

根据 ISO 安全技术体系模型（国家标准：GB/T9387.2，对应 ISO 标准：ISO7498－2），结合吉林省林业信息化专网实际运行的 TCP/IP 协议，吉林省林业信息化专网的安全技术体系由三部分组成（图 6）。

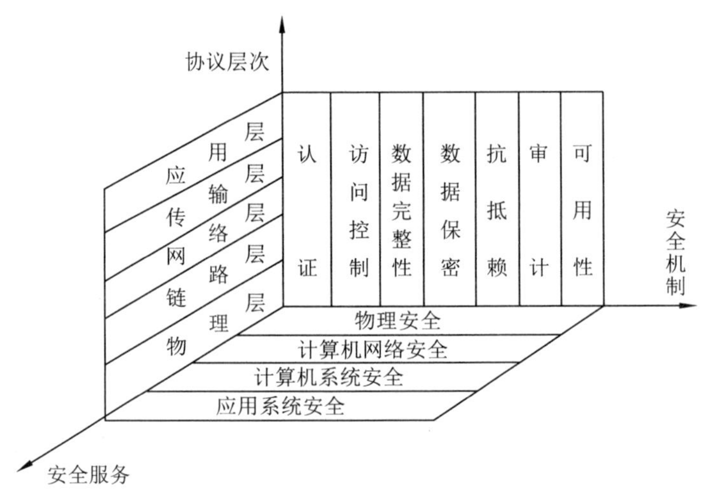

图 6　安全技术模型图

安全服务。包括应用系统安全服务等 4 种安全服务，并在此基础上增加可用性服务。

安全机制。包括访问控制等 7 种安全机制。

协议层次。为提供安全服务，采用适当的安全手段而作用的对象，即安全技术操作对象。

3. 专网安全部署方案

安全部署描述：由于数据专网安全性，需要考虑到接入的安全性及数据传输的安全性；采用防火墙技术作为主要的安全防御措施，采用 IPSEC VPN 技术作为数据传输的加密措施；考虑到设备投入成本，采用防火墙与 IPSEC VPN 一体的安全设备，作为各节点接入的网关。

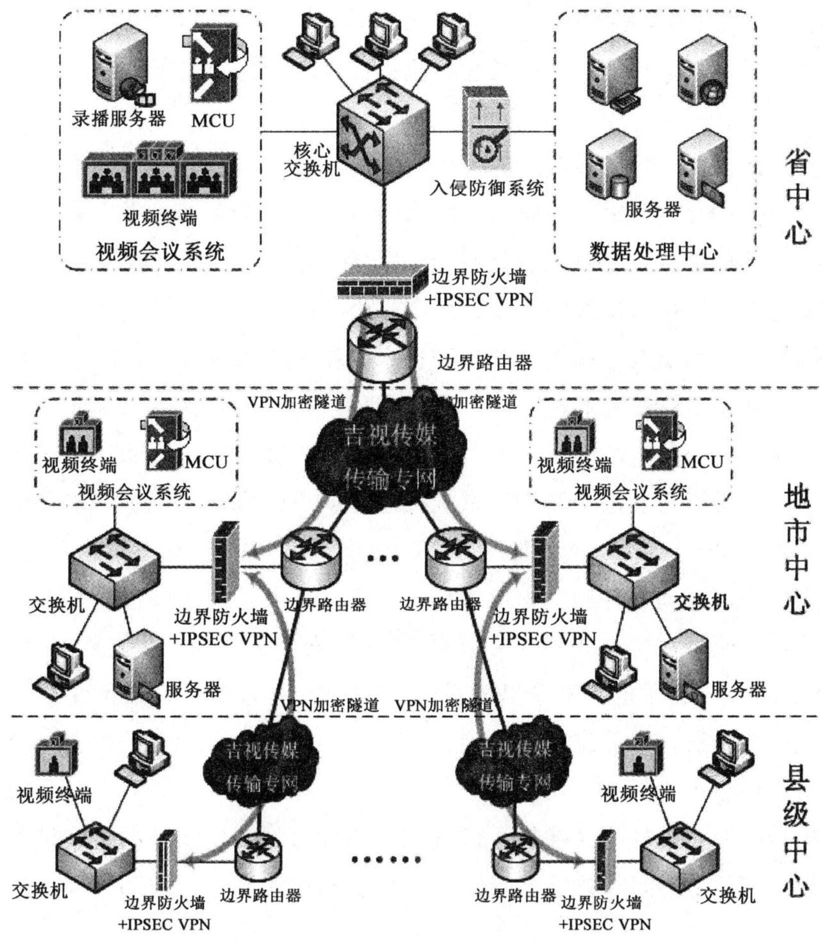

图 7　专网安全总体部署示意图

区县级节点通过 IPSEC VPN 隧道汇集到所属地市中心，再由地市到省的 IPSEC VPN 隧道访问省数据中心。这样做的好处是，一旦地市以下任何一个节点出现安全问题，可以直接在地市防火墙上进行拦截，使得攻击的数据流不会传输到省中心，提高了省中心的安全性；同时也减小了省中心的数据压力，提高了全网的可管理性。

由于网络攻击的复杂性，数据中心还须采用入侵防御技术针对服务器群组的访问数据流进行实时的深度威胁过滤，进一步提高服务器群组的安全性。

（二）专网安全详细设计

防火墙设计。随着市场的推进，国内信息安全行业已经广泛认识到，信息安全等级保护是当务之急，信息安全产品的等级评估与认证是基础。《国家信息化领导小组关于加强信息安全保障工作的意见》重点强调，不同的信息系统有着不同的安全需求，要坚持从实际出发，保障重点的原则，综合平衡建设成本和安全风险，区别不同情况，分级、分类、分阶段进行信息安全建设和管理。为了保证吉林省林业各地各级单位的网络安全，在各级单位内部署了EAL3级的硬件防火墙，从而很好地对本地、上下级机构及Internet之间的流量进行安全控制，防止非授权流量及恶意流量在内网中任意传输，同时保证了用户内网的安全。

入侵防御设计。入侵防御系统是防火墙的补充解决方案，可以防止网络基础设施（路由器、交换机和网络带宽）和服务器（操作系统和应用层）受到拒绝服务（DoS）袭击。它通过收集和分析网络行为、安全日志、审计 数据、其他网络上可以获得的信息以及计算机系统中若干关键点的信息，检查网络或系统中是否存在违反安全策略的行为和被攻击的迹象。入侵防御作为一种积极主动的安全防护技术，提供了对内部攻击、外部攻击和误操作的实时保护，在网络系统受到危害之前拦截和响应入侵。因此被认为是防火墙之后的第二道安全闸门，在不影响网络性能的情况下能对网络进行监测。入侵防御通过执行以下任务来实现：监视、分析用户及系统活动；系统构造和弱点的审计；识别反映已知进攻的活动模式并向相关人士报警；异常行为模式的统计分析；评估重要系统和数据文件的完整性；操作系统的审计跟踪管理，并识别用户违反安全策略的行为。入侵检测是防火墙的合理补充，帮助系统对付网络攻击，扩展了系统管理员的安全管理能力（包括安全审计、监视、进攻识别和响应），提高了信息安全基础结构的完整性。它从计算机网络系统中的若干关键点收集信息，并分析这些信息，看看网络中是否有违反安全策略的行为和遭到袭击的迹象。本次项目中在省中心部署一台启明星辰NIPS－2060D入侵防御设备用于对网络中的恶意行为进行检测。通过在核心交换机上设置端口镜像，将需要监控的流量映射到入侵检测设备上，入侵检测设备一旦发现有恶意的攻击后会采用多种方式通知管理员。

第二节　主要措施和经验

一、加强组织领导，建立上下联动的工作机制

切实提高对林业信息化工作的认识，加强对林业信息化工作的领导。进一步完善省、市、县三级林业信息化建设管理体系，明确各级责任范围，落实责任到具体部门、具体人员，充分发挥其在林业信息化建设分级管理工作中的重要作用。牢固树立全省林业一盘棋的思想，不断优化林业信息化发展环境，在统筹规划、分工合作的原则下进行全省林业信息化的联动共建。

为了确保吉林省林业信息化专网建设顺利完成，吉林省林业厅成立了“吉林省林业厅信息化建设项目领导小组”，组长由厅长张德新担任，副组长由副巡视员尚静敏担任。领导小组下设办公室，主任由尚静敏担任，成员由相关处室负责人组成，办公室设在厅信息中心。各地各单位也高度重视，积极做好整体信息化建设实施的组织工作。领导牵头，专

人负责，并成立相应的组织机构，切实抓好各地各单位专网建设的配合工作。

二、积极开辟融资渠道，引入竞争机制

采取吸引电信运营商投资战略，在保证双方互利互惠的原则下，引入多家运营商竞价投资机制，最大限度地加快吉林省的林业信息化建设步伐，同时在工作中积累了经验，为全省信息化更快更好建设做好了准备。

早在2008年，吉林省林业厅就有组建全省林业网络的设想，并且多次与吉林省政府办公厅沟通、协商。吉林省政府办公厅同意依托省政府网络平台建设吉林省林业专网，并于2008年5月7日，正式下发了《关于统一建设省政府森林防火应急专网有关事项的通知》(吉政办函〔2008〕80号)。但由于资金的原因，专网建设所需的设备一直没有采购，因此全省林业信息化专网一直没有建立起来，极大制约了全省林业信息化的发展。经粗略测算，建设全省林业专网设备投入约500万元，建设全省视频会议系统所需资金约800万元(视频会议系统按高清配置估算)，二项合计约需资金1300万元。吉林省林业厅财务资金比较紧张，还没有这笔资金预算。根据调查统计，全省林业省、市、县(含森工局、自然保护区、厅属各单位)三级共计103家，按市级8M、县级4M接入带宽计算，全省每年租用带宽所需资金约250万元。这笔专线租用费用，如果分散到各地，由各地林业主管部门分散交给当地运营商，起不到任何效果，运营商也不会给予任何优惠。鉴于此，吉林省林业厅充分利用林业系统所具有的统一管理的优势，经多次论证，反复修改，编制《吉林省林业信息化建设项目需求书》，提出了一个1500万元的建设盘子，主要包括专网建设、视频会议系统建设、核心平台建设三方面内容。之后，与省联通公司、省广电公司、省电信公司、省移动公司进行了多次沟通、协商，各家运营商根据吉林省林业厅的需求，结合各自的实际情况，分别上报了各自的方案。

各家运营商的建设方案经省内多位具有丰富经验的资深专家组成的专家评审组对比分析、综合评议，一致认为省广电公司具有较为明显的优势。最终吉林省广电公司与吉林省林业厅签订合同，按照吉林省林业厅建设需求，建设林业专网和视频会议系统等。吉林省林业厅负责将全省各地(103家)每年租用专网的费用约250万元，交给吉林省广电公司，并签订5年的线路租用合同。

三、发挥科技支撑，加强合作交流

借鉴国外、其他行业先进经验和技术，加强与高等院校、科研院所、重点IT企业的战略合作，充分借助林业信息化科研、教育、企业的技术力量，全面提升信息资源共建共享和应用水平。

吉林省林业厅一直重视科技支撑作用，成立了由吉林大学、东北师范大学、吉林省政府办公厅电子政务办公室、吉林省保密局、吉林省工业和信息化厅等单位多位具有丰富经验的资深专家组成的信息化建设咨询小组，定期组织相关的技术交流，为吉林省林业信息化建设出谋划策。

四、规范项目管理，严把施工质量

通过严格的招标制度、明确的应用需求、完善的实施方案，依托一流的 IT 技术服务公司，按照工程进度，积极组织工程施工，保质保量地完成了建设任务。

吉林省林业厅高度重视项目建设管理，在项目招标、采购阶段，严格执行国家招投标制度，对参与项目建设单位的综合实力进行严格把关；在项目建设阶段，建立健全项目管理制度，明确项目责任人，严格按照建设方案组织施工；在项目验收阶段，严格按照合同要求，对项目建设涉及的具体问题进行了现场咨询、讨论和评议，并签署了验收意见。

第三节　效益分析

进入 21 世纪以来，科学技术正在以惊人的速度向前发展，办公信息化、自动化已是世界经济和社会发展的必然趋势。进一步推进信息化网络建设，有效整合资源，实现信息资源共享的必要性和紧迫性，也让广大林业工作者充分认识到建立林业信息化专网是实现现代林业快速发展的重要基础支撑。

一、社会效益分析

为吉林省林业信息化体系的建立提供基础保障。利用全省统一的林业信息化网络，能及时、准确地反映林业资源的现状及动态变化，实现了对林业资源的统一调配规划。这对实现林业决策科学化、办公规范化、监督透明化和服务便捷化具有重大的现实意义。

有利于形成规范统一的管理。林业信息化专网的建立，将通过一致的管理模块，在全省范围内形成规范统一的管理模式，通过网络在林业行政管理中的运用，做到对于全省范围内的林业行政工作动态无需下达任何通知只需操作电脑便能掌握，达到由省厅到各基层林业单位的基本情况的掌控，既加大了对各级的监督力度也提高了管理的工作效率。借助信息技术手段，吉林省林业信息网络变得更规范、更透明，将林业信息的管理置于公众监督之下。广大林业工作者可以通过网络进行查询服务，方便地了解林业各种情况、林业政策、办事程序，做到“心中有数”。同时，林业信息网络可以使林业主管部门的服务更加透明、快捷，对行政办公起到良好的促进作用。

有利于形成资源共享。林业行政办公专网的建立，将使全省林业各地各级单位形成一个大局域网，实现信息资源共享。而局域网的主要功能是实时发布信息、动态管理信息和多功能检索信息，这些信息资料包括各种文字资料和照片资料，资源丰富，可以为林业工作者提供大量的新闻、图片、文件、信息资料检索查阅等服务，实现信息资源共享。

有效发挥林业信息化的整体效益。林业信息化建设是一个庞大的系统工程，其管理的信息包括林业资源信息、政务信息和林业公益性信息等。如果系统分别建设、信息分开管理，势必给各种林业业务管理带来不利影响。依靠信息技术支持，通过信息系统将各类信息有机地组织在一起，实现信息共享，既可以节约资源，又可以充分发挥林业信息化的整体效益。

二、经济效益分析

吉林省林业信息化专网建设，将改变传统的林业生产管理方式，提高生产管理水平，实现林业管理、监督与服务一体化。加强林业行政信息化办公网络建设，积极推进办公信息化、自动化办公，提高办公质量和办公效率，是树立林业行政部门良好形象、提升林业行政工作公信力的重要保障；对林业系统充分发挥职能作用，同时也对林业行政部门加强内部管理有着重要意义。

节约大量建设资金，避免重复投资。与分散建设、各自为营相比，按照国家电子政务和国家林业局的总体框架要求，由吉林省林业厅统一领导、统筹规划吉林省林业信息化专网建设工作，实现统一规划、统一标准，减少软硬件的重复投入，同时也避免了标准不统一造成的网络无法互联的问题。

有利于提高办公效率、减少行政成本。吉林省林业信息化专网的建立，实现林业系统办公无纸化、信息化、自动化，打破传统的工作方式，大大提高工作效率。每一位林业工作者都可以在网上发送、接收留言和公文。每天上班后，只需打开电脑，当天的工作计划、公告、需收发的文件便一目了然。这种形式既方便又快捷，同时也有较强的安全性和保密性。并且原来需要跑好几个部门才能完成的工作，现在只要在网上发出文件，轻点几下鼠标，几分钟就可完成，既可以节省更多的纸张、笔墨、传真和打印耗材等办公经费，又可以减少基层单位的交通费、邮寄费和通讯费等，单位行政成本将大大降低。从业务管理效益分析，每年可直接或间接节约费用 150 万元人民币以上。

积累建设经验，加快林业信息化建设。本项目的实施将加快吉林省林业信息化的进程，为吉林省林业信息化建设积累了大量可借鉴的经验，同时提高林业信息化建设科学规划、科学管理和科学决策的水平。

吉林省林业信息化专网建设，符合国家信息化建设的发展方向，以省—市—县三级网络为依托，对加快政府职能转变，提高行政质量和效率，增强政府监管和服务能力，促进社会监督，有良好的推动作用。

第三章　上海市林业网格化管理平台

随着上海城市网格化管理工作的不断深入，为林业专业网格化工作的开展打下了良好的基础。上海市林业网格化管理平台(以下简称网格化管理平台)的工作范围主要为城区网格化不覆盖的郊区林地，该平台的构建，对上海绿化林业行业实现“条块结合”的管理模式，消除管养盲区，达到全市绿化林业资源的全覆盖管理起到了积极作用。2009 年上海市林业局启动了网格化管理平台的建设工作，2010 年网格化管理平台全面建成并在全市各区县推广应用。该平台将上海市的林地、湿地和野生动物等纳入“专业网格化”管理体系，实施对林业资源的全覆盖管理，提高上海绿化林业管理水平。

网格化管理平台的建设整合了现有城市网格化管理资源，整合了现有的电子政务平台、行政审批平台、办公自动化系统等，充分利用政府投资，增进政府资源的共享共用，扩大政府信息的沟通渠道，建立政府监督协调、企业规范运作、市民广泛参与，各司其职、各尽其能、相互配合的林业管理联动机制。在管理机制上，按照“主动发现、职责分工、督办分离”的原则推动绿化林业行业管理流程再造，从而促进业务管理的重组优化，创新了管理体制机制；构建了“两级政府、三级管理”和“以块为主，条块结合”的管理模式；通过科学合理客观的评价标准对各级职能部门进行考核，从而达到提高行政效率、降低行政成本的效果。在技术上，实现了条块信息、条条信息的互联互通，实现绿化林业行业信息的共享；构建了集发现问题、立案、监督指挥、处置、处理、反馈结案和评估的闭合管理环节和流程为一体的信息化管理系统，为实现行业分级协同管理提供了技术支撑。

第一节　主要功能

一、林业网格化管理组织架构

上海市林业网格化管理工作范围分布在郊区 9 区，主要管理对象为郊区林地、野生动物保护和古树名木管理。由区县林业管理部门组建林业网格化巡查队伍来负责问题的发现，市林业局网格化管理中心负责指挥，林业处和野生动植物保护处负责监督职责，区县林业站负责处置，养护单位负责问题的处理，其结构如图8所示。

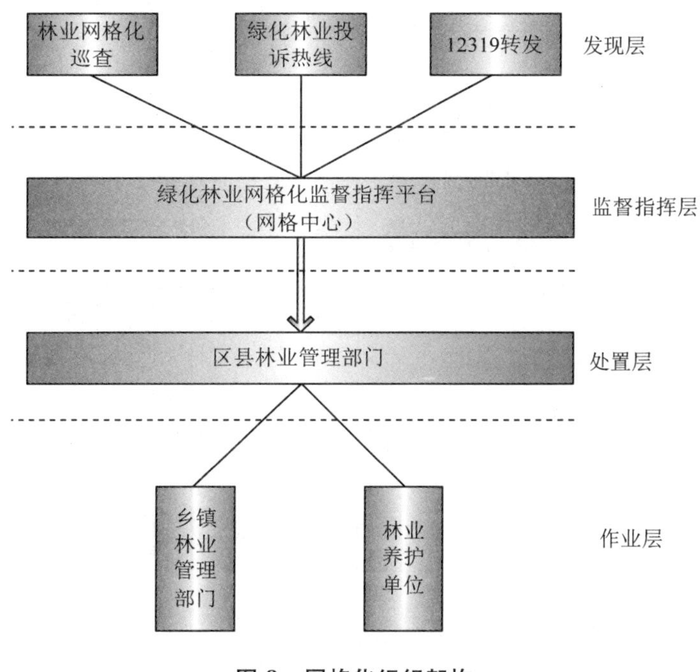

图8　网格化组织架构

二、林业网格化管理流程

按照网格化管理发现问题、受理立案、派遣、处置反馈、督办催办、结案和综合评价七步的管理环节要求，第一步由林业专业巡查人员主动巡查发现问题；第二步巡查人员发现的问题由指挥监督中心通过绿化林业网格化监督指挥平台进行受理，对问题明确的直接立案，对不明确的问题经核实后进行立案；第三步转发到区县林业部门处置平台进行处理；第四步区县林业站处置平台收到绿化林业网格化监督指挥平台转发的案件信息后，根据案件涉地的归属，直接派单到镇林业管理部门或养护部门；第五步养护作业部门接到区县处置平台派遣的任务后，根据管理标准进行处置，处置结果反馈到区县处置平台，然后再反馈到绿化林业专业网格化监督指挥平台；第六步绿化林业专业网格化监督指挥平台对派遣的案件进行督办，对超过处理时限的案件进行催办。收到处置反馈结果后，审核其是否符合行业处置标准，对处置不当的案件可以重新派遣，将处置正确的案件进行预结案，最终由网格化监督部门对案件处置结果进行审核结案；第七步指挥中心将根据评价系统的各种评价指标，对系统中每一个部门、岗位、角色的工作业绩进行综合统计和评价，根据不同的考核结果可以直观地反映出部门、岗位、角色的工作状态和工作效率以及工作质量，考核评价结果可为领导的决策提供依据。其管理流程如图 9 所示。

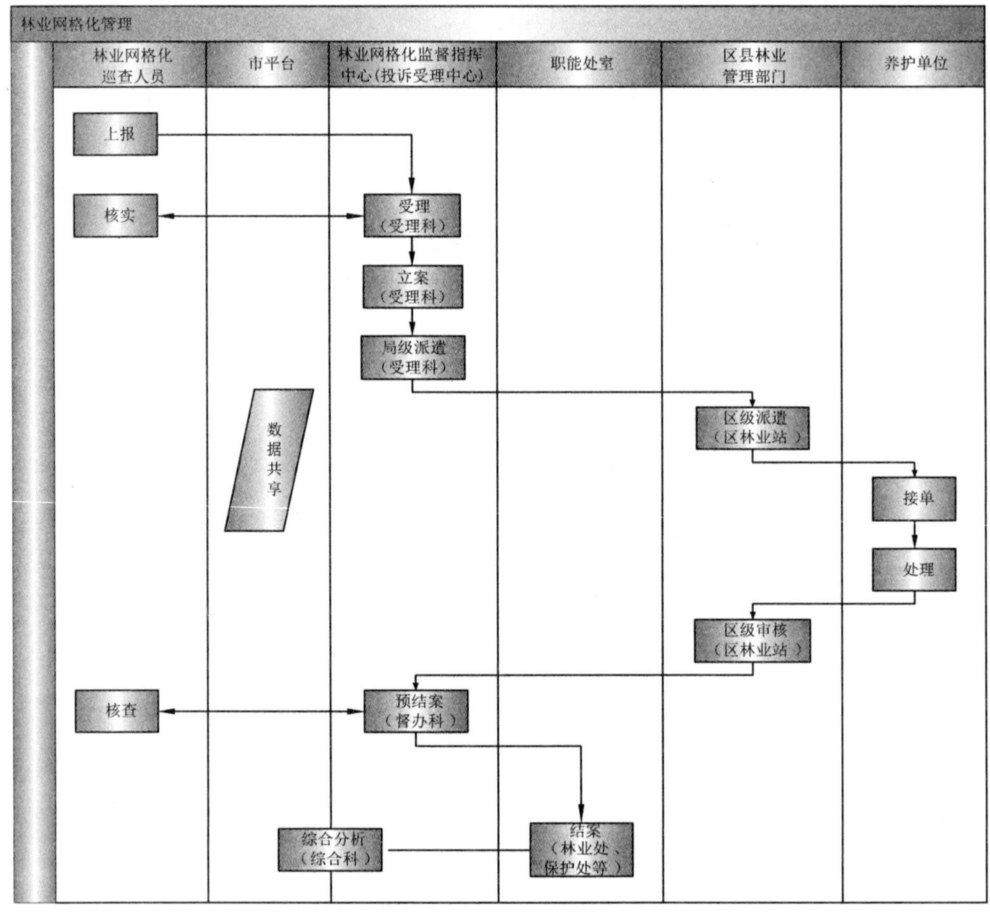

图 9　网格化管理工作流程

三、林业网格化管理系统功能介绍

网格化管理平台由管理信息系统和 PDA 终端信息管理系统两大部分组成。

(一)林业网格化管理信息系统

林业网格化管理信息系统主要供监督指挥中心和区县处置单位(林业站)使用。市林业局网格化管理中心承担指挥中心职能，受理林业巡查人员上报的问题，进行立案派遣，由区县林业站接单处置。处置完成后指挥中心通知巡查人员进行处置情况核查。核查通过后指挥中心进行预结案。局职能处室负责监督职能，通过系统检查整个问题处理情况，最终结案。

林业网格化管理信息系统主要包括案件流程管理、案件信息管理、查询统计及 GIS 管理等功能。系统主界面如图 10 所示。

图 10　网格化管理信息系统主界面

1. 案件流程管理

受理。受理员从巡查人员上报队列中取新发现案件，作受理和核实操作，通过看照片，听录音，决定是否核实现场情况，并填写属性，案件在完成受理和核实操作后，转入待立案队列。

立案。指挥平台的班长受理员从待立案队列中取出案件进行立案操作，通过审核案件的接报信息、核实信息，签署立案意见、立案备注，在完成立案操作后，案件转入待派遣队列。

派遣。指挥平台的受理员从待派遣队列中取派遣任务，进行“派遣”操作。选择好处置部门，确定案件的到场时间、处理时间要求。

接单。处置平台(区县林业站)信息员从待案件队列中取接单任务，进行接单操作。填写派工备注信息，打印“派工单”，完成接单操作后，保存信息，案件转入待处理队列进行转派。

处理。处理平台信息员从待处理队列中取出待处理任务，进行处理操作。根据派工单上任务进行派工，对完成任务的结果进行录入；保存信息，转入待督查队列。

督办。监督平台的信息员从待督查队列中取督查任务，进行督查操作。监督指挥平台的信息员检查案件的所有派遣任务都完成，检查处理情况、填写的信息，转入待结案队列；确定督查意见，核查、重新派遣完成督查操作后，保存信息，核查案件转入待核查队列，重新派遣案件转入待派遣队列；对于某些无需核查的案件，监督指挥平台的信息员可以选择“无核查结案”，直接进入待结案队列。

下发核查。监督指挥平台的信息员从待核查队列中取得案件信息，派遣巡查人员到案件现场对处理情况进行核实操作。信息员通过核查人员上报的照片和录音，核实现场情况，保存信息，转入待结案队列。

结案。职能处室的信息员从待结案队列中取得核查后的案件做结案操作，填写结案意见。对于核查结果不满意或不能充分说明问题时，职能处室的信息员可以选择再次下发核查。

任务队列。任务队列显示各个任务队列实时的情况。包括：巡查人员上报、待核实、待立案、待派遣、待处理、待督查、待核查、待结案。

实时情况。实时情况显示系统当前运行的情况。如今日接报、今日立案、今日派遣、今日处理、今日结案等。

办理进度。在案件的处理过程中，监督指挥平台、职能处室的信息员可以查看案件经历过的所有环节，以及每个环节的信息。以列表的方式呈现，可以点击进行查看。

案件基本信息。在案件的任务队列中，操作人员可以看到具体某一条案件的基本信息，包括：任务编号、案卷编号、问题来源、案件属性、案件大类、案件小类、接报时间、部件编号、区域范围、网格、巡查人员、发生地址、问题描述、多媒体(照片、声音等)、上一步操作的信息等。

打印。在案卷的处理过程中，用户可以随时进行打印。此处的打印将包括：基本信息、派遣信息、处理信息。

GIS 应用。在每个案件操作的环节，将提供 GIS 的展示，可以标识该案件所在的位置，提供定位功能。

案件操作辅助功能。声音提示：当有新的案件上报到平台后，系统会响起声音“有新的上报案件了”进行提示；这类功能在许多的操作环节中均会有，比如巡查人员上报、上报核实、待立案、待接单等。是否需要提示可以在“个人设置”中进行调整。

案件加锁：在多个人同时操作时，为了避免冲突，当用户选定某个案件操作时，会锁定该案件。有锁定图标表明其他操作人员正在处理当前案件，将鼠标移到该图标上，系统会提示是哪个操作人员正在处理该案件。当前操作人员只能处理没有加锁的或者自己加锁的案件，对其他用户锁住的案件不可以进行处理。一个用户在同一时刻只能锁定一个案件。在退出系统时会对当前用户锁定的案件进行自动解锁。案件锁定的时间为 4 小时，锁定超过 4 小时的案件其他用户可以进行锁定和处理。

处理时间提示：对于不同的案件操作，其处理的时限要求不同(规定多少时间必须处理完毕)。在案件列表上，会提示信息员该案件的紧急程度。比如红色的图标就表示该案件已经超出处理期限了。鼠标移到该图标上，会有时间的提示信息。

2. 案件信息管理

最新情况。最新情况将查询并列出当前系统中最新有过状态修改的 20 个案件。在信息列表中显示案件的目前状态图标、任务号、案卷编号、发现时间、案件属性和案件大小类信息，可对这 20 个案件信息进行导出 Excel 和页面打印操作。如果需要查看该案件的详细信息，可直接通过鼠标单击案件行，便可打开案件详细信息界面；有领导督办权限的人员可在该详细信息界面看到【领导督办】按钮，此按钮用于对该案件进行领导督办操作。最新情况列表由系统自动获取，无法人为指定查询条件。列表中的记录是按案件最新操作时间降序排序的。

今日情况。今日情况可查询系统日期当天发现的所有案件情况。在信息列表中有当前案件的进度状态图标、任务号、案卷编号、发现时间、案件属性和案件大小类，如果需要更进一步的信息，可单击相应案件行，便可打开案件详细信息界面(有领导督办权限的人员可在详细信息界面进行领导督办操作)。可对案件信息进行导出 Excel 和页面打印操作。

发现情况。发现情况可查询所有在给定起止日期范围内已上报未立案的案件。查询是以发现日期为依据。可以对查询出的某个案件查看详细资料、导出 Excel、打印和预览。在详细信息界面中可以进行领导督办操作(需要有相应的权限)。

立案情况。立案情况将查询所有在给定起止日期范围内发现的已立案未派遣的案件。可以对查询出的某个案件查看详细资料、导出 Excel、打印和预览。在详细信息界面中可以进行领导督办操作(需要有相应的权限)。

派遣情况。派遣情况将查询所有在给定起止日期范围内发现的已派遣未结案的案件。可以对查询出的某个案件查看详细资料、导出 Excel、打印和预览。在详细信息界面中可以进行领导督办操作(需要有相应的权限)。此功能界面是查询已派遣但还未结案的案件，此案件状态可以是从已派遣未接单到已核查未结案中的某一个状态。

结案情况。结案情况将查询所有在给定起止日期范围内发现的已结案的案件。可以对查询出的某个案件查看详细资料、导出 Excel、打印和预览。在详细信息界面中可以进行领导督办操作(需要有相应的权限)。此功能查询出已结案的案件，是案件最终处理完成的状态。

作废情况。作废情况是查询在给定日期范围内上报后被监督中心作废的案件。可以对查询出的某个案件查看详细资料、导出 Excel、打印和预览。在详细信息界面中可以进行领导督办操作(需要有相应的权限)。作废是案件的最终状态，一个案件作废后就不能进行其他操作。过多的作废案件，不利于提高绿化专业平台的立案率和结案率。

退单情况。退单情况是查询在给定日期范围内处置部门对案件退单的情况。可以对查询出的某个案件查看详细资料、导出 Excel、打印和预览。在详细信息界面中可以进行领导督办操作(需要有相应的权限)。查询时间是以案件被处置部门退回操作时间为准，被某个部门退单后的案件最终是可以结案的，所以该类案件的状态会有结案和未结案两种。被某个部门退单的案件可以再次派遣给这个部门继续处理。

未处理查询。未处理查询是按案件的发现时间来查询所有处置部门未处理的案件情况。可以对查询出的某个案件查看详细资料、导出 Excel、打印和预览。在详细信息界面中可以进行领导督办操作(需要有相应的权限)。查询时间是以案件发现时间为依据，处置部门接单后的案件，在被要求处理完成的时间内，均为“未超期”，否则为“超期”，无论案件超期与否，只要未处理，都可在该功能界面进行查询统计。同一案件当派遣多个部门时，只要存在一个部门超期未处理，该案件就符合超期未处理条件。

3. 工作管理

工作指标考核。工作考核指标为平台各案卷操作环节的指标，如受理数、立案数和结案数。考核对象为各级平台和各级平台工作人员。考核时间可分为日、周、月。可以以 Excel 输出和打印。

工作查询。可对每一操作环节进行查询，包括：选择某位信息员；选择任意操作环节，比如：立案；选择一个时间范围点击查询，将展现该信息员在该时间段内，所有做过立案操作的案卷。

巡查员资料管理。巡查人员资料分两部分，即巡查人员的基本资料和巡查人员与责任网格关系。基本资料包括巡查人员编号、姓名、出生日期、性别、担任巡查人员日期、手机号，责任网格信息为责任网格编号。

巡查人员工作查询。根据巡查人员每日的工作情况(上报、核实、核查)，进行查询。

巡查人员实绩考核。对巡查人员的工作做实绩考核包括考核的指标和工作的量化分析。如平均日上岗时间、责任区总案件数、自报案件数、自报率、核实案件数、核查案件数、立案案件数、作废案件数和发现准确率等内容。

4. 查询统计

多种条件查询。多种条件查询是查询满足给定条件的所有案件。如根据案件所处状态、时间、任务号、巡查人员编号等进行组合查询。

派遣情况查询。在给定时间内的派遣操作情况，并显示每个案卷的最后一条派遣信息和该案卷的派遣次数。并可对每条案件展开该案件详细信息界面；单击派遣次数，能够直接浏览派遣纪录。对统计的结果可以进行导出 Excel 和打印操作。

延期、缓办查询。在给定时间内的审核的缓办(延期)情况，并显示每个案卷的最后一条派遣信息和最后一次申请缓办(延期)的记录。对于每条案件，都能详细浏览申请记录。对统计的结果可以进行导出 Excel 和打印操作。

信息统计。信息统计将汇总统计出所有部件在区县和大类下的汇总信息。信息统计在界面打开时系统自动统计出结果，不需要指定统计条件。

汇总表。汇总表将汇总统计出所有部件的大小类在各区县的分布情况。统计结果细分到具体的小类在各区县的分布明细和相关的汇总信息。对统计出的结果有导出 Excel 功能。

5. GIS 管理

林业网格化管理系统中 GIS 管理模块除地图浏览基本功能外，主要包括事件定位、人员监控、轨迹管理。

事件定位。管理人员在系统管理平台上可进行案件定位操作，查看林业网格化案件发生地点，并能在地图上根据事件点位，查看事件详细信息。

人员监控。林业网格化巡查人员在野外进行林业养护管理巡查，实时位置信息传输到管理系统，管理人员可以在平台上查看巡查人员位置，并可以在地图上点击查看巡查人员头像等基本信息，发送信息到巡查人员手持端，也能查看手持端回复的信息。

轨迹管理。在地图上既能查看巡查人员位置，同时可以对历史轨迹进行查询、回放（巡查人员轨迹图见图 11）。

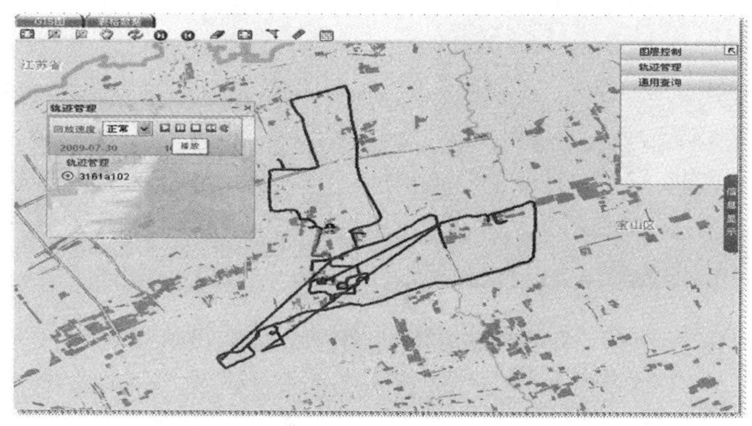

图 11　林业管理功能界面（轨迹图）

（二）林业网格化巡查 PDA 功能介绍

林业管理 PDA 供林业巡查人员使用，具有发现问题上报、接收核实核查任务等功能。同时会自动收集 GPS 轨迹发送回监督指挥中心，供指挥中心进行位置查询和巡查考核。其主要功能包括以下几个方面。

问题上报。包括事件上报和部件上报，用于巡查人员将管理区域内发生的各种问题进行上报。巡查人员的发送表单里可以包含地图、照片和声音资料。

我的任务。显示当天林地管理监督指挥中心发给巡查人员的任务。巡查人员执行任务并做出回复，系统会将新到的任务在主菜单的标题栏里自动提示。

历史记录。记录最近所上报的问题和执行的任务，系统会用不同颜色标记成功的回复和不成功的回复，巡查人员可以查看这些记录。

今日提示。系统服务器将需要提示的信息发到每个终端的林业手持终端软件上，提醒巡查人员执行某些操作。

地图浏览。查询事件和部件所在的位置，包括位置选择：标注相关部件所在的位置；地图放大：地图的放大操作；地图缩小：地图的缩小操作；GPS 导航：使用 GPS 设备进行定位。

数据同步。手机所存储的信息与服务器不一致的时候，要进行数据同步。系统会自动探测数据同步需要的时间。如果时间超过 90 秒，则会取消无线同步方式，建议巡查人员去监督中心进行有线同步。

键盘锁定。用于锁定按键和屏幕，使林业管理人员手持终端处于待机状态。

系统设置。对应用程序的一些功能进行设置，如服务器设置、端口设置、功能设置等等。系统设置只对具有可修改权限的巡查人员有效。不具备权限的用户不能使用。

使用帮助。显示系统帮助内容，帮助巡查人员迅速掌握系统(图 12)。

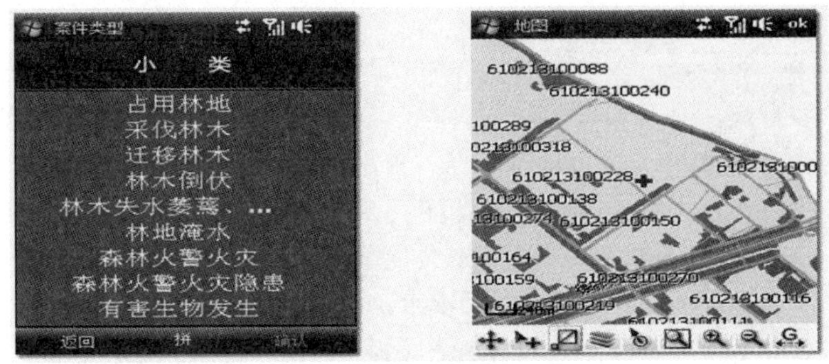

图 12　林业管理移动终端界面(小类选择、部件分布)

第二节　主要措施和经验

一、网格化运行情况

网格化管理平台于 2009 年年底基本建成，2010 年在全市全面推广使用。由于上海林地较为分散，因此采用了机动巡查方式，将每个区县作为一个责任网格(崇明、浦东分别分为两个责任网格)，每个责任网格配备一辆林业网格化巡查车和两名巡查人员，要求每个责任单元内的林地至少每月遍查两次。自 2010 年网格化管理平台推广运行以来，系统运行较为稳定，为区县林业管理部门对林业养护单位管理考核提供了数据和技术支持，因此推动了全市林业管理的数字化和精细化。

二、系统建设经验总结

领导重视，明确职责。为保证林业网格化管理系统的顺利建设，在项目启动初期，就成立了以上海市林业局局长马云安为组长，崔丽萍、蔡友铭、黄兴华副局长为副组长，相关处室和单位负责人为组员的专业网格化领导小组，并成立专业网格化工作小组，建立工作小组例会制度，为系统建设提供了组织保障。同时在项目正式启动后，上海市林业局下发文件明确了项目建设时间节点和责任分工，为各项建设内容的按时完成提供了制度保障。

规范先行，系统建设有序开展。在梳理林业网格化管理对象和管理流程的基础上编写

了《上海林业网格化管理指挥手册》，明确了专业网格化管理要点和管理流程；其次是系统建设流程规范，在项目建设中引进工程监理和财务监理，为工程质量和资金的控制提供了保障；再次是项目建设过程中，按照“系统需求确认、先设计后开发”的原则，制定了《林业专业网格化数据字典》和《林业专业网格化数据处理规则》等多项管理规定，从而使项目建设有章可循。

形成合力，保质保量按时完成各项目标任务。项目建设内容包括计算机相关硬件设备、软件开发、PDA终端系统建设以及数据采集完善等多项工作。为使各项建设工作顺利开展，项目建设单位(信息中心)联合工程监理及各个施工承担单位自项目启动就建立了例会制度，使各相关人员对项目实施情况、施工环境、项目过程中的问题充分了解和沟通。同时通过例会沟通落实问题解决方案，协调沟通相关力量解决各类问题，从而有效地控制了项目建设进度和质量。在系统开发建设过程中，信息中心、项目开发方和监理方，对于系统最终用户相关单位不断地进行需求调研，在需求明确的情况下进行系统设计，同时，在开发系统原型后，曾多次给相关用户演示、沟通、修改完善系统，从而真正保证系统的可用性和有效性。

三、系统技术特点

面向服务的体系架构。整个系统架构设计的出发点是以林业网格化管理系统的用户使用体现为核心，其本质是满足“业务流程”。在这一原则之下，系统的设计与开发始终围绕“业务流程”展开，整个业务功能的设计和实现采用模型驱动和面向服务的体系架构的思想，充分保证系统功能和流程实现的灵活性和扩展性。

系统开发采用成熟的工作流引擎技术，在系统架构上实现了业务流程同业务逻辑层、展现层、数据层的分离，隔离业务与技术的变化，形成一个高内聚、松耦合系统，从而能够满足系统业务流程根据业务需要快速进行调整的要求。

系统开发采用的技术平台和工作流引擎无缝结合，基于开放的技术标准、面向服务的架构、面向流程的业务整合，使系统具有很好的稳定性和扩展性。

标准化的数据接口设计和灵活的系统接口设计，实现网络信息资源共享。系统基于多层体系架构，采用标准化的数据接口设计和灵活的系统接口设计(如Web Service接口)，可实现林业专业网格化管理信息系统与城区网格化现有系统的资源共享、协同工作。

开放的数据结构设计能够适应各种标准的变化发展。数据结构设计的开放性，使系统可以不断适应各种标准的变化发展。在现有相关标准的基础上，制定了符合林业网格化管理实际需要的相关数据结构的标准体系。但是标准编码体系同样存在可持续发展问题，而系统的可持续发展又与标准编码的可持续发展息息相关，为了能够保证实际实施的标准可以不断适应国标、行标的发展变化，系统通过开放的数据结构设计，提供数据结构和数据字典的编辑、扩充工具，使系统使用的数据结构体系可以通过简洁的方式不断修订、扩充和升级，适应各种标准的发展变化。

GIS 技术、空间数据库技术与 Internet 技术结合，实现信息服务 Web 化。GIS 技术与 Web 技术的结合形成的 WebGIS 技术，使地图数据在网上发布成为可能，用户可以通过浏览器进行地理信息的各种操作。

系统采用空间数据库技术，对空间数据进行有效组织，并通过负载均衡技术，在多服务器环境中实现最佳的系统运行效率。通过 WebGIS 技术大大降低了对网络带宽的运行要求，从而满足政府部门在政务专网上对地图数据应用的要求。

强化空间信息管理和利用，为综合评价提供可靠依据。系统提供强大的结构化数据（如事件、立案信息）、非结构化数据（如各种文档、手机照片）的查询统计功能和数据分析功能。业务人员可通过多种查询方式进行事件和案卷的查询和统计。领导可以进行案卷在办时的实时监控查询等等。在统计方面，系统也提供了丰富的数据统计功能，统计结果可以在业务人员和各级领导之间实现电子化及时传递。

第三节　效益分析和所获荣誉

目前，各区县林业站已熟悉掌握了林业网格化巡查、处理的信息化手段。2010 年到 2011 年两年共上报案件 859 件；立案 853 件；区县接单处理 847 件；督办 838 件；及时处理并结案 829 件，占总立案数的 96.5%。林业网格化巡查的 9 个区县共巡查 4155 次，平均每区县 230 次/年。综上数据显示，林业网格化巡查及案件处理工作正常有序开展。

第四章 浙江省林权监管平台

长期以来，对于森林资源地籍、权属等问题，历经了20世纪土改时期“土地证”、“山林入社清册”，80年代初“山林定权发证”、“责任制完善”等，90年代后一些地方开展尝试森林资源流转，并出台相应政策，2005推行“责任制延包”。但由于产权不明晰、经营主体不落实、经营机制不灵活、利益分配不合理等问题仍普遍存在，严重制约了林业生产力的发展。

2008年6月8日，中共中央、国务院颁布了《关于全面推进集体林权制度改革的意见》，明确指出：“集体林权制度虽经数次变革，但产权不明晰、经营主体不落实、经营机制不灵活、利益分配不合理等问题仍普遍存在，制约了林业的发展”。提出用5年左右时间基本完成明晰产权、承包到户的集体林权制度改革任务。集体林地经营权和林木所有权已经落实到户的地方，要尽快建立健全产权交易平台，加快林地、林木流转制度建设，完善林木采伐管理制度。尚未落实到户的地方，要在加强宣传、做好培训和搞好勘界发证基础上，加快集体林权制度改革步伐。加大财政对集体林权制度改革的支持力度，开展政策性森林保险试点。引导森林资源资产评估、森林经营方案编制等中介服务健康发展。进一步扩大国有林场和重点国有林区林权制度改革试点。此次中央文件规定，在不改变林地用途的前提下，林地承包经营权人可依法对拥有的林地承包经营权和林木所有权进行转包、出租、转让、入股、抵押或作为出资、合作条件。

浙江是“七山一水两分田”的省份。全省土地总面积10.18万平方千米，山地、丘陵占总面积的70%。林业用地面积667.97万公顷，占全省土地总面积的63.64%。20世纪80年代初“山林定权发证”、“责任制完善”，全省以纸质山林权证档案建设为核心，到2005年推行的“责任制延包”，极少部分县市采用了计算机管理。但是与全国其他省份一样，长期以来森林资源地籍、权属等产权不明晰、经营主体不落实、经营机制不灵活、利益分配不合理、林权纠纷不断等问题也普遍存在，管理方法陈旧、管理手段落后，严重制约着有限林地生产力的发挥，严重影响林农的积极性。

为了减少林权纠纷，维护社会稳定，盘活林地资源，促进农村经济发展，浙江省林业厅自2005年开始，联合浙江农林大学信息工程学院，整合业务和技术优势，着手研究林权的信息化管理。为了明晰产权，减少纠纷，2005年开发了林权管理信息系统，主要用于林权证证本登记、发放的管理工作；2008年在原有系统的基础上又开发了林权地籍管理系统，解决了中央提出的人、地、证相符，图、表、册一致的要求；2010年浙江省林业厅根据目前管理需要，又组织力量对系统作了升级完善，开发了集权证管理、地籍管理、评估抵押、变更登记、林地流转和资源管理为一体的"林权监管平台"，平台利用IC卡联系各方管理数据，实现了林农、企业、政府和金融机构之间的"一卡通"管理。

第一节 主要功能

一、平台架构

平台采用客户机—中心服务器—数据库服务器三层B/S体系结构(图13)，将浏览器作为客户机的主要工具，来访问系统服务器端资源，包括数据库服务器，在实现系统快速部署的同时，方便用户使用。系统内部采用Windows Communication Foundation（WCF）技术进行数据通信和安全控制，各子系统之间使用XML Web Services技术作为其向其他应用程序提供数据和服务的应用程序逻辑单元(图13)。

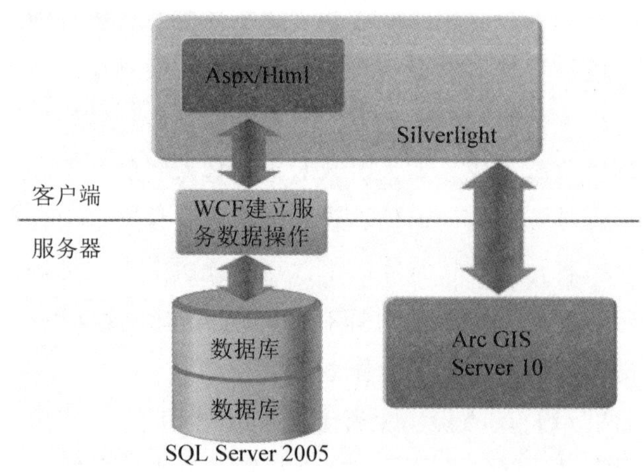

图13 林权监管平台技术结构框架图

二、平台组成

"林权监管平台"由软件和硬件两大部分组成。硬件由林权IC卡、读卡器、触摸一体机、LED显示屏、服务器五部分组成；软件由林权基础信息管理子系统、森林资源资产评

估与抵押子系统、触摸屏查询子系统和林权交易信息发布子系统四个部分组成，各子系统间数据共享，信息联动。

平台实现了林权证的办理、林权变更、林地流转、资产评估、林权抵押、基础数据管理等相关业务的一体化管理。同时，系统为用户提供触摸屏查询，方便林权基础信息、森林资源资产评估信息和林权抵押信息的获取。除此之外，用户也可以在林业局的相关网站和大屏幕上发布自己的林权交易信息。

平台是在林权底层数据的基础上，以人、地、证相符，图、表、册一致为要求，以勘界调查、评估建库、制卡授信 3 个步骤为关键环节，以明晰产权、核定资产为工作目标，通过对林权信息和资源资产评估结果的数字化处理，以林权 IC 卡为用户标识的软硬件集成系统。它不仅以“数字档案”的形式记录了山场林权的各种信息，还能进行森林资源资产评估，规范农村山林地籍档案管理，有效破解林权抵押贷款工作中的评估难、耗时长等问题，实现了产权明晰、民心安定、社会稳定，在促进农民增收和新农村建设方面发挥了积极作用。

(一) 平台硬件组成

“林权监管平台”的硬件部分主要由以下五部分构成：林权 IC 卡、读卡器、中心服务器、触摸查询终端和信息发布终端。用户通过读卡器将自己林权 IC 卡中的个人信息读取到中心服务器中，就可以查询自己的林权信息，办理包括资产评估、抵押在内的相关林权业务。用户发布的林权交易信息也可以在林权交易中心的信息发布终端和林业局相关网站上显示出来(图 14)。

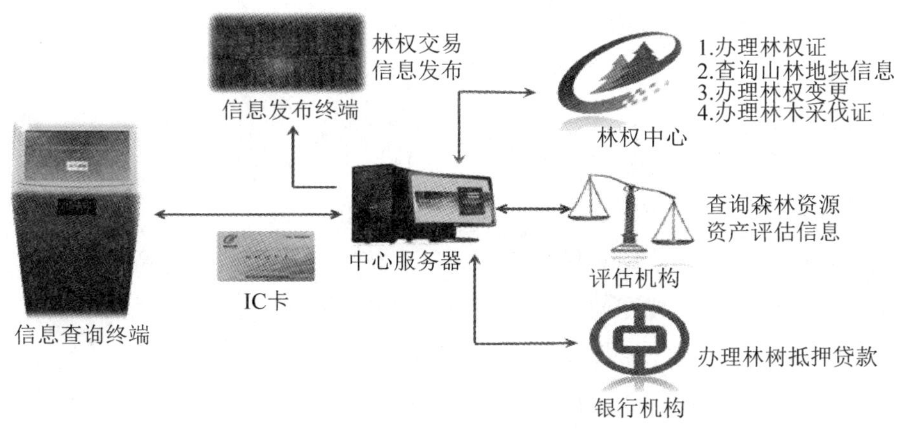

图 14 平台硬件结构图

(二) 平台软件组成

1. 属性数据库

林权基础数据库。根据人、地、证相符，图、表、册一致的工作要求，以山林延包工作的林权证数据资料为依据，利用森林资源调查万分之一地形图，分步进行实地勘界和调查。将村、组林地所有权证登记的山场地块的界线勾绘到地形图上，对山场地块的林权证号、地名、权属、四至等林权因子进行调查记载，形成林权的权属数据，再对每个山场地块配以 IC 卡，实现山场地块与 IC 卡的一一对应关系。农户不但可以在林业主管部门领取纸质林权证，还配以对应 IC 卡。利用本卡，可以在林业局指定窗口和林业信息化触摸屏上查询、补办、注销、流转林权信息。

森林资源基础数据库。准确地获得每个林权地块森林资源的状态是准确进行每个林权地块森林资源评估的基础，因此需要建立林权地块的地理位置、地形地貌以及树种、树种组成、各树种的平均高和平均胸径等要素组成的数据库，并能及时进行数据的动态更新。

林权评估数据库。对勘界调查获得的森林资源资产资料、权属资料和经营资料，根据《森林资源资产评估技术规范〈试行〉》，综合考虑森林资源资产的类型、数量、质量、立地条件、交通条件、市场行情、管理成本、采伐利用成本和相关法律法规政策等因素，统一采取市价法进行评估，评估出每一片农户使用权山场地块的森林资源资产价值。并将转绘后的地形图与调查评估资源资产等相关数据信息全部录入林权信息化管理系统，统一建立农户森林资源资产信息数据库，实行电子信息化管理。农户可以利用林业主管部门发放的 IC 卡，方便地在指定窗口和林业信息化触摸屏上查询属于自己的山场地块的资产价值。

林权抵押数据库。在林权信息和森林资源资产信息数据库的基础上，以森林资源资产信息为管理对象，围绕林权和森林资源资产变化管理，开发集林权和森林资源资产管理于一体的森林资源资产信息化管理系统，建立农户林权及森林资源资产信息档案，并且林权一卡通作为金融部门发放林权抵押贷款、授信和建立林权抵押信用证贷款制度的依据，实行“统一评估、一户一卡、随用随贷”制度。

2. 空间数据库

林权地籍数据丰富，信息量大，包括底层地图(航片、卫片或等高线图)、各类权属信息、二类信息、生态公益林信息、征占用林地信息、古树名木信息等。如何保证在地图访问时数据的快速投递，减小访问延时是图层管理的核心。

林权地块按性质可分为：国有使用权山、所有权山、统管山、自留山、责任山、流转山，系统为每类性质分别设置图层；为了能管理二类信息、生态公益林信息、古树名木信息等非权属信息，平台增加了其他类型图层；为了加快查询、分析速度，降低服务器负荷，平台设置综合类型图层，本图层集中了除底图外的所有图层。由于各类数据都有相应编号，不便于数据检索，因此把各类编号统一映射到图层编号中。

对于底图的管理采用了切片技术。当客户端访问时直接获取需要的小图片拼接成完整的地图，而不是由服务器动态创建出一幅图片来送到客户端。平台对于林权地块内的二类资源信息、生态公益林信息、古树名木信息预先进行了空间分析，以便可以快速查看每一个地块的资源信息。

最终平台生成以下图层：乡镇面(等高线)、乡镇面(遥感)、乡镇驻地、村面、村驻地、小班面、国有使用权、统管山、流转山、所有权、自留山、责任山、其他、综合等图层，放到指定目录下，符号化完成后，使用 ArcGIS Server 发布服务。

3. 林权基础信息管理子系统

林权基础信息管理子系统是为了加强林业系统中对林权证操作的规范性及对数据的集中管理，以便于对林权证和林权申请表中各种数据的统计和监控而设计的，是基于广域网技术的一套管理系统。整个林权基础信息管理子系统包括录入、审批、查询、报表、设置五大模块，每个模块都有若干子功能来支持。通过这些软件模块和外部硬件设备(如林权IC 卡、读卡器等)的结合使用，达到了加强林业系统中对林权证的操作规范性及对数据集中管理的目的。其功能模块图如图 15 所示。

录入。录入模块分为清册录入、申请表录入、山场基本信息录入、责任山承包合同录入 4 个功能。

审批。审批模块分为领证、批量删除和权证审批 3 个功能。

查询。查询模块分为申请报表查询、林权证查询、清册查询、山场信息查询、责任山承包合同查询 5 个功能。

报表。报表模块分为办证统计、身份证核对表、林权申请登记表、林权发证登记表、清册统计一览表、林权证本数量统计、发证地块数量统计、林权地块面积统计、权证地图勾绘对照表等 16 个功能。

设置。设置模块分为乡镇设置、村设置、组设置、面积单位设置、经办人设置、林权证显示、二级地类、三级地类、林种设置等 15 个功能。

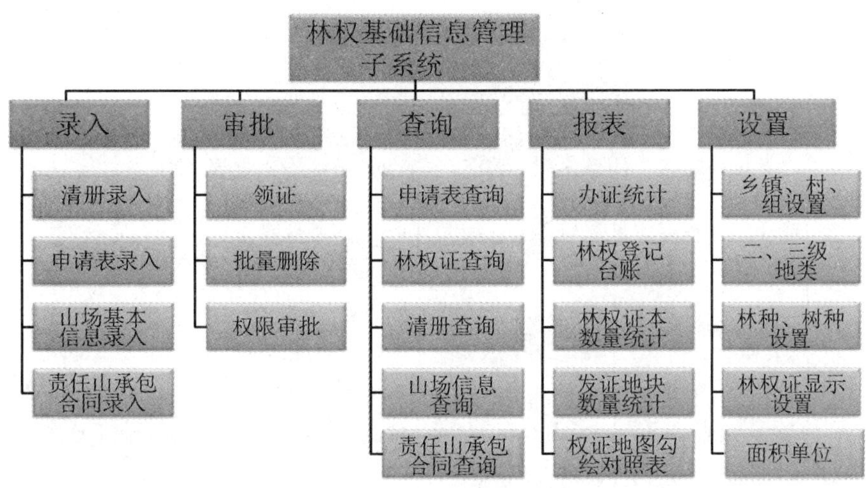

图 15　林权基础信息管理子系统功能模块图

4. 森林资源资产评估与抵押子系统

森林资源资产评估与抵押子系统包括木材市场信息管理、资产评估管理和资产抵押管理。木材市场信息管理主要针对木材价格信息的查询、修改、新增和删除。查询时访问数据库木材价格表，找到木材价格信息后显示，如果没有该信息则提醒用户未找到；修改时访问数据库木材价格表，覆盖原先的木材价格信息；新增时访问数据库木材价格表，把新增的信息加载到木材价格表，如果树名重名则提醒用户；删除时访问数据库木材价格表，删除已访问的信息。资产评估管理可以根据用户所需选择评估方式来估计资产价值，以市场价格倒推法为例：在对应的地方输入评估林地的信息，然后增添参考案例的信息，信息载入完成后进行评估，在资产评估界面的相应位置显示评估结果。对于评估的信息可以进行文件保存，也可以选择打印评估信息。资产抵押管理用于管理林地抵押贷款，包括贷款信息、还款信息和贴息管理，同时对于已抵押资产进行锁定，使之无法进行采伐等相关操作。

森林资源资产评估与抵押子系统功能模块图如图 16 所示，按功能划分，可分为信息录入、查询、报表和设置四大模块，每个模块都有若干子功能来支持。通过这些软件模块和外部硬件设备的结合使用，实现了森林资产实物量与价值量消长变化的有机统一，自动更新、统计报表，交互查询，为进一步加强和完善森林资源资产会计核算及管理打下基础。

录入。录入模块分为森林资源信息、评估报告、森林资源信息卡、抵押登记、贷款信息管理等 7 个功能。

查询。查询模块分为森林资源信息查询、森林资源信息卡查询、评估报告查询、抵押登记查询、贷款信息管理查询、他项权证查询 6 个功能。

报表。报表模块分为林权抵押贷款登记台账、森林资源信息卡发放统计、森林资源信

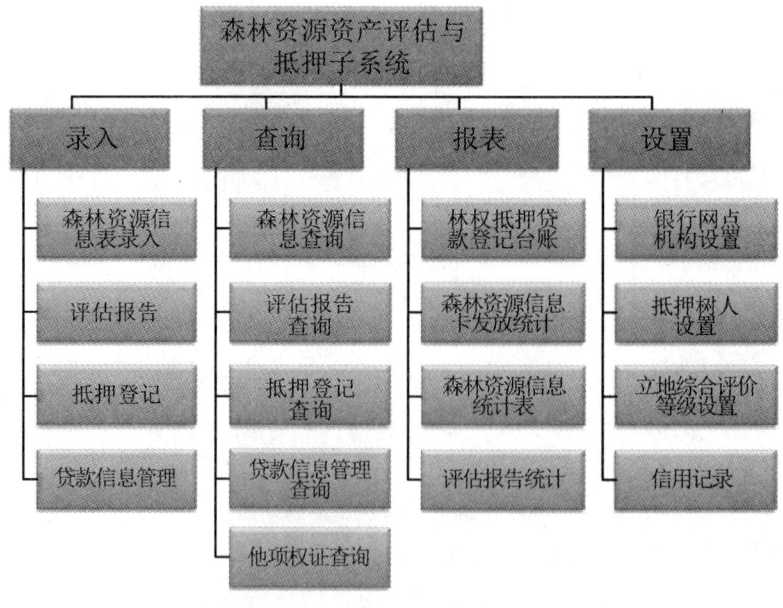

图 16　森林资源资产评估与抵押子系统功能模块图

息统计表、评估报告统计4个功能。

设置。设置模块分为银行网点机构设置、抵押权人设置、立地综合评价等级设置、信用记录4个功能。

5. 触摸屏查询子系统

触摸屏查询子系统功能结构如图17所示，其功能主要包括林权基础信息查询、法规政策查询和资产评估抵押信息查询三个模块，每个模块都有若干子功能来支持。通过这些软件模块和外部硬件设备的结合使用，可使持有林权IC卡的用户在触摸屏上方便地查询各项林权信息及相关法律法规。

林权基础信息查询。林权基础信息查询模块分为林权查询、林地查询、流转查询和资产查询4个功能。

法规政策查询。法规政策查询模块分为法律法规查询和规章政策查询两个功能。

资产评估抵押信息。资产评估抵押信息查询模块分为变更查询、抵押查询、贷款查询和还款查询4个功能。

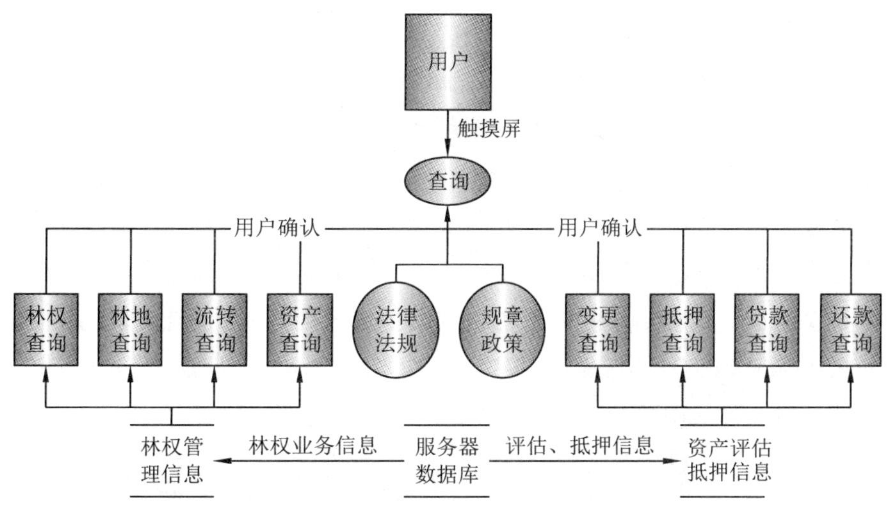

图17　触摸屏查询子系统功能结构图

6. 林权交易信息发布子系统

林权交易信息发布子系统运行的硬件环境包括中心服务器、客户机、信息交换设备、信息输出设备和设备之间的连接，系统的开发实现将森林资源流转办公中心的交易信息发布至林权中心的大屏幕和林业局的相关网站上，实现信息发布、信息反馈、远程交流和数据监控。其运行环境如图18所示。

林权交易信息发布子系统的结构框架主要包括两个部分：森林资源交易信息发布子系统与林权基础信息管理子系统。两者既有机联系又相互独立，协调完成森林资源流转的整体工作。林权基础信息管理子系统用于权证权属的数据查询与统计，实现林权证的网上办理。为了实现各子系统的有效集成，相关子系统的后台属性数据统一放到同一个关系数据

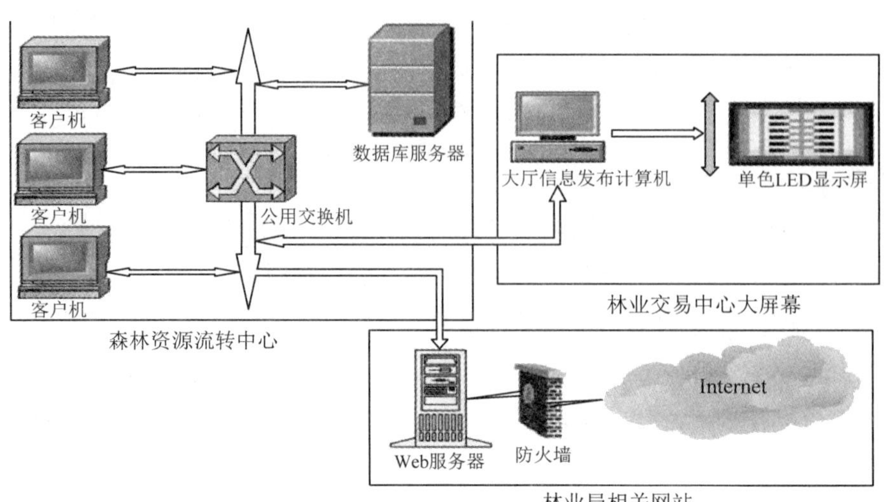

图 18　林权交易信息发布子系统运行环境图

库中，实现对林权基础信息和森林资源交易信息的统一管理。森林资源交易信息发布子系统用于接受森林资源流转申请与审批、资产评估与审批、收费、买卖双方成交归档，直到进入林权基础信息管理子系统办理林权证；也可用于民间流转信息的输入和处理，实时监控全市以及各乡镇的流转情况，提供信息发布、虚拟空间讨论与交流平台。林权交易信息发布子系统实现了信息发布管理、发布站点管理、分类管理。其功能结构如图 19 所示。

信息发布管理。管理员可通过登录林权交易信息发布子系统实现添加、修改、删除、审核林权信息等功能，选择合适日期，发布各类供求信息、求购信息和合作信息。

发布站点管理。功能包括站点的新增、网站友情链接、网站公告、林业新闻的添加和审核。其扩展功能包括流转信息查看、回复信息、上传文件管理等。

分类管理。功能包括网站分类添加、一级栏目排序、网站栏目合并、网站专题添加。

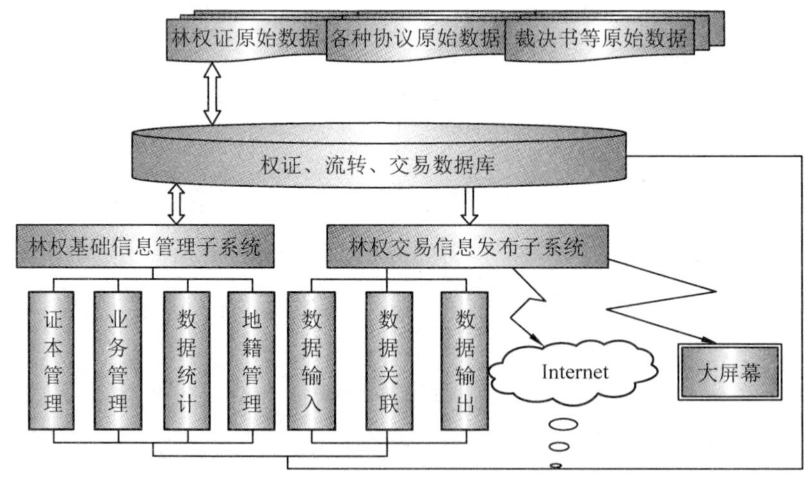

图 19　林权交易信息发布子系统功能结构图

第二节　主要措施和经验

在建设的初期由于缺乏整体的规划，开发系统时只关心某个单一的核心应用，常常由于数据库、操作平台、显示模式、开发语言不统一，造成更大的信息孤岛，另一方面由于系统之间的功能冲突造成投入和回报的递减效应。初期的信息化建设从功能设计上往往只考虑了省级的管理需要，缺少对县级管理实际的考虑，使得开发的系统县级林业主管部门缺乏兴趣甚至有抵触情绪，导致系统推广困难，实际使用中少有人问津，系统缺陷无法及时发现，无法升级完善，生命力不强。

总结上述经验教训，浙江省林业厅以林权信息化建设为契机，提出具体项目省厅牵头，某一县级林业主管部门提出需求，浙江农林大学信息工程学院作为技术支撑，若干县市试点应用，最后全省推广使用的信息化推广策略。省厅自始至终关注信息化建设的全过程，起到引导、协调和督促的作用；选择某一典型、有积极性的县级林业主管部门提出具体需求，而不是把所有相关单位召集开会。原因有二：一是县级才是林业管理的主体和重点，二是所有单位参与就等于谁都没参与，结果导致谁都不来管，因此把责任落实到某一县级单位甚至某一个人，切实推动信息化建设；浙江农林大学信息工程学院长期从事林业信息化研究，不但精通信息技术，而且熟悉林业业务，这是一般软件公司无法比拟的，浙江农林大学信息工程学院与一般的公司相比不会纯粹为了经济利益考虑，在信息化建设过程中往往具有边研究边建设的性质，考虑全面，标准统一，适合长期合作；项目开发完成后选择若干具有不同特点的县市进行试点应用，根据应用情况提出改善意见，修改完善后全省推广，同时浙江农林大学信息工程学院根据使用情况、应用的深入，甚至政策的调整随时修改、完善、升级信息系统。

一、整体规划，分步实施

经过近 6 年的信息化建设特别是林权信息化的推进，以及与浙江农林大学信息工程学院的合作研究，浙江省林业厅逐步认识到森林资源的信息化监管涉及森林的经营、生长、利用和流通监测整个过程的多个环节，是一项庞大的系统建设，同时多环节在管理上要求满足基础数据共享，各环节信息要求关联，从而实现多环节管理上的联动。因此，需要进行整体规划、整体设计，根据需要和重要性分期开发，并且边开发，边应用，体现开发为应用服务，体现投入的回报。具体从林权信息化建设来看，在 2005 年开始启动旨在实现林权证证本管理的林权办证系统，实现了权证的数字化管理，达到了“人、地、证”相符的目标；到 2008 年待各方面成熟后推出了林权的地籍管理，把权证落实到了山头地块，实现了“图、表、册”一致的目标；有了前面的基础工作，积累了大量的真实数据后，2009

年开始实施林地流转、资源评估、资产抵押的信息化管理，并利用IC卡管理数据，实现了林农、企业、政府和金融机构之间的“一卡通”管理。

二、信息联动，管理互动

经常听到大家在谈到林业信息化时，反复强调的一句话是：要注意数据共享、注重系统间集成。一些县市基层管理人员经常谈起的话是：东一个系统、西一个系统，相互数据不能自动调用，不方便也易出差错。浙江省林业厅经过近几年的深刻反思，特别是与基层管理人员不断交流，逐渐认识系统建设只是一种监管过程的技术表现形式，更重要的是系统地研究与分析森林资源整个监管过程内在的规律，即森林资源自然属性的本质，并将这种内在规律与现行管理体的作用有机结合起来，融现代森林资源管理的思想、科学的方法于技术系统之中。而这种能将内在规律与现行管理体的作用有机结合，又能融现代森林资源管理的思想、科学方法的模型就是信息联动机制。

三、资金共担，各得其所

经过省厅近几年的信息化建设特别是林权信息化建设，慢慢形成了省林业厅、地方林业局和浙江农林大学信息工程学院三方合作共赢的一种信息化建设模式。省厅出题出开发费用，县林业局出管理思想，浙江农林大学信息工程学院出技术。开发成功后全省推广使用，各级林业局根据各地管理需要还可以另行升级完善系统，系统维护费用由各林业局共同承担。省厅推广了项目，减轻了管理维护成本；各林业局可以发展个性化需求，更加贴近自己的管理实际，由于维护成本一起负担，因此资金压力很小；浙江农林大学信息工程学院不但得到了经济效益，同时也锻炼了教师，培养了学生。三方各得其所，互利共赢。

第三节　效益分析和所获荣誉

一、效益分析

规范林权档案，促进林业管理现代化。“林权监管平台”建设工作是现代林业管理的一项重要基础工作。建成后可以确保全省林权信息数据的准确性和统一性，进一步规范林权档案管理，从而形成“图、表、册”一致的林权地籍信息，并与林木采伐、生态公益林以及森林防火等其他相关管理系统建立底层数据共享及林业信息联动，实现林业管理现代化、自动化、数字化、网络化，减少了行政管理成本，提高了工作效率，更好地为林农提供优质服务。

简化评估程序，促进林权抵押贷款。林权抵押贷款是一项“林农得实惠，干部得口碑，银行得效益，政府得民心”的大好事，林农第一次有了真正意义上的抵押资产，破解了林农贷款无合法有效抵押物而导致的“抵押难”、“贷款难”问题，为林农增收注入了新活力。但由于林业“三定”时的分山到户，林农的山林普遍“散、小、多”，一家一户逐个进行评估，量多难度大，评估成本高、工作效率低，已经成为当前急需解决的问题。“林权监管平台”的建设，建立了农户森林资源资产信息库，清楚了解林农资产情况，实现了“统一评估，一户一卡，随用随贷”。林农需要贷款时，只要花几分种时间从电脑中打印出“森林资源资产信息卡”即可，再也无需逐个逐片山场进行评估。不仅极大地方便了林农，减轻了林农负担，又缓解了评估压力，节约了大量的人力物力，为林权抵押贷款“增量扩面”打下坚实的基础。

保障林农权益，促进社会和谐稳定。由于林业“三定”工作较为粗放，四至表述不清，农户之间因山林界址引发的纠纷事件时有发生。特别是随着时间的推移，当初参加分山到户的林农逐渐亡故，年轻一代更不清楚山林的具体情况，长此以往，将极大地影响林农的合法权益，并会造成社会的不稳定。通过“林权监管平台”的建设，将林农的山场地块固定在电子地形图上，明确山林产权，从而减少山林纠纷事件的发生，有利于保障林农的合法权益，促进社会和谐稳定。

增强资源保护，促进生态文明建设。通过“林权监管平台”的建设，进一步明晰山林产权，建立农户森林资源资产信息数据库，能增强森林经营方案编制、森林采伐管理、森林病虫害防治、森林防火等资源保护工作，实现森林火灾保险和理赔的实体化，促进生态文明建设。

改善信用环境，促进农村信用体系建设。林权情况是已开展的农村信用体系建设中农户信息采集的重要内容之一，也是金融部门确定林农授信额度的主要依据，林权数据的真实性和准确性是农村信用体系建设成败与否的关键。通过林权信息化建设，真实、准确掌握林农森林资源资产情况，有利于提高农村信用等级评定质量，改善农村信用环境，促进农村信用体系建设，提高信贷支农工作质量。

近年来，在金融部门的支持下，各县市紧紧抓住林权流转、林权抵押贷款、资源公开拍卖等关键环节，集体林权制度改革步步深入。全省发放林权证 400 多万份，办理林权变更登记 4000 多宗，林权流转 1300 多万亩，实现流转金额 213 亿元，发放林权抵押贷款 65. 5 亿多元，公开拍卖林木资源价值超亿元，部分县市森林火灾保险全覆盖，有力地促进了林业产业的发展。

二、所获荣誉

领导关注。浙江省林权改革和信息化工作得到了国家、省各级领导的关注。

媒体肯定。林权监管平台的建设也引起了媒体的高度关注和肯定，中央电视台《经济半小时》栏目记者千里迢迢来到浙江省丽水市拍摄集体林权制度改革工作，还专程采访了丽水市市委书记陈荣高、庆元县委书记陈景飞及相关林业工作人员和林农。中国林业网、中国林业新闻网、山东林业信息网、浙江省教育厅网站都纷纷报道了浙江省林权信息化建设，充分肯定了浙江深化集体林权制度改革的成绩。

学术荣誉。“林权监管平台”建设是政府部门与高校合作的典范，是产学研结合的成功案例。平台建设不但为政府取得了社会效益，为林农获取了经济效益，同时也为高校培养人才和开展科学研究提供了平台，可谓是多赢的局面。通过林权信息化建设，为森林资源的管理提出了一种新监管模式，通过科学合理的监管来保证资源安全、资产安全和人员安全(减少渎职)(图 20)。

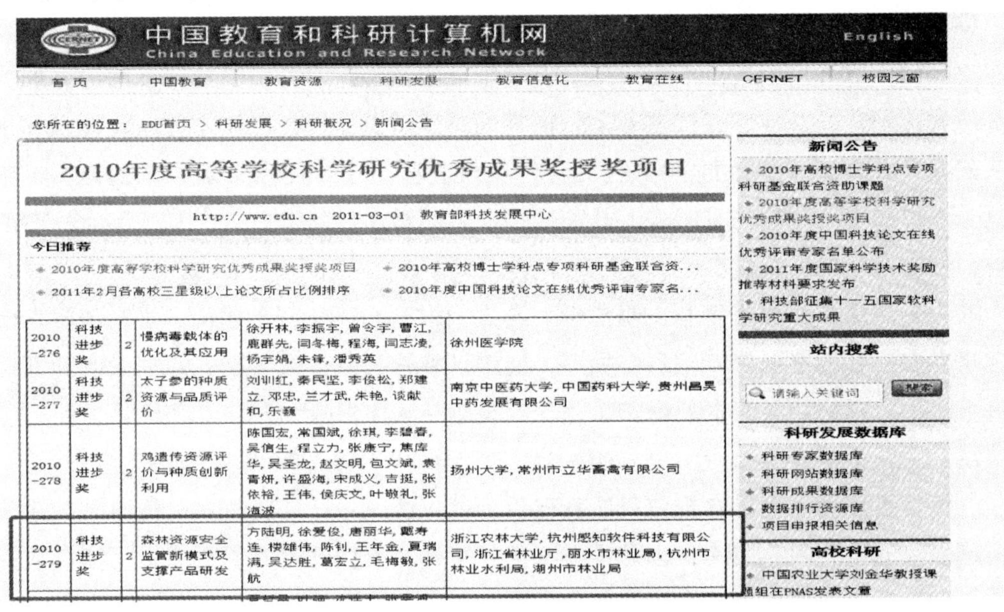
中国教育和科研计算机网
China Education and Research Network
English

首页　中国教育　教育资源　科研发展　教育信息化　教育在线　CERNET　校园之窗

您所在的位置： EDU首页 > 科研发展 > 科研概况 > 新闻公告

2010年度高等学校科学研究优秀成果奖授奖项目

http://www.edu.cn　2011-03-01　教育部科技发展中心

今日推荐

- 2010年度高等学校科学研究优秀成果奖授奖项目
- 2010年高校博士学科点专项科研基金联合资...
- 2011年2月各高校三星级以上论文所占比例排序
- 2010年度中国科技论文在线优秀评审专家名...

2010-276	科技进步奖	2	慢病毒载体的优化及其应用	徐开林，李振宇，曾令宇，曹江，鹿群先，闫冬梅，程海，闫志凌，杨宇娟，朱锋，潘秀英	徐州医学院
2010-277	科技进步奖	2	太子参的种质资源与品质评价	刘训红，秦民坚，李俊松，郑建立，邓忠，兰才武，朱艳，谈献和，乐巍	南京中医药大学，中国药科大学，贵州昌昊中药发展有限公司
2010-278	科技进步奖	2	鸡遗传资源评价与种质创新利用	陈国宏，常国斌，徐琪，李碧春，吴信生，程立力，张康宁，焦库华，吴圣龙，赵文明，包文斌，袁青妍，许盛海，宋成义，吉挺，张依裕，王伟，侯庆文，叶敏礼，张海波	扬州大学，常州市立华畜禽有限公司
2010-279	科技进步奖	2	森林资源安全监管新模式及支撑产品研发	方陆明，徐爱俊，唐丽华，戴寿连，楼雄伟，陈钊，王年金，夏瑞满，吴达胜，葛宏立，毛梅敏，张航	浙江农林大学，杭州感知软件科技有限公司，浙江省林业厅，丽水市林业局，杭州市林业水利局，湖州市林业局

新闻公告

- 2010年高校博士学科点专项科研基金联合资助课题
- 2010年度高等学校科学研究优秀成果奖授奖项目
- 2010年度中国科技论文在线优秀评审专家名单公布
- 2011年度国家科学技术奖励推荐材料要求发布
- 科技部征集十一五国家软科学研究重大成果

站内搜索

请输入关键词　搜索

科研发展数据库

- 科研专家数据库
- 科研网站数据库
- 科研成果数据库
- 数据排行资源库
- 项目申报相关信息

高校科研

- 中国农业大学刘金华教授课题组在PNAS发表文章

图 20　林权监管平台作为重要内容的“森林资源安全监管新模式及支撑产品研发”项目成果获教育部科技进步二等奖

第五章　安徽省林权管理服务信息平台

安徽省集体林权制度改革完成确权发证和检查验收等主体改革任务后，将林改的重点转入以开展林权抵押贷款，组建林权管理服务中心和建立林业专业合作组织等为标志的配套改革。其中林权管理服务中心及其信息平台建设是安徽省在深化林改探索中紧紧抓住的一个重点，并取得了一定的突破。安徽省林权管理服务信息平台建设的背景如下：

现有的软件系统已不适应现代林权管理服务工作的需要。目前，安徽省林改中正在使用的老式单机版的林权登记软件问题频现，一是单机数据不能准确汇总全省林权管理信息，省、市一级无法实时监察和追踪林木和林地权属登记管理的动态信息；二是原有系统的单机数据库设计不合理造成系统不稳定，数据错乱、丢失的问题严重；三是多套系统的使用导致林权证的编码信息不统一、不规范，造成全省在林木和林地权属登记管理信息化层面的数据兼容性差(包括权证号、宗地号)；四是原有系统的单机概念已经不适应现今高速信息化的数据共享的理念，在统计查询分析汇总的设计上达不到林改信息化的初衷要求，其他系统无法与之对接，造成业务割据状态，不利于整个林改信息化发展的最终规划。

林权管理服务中心建设形势发展的需要。随着林改的不断深入，林权管理工作日益规范化、专业化和信息化，广大林农和社会各界对林业主管部门的林权管理服务水平的要求也与日俱增。为适应林业改革发展的形势，目前安徽省各级林业主管部门都在积极筹建林权管理服务中心。随着这些林权管理服务中心的不断建立，急需在省、市、县、乡之间建立一套新的多种功能、准确高效的林权管理服务平台，并开发相应的软件系统，不断提高管理服务水平，使其更好地为广大林农和社会各界提供方便、快捷的服务。

第一节　主要功能

一、指导原则和建设目标

安徽省在第二届全国林业信息化工作会议确定的基本原则“五个统一”(统一规划、统一标准、统一制式、统一平台、统一管理)的基础上确定了总体规划。确立应用服务由局部向整体延伸，以提高服务保障能力为目标，在广度上推动信息化应用从点向面延伸，在深度上推动信息化应用由公共办公向核心业务推进，同时结合前期的信息化建设成果搭建了安徽省林权管理服务信息核心平台，制定了安徽省林权管理服务信息相关标准，为系统建设、软件开发提供了统一建设标准和接口，有效降低了实施风险，确保了全省在统一标准下建设。

在明晰产权的基础上，建立一套集信息发布、林权交易、行政审批、林权档案管理、网上办公、技术培训为一体的多种功能、准确高效的管理服务平台，实现林权数字化和管理网络化。

二、系统功能

安徽省林权管理服务信息平台主要提供信息发布查询、林权交易、行政许可、林权档案管理、网上办公、技术培训等功能，管理维护中心设于省级，提供集中式的数据库管理、地图管理、网站管理和系统维护管理。

(一)信息发布系统

按“五个统一”的基本原则，通过基于省级建立的信息服务核心平台建立起省、市、县三级林权管理服务信息门户网站，结合林权管理服务场所的电子显示屏系统和设立的触摸查询一体机系统，同步发布各类林业信息，实现管理方式向规范有序、公开透明、便民高效的根本转变。

各级林权管理服务信息系统管理人员通过林权管理服务信息平台提供的功能强大、可扩展的、灵活的综合业务支撑系统中 CMS 管理子系统来满足不断提出的信息更新、维护要求，CMS 强大的用户管理、权限管理、信息采集、审核管理体系保证了信息的准确性和真实性。通过统一的平台机制实现了多途径、多种形式信息发布，信息内容包括各地林业概况、林业动态、政务公开、交易信息、政策法规、林权抵押贷款、森林保险、林地林木交易市场行情等，实现全省联网的信息互动和查询服务，达到完善社会参与和监督机制，拓宽公众参与渠道，引导社会力量参与监督的目的。形成良性互动、协调推进的信息发布体制机制，为林业信息化的健康发展提供有力的保障。

(二)林权交易系统

建立全省林权交易网站。“黄山江南林业产权交易网”已于 2011 年 12 月顺利开通。林业产权交易网主要职能和服务包括整合、建设、运营和指导管理全省林业产权交易市场的动作，使之合理、规范、统一。提供林权、林业企业股权、林业科技成果(项目)、大宗林

产品转让的服务。开展林权抵押贷款、森林保险、森林资源资产评估、林业法律法规和政策咨询等服务。通过林权交易系统交易的所有项目，都经过林权交易专业团队的专业审核和运作，严格遵守国家和地方的相关流转法律法规，实现交易的规范化、高效化，规避交易纠纷的产生，按照公平、公正、公开的原则，维护交易双方的合法权益，让出让人卖得放心，投资人买得放心。林业产权交易网的主要特点如下：

会员制。林业产权交易网实行会员制，林业产权交易分支机构作为林业产权交易所的交易会员单位组织交易，经纪机构作为经纪会员参与经纪代理业务，中介机构作为中介会员参与评估、担保等中介业务；挂牌方和竞价方可委托在林业产权交易所注册的经纪会员代理进行交易，也可直接向交易会员单位或林业产权交易所提出申请进行交易。

网上交易。场外交易，往往采取的只有协议转让的一种模式，特别当一个项目有两人或两人以上都有意向的时候，场外交易就无法很好地去实现，特别是针对只有价格为唯一考虑因素的标准化或准标准化的权益产品，通过林权交易系统完善的网络竞价系统，不仅可以轻而易举地实现多人竞价，还可以实现异地同时同台竞价，打通时间和空间的障碍，使权益得到最大化的增值，极大地保障了交易双方的利益。林业产权交易所实行网上竞拍和现场竞拍相结合的交易方式，网上和现场所有举牌报价均进入林业产权交易所远程交易系统数据库，所有报价以网上记录为准。

林业产权交易网致力于建立统一交易平台、信息披露平台、交易规则、支付平台和监管平台等“五统一”体系，并以此为平台整合形成全省统一、规范，辐射周边省市乃至全国的区域性林权交易市场。

主要涉及的业务范围。林权交易涉及业务品种主要包括：

林地使用权。如 30 ~ 70 年的林地使用权，权属人可进行经营。

林木所有权。山上已经进入成熟期的林木，权属人可凭采伐证进行有计划的采伐。

林产品。木材、松香、毛竹、油茶、人造板及各类林产品。

国有林场和企业资产。国有林场改革涉及的资产和股权处置，国有林业企业的资产和股权转让，政府投入的项目工程。

林权抵押贷款。用林权证作抵押向银行贷款，贷款年限 3 ~ 10 年不等。

森林资源调查和评估。派出专业的技术人员对林地进行调查，形成调查报告，形成对林地上资源的一个准确的调查资料。对林地进行估值，出具有法律效力的评估报告。

林业产权交易系统的建立可有效地维护林农的合法权益，在林权交易中，林农和投资人的地位其实并不对等，因为林农不了解市场行情，而林权流转的期限又比较长，容易出现因信息不对称而导致林农自身利益的损害，通过林业产权交易网流转的林权项目均通过林权流转市场的价值发现，价格检验、市场化程度比较高，可以得到一个比较符合市场需求的流转价格，有效保障了林农的合法权益，体现了交易平台为林、惠林的社会责任。

(三)行政许可审批系统

根据国家林业局行政许可文书办理暂行规则和安徽省具体林业行政审批许可事项：农村集体经济组织(含个人承包集体)林木采伐许可、区属国有林场林木采伐许可、木竹经营加工行政许可审批、木材运输证核发、出省《森林植物检疫证书》核发、经营省二级保护以及其他有益的或者有重要经济、科学研究价值的野生动物批准、驯养繁殖省二级保护以及其他有益的或者有重要经济、科学研究价值的野生动物、临时占用除防护林和特种用途林以外的其他林地面积 2 公顷以下的林地审批、集体森林经营单位修建林业生产服务设施使用林地的审批、猎捕省二级保护野生动物及非国家、省保护的野生动物狩猎证、陆生野生动物及其产品出县运输审批、省二级保护以下及其他有益的或有重要经济、科学研究价值野生动物收购、出售的审批、非主要林木良种种子经营许可证核发、非主要林木良种种子生产许可证核发等。主要提供相关业务的流程管理(申请受理、审核审批、办结送达、业务督办、业务查询、业务统计)、实现申请人领取办件通知书后，按通知书提示实现事项办理情况网上查询、事项办结后系统短信自动通知申请人领取有关审批文书。下一步可根据需要逐步实现其他林业行政许可项目的网上申报与办理。主要特点如下：

方便易用。完全采用流程化用户界面设计，操作简便直观。完全基于浏览器界面、安装方便，客户端只需安装大众的 IE 浏览器，且操作简单、方便，只要懂上网便能得心应手使用该软件，不需要做额外的使用培训。

维护轻松。完全基于 B/S 结构的设计，可使用户轻松实现单点维护、全面升级。

个性化的管理流程定义功能。过程管理是将业务划分为相对独立的过程，一个过程的输出将成为下一个过程的输入，而对于过程内部则使用标准的程序进行管理和控制。基于这种思想，本系统将各种需要进行流程管理的日常办公行为划分为申请提交、审批流转、登记办理等几个层次：各种不同事务的处理过程完全由用户自行设定。根据自身特点充分实现管理工作的个性化特色，同时为用户随时调整管理流程变革提供了有力保证。除此以外，本系统的工作流技术将日常办公的各种业务工作紧密联系起来，不需要手工的干预就可以将“正确的信息在正确的时间”传递给参与者，这样就大大提高了信息传递的效率，减少了延迟。

支持工作流程自动化应用。所谓的工作流就是一组人员为完成某一项业务所进行的所有工作与工作转交(交互)过程。几乎所有的业务过程都是工作流，特别是办公自动化应用系统的核心应用——公文审批流转处理等。每一项工作以流程的形式，由发起者发起流程，经过本部门以及其他部门的处理，最终到达流程的终点。

本系统工作流程自动化的目标就是要协调组成工作流的四大元素，即人员、资源、事件、状态，推动工作流的发生、发展、完成，实现全过程监控。不仅管理工作流全过程的所有信息和操作，而且还可主动推进工作流程的实现，如及时地自动收回或赋予不同人员

的操作权限、主动提示和催促工作人员实现某一阶段的处理，从而整体提高工作流处理的效率。

自定义实现个性化。系统拥有广泛的适用能力，能够适应不同类型、不同管理流程需求。系统的适用性源于其出色的自定义能力。用户可以根据自身的管理需求和特点自定义部门结构、角色权限、工作流程、字典参数等等。这种灵活的机制不仅满足不同的个性化需求，同时为日后的管理提升提供了基础。

完整的安全控制功能。本系统采用三级加密技术，操作系统级、数据级(数据加密)、用户级(安全权限的划分限制)，为林业行政许可管理信息的安全畅通提供了有力保障。

(四)林权档案管理系统

林权档案管理系统依据林权管理信息化建设的发展要求，以林权档案管理工作的网络化实现为核心，克服了现有单机系统的功能单一、效率低、可扩展性和开放性差的缺点，构建了一个基于互联网的管理高效、功能强大、安全可靠的图、表、册一致，人、地、证相符的林权电子化管理档案，系统的设计和规划上结合现有林改政策和权证管理特点处理业务流程，按“五个统一”标准，即统一规划、统一标准、统一制式、统一平台、统一管理，形成省、市、县、乡多级管理，权证档案的基础业务数据处理主要在县、乡两级，省、市两级主要进行当前行政区域的证本查询和相关统计管理。系统设计之处充分考虑了兼容原有单机系统的数据并通过技术处理纳入到新系统数据体系内，减少因新系统可能带来的证本管理成本，最大限度地发挥新系统的管理效益。系统主要核心功能如下：

申请表管理。申请表管理严格按照国家统一制式的林权证格式一证六宗地的登记表模式进行宗地数据的申请管理，每份登记表可容纳一至六宗地申请表信息，超过六宗地的申请可使用多个登记表完成，并与后期审核审批后的权证和证本数据严格对应。申请表管理包括初始登记，变更登记、数据修改和注销申请等功能，申请表登记处理严格约束了数据输入的不规范操作和随意性，避免数据错误和混乱，保障后期查询和统计数据的完整性。通过二级审核和审批模式，保证权证数据的准确和真实，达到权证管理的严肃性和权威性。

申请登记表完成后经过数据审核可进行信息公示，完成信息公示后进入权证审批系统。

权证管理。权证管理涉及审批、打印、变更、注销、IC卡管理、权证质押管理，系统提供独立审批和自动批量审批生成权证的林政字、年、号，并在权证打印环节绑定林权证编号，使得林权证审批、发放管理规范化。对于林权证变更的管理严格与林权证注销机制结合，保证变更数据的统一性，并有档可查。同时证本管理加入了IC卡绑定权利人身份证件以及权证编号的功能，为后期林权流转交易完全数字化，林权抵押贷款银行查询验证接口的二次数据接入留下良好的框架。林权证质押管理主要针对目前林权抵押贷款的备案登记管理。林权证锁定管理针对林地权属不清或有纠纷的进行锁定处理，既可证本级别锁定，也可针对宗地级别的锁定。权证管理部分预留 GIS 空间数据库数据接口为后期证图合一的完善做好基础。

查询系统。查询系统提供了按省、市、县、乡、村五级行政范围的登记表、申请表、权证证本、宗地的查询、打印和 Excel 与 PDF 格式输出，也提供复杂组合条件的综合查询功能，同时提供外接接口提供 Web 查询，让公众对权证的真伪、有效性进行辨别。

统计系统。统计系统主要针对区域分布统计，根据权证涉及的信息，可按面积、林权主体类型、权属、林种、证本类型、造林年度、退耕还林等各种组合条件统计数据并生成报表和分析图表，支持打印和 Excel 与 PDF 格式输出。

编码系统。林业领域的数据编码采用国家标准，保证最大限度的数据兼容性，行政规划按省、市、县、乡、村五级，对原有系统的不规范数据尽量靠近规范化处理，由于原有系统单机数据全省各地不统一，并且多套系统共存，数据处理工作量很大，计划在后期逐步分期统一。

用户系统。采用 RBAC 模型的账号管理模式，省、市、县、乡四级授权，集中管理，避免权限下放导致管理混乱，同时也保证数据安全和一致性，所有涉及安全级别的数据均符合 C2 级安全标准，加密传输，加密验证。

日志系统。系统日志提供了整个系统用户的登录、数据操作的轨迹，监视系统中发生的事件，让管理人员高效监控系统的运行，也保证数据操作的可回溯性。

其他。对于基于互联网环境的网络波动的不稳定性，系统提供手动恢复数据连接的功能。整个系统的设计和目标是实现林权电子档案网络化、信息查询便捷化、管理服务标准化。

（五）林改网上办公系统

林改网上办公系统实现省、市、县三级部门之间以及内外部之间办公信息的收集与处理、流动与共享，以公文处理和日常事务管理为核心，同时提供信息通讯与服务等重要功能。为领导决策和日常事务提供服务，实现日常办公现代化、信息资源化、传输网络化和决策科学化。

系统包括文件通知、手机短信、内部邮件等基本功能模块，建立了高效的内部信息交流平台，在林改系统内部形成一个无缝办公的网络应用环境。主要包括以下几个方面：

公文流转。发文收文：实现了林改系统内部发文起草、发布来文登记的功能，通过系统提供的在线编辑、附件上传功能可以与其他文档编辑工具进行结合。公文办理：根据预先设置的公文办理流程，各环节的办理功能定义，可以实现公文的各项办理工作。同时根据各办理节点的权限设置，可以进行相应的加签、退签、修改后续流程等操作，极大地满足了日常公文办理中对于操作灵活性的要求。催办跳转：对于超过办理期限或需特殊办理

的公文，可以进行发送催办通知、邮件，跳转操作等功能实现，满足办理流程的跟踪检查、特殊流转的要求，提高公文流转办理的工作效率。归档销毁：通过与系统文档管理的连接，对于已完成流转办理的公文，可以进行相应的归档、销毁操作。

沟通平台。将最常用的沟通手段高度有机整合，实现“立体式通讯”。通过短信接口功能，实现向电信、移动、联通手机发送即时短信。可一次选择多人，可一次选择多种发送方式，内部邮件功能支持400M附件的在线发送。系统提供即时通消息管理，实时短消息功能可以实现在线实时交流，极大地方便了日常办公。目前支持的声音提示、图标提示功能进一步增强了使用友好性。同时支持的提醒闹钟设置功能，可以进行日常按时提示的功能。

个人事务。日志：用户每天可以随时把需要记录的事情记录到日记里，以后需要时可以方便地查询出来。计划和总结：可以按周、月、季、年四个时间段来做。我的日程：可提前设定日程及提醒方式，可查看自己安排的或分配的任务，并反馈办结情况，以系统消息的形式通知。任务安排：在日程表上直接安排各项任务，并查看完成情况。我的文档：网络硬盘功能，可共享个人文档。

用户管理。单位设置：新增单位组织架构信息。单位分组：对单位进行分组，便于在公文流转时快捷选择单位。用户管理：添加、维护用户信息，分配用户模块权限。用户分组：对用户进行分组，并可对组分配模块权限。

通过林改网上办公系统的投入应用，提高工作效率，节约办公成本，从而在更大的程度上实现了“林改业务数字化”。

（六）网络培训系统

全省联网的林改专题培训和林业合作社在线学习和培训平台，采用注册制管理。通过网络培训系统开发的视频课程和培训管理体系对全省农民林业专业合作组织等开展网络在线免费的生产技术、经营、财会等知识的学习以及网下的培训进行管理、学习跟踪、考核，同时提供教材、管理工具下载与管理、上传内部视频课件等。同时满足学习主体之间交流、互动等功能需求，网络培训系统开通专家在线、企业互动等信息沟通交流平台，实现一站式综合管理的培训学习门户。核心功能包括以下几个方面。

互动交流。强大、高效的网络 SNS 实时交流模块。功能全面覆盖我的好友、我的收藏、短消息、通讯录、通知公告等。

课件点播。以流媒体传输形式在线展现多媒体学习课件。通过课件点播模块，可不受时间、不受地域限制学习课件，以此扩展学习内容、提高学习效益。

网上调查。针对培训组织者关心的话题，组织网上调查问卷的形式，及时反馈参与培训人员的意见、要求。使得培训工作更有针对性，最大限度提升培训质量。

统计分析。根据各项培训数据，组织管理者设置特定分析条件生成分析报表，根据报表数据指导下一步工作的开展。

如学员情况统计，方便查询到参与培训的学员信息，详细地查看该组织和学员参加的培训的记录；学员分布统计，按组织、行政区域位置、学历、年龄段等类别统计，查看学员的分布情况；学员登录统计：查看学员以年、月、星期为单位的登录系统的情况，查看网络教学相关视频课件的统计情况；网络培训课程统计，查看各类培训课程共有多少人学过等。通过统计分析，对组织者在培训内容和方向上的管理、决策起着重要辅助作用。

个性设置。内含基本资料、个人信息、头像设置、修改密码等人性化的模块。

系统管理。完成系统各项资源数据的管理，培训活动组织设置工作；设置系统所需基础性数据，进行本地化配置，与实际应用环境相统一。

特色服务。开展“专家在线咨询”等相关涉及林业生产技术、生产经营、政策法规等方面的服务。

第二节　主要措施和经验

一、领导重视

为贯彻国家林业局有关会议精神，安徽省从2009年开始，不断采取多种形式向省领导汇报和宣传林权管理服务信息平台的功能和作用，并得到了相关领导的高度重视和支持。2011年12月，省委省政府在黄山市召开全省集体林权制度改革经验交流会，省领导提出要加快森林资源流转信息化、网络化建设，拓展林权管理平台的要求。省领导明确提出要在建立林权管理服务信息平台上取得新突破，2012年全面实现全省16个地级市以及31个省级、市级配套改革典型县的信息发布平台联网，开发并应用林权档案信息管理系统，开通行政审批、网上办公等多种管理服务功能。为此，2011年省林业厅专门下发了《关于加快全省林权管理服务信息平台建设的通知》，在全省全面推进林权管理服务信息平台建设工作。

二、试点先行

2009年以来，在黄山市开始了林权管理服务信息平台建设的试点工作，首先在全市各县(区)建立林权管理服务中心(多为县级林业主管部门独立组建)，在此基础上，通过硬件建设和软件开发，2010年基本完成了在该市范围内的市、县、乡三级的平台联网，初步实现了系统功能齐全、网上信息共享、许可办理快捷、林权交易规范、综合服务效果明显的既定目标。2011年选择黄山区、岳西县、南谯区等3个县(区)作为林权档案管理系统

建设试点县，目前 3 个县(区)的系统运行良好。

三、重点突破

2011 年，完成了林权交易管理系统、林权档案管理系统、林权登记发证系统以及林改网上办公系统的软件开发工作。合肥、黄山、宣城、池州等 4 个市 11 个县陆续建立了林权信息发布系统，并与省级信息平台(ah. ahlgw. cn)形成三级联网的信息查询平台。组建了江南林业产权交易所，开通了江南林业产权交易网(www. jnlqjy. cn)门户网站，同年 10 月，江南林权交易所网上竞价林权交易系统软件开发完成并投入运营，实现森林资源网上交易拍卖，最大程度上实现了交易信息对等，提升了森林资源的自身价值，有效保护了广大林农的权益，提高了林业综合管理服务水平。

四、下步工作重点

加强林权交易系统的监管服务。进一步加强对网上竞价林权交易系统的监管，督促江南林权交易所进一步规范林权交易，并积极探索开展其他的网上中介服务。

继续完善全省林权信息发布系统。2012 年，安徽省将全面实现省级与全省 16 个地级市以及各县(市、区)的信息发布平台的联网，初步建成全省林权管理服务信息发布平台。

加快林权登记和档案管理系统建设。2012 年，安徽省将加快基础设施建设、数据建库以及推广应用等工作，在 31 个省级和市级林改配套改革典型县开通林权登记和档案管理系统。

逐步开通林权管理服务信息平台的各项功能。逐步开通行政许可、网上办公、网上培训等多种管理服务功能，提高林权管理服务水平，为广大林农、林业生产经营者和社会提供及时、准确、快捷的服务。

第三节　效益分析和所获荣誉

安徽省林权管理服务信息平台的建设，提供信息发布查询、林权交易、行政许可、林权档案管理、网上办公、技术培训等功能，将充分满足各类用户对林权信息的迫切需求。

建立了统一的林权管理服务信息平台，具有信息发布全面及时、数据管理集中高效、信息资源广泛共享的特点，有力缓解了业务系统涉及部门广、中间环节多、运作时间紧的压力，优化了工作流程，减少了中间环节，从而大大降低了林权业务管理成本。

系统提供了统一的林权业务网络平台，全面提供信息获取、竞价交易、网上培训等最新资源，突破了地域和时间的限制，使广大林农和社会人士能以最短的时间、最低的成本、最有效的方式迅速快捷地认识、了解和参与进来，与传统的管理办法和手段相比，以更少的投资达到更有效的成果。

该平台立足安徽省，辐射周边，面向全社会，随着系统建设逐步完善，系统平台将会发挥出越来越重要的作用，具有巨大的增值潜力和广阔的应用前景。

项目建设为林权管理提供全方位的信息支撑和技术服务，打造了集信息发布、林权交易、网上办公、林权档案、行政许可、网络培训等于一体的综合业务信息平台，有力地促进了安徽省林权管理工作向现代化、信息化迈进。

第六章　广西虚拟林业专网

1999 年 1 月 22 日，由中国电信公司和国家经济贸易委员会经济信息中心牵头，联合 40 多家部委(办、局)信息主管部门发起的“政府上网工程”正式启动。广西壮族自治区林业厅响应号召，成立了“广西林业信息化工作领导小组”，筹备组建相应的管理部门“信息中心”，并制定了《广西壮族自治区林业局信息中心——林业信息网络总体规划方案》。1999 年底，广西林业厅办公楼局域网建成并通过验收；2000 年，第一期广西林业信息网网络操作员培训班开班，培训结束后，市级林业局、区直属林场已经能通过电话拨号方式从全区各地远程接入广西林业信息网内部网，传输部分文件及材料；当年，“广西林业信息网公众网站”也正式对外发布。至此，广西林业厅电子政务建设跨出了成功的第一步。

为了解决全区远程用户联网速度慢、并发连接数少的瓶颈问题，广西林业厅大胆地推广了虚拟专用网络(VPN)技术。事实证明，这个方案是非常成功的。利用电信部门已经建好的网络资源，以极少的投入，在很短的时间内就实现了林业系统的全区联网。2002 年网络延伸到县、乡一级，共 210 多个联网单位，并实现了区、市、县三级非涉密电子公文传输。一些重视信息化建设的单位直接用上了光纤宽带，超过一半的单位使用 ADSL 宽带连接；很多单位建立了局域网，有的还购买了 OA 办公自动化系统，开始试行内部网上办公。

网络建设的成功，为广西林业信息化发展打下了良好的基础。

第一节　主要功能

一、VPN 的特点

(一)实现网络安全

具有高度的安全性，对于现在的网络是极其重要的。新的服务如在线银行、在线交易等都需要绝对的安全，而 VPN 以多种方式增强了网络的智能和安全性。首先，它在隧道的起点，在现有的企业认证服务器上，提供对分布用户的认证。另外，VPN 支持安全和加密协议，如 SecureIP(IPsec)和 Microsoft 点对点加密(MPPE)。

目前 VPN 主要采用四项技术来保证安全，这四项技术分别是隧道技术(Tunneling)、加解密技术(Encryption & Decryption)、密钥管理技术(Key Management)、使用者与设备身份认证技术(Authentication)。

隧道技术是 VPN 的基本技术，类似于点对点连接技术，它在公用网建立一条数据通道(隧道)，让数据包通过这条隧道传输。隧道是由隧道协议形成的，分为第二、三层隧道协议。第二层隧道协议是先把各种网络协议封装到 PPP 中，再把整个数据包装入隧道协议中。这种双层封装方法形成的数据包靠第二层协议进行传输。第二层隧道协议有 L2F、PPTP、L2TP 等。L2TP 协议是目前 IETF 的标准，由 IETF 融合 PPTP 与 L2F 而形成。

第三层隧道协议是把各种网络协议直接装入隧道协议中，形成的数据包依靠第三层协议进行传输。第三层隧道协议有 VTP、IPSec 等。IPSec(IP Security)是由一组 RFC 文档组成，定义了一个系统来提供安全协议选择、安全算法，确定服务所使用密钥等服务，从而在 IP 层提供安全保障。

加解密技术是数据通信中一项较成熟的技术，VPN 可直接利用现有技术。

(二)简化网络设计

网络管理者可以使用 VPN 替代租用线路来实现分支机构的连接。这样就可以将对远程链路进行安装、配置和管理的任务减少到最小，仅此一点就可以极大地为用户简化广域网的设计。另外，VPN 通过拨号访问来自于 ISP 或 NSP 的外部服务，减少了调制解调器池，简化了所需的接口，同时简化了与远程用户认证、授权和记账相关的设备和处理。

(三)降低成本

VPN 可以立即且显著地降低成本。当使用 Internet 时，实际上只需付短途电话费，却收到了长途通信的效果。因此，借助 ISP 来建立 VPN，就可以节省大量的通信费用。此外，VPN 还可让用户不必投入大量的人力和物力去安装、维护 WAN 设备和远程访问设备，这些工作都可以交给 ISP。VPN 使用者可以降低如下的成本：

移动用户通信成本。VPN 可以通过减少长途费节省移动用户的通信成本。

租用线路成本。据估算，如果用户放弃租用专线而采用 VPN，其整个网络的成本可节约 21% ~45%，而那些以电话拨号方式联网存取数据的公司，采用 VPN 则可以节约通讯成本 50% ~80%。对于国际用户来说，这种节约是极为显著的。对于语音数据，节约金额会进一步增加。

主要设备成本。VPN 通过支持拨号访问外部资源，使用户可以减少不断增长的调制解调器费用。另外，它还允许一个单一的 WAN 接口服务多种目的，即只需要极少的 WAN 接口和设备即可完成从分支网络互连、各分部的外联网终端、本地提供高带宽的线路连接到拨号访问服务提供者。由于 VPN 可以完全管理，并且能够从中央进行基于策略的控制，因此可以大幅度地减少在安装配置远端网络接口所需设备上的费用。另外，由于 VPN 独立于初始协议，这就使得远端的接入用户可以继续使用传统设备，保护了用户在现有硬件和软件系统上的投资。

(四)控制主动权

借助 VPN，用户可以利用 ISP 的设施和服务，同时又完全掌握着自己网络的控制权。比方说，可以把拨号访问交给 ISP 去做，由用户自己负责用户的查验、访问权、网络地址、安全性和网络变化管理等重要工作。

二、利用 Windows 2003 自建 VPN 服务器

(一)配置 Windows 2003 VPN 服务器

服务器是 Windows 2003 系统，2003 中 VPN 服务叫做“路由和远程访问”，系统默认就安装了这个服务，但是没有启用。在管理工具中打开“路由和远程访问”：

在列出的本地服务器上点击右键，选择“配置并启用路由和远程访问”，并下一步。

在此，由于服务器是公网上一般的服务器，不是具有路由功能的服务器，是单网卡的，所以这里选择“自定义配置”，并下一步。

这里选“VPN 访问”，只需要 VPN 的功能。并下一步，配置向导完成。

点击“是”，开始服务。

启动了 VPN 服务后，看“路由和远程访问”的界面。

下面开始配置 VPN 服务器，在服务器上点击右键，选择“属性”，在弹出的窗口中选择“IP”标签，在“IP 地址指派”中选择“静态地址池”，至此，VPN 服务部分配置完毕。

(二)添加 VPN 用户

每个客户端拨入 VPN 服务器都需要有一个账号，默认是 Windows 身份验证，所以要给每个需要拨入到 VPN 的客户端设置一个用户，并为这个用户制定一个固定的内部虚拟 IP 以便客户端之间相互访问。

在管理工具中的“计算机管理”里添加用户，这里以添加一个 lyjvpn 用户为例。

先新建一个叫“lyjvpn”的用户，创建好后，查看这个用户的属性，在“拨入”标签中做相应的设置，远程访问权限设置为“允许访问”，以允许这个用户通过 VPN 拨入服务器。

点选“分配静态 IP 地址”，并设置一个 VPN 服务器中静态 IP 池范围内的一个 IP 地址。

如果有多个客户端机器要接入 VPN，请给每个客户端都新建一个用户，并设定一个虚拟 IP 地址，各个客户端都使用分配给自己的用户拨入 VPN，这样各个客户端每次拨入 VPN 后都会得到相同的 IP。如果用户没设置为“分配静态 IP 地址”，客户端每次拨入到 VPN，VPN 服务器会随机给这个客户端分配一个范围内的 IP。

(三)配置 Windows XP 客户端

客户端可以是 Windows 2003，也可以是 Windows XP，设置几乎一样，这里以 Windows XP 客户端设置为例。

打开“我的电脑”，然后双击“控制面板”；或点击“开始\ 控制面板”；

双击“网络连接”；

点击“创建一个新的连接”；

弹出“新建连接向导”，点击“下一步”；

选择“连接到我的工作场所的网络”，然后点击“下一步”；

选择“虚拟专用网络连接(V)”，点击“下一步”；

输入连接的名称：lyjvpn，点击“下一步”；

在“主机名或 IP 地址”栏输入广西林业信息网 VPN 服务器的 IP 地址，点击“下一步”；

选中“在我的桌面上添加一个到此连接的快捷方式(S)”，点击“完成”按钮；

这样就成功建立了一个虚拟专用网的连接。下面开始通过 VPN 连入广西林业信息网。首先保证你的电脑已经通过 163、165、96163 拨号上网，或者通过 ISDN、ADSL、DDN 专线等方式联入 Internet。接着，弹出“连接 lyjvpn”框，点击“属性”按钮进行设置；

点击“选项”页面，然后选中“包含 Windows 登录域”，按“确定”按钮；

输入有关登录信息。

用户名和密码由广西林业厅信息中心分配，域：GXLYINFO，勾选“为下面用户保存用户名和密码”，点击“只有我”，然后按“连接”按钮，系统即将进行身份验证；

开始进行验证。这些验证及登录过程会比一般拨号上网时间长，因为需要将数据进一步加密再传送出去，接收方同样要将数据进行解密，以保证在 Internet 上传输数据的安全性、保密性。

验证成功后连接完成，会在系统栏的右下角出现连接的图标；

最后，打开浏览器，回车后进入网上收发文系统。

第二节　主要措施和经验

广西林业信息化建设从 20 世纪 90 年代末开始起步。由于广西林业厅领导班子的高度重视，克服了底子差、资金少、人才缺的困难，通过加强信息中心的建设，实施技术帮扶和坚持普及培训，带动了全区林业信息网络的快速发展。

在2002年，全区林业政务专网覆盖到各市、县林业局和区直属单位，以及部分市属单位，甚至还包括最偏远的百色凌云县的所有乡镇，共210多家林业单位。各联网单位采用VPN数据加密传输技术(基层单位主要使用ADSL宽带连接国际互联网)进行连接，比明文走公网安全，也比租用专线经济。

一、加强技术培训

信息技术人才缺乏的现象在全国林业系统都很普遍，基层办公室工作人员往往不是文科毕业就是林业出身，要他们使用和管理信息网络确实有很大困难。针对这种情况，多年来广西林业厅坚持不懈地进行面向基层的技术培训，每年都组织一、两次百人以上的面向县级以上林业单位的操作员集中培训，租用专业机房，手把手地进行计算机网络操作培训，另外还不定期地协助各市林业局举办区域性操作员培训。使网络应用得以快速普及，有效保障了全区林业专网稳定运行。

二、网上公文传输

多方面推广，实现广西林业厅和10个市局、5个区直国有林场网上发文，开通多项网络服务。

为了充分利用已经建立的VPN虚拟专用网络，广西林业厅从2000年开始实行网上发文，并逐步取消纸质文件下发，年发文数量近千份。该系统可以准确控制文件接收对象，准确跟踪文件接收情况，并在线交流反馈接收过程中发生的故障和疑问。

由于此发文软件系统是林业厅信息中心自主开发的，因此可以进行改版提供给各市级单位使用。2004年广西林业厅开始实施市林业局和区直林场网上发文。发文软件全都安装在林业厅信息中心，市级林业单位只要有一台可以上网的普通计算机和一台扫描仪，有一个经过数日培训的兼职操作员，就可以通过访问网页的形式将文件内容提交到林业厅信息中心文件数据库，实现网上发文。而县级单位则一律登录到自治区林业厅网址来接收自治区林业厅文件和市局文件，两个系统操作界面和文件格式都基本统一，有培训基础的操作员不需要另外培训即可操作。目前在广西林业厅信息中心帮助下实现网上发文的区直单位有：三门江林场、六万林场、高峰集团等。

三、加强网络服务

广西林业厅信息中心还开通了多项网络服务，并且全部免费向全区开放。

FTP 数据传送服务。这是广西林业专网入门级的服务项目。所有专网用户都可以在林业厅 FTP 服务器上相互传送数据和文件，各单位可以根据需要申请开设本单位 FTP 专区和科室目录，并对专区拥有管理权限。此系统比电子邮件系统安全可靠，而且信息吞吐量大，可以使用中文目录，易学好用，是广西林业最主要的非公文信息往来途径。

电子邮件服务。建立了面向全区的电子邮件系统(@ gxly. cn)，方便广西林业系统对外联络。

政务信息服务。通过专网和外网全面搜集和报道全区林业政务信息、林业重要项目和活动、领导讲话以及自治区政府的会议和文件。

林业技术论坛服务。开通了林业技术论坛，为基层操作员在线提供信息技术咨询，还提供操作教材及常用软件下载服务，为全区提供周详的技术服务。

通过这些便捷、高效的网络应用，解除了基层领导对信息技术的神秘感，激发了他们的建设信心，各单位陆续落实了专用机房和专职网管人员，甚至租用数字专线，投入建设自己的网络平台和对外门户网站，信息化建设成为单位领导班子一项重要议事项目。

第三节　效益分析和所获荣誉

一、效益分析

按照常规的网络建设方案，搭建省、市、县三级互联网络要在各联网单位分别建立一个网络平台，负责管理单位内部网络和外部网络连接。

从技术角度来说，就是集中力量建设一个全区都可以共享的网络平台，目的是尽可能简化各市县林业单位的网络建设。

2000 年开始实施全区市县联网，一个基层林业单位只需要购买一个不到 300 元的调制解调器(Modem)就可以连接广西林业厅。到 2002 年，只要有一个宽带路由器和一个交换机，不仅可以连接广西林业厅，还可以组建本单位局域网，网络设备花费不足千元，长话费用从每年数千元减少到 1000 元左右，网络速度却提高 10 倍以上，网络并发连接用户数从 8 个扩展到 200 个；数据交换功能还得到充分扩展，而且操作简单，易于非计算机专业人员在短时间内熟练掌握。广西林业厅信息中心不仅向全区各林业单位开放网络平台，还在技术上向基层用户提供直接的服务和指导，使广西林业出现了信息化建设全面快速起步的局面，而成本投入却是低廉的。

从 2002 年厅机关开通宽带网络开始至 2005 年底，广西林业厅信息管理预算经费投入不到 500 万元，其中至少三分之一用于一般办公设备的采购和维护，网络部分投入不到 300 万元，不到常规网络方案预算的十分之一。

使用 VPN 的效益可以归纳为以下几点：一是降低日常工作成本；二是降低设备购买成本；三是降低管理和网络维护成本；四是提高数据远程传输安全稳定性；五是提高员工工作效率；六是提高带宽利用效率；七是提高内网安全性；八是提高增值应用。

二、所获荣誉

2004 年和 2006 年广西都作为典型单位在全国林业信息化会议上进行典型发言。江西、江苏两省林业厅(局)和广西广电局等多个单位先后前来参观学习。

2009 年，开发该应用系统的技术人员荣获了“全国林业信息化工作先进个人”荣誉称号。

第七章　甘肃省网络森林医院服务平台

现代化特别是信息化是当今世界发展的大趋势，谁赢得了信息化的主动权，就意味着占领了发展的制高点。林业有害生物防治信息化建设，是林业有害生物防治行业贯彻落实中央领导同志关于林业重要批示精神，提升保障现代林业发展能力，促进“双增”目标实现的具体行动；是贯彻落实《中共中央国务院关于全面推进集体林权制度改革的意见》，健全林业有害生物防治配套改革措施，增强防治公共服务能力的重大举措；是贯彻落实《全国林业信息化建设纲要》及其《全国林业信息化建设技术指南》，增加林业信息化内涵和拓展林业信息化领域的重要实践；是遏制林业有害生物严重发生局面，保护森林资源，维护生态安全，促进生态文明的必然选择。

甘肃省是林业有害生物发生严重的省份之一，林业有害生物分布范围广、危害程度大、防控难度大，年发生面积在400万亩左右，并呈逐年增加态势，每年造成的损失超过1亿元，对保护森林资源、巩固造林绿化成果、确保林业发展和“双增”目标如期实现构成严重威胁。特别是随着集体林权制度改革的逐步深入，分林到户后，防治主体多元化，广大林农对林业有害生物防治公共服务的需求日益增加，渴望得到更加快捷、便利、有效的专业支持。为适应这一新形势对林业有害生物防治和野生动物疫源疫病监测工作的需要，甘肃省林业厅在深入调研的基础上，提出了建设网络森林医院服务体系的构想。今后，林农足不出户就可以自我诊治林业有害生物，还可以享受到专家面对面的咨询服务或是现场指导帮助。

甘肃省网络森林医院服务体系的建设，整合了现有资源，拓展了服务空间，在职能部门和林农之间搭建了新的便民服务平台，为林农“求医问药”提供了新途径，为普及林业有害生物防治知识创建了新窗口，真正地实现政府职能的转变，转变到市场监管、社会管理、公共服务上来，把公共服务和社会管理放在更加重要的位置，努力为人民群众提供方便、快捷、优质、高效的公共服务。甘肃省网络森林医院服务体系符合公众对防治服务的新要求，适应当前技术发展的新环境，是一种快捷、经济、高效的现代化服务方式，对于进一步做好林业有害生物防治工作，更好地服务林农、服务林改、服务现代林业具有十分重要的意义。

第一节　主要功能

一、系统介绍

甘肃网络森林医院有林业有害生物防治主界面 12 个栏目，其中主要栏目有：首页、医院概况、自助诊治、专家诊治、专家信息、特色诊室、疫情上报和药剂药械；辅助栏目有：服务评估、用户建议和注册登录。

（一）首页

首页界面包括各栏目按钮、主办单位、友情链接、法律声明、网站备案号等内容。

功能：返回甘肃网络森林医院的主界面；提供其他林业网站链接。

（二）医院概况

医院概况栏显示甘肃省林业有害生物发生概况，建设甘肃网络森林医院的初衷及目的。

功能：便于用户了解甘肃省林业有害生物发生总体情况及甘肃网络森林医院。

（三）自助诊治

自助诊治包括向导式查询检索和输入式查询检索（高级检索）两种查询方式。向导式查询检索包括选择地区、被害树种、被害部位、有害生物、被害状等 5 个选项。

功能：提供林业有害生物形态特征、寄主种类、受害部位、危害特征及防治措施等信息，便于用户解决实际问题。

（四）专家诊治

专家诊治包括专家信息、我要提问、问答列表、视频诊断等四部分内容。

功能：一是提供专家研究方向及其联系方式；二是以文字和视频方式提供用户与专家直接交流的平台，便于用户咨询。

（五）专家信息

专家信息一栏显示网络森林医院专家的各项信息资料，包括单位、地址、电话、职责、电子邮箱等。

功能：提供专家信息，便于用户及时了解专家职责，也可通过其他途径联系专家解答问题。

（六）特色诊室

特色诊室包括甘肃省目前栽植的所有花卉、药材、果品等经济作物上发生的林业有害生物信息。

功能：提供便捷通道，方便花卉、药材、果品栽植户获得林业有害生物防治信息。

（七）疫情上报

疫情上报包括上报事件类型和报告信息。

功能：用户通过提供文字或图片等信息，向林业有害生物防治机构反映发现的疫情灾情。

（八）药剂药械

药剂药械栏目包括林业有害生物防治药剂、药械及生产企业信息。

功能：提供林业有害生物防治药剂、药械信息及生产厂家联系方式，方便基层单位、林农采购。

（九）服务评估

服务评估包括网络森林医院访问、机构评估两部分内容。

功能：通过对网络森林医院访问情况和机构专家服务情况的统计分析，反映网络森林医院的服务质量。

（十）用户建议

用户建议是用户和网络森林医院沟通的一个平台，需要用户提供姓名、联系方式、Email、意见及建议等信息。

功能：用户通过本栏目向国家网络森林医院提出系统建设、系统改进等方面的意见和建议。

（十一）注册登录

注册登录包括登录和立即注册网络森林医院账号两个部分。

功能：普通网友通过注册网络森林医院账号成为系统注册用户；系统注册用户登录后可向专家提问，或进入视频诊断栏目。

系统结构上分"自助诊治、防治知识、远程诊断、专家会诊、林业有害生物防治出诊、监测预警"六个层面。这六个层面形成省级网络森林医院平台管理要素和基础。

四种用户方式：用户在操作上一般分为"自助诊治、网友解答、专家服务、专业测报"

四种行为。分别是利用查询检索和智能诊断功能、找专家就诊功能以及以网友解答的方式和业内人士的解答方式对虫害的分布及轻、中、重发生情况进行查询。

两个处理过程：用户角度是进行“挂号—就诊”。系统角度是进行“分诊—治疗—管理”。这两个过程在整个系统流程上，是要通过后台一系列的管理，最终形成一个动态的咨询处理路径。

二、主要功能

(一)平台管理功能

业务信息的整合应用。整合的信息包含地理信息地图、统计图表、防治日历等多种可视化技术，直观展现林业有害生物防治业务信息。从动态疫情的预报预测、快速疫情上报信息、有害生物分布信息查询到防治减灾信息的发布以及灾害应急管理的查询与联络。业务信息发布指通过网络森林医院平台整合林业有害生物防治工作的主要业务，以集中的方式展现监测预警功能，统一管理，节约用户时间，通过县级林业有害生物防治工作外业调查、核查数据及本地化虫害数据库为数据基础。以地理信息地图可视化技术，直观展现林业有害生物防治业务信息，为业内人士及领导预测预报更直观的辅助决策所用，充分发挥网络整合优势，满足用户对于林业有害生物防治业务的需求。

系统注册用户的管理。用户信息管理是用户查看和修改个人信息，查看网站访问的记录，调整提供管理员对用户角色以及权限进行控制的功能。角色分为公众、注册网友、专家、系统维护员、管理员、领导。注册网友与专家注册需要通过信息验证。管理员控制使用、分配角色权限、查看访问记录。

(二)个人信息中心

用户注册。公众注册：填写通行证信息(用户名、密码、邮箱、区划)，用户的密码由本人管理，其他人员包括管理员均无权干涉，无法查看和修改。专家注册：填写通行证信息，专业信息(姓名、证件、资历、科室、工作地点、电话)，林业有害生物防治人员信息，专家由管理机构聘任，帮助机构回答用户的文字提问和视频坐诊，专家必须填写真实姓名。系统管理员：系统创建。数据管理员：填写通行证信息(管理员提升)。服务管理员：填写通行证信息(管理员提升)。

三种类型的管理员和非登录用户均不能提问、答疑、问诊和坐诊。

领导：管理员创建，可查看网院、专家的工作情况，可启用会议视频系统。

用户登录。匿名用户可使用网站大部分功能，有部分功能需确认用户身份，只有注册、登录后才能使用。注册用户登录时需填写通行证信息，以及选择一定的验证方式。

用户个人信息管理。用户进入个人信息管理可修改基本信息，查看消息和贡献情况。

（三）自助诊治（查询及检索）功能

自助诊治提供面向公众的全天候林业有害生物防治知识查询与检索。系统通过对用户选择或输入的信息进行智能分析，可快速从知识库中查询相关结果，通过对知识的整理与合理显示，以及更多查询的提示，缩短了查询步骤提高查询效率。

自助诊治功能主要以林农为服务主体，兼顾基层林业工作者、管理人员和科研人员，由于各层次用户的电脑应用能力、知识水平以及对互联网的理解能力等参差不齐，对于检索内容的需求也不同，检索时应当照顾到每一个层面的用户，考虑到网络的特点以及使用人员的知识结构、检索的需要，或许会把一些在分类上不相近或是不在同一个层次的寄主植物、有害生物类别、危害（症）状等检索条件归结到一起，赋予新的词汇，所用词汇必须尽可能地做到合理、规范。

查询出的结果由图片与文字组成信息列表，内容包括林业有害生物详细信息、寄主植物、分布地区、分类特征、被害状、主要防治措施等，还包括药剂药械信息和植物与病虫害的推理、病虫害与药剂药械之间的推理，通过智能化组织图片、形态描述、生物生态学特性、防治方法等内容，全天候自动处理满足用户需求。

向导式查询。主要是由选择地区（包括省级的下级区划）、选择被害树种（分为阔叶乔木、针叶乔木、阔叶灌木、针叶灌木、藤本、草本、棕榈类和竹子类等 8 种类型，有防护、果木、绿化、香料、药用、饮料、用材和油脂等 8 种用途）、选择被害部位（包括花、果实、叶部、枝梢、干部、根部）、选择有害生物类型［分为病、虫、鼠（兔）、有害植物。病害有病毒、生理性、细菌、线虫、真菌和支原体等 6 类；虫害包括蝉类、椿象类等 14 类；鼠（兔）害包括鼠、鼠兔、兔等 3 类；有害植物包括草本、木本、藤本等 3 类］、选择被害状操作进行相应的查询，使用方便快捷。

输入式查询。使用者输入一些关键信息，如行政区划、寄主植物、有害生物、危害部位、有害生物类别、被害状等进行查询检索。

结果的表现。甘肃省集体林权制度改革后，广大林农获得林业有害生物防治知识及专业服务的需求不断增大，利用自助诊治功能，林农可以对本地有害生物的种类、分布及林木种类与有害生物之间的关系有针对性了解；林农还可根据林木的被害（症）状，通过检索判断出可能发生的病虫种类、症状，进行自我诊断。同时，林业有害生物防治管理部门也有搭建林业有害生物防治公共服务平台的客观要求，依靠现行的管理手段难以满足林权改革后的形势需要，网络森林医院的自助诊治功能则是转变管理方式的一种快速、便捷的有效措施。甘肃省林业有害生物防治从业者经过多年的基础监测调查，已经积累了大量的林业有害生物防治基础数据，这些基础数据为自助诊治功能的实现奠定了坚实的基础，同时，移动通讯网络、固定电话网络、有线电视网络和专线互联网络已经延伸到全省各个区

域，成为人们日常生活、工作不可分割的一部分，这也为自助诊治的实现提供了支撑和保障。

(四)远程诊断

通过网上答疑建立高效的林业有害生物防治问题的问答流程，通过对问题的不同区域不同层次的区分，使问题以属地的原则划分到各个林业有害生物防治站，以难度的大小划分到各个层级，节约了林业有害生物防治力量，缩短了问题处理时间，加强了问题收集和储存管理，方便今后查阅，提高了整体工作效率。通过提问并通知专家与专家解答和网友解答两个功能，解决大多数林业有害生物防治常见问题。用户均可通过提问功能发布林业有害生物防治问题，问题内容可包含文字描述、图片、视频链接，以详细表现病虫害信息。

远程诊断凝聚了专家力量，充分发挥网络的优势，实现了大家参与共同解决问题的一种方法。通过专家信息查询和专家诊断，使用户可就林业有害生物防治问题做进一步咨询。专家咨询将进行权限设置，即由低级向高级逐级问询。专家咨询分为三个层次：地(市)级专家层，省(市)级专家层，国家级专家层。专家系统把问题分层化管理，合理地安排了防治力量，从容易到困难分层次解决林农在生产与防治工作中遇到的问题。

提问及转发功能。用户提问时填写问题标题，问题内容及图片。系统根据用户注册信息或者IP地址确认用户的区划，使用短消息和笛子邮箱的形式通知用户所在地林业有害生物防治人员。

解答功能。专家或网友可通过问题列表选择相关问题给予解答，填写问题答案内容，包含文字图片链接或视频。

问题及答案查询功能。用户在问题列表里通过选择问题类型(全部问题、待解问题、已解问题)和区划，输入关键字进行查询，查找自己关心的信息，从而解决自己的问题。

专家库查询功能。在专家会诊里可以选择管理机构和专家类别(病害、虫害、鼠兔害、有害植物)查询本省网络森林医院里的专家信息。

远程专家视频诊断系统。利用点对点远程视频技术开发的远程专家视频诊断系统，实现林农与林业有害生物防治专家进行面对面的沟通交流，更有助于解决林业疑难问题。

(五)林业有害生物防治出诊

林业有害生物防治出诊是针对当地林农采取的一种应急措施，提供省内各级林业有害生物防治站地址、联系电话等信息。

当发现新的、突发的林业有害生物种类时，可以通过打电话的方式或提交文本方式通知当地林业有害生物防治人员，林业有害生物防治人员收到信息后，根据实际情况对所提问题进行处理，也可进行林业有害生物防治出诊，到实地进行勘察。

林业有害生物防治出诊功能搭建了林农与林业有害生物防治人员进行现场交流与指导的桥梁，与广大林农的利益密切相关。遇到难以在平台上直接处理的问题时，用户可提交专家出诊要求。出诊信息会根据不同区划，发放到不同区域的林业有害生物防治系统，林业有害生物防治人员收到信息后，会根据路径安排时间到现场进行技术指导，出诊结束后，用户提交出诊结果反馈系统记录出诊信息。

（六）林业有害生物防治知识管理

防治知识满足用户获得社会林业有害生物防治信息的需求，推进社会化的发展。

通过提供经由国家林业局相关部门认可的药剂、药械资料，包括各种药剂、药械的生产厂家、联系人、联系电话等，同时提供各地药剂、药械库的地点、联系人、联系电话及所存药剂、药械品种、数量。

知识的获取与更新功能。知识库是平台中知识积累的模块，积累知识的方式分为人工录入与智能模块学习，前期主要是人为录入。知识库中除了储存林业有害生物防治相关知识外，还包含知识的关联知识，比如某种植物容易出现哪几种病虫害，某种病虫害如何防治，有哪几种办法是用什么药剂，其中包含推理的逻辑。

知识的表示功能。通过建立知识之间的逻辑关系，把独立的知识关联。用户可以知道什么植物有什么病，什么病如何用药以及防治办法。

知识应用功能。智能模块可搜集网上的问题以及答案，整理筛选后存入知识库，作为现有知识的补充。

（七）反馈内容和服务评估

实现对森林医院需求主体、结构、数量等监测；森林医院实现职能投入、分配、监管等监测；森林医院服务责任效率等分析评估。记录功能用使用次数、问题提交次数、专家解答次数、用户满意程度，以及网站访问量。

通过反馈建议，不断改进网上工作，完善用户需求。

反馈。网站用户在使用网站过程中可以对网站的应用、内容和功能等提出自己的想法或建议，以便系统管理员更能掌握各类用户的需求，进一步加强对网站的建设，更好地为社会林业有害生物防治工作服务。

服务评估。网站为用户提供了服务评估的接口，当用户在使用网站过程中遇到什么问题，都可以将问题以文本形式提交到服务器。用户在使用自助诊断、网上答疑、专家咨询等功能时可以对具体的解答和专家进行评估评价。

（八）服务指南

为了让网站用户快速地熟悉整个网络森林医院的各种功能和应用，提供服务指南帮助

功能，用户根据可以在极短的时间内掌握各种操作，以便在网站中使用相应的功能，获取有用的信息。

(九)基础数据库管理

系统运行前对现有四大数据库进行关联，实现数据关联功能；系统运行后，数据库包含用户信息、问答信息、林业有害生物防治知识信息、推荐内容信息。基础数据维护功能实现对无效数据的删除和现有数据的优化。

(十)服务管理

包括个人信息、提问管理、解答管理、诊室管理、公众报告、敏感词管理、下属机构服务情况管理等功能。

三、服务体系的运行方式

(一)自助诊治

自助诊治提供面向公众的全天候林业有害生物防治知识查询与检索。系统通过对用户选择或输入的信息进行智能分析，可快速从知识库中查询相关结果，通过对知识的整理与合理显示，以及更多查询的提示，缩短了查询步骤，提高了查询效率。

自助诊治板块分“向导式”和“输入式”查询检索，“向导式”主要是由选择地区、选择被害树种、选择被害部位、选择有害生物类别、选择被害状操作进行相应的查询，使用方便快捷。而“输入式”需要使用者输入一些关键信息(行政区划，寄主植物，有害生物，危害部位，有害生物类别，被害状等)进行查询检索(图 21)。

(二)问答诊断

就问答诊断来说，用户通过提问向各级专家提出难以解答的问题，根据区划属地逐级进行林业有害生物防治问题解答，本级区划直接管理其管辖范围内提交的问题，如解答不了再提交其上级进行处理，并且附带短信或者邮件提示该机构的专家，如不能解决，自动向上一级提交。

(三)视频诊断

利用点对点远程视频技术，使林农与林业有害生物防治专家进行面对面的沟通交流，更有助于解决林业疑难问题。

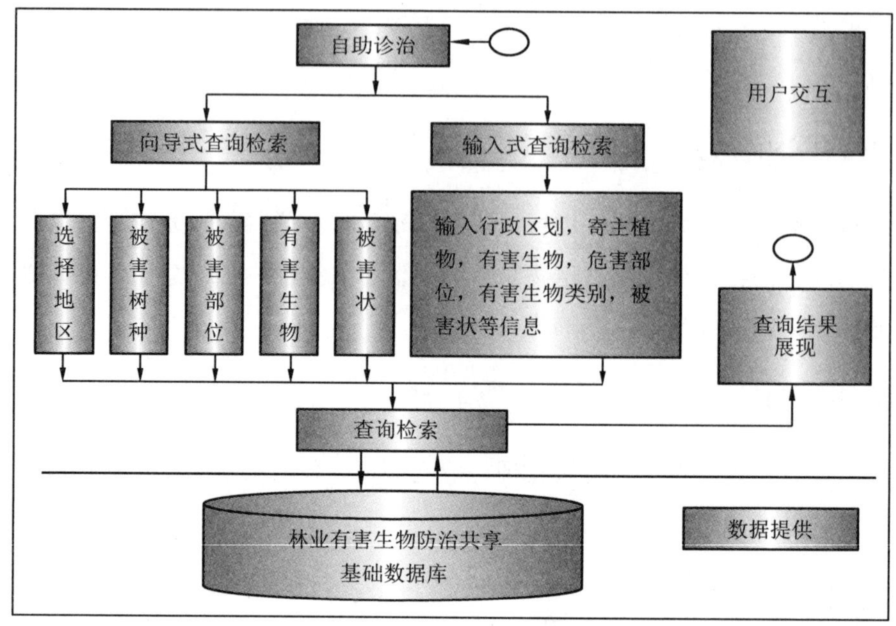

图 21　自助诊治功能示意图

(四)短信及邮件

网络森林医院中提问解答流程是按县→市→省三级逐级处理的，处理过程中采用了电子邮件和短信的方式通知专家(图 22)。

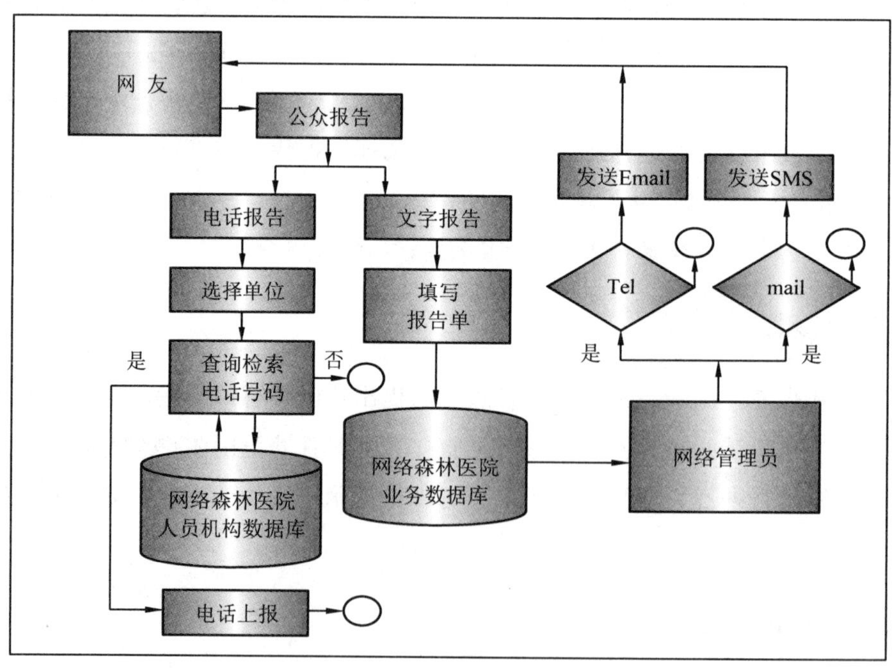

图 22　公众报告功能示意图

（五）公众报告

公众报告功能搭建了林农与林业有害生物防治人员进行交流与指导的桥梁。当通过自助诊治和专家诊治功能无法解决问题时，用户可以通过打电话的方式或提交文本方式通知当地林业有害生物防治人员，林业有害生物防治人员收到信息后，根据实际情况对所提问题进行处理，也可进行林业有害生物防治出诊到实地进行勘察。

第二节　主要措施和经验

一、主要措施

网络森林医院于2010年9月开始筹建，全面完成了数据填报、专家组建立、项目申报、网站建设、应用试点、宣传推广、反馈完善等各项工作，网院建设措施得当，成效显著。

成立了网院工作领导小组。甘肃省对网院建设工作给予了高度重视，为确保网院的顺畅运行和有效服务，专门成立了甘肃省网络森林医院建设工作领导小组，具体负责组建网院专家队伍，监督管理网院服务，组织召开专家会议，开展宣传培训，进行应用推广等工作。网院工作领导小组一直把网院建设作为重点工作来抓，制定了建设计划，明确了职责分工，及时督查网院建设进度，多方筹措建设资金，使网院服务功能迅速得以发挥。

组建了网院专家服务队伍。专家在线服务是网院服务公众的一种重要形式，甘肃省组建了由20位省内有较高专业技术水平、丰富工作经验和一定组织协调能力的森防专业技术人员组成的专家咨询组，具体负责网院的专家在线服务工作。20位网院专家在网院试运行期间认真开展专家在线服务，为网院服务提供了坚强的技术支撑，特别是网院建设初期，在网院防治基础数据库尚未健全，林农、网友对网院功能和使用方法尚不熟知的情况下，认真履行了为林农、为基层、为社会服务的职责，保证了网院各项服务功能的正常运转。这其中，庆阳市森防站的邱亚林同志通过网院解答问题数量在全国排名靠前，受到国家林业局森防总站领导的高度肯定。

丰富了网院防治基础数据库。网院服务功能特别是自助诊治功能的实现必须有强大的林业有害生物防治基础数据库为支撑才能实现。网院工作领导小组积极组织专业技术人员，将涉及甘肃省的200多种林业有害生物的填充任务进行了分工，明确了要求，细化了责任，全面完成了首批网院基础数据填充工作。同时，陆续对林业有害生物防治方法、检疫措施、药剂药效、政策法规等基础资料进行充实完善，确保了网院提供的服务更贴近用户，更具有可操作性。

创立了网院特色栏目。2010 年 9 月与重庆科美达科技发展有限公司签订了“甘肃省网络森林医院”开发合同，此次合作，为甘肃省网院建设提供了有效的技术支持。网院开发过程中，在保证网院各项基本功能的基础上，考虑到花卉、林果是甘肃省主要经济产业，相关有害生物防治技术服务直接关系到花农、果农切身利益，专门开设了花卉、果树特色诊室，以满足广大花农、果农及群众的需求。

开展了网院立项、宣传和应用试点。在甘肃省网院建设初期，甘肃省森林病虫害防治检疫局就多次向省林业厅汇报，争取省上经费支持，同时积极争取省科技厅项目，以“甘肃省网络森林医院研建与应用”立项申请甘肃省科技基础条件建设补助专项项目。积极开展推广宣传和应用试点工作，2010 年 9 月 9 ~ 14 日，由主管领导带队的 5 人宣传组，赴定西市陇西县十里铺村、临洮县双连村、平凉市崆峒区治平乡、静宁县仁达乡开展网院宣传培训，专业人员详细讲解了网院自助诊治、专家咨询、专业出诊和专业信息服务等功能，培训 300 多人。此外，还利用各种形式的培训班和下基层检查工作宣传网院，通过试点应用和宣传推广，网院得到了当地林农的广泛认可。

编制了网院建设计划。网院服务功能的全面发挥是一个不断补充、不断丰富、不断完善的过程，网院工作领导小组充分认识到网院建设的长期性、艰巨性，组织相关人员，在结合甘肃省林业有害生物发生、防治情况和公共服务需求的基础上，编制了包括网院建设和发展、专家服务队伍建设和培训、防治基础数据库数据填充和修订、防治科普专题片拍摄、网院应用推广以及确保网院服务健康发展的保障措施等方面的网院建设计划，确保有计划、有步骤、有重点地推进网院建设。

二、主要经验

用健全的规章制度规范服务。切实可行的规章制度是网院服务体系不断发展壮大的有力保障，甘肃省网院建成一年来，已逐渐走上良性发展的轨道，为确保网院各项工作规范有序开展，强化网院管理，甘肃省林业厅制定了《甘肃网络森林医院专家值班制度》，下一步还将制定《甘肃网络森林医院管理办法(试行)》，用制度规范网院建设和服务。

用更多特色服务窗口吸引用户。甘肃省网院主要功能栏目包括自主诊治、问答诊断、专家视频诊断、专业支持、公众报告等，除此以外，还开设了花卉、果树特色诊室，以满足广大花农、果农及群众的需求。为更好地体现地方特色、减少用户操作环节、提高服务效率，甘肃省林业厅将结合甘肃省林业发展实际情况，针对网院试点运行及宣传推广中的反馈意见，不断健全网院功能，提供更多特色服务窗口。

用完善的后台数据库支撑网院功能。网院建设特别是防治基础数据填充工作，是一项长期的工作，网院功能的全面发挥需要一个不断补充、不断丰富、不断完善的过程。在现有工作基础上，制定出了切实可行的网院基础数据库建设计划，明确需要补充、修订的种

类和数量，要求将涉及甘肃省的300多种林业有害生物信息全部输入基础数据库。

用资金、设备支持提升网院服务水平。网院专家的工作条件是做好网院服务工作的必要条件。甘肃省林业厅一直在积极争取地方财政支持，将甘肃网络森林医院建设和运行作为项目纳入预算，不断改进网院应用软件，提升网院硬件条件，用软硬件条件的不断改善，促进网院发展。目前已给网院专家配发了耳麦和摄像头，下一步还将筹措专项资金，为网院专家、管理人员配备计算机、上网卡等必要工作设备，保证他们的基本工作条件。

用高质量的专家坐诊留住用户。专家在线服务是网络森林医院的重要服务内容，始终是网院服务的重要形式。甘肃省林业厅将继续做好网院专家队伍建设，不断健全专家队伍，在完善省级网院专家的同时，积极督导建设市(州)、县(区)级专家队伍，组织开展网院专家服务技能培训，提高专家网络应用水平，严格专家值班制度，加大对专家服务工作的督导检查，及时处理解决用户提出的各种问题，确保网院始终保持良性互动，用问题的高解答率、服务的高满意度，很好地吸引公众、留住用户。

用全方位宣传扩大网院服务覆盖面。网院应用是网院宣传推广工作的最终目标，服务林农才能体现网院的价值，通过网院宣传及应用培训活动，能让更多林农认识网络森林医院。为充分发挥网院服务社会、服务林改、服务现代林业重点工作的作用，确保网院顺利运行，甘肃省林业厅将通过媒体宣传、培训推广、试点示范等多种形式大力宣传网院，让广大林农和社会认识、了解和使用网院。每年选择两个县、每县10个行政村，开展以网院应用为重点的林业有害生物防治示范村建设试点，为示范村配置必要的设施设备，开展网院应用培训，指导林农开展林业有害生物监测防治，为网院的推广应用积累经验。

第三节　效益分析和所获荣誉

各市(州)、县(区)林业主管部门对网院建设工作给予了高度的重视，强化对网院建设工作的领导。大家统一思想，把网院建设作为重点工作来抓，制定建设计划，明确职责分工，组织网院专家业务培训，督查网院建设进度，并多方筹措建设资金，快速而稳健地开展各项工作，保证了网院专家队伍、防治基础数据库在极短的时间内快速形成规模，专家在线服务在极短时间内即基本步入正常，使网院设计理念很快得以实现，服务功能迅速得以发挥，也使网院获得了普遍的社会认同和良好的社会评价。

2010年10月网院试运行到2012年2月1日正式开通，网院用户到访总数已达3.6万人次，日均到访人数始终保持在40人以上，提问解答率100%，初步估算，甘肃省网院试运行期间，通过在线答疑、自助诊治、现场出诊等方式，共为林农解决林业有害生物防治问题1万余件，初步估算，挽回林农各项损失500余万元。网院社会影响正在逐步扩大，《甘肃日报》、每日甘肃网等省内主要新闻媒体相继报道了甘肃网络森林医院，并对这种服务形式给予高度赞扬。“甘肃网络森林医院”成为2012年甘肃省林业厅信息化建设的重大亮点，省厅赵建林副厅长不仅亲自为网院开通剪彩，还在多个重要场合对网络森林医院建设和服务给予了高度评价和充分肯定。

一年来，甘肃省始终将网院工作作为林业有害生物防治行业服务社会、服务林改、服务现代林业的重点工作，广泛调动资源，统筹安排力量，采取有效措施，已将甘肃省网院打造为社会关注、林农喜爱、基层欢迎的具有广泛影响力的品牌网站。

第八章　沈阳市数字林业核心平台

沈阳市数字林业核心平台，是全国市级林业主管部门首先建立的符合市、县、乡不同级别业务需求的林业资源地理信息的一体化管理平台。实现了历年来全市林业数据的统一管理，建立起覆盖全市的多种类型、多尺度、多时态的林业资源与生态状况地理信息数据库系统，实现了森林资源、生态状况等数据的存贮、管理、处理、分析表达、应用及信息交换与分发，形成了集数据管理与应用为一体的数字化林业管理模式，是为林业资源管理部门提供及时、准确的森林资源、监督管理和决策支持的应用信息系统，提高了沈阳市森林资源的数字化监管水平。

沈阳市数字林业核心平台工作量大、时间长、跨部门整合多、涉及领域广泛，采用了多项高新技术，是一项宏大的系统工程。平台集合了移动 GIS、WebGIS、元数据技术、面向服务体系架构(SOA)、海量数据访问技术等关键技术，建成一个集语音、数据、图像于一体的宽带综合业务数字网，实现数字化、宽带化、综合化、智能化、个性化的沈阳市林业监管应用体系。

沈阳市数字林业核心平台的网络设施建设是基于科学性、先进性、高性能、稳定性、经济性和实效性的原则，进行设计和实施的。

第一节　主要功能

平台采用计算机技术、数据库技术、GIS 技术、MIS 技术、网络技术，在安全保障体系、运行维护体系、法律法规标准体系基础上，以林业基础数据库为核心，进行森林资源更新与管理、采伐作业设计、造林作业设计、森林防火监测、林业有害生物监测与防治、古树名木、种苗、野生动植物等信息的管理和维护，实现了数据的在线更新、统计分析、快速成图、出表，形成了以数据为基础、以软件为核心、以森林资源监管应用为目标的林业行业解决方案。

一、在线更新

资源更新是森林资源动态监测的有效手段，传统的资源更新是在年底拿着调查底图到野外进行调查勾绘，填写调查卡片，再将纸质成果提交给省级林业主管部门进行处理，这样的方式满足不了其他业务部门对森林资源及时更新的需要。

现在采用该系统，可以根据造林、采伐、森防、防火等森林资源变化信息，及时快速定位和更新任意一个变化小班。

对于图形未发生变化仅有属性（如地类等）变化的资源数据，根据变化属性直接在森林资源数据库中修改资源数据属性因子。

二、快速成图

快速成图是森林资源管理系统的一大特点，传统的森林资源各类专题图，由于专业性较强，普通的林业工作人员很难制作，必须到专门的林业制图部门，制作费用较高而且耗时较长。现在通过此系统，任何一个非专业人员都可以进行各类专题图的制作。

三、快速列表

以往的森林资源数据只能在年底或下一年年初汇总后出表，制作过程繁琐，需要一两天的时间，而且很难满足各级部门的特色需求。现在通过该系统可以根据业务需要，任意定制各类统计报表，并能实时根据资源的变化出具各种信息列表。

可以统计市、县、乡、村任意级别数据，对比以往的统计出表，无论从效率还是精确度上，都是林业信息化的有效体现。

四、造林作业设计

平台以实时在线更新为基础，保证了资源数据的实时性和及时性，为其他林业业务应用提供了强大的数据基础保证，造林作业设计就是以实时的资源数据为基础，大大提高造林作业设计结果的合理性、可靠性和准确性，从而提高设计效率，降低设计成本。

（一）造林规划

传统造林规划必须要做到实地进行调查，才能进行合理的规划，而且要调查出全市所有的适合造林的区域，需要投入大量的人力和物力。

现在通过最新资源数据进行造林区域的选择，实现在全市范围进行宜林地的初选，并实时统计、汇总各区域宜林地信息，为造林决策提供依据。

(二)造林管理

造林管理全国范围内首先将PDA野外调查、无线通信技术和后台管理一体化集成。实现了多方位造林工程管理，能够实现数字浦河、数字沈西北、数字荒山各类造林工程的管理，将以往各自为政的造林工程管理起来，避免重复或错误的造林规划，提高了管理手段。

(三)造林验收

造林验收将PDA野外调查、无线通信技术和后台管理系统一体化集成。能够实时跟踪检查验收的过程和查看检查验收成果信息，提高了检查验收监管水平以及工作效率。

通过该系统可以将以往内业、外业分开作业，变成实时地进行内业、外业交互，大大提高了工作效率，并及时地验证外业成果。

五、采伐作业设计

采伐作业设计也是森林资源管理的主要业务之一，以实时的资源数据为基础，进行伐区初选、作业设计调查、伐区设计、设计审批、伐后检查工序流程为系统逻辑框架的采伐作业设计，它由PDA前端野外调查和野外设计，以及后台准确、实时、全面的分析结果与报告的内业设计完美结合，为用户在编制经营方案、合理分配采伐指标、科学选择伐区、规范作业设计流程、加强伐区监管等方面提供了完整解决方案。

(一)作业设计调查

内外业一体化的工作流程，在后台按规则自动从二类资源数据获取信息来填写采伐小班因子，并可以进行全林检尺、标准地检尺、角规检尺，并根据设置自动进行一元、二元蓄积计算；树种分阶录入，自动计算各阶林木蓄积；根据录入实测的胸径和树高数值，立即计算并显示每株样木林木蓄积。

在移动设备终端，用户只需在外业将采伐小班调查信息、标准地每木检尺信息、树高测量信息输入到移动设备中，用户就可以实时得到平均树高、平均胸径、采伐蓄积、小班蓄积、采伐强度、出材率、树种组成等信息，大大提高外业设计结果的合理性、可靠性和准确性，从而提高设计效率，降低设计成本(图23)。

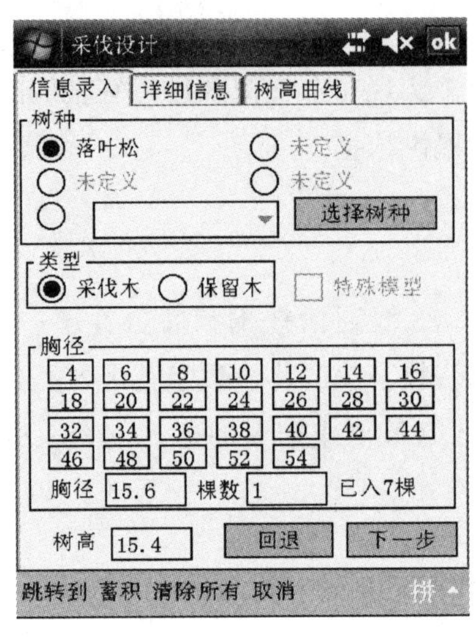

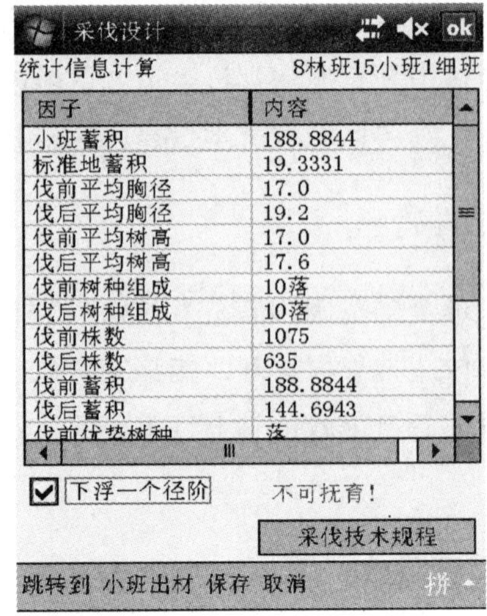

图 23 采伐设计页面图

(二)设计成果输出

根据设计的设计书模板输出通用格式的采伐设计书，包括调查设计表、伐区统计表、检尺表等等。数据与 PC 端无缝结合，可生成通用格式设计书、统计表等报表，并自动生成设计平面图，一键输出设计成果。

六、林业有害生物监测与防治

林业有害生物的监测、有效防治以及实时预报，是保证森林资源持续、健康发展的必要措施，因此为适应现代化、网络化林业有害生物信息管理，提高林业有害生物信息处理和传递能力及效率，增强林业有害生物信息的准确性、及时性，以及林业有害生物信息对控灾减灾的指导性，信息化的建设和管理简化了野外调查操作流程、减轻了劳动强度，尽可能完全采集林业有害生物信息，配备了提高工作效率的林业有害生物地面监测查信息电子采集记录装置。

(一)发生、防治查询

林业有害生物发生、防治查询，可以按照行政区或病虫种类进行汇总查询，也可以进行统计图表的查询，还可以以专题图查看全市主要林业有害生物发生、防治情况，以黄、橙、红不同颜色标识，来标识全市各个区域发生轻、中、重的情况，并通过不同年度的发生程度进行对比，提供直观图和发生数据，为制定合理的防治计划和防治决策奠定基础(图 24)。

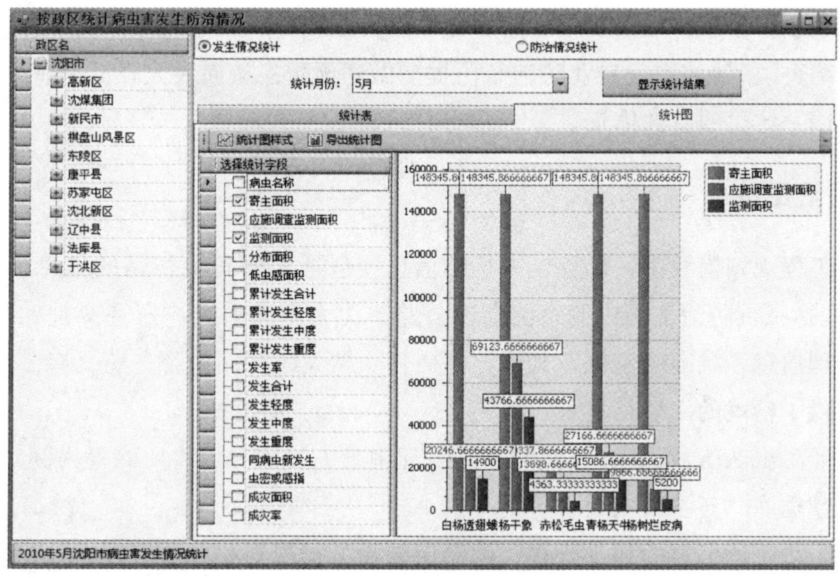

图 24　发生、防治查询页面图

（二）预测预报

预测预报是依据近 10 年来统计的数据开发的智能测报系统功能，可以对近期的林业有害生物做出提前预报。将近期的监测数据信息（输入越冬死亡率 65，3 ~ 4 月份 10℃以上的天气数 8，平均虫口基数 4）预测预报最新年度沈阳市近 10 种林业要害生物的发生率轻中重趋势、美国白蛾的成虫羽化期等，为预防和治理提供最佳时机（图 25）。

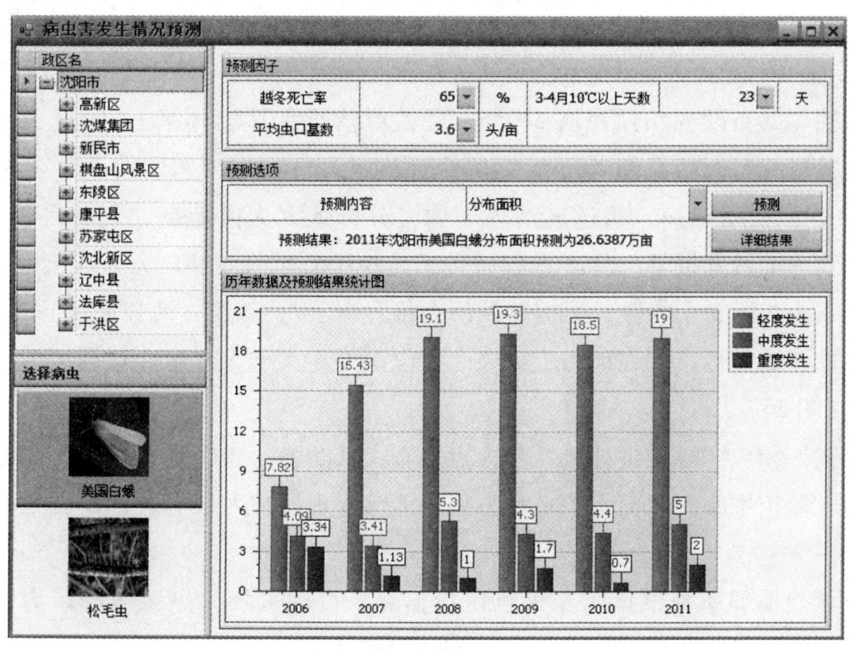

图 25　预测预报页面图

根据预测预报信息，可以利用外网服务平台将预测预报信息发布（录像显示外网2011年趋势预报网页），使林农或专业防治队伍提前做到预防，从而大大降低有害生物的危害，这也是内外网一体化的有效体现。

（三）防治规划

在防治工程规划模块中，储存了大量的信息。包括主要防治线路的信息（显示飞防线路），主要包括飞行防治工程中的京沈高速公路、沈大高速公路、三环高速，各工程线路都经过了地理信息系统准确定位，其中，障碍物、禁飞区在图中都一览无余，为科学规划飞防路线提供了精确的定位信息。

农民专业防虫队伍数据库（以沈北新区、辽中县人员情况、物质储备为例），物资储备地点和情况数据库、各县区人财物等情况。

通过对防治工程信息的科学管理，为制定防治工程规划和林业突发性病虫害发生的应急反应，提供可靠数据和最佳防治方案。

七、森林防火监测

为了提高林业系统的应急管理水平，有效应对森林火灾等林业灾害性事故，沈阳市还建立了以森林防火为中心的智能化应急系统。系统融汇了电子通讯、地理空间、物联网等先进技术装备，形成领导决策的技术辅助系统，从而弥补指挥中枢经验判断决策的不足。实现“自动监控”、“自动传输”、“自动判读”、“自动评估”、“自动决策”、“灾后评估”、“自动管理”。

自动监控。共布设视频监控塔56个，覆盖市辖所有易燃林区，总面积4369平方千米。每个监控塔相互衔接，能够不留死角地对林区火情实施动态监控。每个塔能够水平360°、垂直±45°自动扫描，通过高清晰图像，分析烟火光谱特征，判断是否发生火灾，发现疑似火情立即触发报警，林区视频回传至监控中心，系统实时采集云台的水平转角、垂直夹角、镜头焦距3个参数，根据基站所在位置（经度、纬度、海拔高度），结合GIS测算出着火点的三维坐标，并在地图上标注。定位误差不大于500米。对林区内烟火，可自动定位报警（图26）。

自动传输。相应区域的护林员赶赴火点核实，其配备的智能终端PDA，能够精确定位火点，并可在监控中心实时显示护林员方位，能够实现护林人员与监控中心之间报警信息的实时互动。

自动判读。地理系统根据核实火点定位信息，自动采集火点区域的风力、风向、温度、湿度等气象信息（显示小型气象站），自动调取火点区域扑火信息数据（主要包含扑火物资储备库、取水点、扑火力量部署等，给出到达火点的最佳路径）。

图 26　森林防火监测决策系统页面图

自动评估。根据给定的综合数据，自动生成未来 1 ~ 2 小时模拟火势蔓延图。给出火灾的危害等级。指挥中心依据系统提示的综合数据，决定启动应急响应，决定交通管制范围，决定人员物资疏散(图 27)。

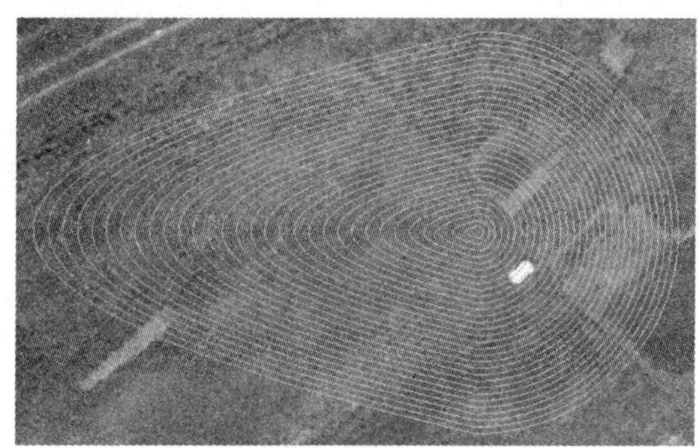

图 27　火势蔓延模拟图

自动决策。根据系统给出的扑火方案推荐排序情况，指挥中心结合扑火资源综合数据和预案修订扑火方案，形成扑火命令(图 28)。

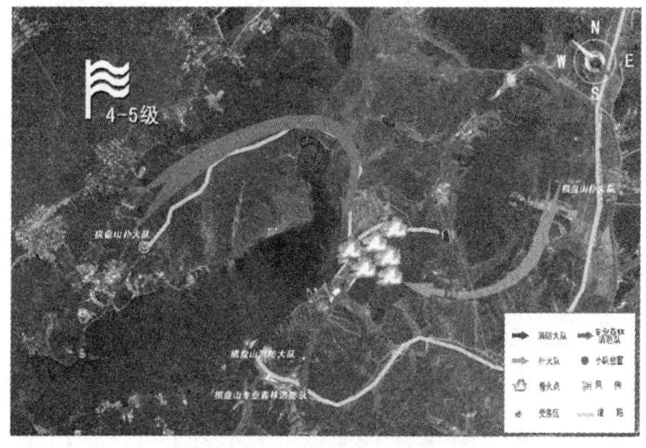

图 28　扑火行动决策图

灾后评估。(显示无人飞机飞行轨迹)火灾结束后，无人飞机采集过火信息，结合系统信息数据，利用 GIS 叠置分析，自动评估受灾损失情况。

自动管理。利用现代信息技术，对每次火灾的起因、损失、处理情况和灾后重建规划，进行统计、建立电子档案，根据火灾统计发现概率，科学预测火灾高发时间，及早做出预防，最大限度地减少森林火灾损失。

上述平台功能，是建设成熟的，正在建设中的还包括古树名木、种苗、野生动植物等信息的管理和维护，沈阳市通过搭建数字林业核心平台，构筑海量数据库，使用“3S”技术、物联网技术，初步实现以“点击”代替“目击”，即以“搜索图形、链接数据”的鼠标点击代替“车轮滚滚，风尘仆仆”的现场目击，真正实现数字化办公的梦想。

第二节　主要措施和经验

2011 年 5 月，在第二届全国林业信息化工作会议上，国家林业局授予沈阳市“全国林业信息化示范市”称号，并确定示范主题：终端入户辐射带动信息服务，即：加强林业信息化基层基础建设，实现网络的终端入户。沈阳市林业局抓住这一契机，一方面加紧推进以“三网一基”(即外网、内网、专网铺设和基层基础建设)为中心内容的网络示范工程建设，一方面着力解决乡镇林业工作站网络应用薄弱、服务手段落后的问题，以信息化激活乡镇林业工作站的功能，拓展乡镇林业工作站的职能。经过 10 个月的努力，目前这两项工作都取得了明显的成效，特别是乡镇林业工作站凭借信息化的助推力，活力增强，现代化管理职能得到发挥。

一、以“内网到乡，外网到户”为目标，让基层林业工作站和广大林农果农分享林业信息化成果

沈阳市林业局在信息化示范工程中确立这样一种理念：林业信息化的推广应用不能仅仅停留在市、县这个层面，而应当向乡镇层面延伸，使乡镇林业工作站对信息化成果不仅看得见，而且指得上、用得着；林业信息化的推广应用也不能隔开林农果农，而应当直接入户，让林农果农像使用车马机具一样得心应手地应用网络。基于这种理念，沈阳市林业局在信息化示范工程中确定了“内网到乡，外网到户，专网到林”的工作目标。

(一)大力推进“内网到乡”的信息化基础建设，将林业信息化基础网络平台铺设到乡

在 2011 年的沈阳数字林业二期工程建设中，沈阳市选择了新民市柳河沟镇、法库县十间房乡等 6 个乡镇为林业信息化示范乡镇。这 6 个乡镇在 2011 年以前已被沈阳市林业局选定为林业综合服务站试点乡镇，是全市“三级建站”即市建林业综合服务总站、县建林业综合服务中心、乡建林业综合服务站的样板乡，有较好的工作基础，并在林改中积累了很多为林农服务的经验。这次在信息化示范工程中，沈阳市林业局又将这 6 个乡镇作为“四级联网”的示范乡，直接将省、市开发建设的数字林业核心平台经由县级网络铺设到这

6个乡镇林业工作站，实现了省、市、县、乡四级网络的互联互通。过去只有在县级林业主管部门才能操作处理的业务管理，如资源评估、造林设计、审批办理等现在在乡镇就可以直接操作了。为了使这些乡镇林业工作站能够尽快掌握内网应用的知识，沈阳市林业局不仅多次召开“一对多”的普通培训和“一对一”的强化培训，还先后派出100多人次到这些乡镇进行现场实地培训。与此同时，沈阳市还通过召开“林业信息化基层基础建设现场会”、“学网建网用网经验交流会”等方式，推介典型经验，以现身说法、现场观摩、兵教兵互帮互学等灵活多样的形式，促使这些示范乡镇尽快熟悉和掌握相关的网络知识。在此基础上，沈阳市林业局在2012年的沈阳数字林业三期工程中，将林业信息化示范乡镇由6个扩大到11个，并计划到2012年年底前进一步扩大到20个，使之涵盖全市90%的林业重点乡镇。

（二）同步实施“外网到户”的信息化基层建设，大力培植以户为单元的林业信息化示范点

林改后，“经营主体到位，公共服务缺位”的问题非常突出，一家一户分散经营的林农果农普遍感到“到户了，打怵了，迷路了，无助了”。在这种情况下，信息化服务是帮助林农果农排忧解难的有效途径和手段。但是，由谁把信息化成果播撒到林农果农之中？沈阳市林业局在这种形势面前自觉担当了这一职责。工作从两个方面着手，一方面精心创办沈阳市林业局门户网站和康平、法库两个县区子站。从方便林农果农上网查询和满足他们的多层次需求的目的出发，精心设计了“信息动态”、“办事指南”、“网络交易”、“林果子网”等精品栏目，着力打造林农果农喜欢并且管用的“网络真品”、“网络民品”、“网络精品”和“网络鲜品”。经过近一年的不懈努力和二次改版升级，目前沈阳市林业门户网站已经成为辽宁省内和国内市级林业门户网站中的知名网站，点击上网的网民已超过17万人次。另一方面以强有力措施推进“外网到户”工程。从2011年下半年开始，选择200户作为“外网到户”的首批信息示范户。这200户信息示范户主要由“三场一户”、林果专业合作社、林果专业协会和林木加工企业等四部分组成，其成员主体是“三场一户”和林果专业合作社。为了培植这些信息示范户，采取了“优惠加倾斜”的办法，给每户购买电脑补贴1000元钱，还配备一台价值1200元的可视电话，并对这些信息示范户免费进行培训指导，包教包会。对这些信息示范户在市、县林业门户网站发布商务信息，沈阳市不仅不收任何费用，而且对他们每发布一条商务信息还补助10元钱，目前，这200户信息示范户有半数已掌握了网上查询、网上互动交流的基本技能，根据这种情况，顺势推进，从2012年1月起又选择了200户林农果农为第二批信息化示范户，争取使他们在半年左右时间内具备上网用网的技能，然后通过示范户带动周围林农再发展600户信息联户，使信息示范户总数达到1000户。

二、以“激活末端，突破终端”为主旨，让林业外网和林业内网在实际应用中发挥独特功能

乡镇林业工作站是林业管理体系的末端层次，当内网到乡后，它又成了数字林业基础核心平台的末端层次，其管理实体和服务对象是处在最基层的林农果农，而林农果农既是林果经营主体，又在林业信息化应用中处于终端环节。如何激活末端，突破终端，既是一个工作难题，又是一个创新课题，沈阳市林业局是通过下列工作来切题和破题的。

（一）把林业信息化和乡镇林业工作站的改革创新结合起来，使转变职能与提升功能同步实现

鉴于乡镇林业工作站服务意识薄弱、服务手段落后的现状，沈阳市要求先行试点的林业工作站在“三级建站”中实现管理职能的转变和拓展，在“四级联网”中实现服务功能的升华与跨越，具体来讲，就是要使现代化的信息手段在乡镇这个层次上派上用场，大显身手。过去，林农果农办理各种审批事项必须到县级林业主管部门，往返半径大体在50千米，办一件审批事宜需要花上一天时间，有时因为审批所需要件携带不全，或者审批人员不在场，往往多次往返，三番五次办不成。现在，内网到乡，在乡镇这个层次上就可以利用核心平台审验各种要件，并且可以直接办理审批事项。这样，林农果农“办事不出户”的梦想实现了，办理审批事项的往返半径缩短为10千米左右，办一件审批事项只需个把小时就够了，再加上林农果农已在外网上知晓了办事流程和所需要件等，又事先填好了电子表格，启动了网上申请，这样，他们只需去一次乡里，提交审验要件，就可以轻松顺利地办完审批事宜。目前，法库县十间房等乡镇林业工作站已经多次办理了网上审批事项。

（二）把外网功能和可视电话功能紧密衔接起来，帮助林农果农实现“足不出户学技术”的愿望

林农果农希望“足不出乡办审批”，更希望“足不出户学技术”。在这方面，沈阳市通过乡镇林业工作站给林农果农送去了技术、设备和招法。比如，林农果农买了电脑，但不会上网，特别是不会点击查询市、县门户网站的各种栏目，市林业局就通过试点的乡镇林业工作站，办班培训或是上门指导。再比如，有的林农果农在网上学到了一些新技术，或是了解到一些科技信息，但他们又心存疑惑，希望有个直观的解惑答疑，他们就通过试点的乡镇林业工作站，为第一批选定的200户电脑用户每户免费安装一部可视电话，并教会他们如何使用。这样一来，林农果农就可以通过可视电话和乡镇林业工作站人员“面对面”地求教，“面对面”地传授。这里面有一个令人惊奇的“足不出户”效应：乡镇林业工作站人员足不出屋就传授了技术，林农果农足不出户就学到了技术。过去，乡镇林业工作站需要登门去传授技术，或者林农果农登门去请教技术，如今，双向登门变成了双向的“足不出户”，双向接触变成了双向虚拟互动。

三、以“双零效应”“邻比效应”为启示，让林业信息化技术通过示范引导和效仿传承进入千家万户

目前，林业信息化技术的推广应用在基层农户这个层面还相当薄弱，这一方面受制于基层农户的经济承受能力，另一方面受制于他们的技术接受能力以及心理观念。为了打破“冰层”，实现终端突破，要求基层林业工作站把为林农果农提供服务作为重要职责，把培植信息示范户作为重要措施，把总结推广基层学网用网经验作为重点工作，以此推动网络入户和网络应用。

经过一段时间的试点和实践，沈阳市林业局逐渐认识到培植和推广林业信息示范户的意义。林业信息化示范户是基层林业工作站的直接服务对象，是生长在林农果农中间的微型信息服务站，他们和林农果农“零距离”，传播林果科技信息“零成本”，这种“双零效应”正是林业主管部门和林农果农所共同期待的。基于此，沈阳市林业局首批选择了200户林业信息示范户。对这200户信息示范户，沈阳市林业局责成县、乡林业部门登记造册，分区域、分行业定期培训，市里召开的三次大型学网用网经验交流会，都请他们中间的典型代表参加，并通过市县的网站把他们作为网络人物来宣传，使他们起到了信息传递和科技推广播种者的作用。这三次学网用网经验交流会，对参加会议的50多名信息示范户也是一次现场实地培训，使他们有机会和市、县网站的开发管理人员进行面对面的交流，也使他们有机会进行横向的切磋交流。

从2012年年初开始，沈阳市又进行第二批林业信息化示范户的选点和培训，数量仍然是200户，补贴标准仍然不变，但选取对象有所变化。第二批林业信息化示范户是依据“邻比效应”而确定的。所谓“邻比效应”，就是广大林农果农选择和使用网络技术，往往是从朴素直观的心态出发，相信“眼见为实”的道理，当邻居街坊有人学网用网，他们亲眼所见、亲耳所闻、亲身所感，觉得有效管用，才会趋而从之。所以他们选择第二批信息示范户，就是选择那些受到信息示范户影响，有意效仿，但又处在“心动”与“行动”之间的农户。由于有了培植第一批信息示范户的“底活”和经验，第二批信息示范户的选择减少了很多难度。他们有充分的信心，解决好第一批和第二批信息示范户的新老传承和效仿跟进问题，并创造条件选树第三批信息示范户，使具有林业特点和沈阳特色的“户”联网真正由“户”及“网”，梯次辐射，进入千家万户。

第九章　吉林森工三网融合

随着通信与信息技术的飞速发展及广电、电信市场的逐步开放，国内信息化建设迎来了“三网融合”的新阶段，即电信网、广播电视网、互联网相互融合。三网融合具体是指电信网、广播电视网、互联网在向宽带通信网、数字电视网、下一代互联网演进过程中，三大网络通过技术改造，其技术功能趋于一致，业务范围趋于相同，网络互联互通、资源共享，能为用户提供语音、数据和广播电视等多种服务。三网融合应用广泛，遍及智能交通、环境保护、政府工作、公共安全、平安家居等多个领域。以后的手机可以看电视、上网，电视可以打电话、上网，电脑也可以打电话、看电视。三者之间相互交叉，形成你中有我、我中有你的格局。

吉林森工集团作为首批林业信息化建设 4 个示范单位之一，承担了三网融合和电子商务两个示范主题的建设任务。吉林森工集团高度重视此次示范省建设工作，坚决贯彻落实林业信息化政策方针，依靠科学的实施方案、强有力的组织领导，因地制宜开展了三网融合及电子商务项目的建设。

为更好地推进示范省建设工作，吉林森工集团建立了林业信息化示范工程建设工作领导小组和三网融合办公室。特别是在森林防火监测与预警系统建设过程中认真研讨和推广应用三网融合技术。该项目，在传输线路上采用广电线路与传统网络传输相结合的方式，既保证了传输的效率也保证了数据及信息的安全性；在综合管理系统中着重建设了 GIS 地理信息系统，并为防火系统监测范围内的护林员配备了具有对讲和 3G 视频传输功能的手机，将移动网络与传统网络进行了有机结合。

综上所述，通过三网融合技术的广泛应用使森林防火监测与预警系统的许多功能得以实现，使系统具备了更高的实用价值和经济价值，并取得了较大的科技成果，起到了典型的示范作用。

第一节　主要功能

一、“森林眼”系统功能

森林防火监测与预警系统为林区的森林防火提供了一个完善的解决方案，实现了林火预防、监控、报警、指挥，全方位数字一体化联动操作。

系统主要运用物联网技术、视频监控技术、网络传输技术，GIS 地理信息技术、3S 技术、智能图像识别技术等，通过安装在林区的大型户外摄像系统，获得监控林区的实时影像信息。利用智能识别软件的自动分析处理，将林区的影像信息实时、清晰地传输到森林防火指挥中心。一旦发现烟、火等疑似警情，利用 GIS(地理信息系统)对发生的火情、火警区域进行定位，并实时做出分析判断，自动触发报警并联动相关单位，确定扑救方案，将火情控制在萌芽状态。

整个系统由通讯控制系统、火情鉴别系统、指挥控制系统和森林防火综合管理系统 4 个部分组成。

通讯控制系统。负责对前端设备的控制与通信管理，以及上下级系统的协调，是系统的枢纽。主要完成设备管理、通信与服务管理、信息同步、上下级协同管理、视频调度管理以及指控终端管理，并且可以调度多个智能监测站对同一火点的火情进行确认。

火情鉴别系统。主要负责系统中有关火情处理方面的事务，负责控制各前端球台的巡航模式、报警策略、火警处理、火情定位、图像接收与解码、屏蔽区设置、火情搜索系统的阈值参数设置和 GIS 系统接口等管理。

指挥控制系统。是系统与用户的交互界面，用户通过此系统可以进行设备选择、控制可见光摄像机、红外热像仪和球台转动；还可以设置巡航模式和火情报警模式，进行条带划分、设备管理、查看前端设备状态和显示天气信息等功能；当接收到火警信息时，根据系统的火警处理方式上报火警。

森林防火综合管理系统。由 GIS 基础子系统与防火业务子系统组成。GIS 基础子系统包括文件管理、地图浏览、地图测量、地图编辑、地图查询、地图制图等功能；防火业务子系统功能包括火情管理、火情扑救分析、历史火情管理、重点监控目标管理、GPS 设备管理等与防火业务相关的功能。

一旦发现火情，森林防火综合管理系统通过智能监测站回传的位置数据实现火点定位；系统发布平台第一时间通知防火相关领导和人员，并提供扑火队前往火情点的最短路径和通往现场的道路情况以及赶赴火场所需时间等重要信息。

二、三网融合在森林防火监测与预警系统中的应用

（一）快速发现火情，并指挥扑火队快速灭火

森林防火监测与预警系统通过前端设备进行多条带变速巡航；当系统可视镜头发现疑似火情时，转台会自动停止在对应位置，并将该疑似火情置于监控界面的中心，同时在报警火点上叠加警示标志。系统一方面将报警信息通过光纤或无线网桥发送指挥中心，另一方面系统发送命令给另一镜头，指挥该镜头对疑似火情进行确认。两个镜头都确认为疑似火情后，系统在指挥中心操作平台上的报警信息变更为“双报警”，并发出声光警示操作人员。

在通信上采用了三网融合技术，在光纤通信上使用了广电的基础网络。使用广电的基础网络打破了以往的惯性思维传统，在实际应用中起到了很好的效果。因为广电专网信息源较少，这样保证了信息传输的稳定性和安全性，并且利用现有广电网络给项目的投资减少了预算，节省了资金。

另外，操作人员可以对监控屏幕上红框中的疑似火情进行确认。操作人员可以手动操作镜头，如启用透雾或增倍镜等组件，以获得火点的更清晰图像。启用多点联动模式，可以调动附近有可能观测到火点的其他前端设备同时监控和进一步确认。同时也可以使用手机对讲功能请求附近的扑火队员、护林员去疑似火点现场确认。扑火队员可以通过手机的GPS 定位功能在指挥中心的指挥下迅速到达疑似火点现场，并将火点视频图像实时传送回指挥中心。经确认，如果是系统误报，监控人员可以手动解除警报；如果操作人员确定是火情，系统会发送短信或自动拨打电话（根据用户选定）通知相关人员。并将火点实时视频图像传送给相关人员 3G 手机。

通过 3G 系统联动，实现通话、对讲、视频双向传输、视频会议、定位、巡山路径记录等功能。作为手机对讲终端，在 3G 信号覆盖范围内可做到不同层级多级无漫游对讲，实现多级手机视频会议联动；可作为视频采集终端，将现场视频迅速传回指挥中心，并进行视频交互；可通过 GPS、综合管理系统联动，准确定位，并记录巡山路径。

由于与中国电信建立了战略合作关系，利用三网融合技术可以在最短的时间，实现火情的上下及时沟通。电信提供的无限视频传输以及 GPS 定位功能，使从发现到确认全部实现了信息化，极大提高了工作效率，给森林防火工作带来了巨大的贡献。

（二）组织扑灭火险

在系统确认火情后，操作人员可以将实时监控图像投放到指挥中心大屏幕上，便于所有人员观看和指挥扑救。综合管理系统会实时计算出火点位置和附近所有扑火队员、扑火

指挥车的位置。并根据各自距离的远近显示最短路径和最优扑火路线。启用火情蔓延推演模式，综合管理系统上会显示出未来一段时间火情蔓延的情况。指挥中心可以根据火情蔓延分析和灾害估算情况制定扑火预案和预估灾情的大小，并预先通知可能受灾范围内的群众转移。在火灾扑救过程中指挥中心可以实时监控扑火情况，并对扑火人员进行指挥调度，根据火情蔓延的预估，可以及时通知处于危险区域的扑火队员及时撤离，保障扑火队员的人身安全。

综合管理系统也就是 GIS 管理系统。系统在 GIS 技术的应用方面融入了 GIS 二次开发技术，通过同时整合并“桥接”二维、三维 GIS 二次开发组件来展示森林资源情况和林区地图数据，并提供大量的、灵活的外部接口以实现与不同火情监控系统的联动。GIS 系统能够同时兼顾二维数据与三维数据的优势，系统充分利用现有的三维 GIS 组件，将二维数据与三维数据应用技术整合到同一系统中，并实现与二维 GIS 组件的交互。能够为用户提供真实、形象的火场情况，方便其进行有效的火场资源调配、制定救火方案。系统采用视场高度—比例尺互换算法。使一个场景可以转换到同一位置、同一视角下的另一场景，实现了二、三维场景的无缝切换。

综合管理系统采用了理想的系统架构，得以把二维矢量地图数据和包含细腻栅格影像的三维地图数据在系统中同时显示。这样，系统在保证专业严谨的二维展示的同时，可以利用三维地图数据的显示来如实反映监控区域的地形地貌，给指挥调度人员以身临其境的感受，是其制定合理有效的扑火方案的最可靠有效的支持。

系统实现了二维场景与三维场景自由切换，使用户可以在浏览一个场景时通过命令直接跳转到另一场景的相同位置、视角下，从而实现了二、三维场景的无缝切换，从根本上跨过了二、三维场景显示上的鸿沟。

（三）实现多级控制、智能管理

三网融合技术特点包括：第一，具备县、市、省与国家四级管理控制功能，并根据不同优先级，为上下级协同指挥管理提供便利条件。第二，具备多点联动、相互校验，准确判断、定位疑似火点的能力。第三，具备不同季节、天气、时段的自适应能力，扫描范围内误报信息学习能力，大大减少了误报率。

森林防火监测与预警系统在防火区内之间的数据是通过广电网络传输，县与省市之间通过传统网络传输，设备之间采取电信无线传输或者固定网络传输。

（四）实现状态信息、报警信息与视频同步

实现了转台方位角、俯仰角、报警信息与视频图像关联、同步回传，便于中心指挥平台在视频中准确地标注火点经纬度信息和视频图像的经纬度信息。

（五）实现前端设备远程控制、维护、升级

前端设备闭环自动控制、软件远程自动升级。系统在进行软件升级更新过程中，所采用的是远程更新，这样大大降低维护成本，并且可以保证系统在更新的过程中可以正常工作，通过管理控制台足不出户就可以时时监测每台设备的工作状态，发现异常可以立即做出报警。

（六）实现视频会议与前端防火指挥功能对接

该系统能够组织召开全集团或部分单位的多媒体视频会议；能够参加国家林业局组织的视频会议的视频。支持高清1080P分辨率显示；具有会议保密机制和多媒体演示功能，可以在会议进行中同时演示多媒体信息等资料。主会场可以作为控制中心，进行整个会议的控制、监控和管理；会场屏幕可同时显示多个会场画面。根据集团组织结构划分，本次共建设1个主会场和15个分会场，主会场为森工集团，分会场包括：8个下属林业局、股份公司、金桥地板、泉阳泉、信息中心、旅游集团、矿业公司、财务公司。考虑到集团发展需要，本次选用的核心设备使用模块化设计，此设备目前具备30个分会场的接入能力，通过扩展模块最大可支持120个分会场的接入需求。

在本项目的指挥控制系统中，项目要求是最多支持256路标清视频（解析度720×576像素，色彩格式为YUV420），并且支持16路视频同时输出到视频墙上。

（七）实现数据库的优化管理

林业数据库是具有明确结构、具有一定聚集和共享程度的信息集合。信息资源通过采集、交换、汇集与存储等手段在集团和子公司各级结点建立相应的数据库，各级结点的数据库共同构成集团数据库整体。在数据库建设中，需规范各子公司的信息资源分类、数据库建设内容、明确数据库更新维护职责和应用权限，保障上下信息的一致性、完整性和可靠性，有效解决信息访问的瓶颈和安全问题。

数据库全生命周期管理系统包含数据库设计管理、数据库系统优化管理、数据库变更管理、数据库性能监控和SQL调优等部分。数据库设计管理可以对信息系统的业务流程规范、功能规范、基本数据集规范，数据交换标准规范的实现进行监督和沟通；数据库系统优化管理可以帮助保证数据库最大化的可用性及安全性；数据库变更管理使得在信息系统建设和管理过程中的任何变更都尽在掌握，防止对数据库的恶意修改造成数据库停机和数据的不一致；数据库性能监控为维护人员实现性能防患于未然，及时通知系统运行中出现的性能问题；SQL性能调优使得系统可以获得最大化的服务质量。

（八）实现数据的安全畅通

出于安全性的考虑，本系统运行在内部专网，这个专网是与任何外部互联网相隔离

的，因此系统若想获得天气预报、GPS 定位和发送短信等功能，必须设计一种能够跨内部专网和外部网络的互联方案。将内网、外网间不存在任何网络上的物理连接，内、外网间仅通过串口进行通讯。在外网布置一台通讯服务器，这台通讯服务器可以经互联网访问服务商的气象和 GPS 定位网站；同时，在这个通讯服务器上运行一个串口通讯程序，负责间歇地(如：每 5 分钟、10 分钟)向内网发送从服务商网站上获取的数据；因为这个通讯服务器是数据发送方，所以称其为 SENDER；在内网布置另一台通讯服务器，这台通讯服务器无法访问互联网，但它可以经串口线与上面的 SENDER 互联；这台通讯服务器负责接收由 SENDER 发送来的气象和 GPS 定位数据，并经内网将这些数据写入防火系统的数据库；因为这个通讯服务器是数据接收方，所以称其为 RECEIVER；

需要气象数据和 GPS 定位数据的系统，主动以轮询的方式从数据库中读取所需数据。

SENDER、RECEIVER 间采用自定义的数据格式来进行通讯，这个数据可以加密，从而更好地增加安全性。

(九)数据交换方案应用

系统中天气预报、GPS 定位和短信功能采用此数据交换方案，此是系统中的三项辅助功能。

天气预报不仅可以提供给用户受监控林场的即时的天气信息，更重要的是，它所提供的天气状况数据，还是火情识别算法程序随时调节自身参数的依据。比如，火情识别算法程序可以根据晴天、多云、多雾等的不同天气状况，调节自身的识别敏感度，或选择更合适的烟火识别算法。天气预报数据由林业局气象站采集，并以格式化文本的形式发布在互联网网站上，本系统通过方案一获取此数据。

GPS 定位是根据一个具有定位功能手机的号码，定位出这个手机的持有人当前所处的经纬度。这个功能结合 GIS 系统的定位功能，有助于救火队尽快找到火场。GPS 定位数据可以通过电信服务商开放在互联网上的 Web Service 接口获得。

短信功能是由短信运营商连接系统，向所有人员及所有相关人员发送有关火情报警方面的短信。

(十)实现分布式数据库管理

1. 基于 C/S 架构的分布式数据库管理系统

C/S 架构的优点是能充分发挥客户端 PC 的处理能力，工作可以在客户端处理后再提交给服务器。对应的优点就是客户端响应速度快。安全性能很容易保证，对信息安全的控制能力很强，实现多层认证也不难。

2. 分布式数据库

分布式数据库系统是在集中式数据库系统的基础上发展来的，它由分布于多个计算机结点上的若干个数据库系统组成，它提供有效的存取手段来操纵这些结点上的子数据库；分布式数据库在使用上可视为一个完整的数据库，而实际上它是分布在地理分散的各个结点上；当然，分布在各个结点上的子数据库在逻辑上是相关的；分布式数据库系统是由若干个站集合而成；这些站又称为节点，它们在通讯网络中连接在一起，每个节点都是一个独立的数据库系统，它们都拥有各自的数据库、中央处理机、终端，以及各自的局部数据库管理系统。因此分布式数据库系统可以看作是一系列集中式数据库系统的联合。它们在逻辑上属于同一系统，但在物理结构上是分布式的。

在分布式数据库系统里不强调集中控制概念，它具有一个以全局数据库管理员为基础的分层控制结构，但是每个局部数据库管理员都具有高度的自主权。

在分布式数据库系统中数据独立性概念也同样重要，然而增加了一个新的概念，就是分布式透明性。所谓分布式透明性就是在编写程序时数据好像没有被分布一样，因此把数据进行转移不会影响程序的正确性，但程序的执行速度会有所降低。

与集中式数据库系统不同，数据冗余在分布式系统中被看作是所需要的特性，其原因在于：首先，如果在需要的节点复制数据，则可以提高局部的应用性；其次，当某节点发生故障时，可以操作其他节点上的复制数据，因此这可以增加系统的有效性。

3. 系统的数据存储方式

本系统支持多级指挥中心和多个监控前端。

最底层的指挥中心是建设在相对独立林区的本系统，如各林业局或县级林业主管部门建设的系统，他们可以管理多个前端智能监测站，具有前端设备管理、火情确认、视频管理、视频录像、GIS 定位、调度指挥等核心功能。

上级指挥中心可以管理多个最底层的指挥中心，主要实现火情的协管、监管、扑火指挥等职能，具有除了前端设备管理、参数配置、滤除虚警等以外的大部分功能。

基于以上需求，本系统中采用了基于 C/S 架构的分布式数据库管理系统。在各级指挥中心都配有数据库，分别存储不同级别的视频资料；数据管理模块负责数据的同步和复制，各指挥中心通过中心服务器获取信息访问数据库。

4. 系统的通讯协议

系统中的网络通信主要采用了 TCP/IP 协议和 UDP 协议，计算机和设备的通信采用了串口通信方式。

5. 网络通信

Socket 是在计算机中提供的一个通信端口，可以通过这个端口与任何一个具有 Socket 接口的计算机通信。网络的 Socket 数据传输是一种特殊的 IO 应用程序，在网络上传输、接收信息都是通过这个 Socket 接口来实现。

本系统中采用 Socket 通信接口来实现网络通信，软件端之间通信协议采用连接较可靠的 TCP/IP 协议方式。

由于UDP协议具有数据传输快速、系统开销少，而视频的传输对可靠性要求不高的特点，因此，系统中视频传输采用UDP协议方式。

6. 串口通信

通讯速率快慢在通讯系统中是以波特率的高低来衡量，波特率的高低决定传输距离、传输速度，波特率越高传输距离越短，速度越快。

本系统采用串口方式实现工控机与前端设备的通信控制，使用的波特率是19200波特与115200波特。

串口是计算机上一种非常通用设备通信的协议，大多数计算机包含两个基于RS232的串口。串口同时也是仪器仪表设备通用的通信协议，很多GPIB兼容的设备也带有RS232串口。同时串口通信协议也可以用于获取远程采集设备的数据。

串口通信的概念非常简单，串口按位(bit)发送和接收字节；尽管比按字节(byte)的并行通信慢，但是串口可以在使用一根线发送数据的同时用另一根线接收数据。它很简单并且能够实现远距离通信。

串行通信常用的有RS232标准和RS485标准的串口。

RS232采取不平衡传输方式，即所谓单端通讯。由于其发送电平与接收电平的差仅为2V至3V左右，所以其共模抑制能力差，再加上双绞线上的分布电容，其传送距离最大约为15米。

RS485采用平衡发送和差分接收，因此具有抑制共模干扰的能力，加上总线收发器具有高灵敏度，能检测低至200mV的电压，故传输信号能在千米以外得到恢复。

在本系统的前端现场硬件布置时，由于监测塔可能会高至25米以上，因此由球台设备连至设备箱的距离经常会超过15米以上。因此在本系统中，选取传输距离较远的RS485标准。

第二节　主要措施和经验

网络实施方案采用了双链路冗余备份及动态路由协议来实现双链路冗余备份互联网络。网络物理互联链路一条是基于SDH的光通信技术的光纤链路，另一条是基于5G的802. 11a无线传输技术的微波链路。路由协议选用OSPF动态路由协议。

一、网络互联链路的选择

(一) 光纤通信

光纤通信已成为目前应用最为广泛，同时也是最稳定的网络通信方式，基于光纤通信的SDH技术也是目前业内使用最为广泛的光传输技术。光通信的优点：具有容量大、距离远、传输速度快、安全性高等诸多优点；其缺点是：对于几千米内监控信号传输不够经济；光熔接及维护需专业技术人员及设备操作处理，维护技术要求高，不易升级扩容。

（二）无线网桥通信

无线网桥通过天线、反射板等将 802.11a 无线微波信号以较小的角度向远端摆放在相对位置的另一无线网桥发射，采用较大增益提高单一方向信号的能量集中，完成远距离的无线信号传输，正常情况下无线信号可以传输至几千米到十几千米的距离，可以完成山区复杂地形的远距离通信。微波传输是解决几千米甚至几十千米不易布线场所监控传输的解决方式之一。采用调频调制或调幅调制的办法，将网络数据搭载到高频载波上，转换为高频电磁波在空中传输。其优点是：省去布线及线缆维护费用，可动态实时传输广播级图像。其缺点是：由于采用微波传输，频段在 1GHz 以上常用的有波段（1.0～2.0GHz）、S 波段（2.0～3.0GHz）、波段（10～12GHz），传输环境是开放的空间很容易受外界电磁干扰；微波信号为直线传输，中间不能有山体、建筑物遮挡；波段受天气影响较为严重，尤其是雨雪天气会有严重衰减。

（三）有线无线互补配合应用

基于光纤传输及微波传输的优缺点，在本项目中取长补短，采用以光传输链路为主网络传输链路，微波传输链路为备份网络传输链路。当主网络传输链路发生故障时备份网络链路承担网络传输的任务，当主网络传输链路故障恢复后，则重新承担网络传输的任务，从而在网络物理链路层共同保障网络链路的稳定性。这样既保障了网络链路的稳定性也在项目投资上实现了较高的性价比。

二、路由备份实现的方式

OSPF 通过路由器之间通告网络接口的状态来建立链路状态数据库，生成最短路径树，每个 OSPF 路由器使用这些最短路径构造路由表。当链路中断后，OSPF 协议第一时间侦测到链路中断即接口为“down”的状态，会立即更新路由协议相应的链路状态数据库，并且立即向运行 OSPF 路由协议并建立关系的路由器发送路由失效信息。依靠 OSPF 的这种特性，将两条链路配置成为互为备份的链路，可以实现相同优先级链路的负载分担，与不同优先级链路的链路切换。OSPF 通过 COST（开销）值，来指定链路的优先级，所以可以通过手工指定 COST 值的方式确定链路优先级，比如，可以指定光传输采用 COST 1000，无线传输采用 COST 1500，此时当光链路中断后 OSPF 侦测到链路状态为“down”状态，会立即启用 COST 1500 的无线传输，并通知运行 OSPF 路由协议的相同组成员 COST 1000 的光传输链路不可用，此过程只需要几十毫秒到几秒（根据网络规模的不同而不同）即实现双链路的主备倒换。

本项目的网络通信采用了路由器“双网”选路的方法，物理链路一条是基于 SDH 的光通信技术的光纤链路，另一条是基于 5G 的 802.11a 无线传输技术的微波链路。路由协议选用 OSPF 协议，即实现了路由保障及自动切换的功能。

三、采用了直流供电方案

实施方案概述。直流远程供电系统主要包括了提供监控设备正常运行的直流电源系统及馈电线路。在构成上，可由 48V 基础电源系统、输入配电单元、电源转换模块(48VDC/400VDC)、监控模块、输出及输出防雷模块、电源适配器(400VDC/48VDC)等部分组成。也可由 400VDC 电源、输入输出配电单元、防雷保护单元、蓄电池组组成。依据不同的场景需求，可选择适合的直流远程供电系统为监控设备供电。上述几部分组件安装在箱体或机柜内，相互配合，在市电故障时使用蓄电池能量向监控设备提供保障电力。

方案选择。“森林眼”智能监控站点大多数位于山区内部，环境较为复杂，一般距供电场所较远，采用交流供电施工成本高，供电保障性较差；同时基于直流供电的优点，本项目中，对于距离较远的采用直流远程供电的方式实现电力资源的供给。

第三节　效益分析和所获荣誉

一、经济效益

森林火灾是一种自然灾害，对森林具有极大的破坏性。森林火灾一旦发生，造成的损失不可估量。

本系统应用以后，能够使森林防火工作纳入科学化管理的轨道，对森林火险做到事前预警，防患于未然，并能及时有效地控制或消除火险隐患，极大地降低森林火灾的发生，使森林和栖息的野生动植物资源免遭损害，同时也降低了森林火灾的扑救费用。

及时准确地对森林火险进行预警，采取有效的针对性防范措施，可以减少森林火灾发生的 10% ~30%，减少火灾损失和扑救费用 10%。所产生的一系列直接、间接经济效益非常可观，其经济效益和投入产出比非常显著。本系统与其他同类产品相比较，经济上的优势在于单位面积的投资低、覆盖面积大，所以分摊到单位面积上的价格很低。

以在松江河林业局试点项目中已覆盖的 22 万公顷林地为例进行估算，国内同类产品需投资 3430. 92 万元，每万公顷林地所需成本约为 155. 95 万元。而“森林眼”的投资为 1951. 69 万元，每万公顷林地所需成本仅为 90 万元。投资收益非常明显。

以吉林省820万公顷林地为例进行估算，“森林眼”的投资预期为72970万元；以全国有林地面积18138.09万公顷进行估算，“森林眼”产品的投资预期为1632420万元，经济效益非常可观。

国际市场的需求更大，尤其是美国、加拿大、俄罗斯、澳大利亚、德国等国家，每年的森林火灾造成的经济损失非常大，虽然他们也投入了大量资金研发森林防火预警产品，但是都没有达到实际工作要求。

以加拿大为例，在加拿大逾990万平方千米面积中约有45.3万平方千米森林，是世界最大的木材输出国。加拿大又是全球森林火灾最多的国家之一，每年4～9月是森林火灾多发季节。近几十年来，加拿大先后发生过600多次森林火灾，约有逾3000平方千米森林被焚毁。在这些森林火灾中，97%是易扑灭的小火，3%则扩散成灾难性火灾。

二、社会效益

扑救森林火灾需耗费大量的人力、物力、财力，给国家和人民生命财产带来巨大损失，扰乱所在地区经济社会发展和人民生产、生活秩序，直接影响社会稳定。

系统应用后，将会大大降低森林火灾的发生，利用较少的资金用于火险隐患的防控，从而减少了巨大的火灾扑救费用，确保了林区人民生产、生活的正常进行，这些必然会促进林区经济的稳定发展。

三、生态效益

火是森林生态系统中的一个非常活跃的生态因子，对生态系统的干扰性很强，一般小型的森林火灾对森林生态系统的破坏不严重，森林中的动植物死亡率不高，森林生态系统比较容易恢复。然而，大面积高强度的火灾，可使森林生态系统遭到严重破坏，导致大量物种死亡，生态系统短期内很难恢复。

此外，灾后还会引起病虫害的大发生，致使森林生态系统不能正常发挥其防护功能，造成严重的水土流失、洪涝灾害、旱灾以及气候恶化等诸多不良生态的后果。同时，森林火灾所产的烟雾对大气也会造成严重的污染。

本系统应用后，可以增强预防和控制森林火灾的能力，对维持森林生态系统的平衡，保持生物多样性，使森林充分发挥其涵养水源、防风、固沙、防止水土流失、调节气候等生态作用。因此，本系统实施后取得的生态效益是非常巨大的。

应用“三网融合”技术实施的森林防火监测与预警项目，到目前为止，已取得和已受理申报的软件著作权和专利共13项。经查新机构的查新报告亦证实其采用的主要技术在国内外已检索文件中未查到相关报道。由CNAS等机构进行了系统软硬件检测并出具了检测报告，报告认为该系统功能完备，性能优良，通过检测。

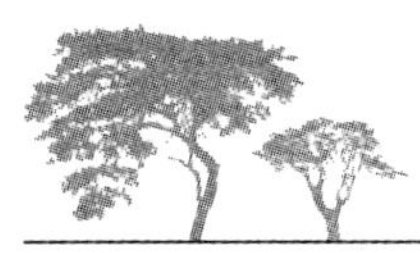

第十章　吉林森工电子商务平台

电子商务通常是指在全球各地广泛的商业贸易活动中，在因特网开放的网络环境下，基于浏览器/服务器应用方式，买卖双方不谋面地进行各种商贸活动，实现消费者的网上购物、商户之间的网上交易和在线电子支付以及各种商务活动、交易活动、金融活动和相关的综合服务活动的一种新型的商业运营模式。

目前，全球范围内迅速发展起来的电子商务正以惊人的速度影响和改善着社会经济生活的各个方面：利用互联网、移动通信网络和电子商务技术使林业企业在商业的整个运作过程中实现交易无纸化、直接化；在全球范围内选择贸易伙伴，使贸易环节中各商家和林业企业联系更紧密；以最小的投入获得最大的利润，实现提高林业产业经济总量的有效增长等。吉林森工集团作为首批 4 个林业信息化建设示范单位之一，承担了“电子商务”和“三网融合”两个示范主题。吉林森工集团高度重视此次示范省建设工作，坚决贯彻落实林业信息化政策方针，依托科学的实施方案、强有力的组织领导，因地制宜开展了“电子商务”的示范工作。

为更好地推进示范主题项目建设工作，吉林森工集团建立了林业信息化示范工程建设工作领导小组和办公室。并把经济运行系统作为 电子商务实施的基础和第一阶段。根据吉林森工集团的规划，林业电子商务项目分为两个部分：经济运行管理系统和电子商务平台。经济运行管理系统是电子商务平台的基础，它承载了电子商务平台的数据统计、信息交换、物流、生产指导等任务，是建设电子商务平台的第一阶段，也是重要的基础建设阶段。

经济运行管理系统是吉林森工集团在深入研究森工林业企业生产管理实际需求的基础上，自主研发的基于集团内网“三网融合”的集团化信息管理 ERP 系统。下设生产经营管理系统(包含木材营销管理系统、地板营销管理系统、人造板营销管理系统、矿泉水营销管理系统等二级子系统)、视频会议系统、门户网站(未来与电子商务平台进行整合)等一级子系统。其中木材营销管理系统是吉林森工集团经济运行管理系统建设的第一个子系统。

第一节　主要功能

吉林森工电子商务平台的建设，总体平台的框架设计以“科学、发展”为主线，以“绿色、低碳”为理念，以倡导“发展现代林业，弘扬生态文化，倡导低碳生活”为平台文化底蕴；在实施主体上依托吉林森工集团，在服务对象上面向全国林业产业链，在服务方式上定位于林产品、林权交易及网上种树等综合型、专业性的“一站式”行业门户平台；在项目建设上遵循“整体规划、逐步建设、安全可靠、分步实施、滚动发展”；建设原则追求实现“物流、资金流、信息流和商流”的和谐统一。

吉林森工电子商务平台将提供B2B，B2C，C2C三种电子商务交易模式，在功能上包括网上营销服务平台、供应链管理服务平台、分销管理服务平台和物流管理服务平台四大部分。在平台的功能设计理念上整合了移动商务管理、呼叫中心、ERP系统集成管理与综合决策分析等最新电子商务平台功能，提供针对林业特点的林产品及林权交易两大业务，同时利用最新的物联网标签识别技术RFID，从而在网上推行全民“种树、绿色”的低碳消费理念。

吉林森工电子商务平台的建设可以有效降低林产品的中间交易成本，推动林业电子商务标准体系建设。本项目的建设对利用信息技术手段推动“绿色、低碳”的国民消费理念具有重要的划时代意义，对推动全国林业电子电子商务平台的建设起到一定的示范及引导作用，具有明显的经济效益和社会效益。

为了不把“电子商务”做成单纯的“电子交易”，吉林森工集团立足林业实际情况，首先着力打造经济运行管理系统。作为“电子交易”的基石，经济运行管理系统涉及集团经济运行管理部、各下属林业局的木材运输、储存、销售多个业务环节。同时集团和各林业局又是不同的经济实体，其管理业务相对复杂，加上目前集团信息化应用比较薄弱，近一两年来业务发展极其迅速，如果仅仅以满足当前林业局和集团业务需要将很快地落后于业务发展需要。因此在设计中既要满足现有业务需要，又要对将来的发展进行规划，并为将来的“电子商务平台”打下基础，所以在总体规划的框架下实施如下：

首先，基础信息资源规划，系统依赖企业实体、组织机构，角色、权限体系规划上既要满足林业局和集团的要求，又要体现出不同林业局的属地化特性；既可以分布部署，又可以集中统一部署；统一标准代码等基础数据，便于分布式部署和集中整合。

第二，在数据管理上要体现属地化的概念，集中部署时实现属地和归口管理的概念，保证数据的安全性，并为“电子商务”平台打下基础。

第三，在系统架构设计上要充分考虑到将来的业务整合和扩展，采用SOA(service - oriented architecture，面向服务架构)充分体现出以整合性和易扩展性，保证整个系统可以一个子系统一个子系统的上线。具体分成林业局木材销售管理、集团经济运行管理、林业

局木材产销存精细化管理三个阶段实施，最终实现集团木材营销的精细化管理，并把此管理应用到“电子商务”平台中。

第四，在硬件等基础设施建设上也要有考虑到业务的扩展，提出多种建议方案，便于用户选择。

围绕经济运行管理系统开发建设，吉林森工集团优先开展了木材营销管理系统建设。木材营销管理系统是以松江河林业局原有3个独立的系统：木材运输管理系统、木材贮存管理系统、木材销售管理系统为业务原型。该系统具有可支持多种操作系统，低维护成本，系统扩展性强，大数据处理响应迅速，支持海量数据存储，支持大并发量的访问、可用性强等优点。

该系统是利用现代信息网络技术，建立木材经营管理体系，实现信息技术在木材生产、存储、销售等各个环节的应用。系统开发应用后，集团和各林业局能够通过网络实时掌握生产、销售、库存、售价、收入等情况，为集团决策提供最及时、准确的数据支持。可以大幅提高数据采集、处理的效率，所收集的信息能够最大限度地服务于集团。通过信息的自动化处理流程大量减少生产经营成本，增强企业在同行业中的竞争地位。

经济运行管理系统中最重要的二级管理系统是木材营销管理系统，林业局木材营销管理系统分为3个子系统：木材运输管理系统、木材贮木管理系统、木材销售管理系统。

一、木材运输管理系统

木材运输管理系统是木材营销管理系统的重要组成部分，是“电子商务”平台的运营基础。它具有如下主要功能。

(一)台口原条验收

原条验收录入。基本信息录入是对本车原条的共性进行存储。详细信息是对本车原条的每一根原条数据进行存储。基本信息录入完毕则进入详细信息录入，如基本信息保存失败则无法对详细信息进行录入，每条详细信息输入错误，可以对其进行修改或删除。如果单条详细信息保存失败则返回至基本信息重新录入。

原条票号修改。数据修改成功后记录修改时间、修改人员。如果修改输入的票据单号已经存在，则提示该票号存在不能修改。显示原条验收野账单据号时在票据号不能连续的情况下提示哪几个票号不能连续。

原条验收修改。对已经存在的原条信息进行修改，首先进入修改查询页面，在该页面中对已经录入原条的信息进行查询，查询方式为通过录入日期查询和通过票据单号查询。

原木验收录入。基本信息录入是对本车原木的共性进行录入。详细信息是对本车原木的每一根原条进行录入。

基本信息录入完毕则进入详细信息录入，如基本信息保存失败则无法对详细信息进行录入，每条详细信息输入错误，可以对其进行修改或删除。如果单条详细信息保存失败则返回至基本信息重新录入。

原木票号修改。原木票号修改时如果修改输入的票据单号已经存在则提示用户该票号存在不能修改。数据修改成功后记录修改时间、修改人员。显示原木验收野账单据号时在票据号不能连续的情况下提示哪几个票号不能连续。

原木验收修改。对已经存在的原木信息进行修改，首先进入修改查询页面，在该页面中对已经录入原木的信息进行查询，查询方式为通过录入日期查询和通过票据单号查询。

此外还具备原木删除、原条储存、原条删除的功能。

原条日记台账。按日期、林场、工队、采伐类型查询出某月某林场原条日记台账、原条楞场台账。按日期、楞场、采伐类型查询出某生产月楞场原条日记台账、原木日记台账。按日期、林场、采伐类型查询出某月某林场的原条日记台账。

原木楞场台账。按日期、楞场、采伐类型查询出某月某楞场的原条日记台账原条伐区顺号审核。根据起始票据单号，结束票据单号或起始检验日期，结束检验日期或起始发车时间，结束发车时间和林场名称，采伐类型查询出选择条件的区间信息原木伐区顺号审核。根据起始票据单号，结束票据单号或起始检验日期，结束检验日期或起始发车时间，结束发车时间和林场名称查询出选择条件的区间信息。

（二）耗条及伐区出材量

造材耗条。输入楞场、采伐类型、造材耗条材积数、造材耗条车数、本日支耗材积数本日支耗车数，读取原条卸车材积、原条卸车车数、上日净存材积数、上日净存车数，计算本日净存材积数、本日净存车数、商品材材积数、出材率。

原条造材消耗台账。原条造材消耗台账。根据验收时间和楞场显示出原条消耗台账并可以打印或导出 Excel。伐区出材量统计(原木)。选择原木验收日期、林场、采伐类型显示出某月某林场伐区原木出材量统计伐区出材量统计(原条)。选择原条验收日期、林场、采伐类型显示出某月某林场伐区原木出材量统计伐区报批传递单。计划统计员根据省林业厅批复的《伐区批复明细表》录入具体信息，批量导入以 Excel 形式下发的伐区批复明细表。

伐区报批传递单查询。查询人员选择查询条件，显示采伐批复信息，并对相同类型查询数据进行小计。并可以打印或导出为 Excel 伐区报批传递单审核。查询各林场上报的伐区报批传递单，并对相关数据进行修改、保存。可以打印、导出为 Excel 文件。伐区报批传递单审核查询。伐区报批传递单审核。选择查询条件，显示采伐修改过的信息，并对相同类型查询数据进行小计。并可以打印或导出为 Excel 伐区批复明细表。导入资源处下发的伐区批复明细表，导入格式为 Excel 文件。伐区批复明细表查询。查询人员选择查询条

件，显示采伐批复信息，对相同类型查询数据进行小计，并可以打印或导出为Excel。

（三）木材产量报表

原木生产日报。选择查询条件，显示各林场每种采伐类型分类的原木信息；楞场每种采伐类型分类的原木信息，并可以打印此日报或导出为Excel。采伐类型中主伐、抚育必选；车立柱、虫害木等可选。上段林场固定，有没有数据都显示，而下段没有数据不显示。

原条生产日报。按采伐类型分类显示当日各林场原条生产情况及各楞场造材耗条情况。选择查询条件，显示当日原条生产信息，并可以打印此日报或导出为Excel。

上段木材产量月报。根据查询时间，采伐类型显示某月的上中段木材产量完成情况。选择查询条件，显示当日原条生产信息，并可以打印此日报或导出为Excel。

下段木材产量月报。根据查询时间，采伐类型显示某月的上中段木材产量完成情况。选择查询条件，显示下段木材产量情况，并可以打印此月报或导出为Excel。

（四）枝桠材发货

枝桠材验收录入。对枝桠材进行验收操作。录入发车时间、验收时间、枝桠材类型、票据单号、运输车号、净重、车数、司机、进材地点、林场、地稀员和检尺员后，完成枝桠材的验收录入。

枝桠材验收修改。对已经存在的枝桠材验收信息进行修改，首先进入修改查询页面，在该页面中对已经录入枝桠材的信息进行查询，查询方式为通过录入日期查询和通过票据单号查询通过枝桠材种类查询。

枝桠材结账。对枝桠材发货进行结账或者取消结账。首先查询指定日期区间的未结账或已结信息，对于未结账数据可以对其进行结账操作。

（五）剩余物验收

剩余物验收录入。对剩余物进行验收操作。录入剩余物验收的基本信息和详细信息，基本信息中包括发车时间、票据单号、车号、司机、林场、进材地点、剩余物种类、采伐类型、两名检尺员；详细信息中包括林班、伐区、小班、材积。

剩余物验收修改。对已经存在的剩余物验收信息进行修改，首先进入修改查询页面，在该页面中对已经录入剩余物的信息进行查询，查询方式为通过录入日期查询和通过票据单号查询通过剩余物种类查询。

剩余物票号修改。对剩余物验收录入中的票号进行查询和修改。通过条件查询剩余物票号信息，并对其修改。

(六)剩余物台账

枝桠材日记台账。按日期，林场，枝桠材类型，进材地点查询出指定日期范围内某林场的枝桠材日记台账。

枝桠材进材地点台账。根据日期范围，进材地点，枝桠材类型查询出指定日期范围内某进材地点的枝桠材日记台账。

枝桠材发送小票顺号台账。根据起始票据单号，结束票据单号或起始检验日期，结束检验日期或起始发车时间，结束发车时间和林场名称，枝桠材类型查询出选择条件的区间信息。

剩余物日记台账。按月份，剩余物种类，林场，采伐类型查询出某月某林场的剩余物日记台账。

二、木材贮木管理系统

贮木管理系统是木材营销管理系统中的又一个重要的组成部分，贮木管理系统可以将木材进行科学、电子化贮藏管理，方便以后的电子销售。

(一)场区缴库

楞口收入野账。录入员具有此功能的操作权限。贮木检验站录入员，查看检尺员楞口收入野账小票，输入基本数据，明细信息。计算根数、材积，并进行分类统计。

楞口对账查询。录入员具有此功能的操作权限。根据录入日期、楞场、楞号查询出相应的楞口野账信息。

(二)地拨材野账

地拨野账录入。录入员具有此功能的操作权限。有两种方式录入。第一种，根据野账票单直接输入调令号；第二种，通过调令查询，根据销售处的木材通知单查询野账票单。如果信息录入成功，可以继续录入下一张票据。可以选择删除某一条数据。如果删除当前录入的全部信息，需要删除密码验证。可以查看月份地拨木材通知单中的具体材种、树种的剩余米数。用户需要增加新材、陈材的录入选项，并在查询中增加新材、陈材分类小计。

地拨野账修改。录入员具有此功能的操作权限。首先输入日期，楞场、楞号，查询出相应的数据，如果不输入楞号，则查询所有该楞场的信息。之后将需要修改的数据进行修改并保存。已经审核过的，只允许查看，不允许修改。

地拨野账补录。录入员具有此功能的操作权限。功能参照地拨野账录入。此处区别为：可选择野账录入时间。

地拨对账查询。录入员具有此功能的操作权限。根据录入日期、楞场、楞号查询出相应的地拨野账信息。

（三）火车发货

火车发货录入。录入员具有此功能的操作权限。选择“调令查询”，查询出联办调令的相关信息，调令已结账的在火车直拨录入单中不显示，并且无法在录入单中录入信息。如果在调令查询中查询调令未结账信息，返回火车直拨录入单，直接显示出日期、到站、调令号等信息，录入其他信息后进行保存，等待系统管理员的审核。可以继续录入明细表信息，点击“支出”，信息入库。可以选择某条信息进行删除。

火车发货补录。录入员具有此功能的操作权限。功能参见火车发货录入，此处区别为可选择发货录入时间。

火车发货修改。录入员具有此功能的操作权限。如果在火车发货录入中发生错误，可以在火车发货修改中进行数据的修改。输入日期，点击“查询”按钮，查询出所需信息，选择某条信息，点击“修改”按钮，可以对该信息进行修改。

装卸工组查询。录入员、系统管理员具有此功能的操作权限。输入起始日期、终止日期、装卸工组进行相应的查询。如果不输入装卸工组，则查询日期范围内所有装卸工组的数据信息。可以将查询出的数据报表进行打印、预览。

按客户查询。录入员、系统管理员具有此功能的操作权限。按选择的日期范围显示出所有的客户相关的发货信息。可以将当前查询出的数据信息导出为 Excel 文件格式。可以打印、预览当前查询的报表。

（四）剩余物管理

剩余物野账录入。录入员具有此功能的操作权限。此功能是针对剩余物野账信息的数据录入功能。每条信息输入错误，可以对其进行修改或删除。

剩余物野账修改。录入员具有此功能的操作权限。此功能是针对剩余物野账信息的数据录入错误提供的修改数据的功能。

剩余物发货录入。录入员具有此功能的操作权限。选择“调令查询”，查询出联办调令的相关信息，调令已结账的在录入单中不显示，并且无法在录入单中录入信息。如果在调令查询中查询调令未结账信息，返回剩余物支拨录入单，直接显示出日期、到站、调令号等信息，录入其他信息后进行保存，等待系统管理员的审核。可以继续录入明细表信息，点击“保存”，信息入库。可以选择某条信息进行删除。

（五）统计报表

库存日报表。查询贮木场某一天原木所有库存，查询结果可以打印，保存 Excel 文件。

查询条件可以选择一个或多个楞场，并且可以选择一个或多个楞号进行库存查询，显示结果为某一定值或某一区间值进行分类统计库存。有全部楞场、全部树种、材种，以设定材长分类统计查询功能。

产销存统计报表。查询某一月贮木场库存，分树种查询前期结存数量、本月生产数量、本月支出数量、本月结存数量，对查询结果打印，保存 Excel 文件。

木材计件统计台账。是为生产计件提供数据，是为工队开支提供数据(分树种、材长)。

装火车计件统计台账。是为工队开支提供数据(分树种、材长)。录入日期、楞场等项目查询统计结果。

(六)初始化数据

木材出入库审核。贮木场班长具有此功能的操作权限。对于当天录入的楞口野账、火车发货、地拨野账信息进行出入库审核操作。经此操作后原木库存相应出入库数据发生变化。针对审核错误提供取消审核功能，在数据修改并汇总后重新进行出入库审核操作。

库存楞号置换。系统管理员具有操作此功能的权限。可以选择单个与全部楞场的所有数据。点击查询出的数据的某条信息，修改楞场、楞号，点击保存。可以预览、打印当前查询的报表。可以把当前查询的报表导出为 Excel 文件格式。可以筛选出某一类树种的全部信息。

初始化库存录入。系统管理员具有操作此功能的权限。有针对原木数据的插入、删除和修改各项功能。并且具有数据的整理、期初数据清空、打印、预览、保存文件，退出各项功能。

初始化库存修改。系统管理员具有操作此功能的权限。针对初始化库存录入错误信息提供的修改数据功能。

木材产变。系统管理员具有操作此功能的权限。针对贮木场由于风吹日晒、腐烂虫蛀对原木造成的损耗开发的木材降等降级功能。

三、木材销售管理系统

木材销售管理系统是整个木材营销管理系统的输出环节。包括如下功能。

(一)木材通知书录入

火车通知书录入。录入时可以选择通知书计划月份，根据选择的月份生成调令号。查看“库存及预留”功能，看到最新木材库存信息及预留木材信息。登记“客户信息”功能，以购材单位为主键，且不可重复，可以查询、修改、保存、删除，可以按某一月份查询所

有本月份客户信息，可以对客户信息按名称、单位模糊查询。

火车通知书修改。根据月份和调令号(可选项)查询火车通知书，对相应的通知书内容进行修改。可以修改通知书的基本信息和材树种等信息。

地拨木材通知书录入。首先查看“库存及预留”功能，看到最新木材库存信息及预留木材信息。登记“客户信息”功能，以购材单位为主键，且不可重复，可以查询、修改、保存、删除，可以按某一月份查询所有本月份客户信息，可以对客户信息按名称、单位模糊查询。预留木材部分不能填写地拨木材通知单录入，多数情况下如果某一树种“最新库存”减去“预留库存”小于客户欲购买材积数，系统进行提示材积数量不足，不准录入。但是在“清库”时，不用此计算方法，可以出现某一树种“最新库存”减去“预留库存”小于客户欲购买材积数。

录入基本信息保存成功后，录入详细信息，有删除基本信息功能，删除基本信息同时将所属详细信息全部删除。可以删除详细信息的每条记录，不影响其他已录入的详细信息。

(二)剩余物通知书

剩余物通知书录入。查询客户信息，可以查询到要录入通知书的客户信息，选择剩余物的种类，录入通知书的基本信息，基本信息录入完成，点击登记，录入通知书的详细信息，包括树种、材长、等级、材积等信息。

剩余物通知书打印。功能是选择月份、剩余物种类、调拨令，查询出符合所选条件的剩余物通知书，并可以进行打印。

枝桠材通知书录入。查询客户信息，可以查询到要录入通知书的客户信息，选择要录入的枝桠材的种类，枝丫材不分具体的树种、等级、材长、径级信息，枝桠材通知书中净重单位为吨。

枝桠材通知书打印。功能是选择月份、枝桠材种类、调拨令，查询出符合所选条件的枝桠材通知书，并可以进行打印。

剩余物通知书修改。选择月份和调令号(可选)，根据选择的条件查询剩余物通知书的信息，对查询出来的通知书可以执行修改的操作，修改时可以修改通知书的基本内容，以及材树种等详细信息。

(三)通知书作废管理

火车通知书管理。根据开始日期和结束日期，选择通知书是否作废来查询通知书的信息对未作废的通知书可执行通知书作废操作。作废之后的通知书不能再进行火车发货的操作。

地波通知书管理。根据开始日期和结束日期，选择通知书是否作废来查询通知书的信息，对未作废的通知书可执行通知书作废操作。作废之后的通知书不能再进行火车发货的操作。

剩余物通知书管理。根据开始日期和结束日期，选择通知书是否作废来查询通知书的信息，对未作废的通知书可执行通知书作废操作。作废之后的通知书不能再进行火车发货的操作。

枝桠材通知书管理。根据开始日期和结束日期，选择通知书是否作废来查询通知书的信息，对未作废的通知书可执行通知书作废操作。作废之后的通知书不能再进行火车发货的操作。

（四）办整车运输记录

火车运输通知书（原名请车记录簿）。查询出设置日期之前，这个自然月起始日期到系统设置日期的所有火车调令。选择某个调令，可以查询该调令计划员录入的详细信息。查看木材预留情况，根据木材预留信息决定是否请车，联办调度员录入该调令号每一个整车装车的信息，保存装车信息后，可以继续增加录入该调令号另一个整车装车信息。也可以删除某一整车装车信息。选择某个调令，打印这个调令的详细货运情况（即货运单）。

火车发送通知书（木材发送配车簿）。将计划调令发送出去给贮木场检验站。选择计划日期，查询结果可以显示计划日期起始日至计划日期间已发生的联办调令记录。选择一条记录，可以将联办调令发给贮木场相关人员。

火车完成车数（记录簿调令查询）。选择查询日期，可以查询日期范围内全部的配车计划、没有发令的配车计划、所有已经完成的配车计划、当日完成的配车情况、当日没有完成的配车计划。可以对未完成的配车计划进行相应的修改和保存，可以对查询显示的报表进行打印。

火车发货明细。选择日期，选择发票状态，不输入购材单位信息，查询出所选日期、发票状态，所有火车发货数据，如果输入购材单位部分信息，查询出所选日期、发票状态，购材单位名称包含输入信息的所有火车数据。

（五）木材通知书查询

火车通知书查询。选择查询月份，选择完成、未完成、全部三种状态中的一种状态，显示查询月份、状态所有火车通知书信息，选择查询月份，输入客户购材单位部分信息，选择完成、未完成、全部三种状态中的一种状态，可以模糊查询出在查询月、状态从符合查询购材单位条件的所有火车通知书信息。点击一条明细数据，可以查看这条纪录的火车通知书，并具有对其打印功能。

地拨木材通知书查询。选择查询月份或日期，可以显示查询月份或查询日期所有地拨木材通知书信息；选择查询月份，输入客户购材单位部分信息，可以模糊查询出在查询月

份符合查询购材单位条件的所有地拨木材通知书信息；或者选择调令号起始号、调令号结束号，查询出地拨木材通知书信息；选择一条记录可以查看详细信息，打印。查询出来数据按调令、购材单位分类有个小计。

（六）财务管理

火车发票打印。首先查询客户信息，分为两种查询组合，一种查询组合是选择查询月份，选择发票两种状态中的一种，显示查询月份、状态所有火车用户信息；一种查询组合是选择查询月份，输入客户购材单位部分信息，选择发票两种状态中的一种，可以模糊查询出在查询月、状态，符合查询购材单位条件的所有火车用户信息。选择其中一条信息后，返回到火车发票界面，输入火车发票信息并保存成功后，可以打印统一发票，可以对装车明细查询、打印。

汽车发票打印。首先查询客户信息，进入查询客户信息界面，分为两种查询组合，一种查询组合是选择查询月份，选择发票两种状态中的一种，显示查询月份、状态所有汽车用户信息，一种查询组合是选择查询月份，输入客户购材单位部分信息，选择发票两种状态中的一种，可以模糊查询出在查询月、状态，符合查询购材单位条件的所有汽车用户信息。选择其中一条信息后，返回到汽车发票界面，输入发票编号并保存成功后，可以打印统一发票，可以对装车明细查询、打印。

剩余物发票打印。剩余物发票打印包括剩余物和枝丫材两个打印功能。

火车预交款。录入火车发运的客户交款信息。可以对某一时间段内的购材单位交款金额查询，计算。对查询出来的数据可以删除、修改。

发票查询。对汽车、火车完成销售的木材信息进行详细查询。选择查询月份，选择火车、汽车两种运输方式中的一种，显示查询月份、运输方式所有发票信息，输入客户购材单位部分信息，可以模糊查询出符合查询月、运输方式、购材单位条件的所有发票信息。点击一条明细数据，可以查看这条记录的发票，并具有对其打印功能，可以查询、打印此发票的材树种明细数据。

（七）统计报表

木材销售报表。木材销售报表总量：选择开始日期和结束日期，查询出所选择时间段内木材销售数据，并按材种分类有个小计，所有数据有个总计。对查询出来的数据可以打印，也可以保存成 Excel 文件。地拨材销售报表：选择开始日期和结束日期，输入客户信息部分关键字，查询出所选择时间段内包含关键字的客户数据。否则查询出所选择时间段内客户所有数据；查询出的数据按购材单位分类小计与总计。可以打印，或保存 Excel 文件。火车销售报表：选择开始日期和结束日期，输入客户信息部分关键字，查询出所选择时间段内包含关键字的客户数据。否则查询出所选择时间段内客户所有数据；查询出的数据按购材单位分类小计与总计。可以打印，或保存 Excel 文件。

库存日报。可以选择查询日期、楞场、楞号(可选)，根据选定的楞场、楞号查询出具体某一楞场、楞号的库存情况，如果不选择楞场和楞号，查询出某一天的所有的楞场、楞号的库存信息。查询出的数据按材种分类小计和所有材种的总计。对查询出的数据可以导出 Excel 报表，也可以直接打印。

(八)数据上报

铁路发运木材完成情况(原名木材调运完成情况表)。

查询月份木材调运完成情况，如果没有打印发票，数据不统计在内，对查询结果可以直接打印，也可以保存为 Excel 文件。产品流向统计报表(运输)。查询木材销往地点(省)的米数统计，查询出来的数据分为汽车运输和火车运输两种方式，对查询结果可以直接打印，也可以保存为 Excel 文件。产品流向统计报表(产品)。查询木材销往地点(省)的米数统计，数据要按产品分类。对查询结果可以直接打印，也可以保存为 Excel 文件。

第二节　主要措施和经验

Spring **技术**。本系统的业务层主要采用 Spring 技术构建。Spring 是一个用于构造 Java 应用程序的一种多层的 J2EE 应用程序“轻量级”框架，Spring，其核心就是提供一种新的机制管理业务对象及其依赖关系。例如 IOC(Inversion of Control，反转控制)，AOP(Aspect Oriented Programming，面向方面编程)。

AJAX **技术**。为了保证系统的处理效率和界面友好性，在表示层界面处理中使用了 AJAX(Asynchronous JavaScript and XML)技术。AJAX 并不是一门新的语言或技术，它实际上是几项技术按一定的方式组合在共同的协作中发挥各自的作用。

Struts **技术**。本系统是一个早期的企业管理系统，随着业务的发展，系统的升级改造不可避免，为了使系统结构层次更加分明，重用性更高，系统健壮性和可伸缩性更好，在 Web 和应用服务层采用了 Struts 框架技术。

Web Service **技术**。本系统采用 Web Service 技术开发了数据交换接口，通过该接口不仅实现林业局到集团的数据维护功能，将来根据需要也可以将部分业务封装，为其他业务系统提供接口，这也体现出 SOA 的思想。

异步处理技术。对于业务日志、系统日志、批处理数据处理之类的业务，在传统模式下只能通过同步方式，与核心业务放在中间层一起处理，这样对系统性能无疑带来较大的压力。实际上，虽然中间层具备业务逻辑的可扩展性或可重用性，但是，对同步方式的业务逻辑修改总归比异步方式麻烦。如果采用异步方式，实际上只要将所有输入录入完毕，提交工单即可，后面采用多少步骤，通过工单，通过定时器完成业务受理。将同步的工作

转化为异步的工作，除了简单增加工单执行的组件外，剩下的事情就是配置工单类型、何时触发工单等。因此，异步的处理方式相比同步的工作方式而言，在流程和业务逻辑上具有更强的配置性。

工作流技术。木材营销管理系统中有部分业务是多角色、多事务型关联处理业务，需要多个角色采用流程化的方式进行处理，为此引入了工作流管理的思想，实现这些业务的管理。

负载均衡技术。当用户现有网络的各个核心部分随着业务量的提高，访问量和数据流量的快速增长，其处理能力和计算强度也将相应地增大，使得单一的服务器设备根本无法承担。在此情况下，如果扔掉现有设备去做大量的硬件升级，这样将造成现有资源的浪费，而且如果再面临下一次业务量的提升时，这又将导致再一次硬件升级的高额成本投入，甚至性能再卓越的设备也不能满足当前业务量增长的需求。

第三节　效益分析和所获荣誉

影响企业电子商务经济效益的两个基本因素分别是花费在电子商务方面的成本和通过电子商务取得的收益。作为一种建立在信息技术基础上的新型商务活动，电子商务的成本主要是采用信息技术时成本的付出，收益仍旧是通过商务活动本身获得的。

吉林森工电子商务平台中的盈利模式包括会员缴费、交易服务费、产品宣传广告费、网上采购交易费、网上招标信息费、网上竞价、第三方物流服务费等。

会员缴费。利润主要来源于注册会员缴纳的会员费。B2B、B2C 交易平台中的企业会员缴费，例如每年注册的企业会员收取 5000 元会员费，平台运行成熟后形成稳定的企业会员 1000 家，则预计会员费的年收入为 500 万。

交易服务费。每月或每年收取一定数量的交易服务费用。

产品宣传广告费。按广告所放置的位置，其收费模式会有差别，如巨幅 FLASH 广告、首页广告费等。

网上采购交易费。网上采购按交易额的 5‰收取买方交易佣金。

网上招标信息费。网上招标将收取招标信息登录费用。

网上竞价/拍卖。按网上拍卖的 2‰收取卖方交易佣金。

第三方物流服务费。项目建成后，可有专业化的第三方物流会员企业 100 户，通过本平台实现的物流配送业务，按交易额的 5‰收取物流公司的交易佣金。

此外，木材营销作为电子商务平台的一级子项目，以系统试点单位松江河林业局为模板，计算系统为企业增收节支的作用，在此以全集团林业局都是用木材营销系统测算：

强化流程管理，降低经营成本。截至 2011 年 5 月末，集团木材平均成本 249. 84 元/立方米，松江河局成本 204. 30 元/立方米。单位成本降低 45. 54 元/立方米，以此计算，集团年产 89.3 万立方米木材，年成本降低 4066 万元。

加强营销管理，提高单位产品售价。2008 年，集团木材平均单位售价 1087.84 元/立方米，松江河林业局为 1214.67 元/立方米，高出 126.83 元/立方米。以此计算，集团年产 89.3 万立方米木材，年售价提高增收 11325 万元。截至 2011 年 5 月末，集团木材平均售价 984.55 元/立方米，松江河局平均售价 1016.68 元/立方米。单位售价提高 32.13 元/立方米，以此计算，集团年产 89.3 万立方米木材，年售价提高增收 2869 万元。

综合以上分析，木材营销管理系统，建设期投入约为 1228 万元(硬件设备 700 万元、应用软件和实施 480 万元、网络租用 48 万元)，维护期每年投入约为 225 万元(网络租用费、硬件设备维护费、应用软件维护费)。系统建成后每年将给集团增加经济效益近 6935 万元，建设期的投入产出比为 5.65 倍，维护期的投入产出比为 30.82 倍，经济效益巨大。

THREE YEARS 2009-2012

网站建设示范案例

WANGZHAN JIANSHE SHIFAN ANLI

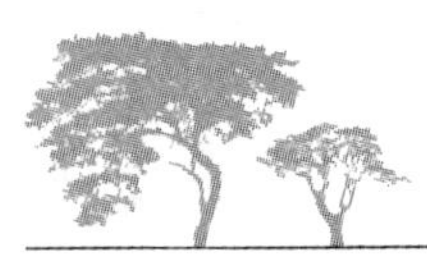

第十一章　辽宁省林业厅政务商务一体化门户网站群

进入21世纪以来，国家林业局提出了“加快林业信息化，带动林业现代化”的号召，搞好林业信息化必须实行“五个统一”，统一规划、统一标准、统一制式、统一平台、统一管理。辽宁省委省政府在全省林业工作会议上做出了“加快林业信息化建设”的决定。辽宁省林业厅按照省委省政府和国家林业局的要求，把信息化建设纳入重要日程，摆到突出位置。在确保超前发展和领先地位、突出全方位监管和多层次服务的前提下，2006年编制了《辽宁省林业信息化总体规划》，按照规划，建设了全省中心机房，构建了省、市、县、乡四级林业专网，建成了六大数据库，出色地完成了政务商务一体化门户网站群和核心平台示范项目建设。

辽宁省林业厅政务商务一体化网站群既树立了林业行业形象，提供政务信息公开、在线办事、科技服务的功能，又创新了商务功能。通过网站群为企业、林农、社会各界提供的24小时不打烊的信息交流平台，极大地提高了辽宁林业企业在国内和国际市场上的商业机遇及竞争优势；通过网站群进一步加大了辽宁省林业机构管理和服务力度，加快辽宁省林业厅网站向一站式服务型网站发展，为现代林业建设提供了强有力的技术支撑。

第一节　主要功能

一、网站群基本情况

辽宁省林业厅门户网站群建设于2003年，以省、市、县三级架构为支撑，以“统一规划，统一建设，统一管理，分级使用”为原则，经过四次大的改版升级，现形成了以1511为主体架构，即由“一个大门户、五个小门户、一个网络电视、一千个企业子网”组成的网

站群。一个大门户即辽宁省林业厅门户网站；五个小门户是指以种苗网、国有林场网、森林旅游网、产业网、推广网五个子站为首的省、市、县三级林业相关部门子站；一个网络电视通过视频方式以六大板块全方位展示辽宁省林业全貌；一千个企业子网是辽宁省为林业企业提供的网络展示平台。

目前，已有45个省级部门、16个市级林业主管部门、70个县级林业主管部门、1000余个企业在网上建站。门户网站共建设一级栏目42个，市级子站建设一级栏目11个，县级子站建设一级栏目10个。网站群现日均更新信息量达200条，共发布各类信息50万余条，网站点击率突破100万人次。

二、网站群建设原则

辽宁省林业厅始终坚持“三统一分”、顶层设计、大集中式管理的建网原则，充分保障网站建设和资源的整合，发挥网站整体效能。

统一规划。2003年社会上把网站建设作为现代化建设的一个标志，不论单位大小都要在互联网上有一席之地。为避免林业系统盲目追求网站建设，造成信息孤岛，辽宁省林业厅对网站建设提出明确要求：市县林业局、厅行政事业单位网站建设由省厅统一规划，统一建设，统一管理，分级使用，资源共享，信息共享。在建设上突出集群网站，在功能上体现文字、图像、声音一体，在感官上体现林业特色美观大方，在服务上体现为林农服务、为企业服务、为社会服务，最终将网站定位为政务商务一门户网站，满足不断变化的网站需求。

统一建设。网站群采用省、市、县三层体系结构，辽宁省林业厅门户网站群统一部署在省厅中心机房，网站群的各子站模板统一制定，栏目自行增减。后台管理系统作为门户网站的支撑，能够实现信息审核、发布、查询、统计、分析、处理等多项功能。所有的信息数据存储在信息发布平台上，由省厅信息中心进行数据维护和安全保障，使用单位不用安装软件系统，只需通过网络登录到“辽宁省林业厅网站”，就可直接进行信息制作和发布，操作简单、方便快捷。

统一管理。网站群本着顶层设计的理念，建设以辽宁省林业厅门户网站为枢纽，以市、县二级子站为骨干，以厅直部门网站为节点的三级树型集群式网站体系。部署强大的管理后台，逐级设置信息管理员，逐级分配权限，实行模块化管理，形成一套完备的网站信息报送和管理体系。

分级应用。分级应用是根据省直单位、市级林业局、县级林业局、林业企业为类别分别建立子站，作为网站群的一个子站点，实现一单位一子站。各单位利用统一的发布系统和统一制定的子站模板，负责各自的信息采集、发布各类公开信息，省厅信息中心统一安排技术人员帮助提供技术支持，确保了网站信息的来源。

三、网站群栏目体系

辽宁省林业厅网站群栏目建设以提供公共服务为基本出发点，合理规划网站栏目架构，正确定位栏目功能，确保国家林业局、省委和省政府要求内容设置，确保政务服务、商务内容设置。栏目按组织结构划分为两个层级：子站、门户网站；重点突出以下几方面：政务信息公开，林业工作动态，便民服务，交流互动，商务功能，网络电视，网站地图，搜索引擎等。

（一）子站栏目

市县各子站的栏目依据省厅规定的政务、服务和商务三大类进行建设，设立如政务公开、动态信息、科技服务、供求信息等共性栏目，根据地方特色设置如森林旅游、林业产业等栏目。企业子网栏目由企业简介、产品展示、联系方式几个方面构成。各子站已成为反映当地林业工作的重要窗口，成为宣传地方林业产业和发布供求信息的重要平台。

省直部门子站根据林业业务工作设置栏目。一些林业重点工作，如“林权改革、造林绿化、退耕还林”等林农关注度较高的工作，门户网站也在主页上设立专栏，子站信息同步到门户网站主页，使网站群成为一个有机的整体，信息资源丰富，发布及时，便于公众查阅和使用。

（二）门户网站栏目

信息公开。政务信息公开主要栏目有政策法规、政务信息公开指南、信息公开目录、行政权力运行、领导介绍等。发布党和国家的重大方针政策、国家林业局和省委、省政府重要部署的贯彻落实情况，存在的困难和问题、意见和建议等；各级领导的重要批示及交办事项的落实情况，省厅工作安排的贯彻执行情况，存在的困难和问题等；中央、省和国家林业局及厅领导同志关注的重要工作进展情况及值得注意的问题；各地、各部门工作思路、具体安排、进展情况及取得的好经验、好做法、存在的问题等；地方党委、政府关于林业工作的重大决策、重要安排及领导同志的重要指示、活动；对林业发展全局有重要影响的带有倾向性、苗头性的新情况、新问题及解决的意见、建议等；围绕林业重大问题组织专题调研形成的调研信息；发生在林区的社会治安、集体上访、安全生产、森林火灾和自然灾害等紧急突发事件，以及其他重要林业政务信息。

工作动态。网站群的林业动态通过网站头版头条、图片信息、热点资讯、国内动态、省内动态、市县动态等形式发布。根据公众信息需要，追踪林业热点资讯，开设了辽宁林改、生态建设、退耕还林、森林防火、森林病虫害防治、林业科技等专栏。反映林业生产、科研等方面的现状和水平，林业资源与环境的状态和发展趋势。为林业以及相关行业

提供信息支持，提高服务水平和能力。

在线服务。为提高门户网站的实用性和互动性，更好地为林农和百姓服务，辽宁省重点增强了网站的在线办事功能。提供网上表格下载，政策法规查询、行政审批、专家咨询、技术咨询等栏目。积极推动网上办事，开展便民服务。实现了外网受理，内网办理，外网反馈的现代化办公模式，为公众办事提供了便利条件。

互动交流。通过开设厅(局)长信箱、监督投诉、在线咨询等栏目，增强了林业工作透明度。在完善网上办事的同时，通过网上互动为林农和百姓提供沟通的平台，也为政府广泛征集民意提供了良好的渠道。在厅长信箱和政务公开等栏目的基础上增设了网上咨询、民意征集、专家解答三部分。社会公众可以通过互联网随时与省厅取得联系，表达服务意向，同时，省厅也通过互动平台为公众提供各种政策服务和技术等咨询。

商务平台。在林业厅门户网站建设的林信通平台系统，是辽宁省林业厅初步搭建的辽宁省林业电子商务基础平台。通过企业子网、产品展示、供求信息、产业动态、致富信息等栏目的设置，可实现林产品供应信息发布、求购信息发布、在线沟通、新闻(信息)发布、企业库、检索分类查询、论坛。林产品生产、加工企业或个人通过系统把林产品供应信息发布到林产品交易网站上，消费者或采购人员则可在网站上直观地浏览发布上来的产品图片及产品属性，为企业或个人寻找客户和合作伙伴方提供更多机会，也为购买方及时了解产品信息和价格信息提供更全面的参考。同时，用户可通过系统把需要购买的林产品信息发布到网站上，以便有相应资源的供货商主动与其联系，避免了其为寻找需要的林产品而到处奔波和询价，为其节省了时间和费用，也为其提供了更全面、更合适的选择对象。通过会员制的管理，注册用户可以发布林产品供应、求购信息，买卖双方可以就产品质量、价格等信息进行在线沟通，若双方达成一致，则可完成交易，这样不仅降低了交易成本，而且建立起公平、透明、开放式的林业产业信息交流电子平台。

网络视频。网络电视是辽宁省林业厅门户网站互动交流板块的重要组成部分，以林业工作动态为制作主题，集成“新闻发布、林事播报、各地林业、媒体选播、在线访谈和林业专题”6个视频栏目，综合反映辽宁省林业工作情况。该栏目创建于2003年，2008年经改版后，由单一林业专题扩展为6个栏目，内容新颖、感观直接、更新及时，开通以来累计采播影音文件500余份，已经成为辽宁省政务商务一体门户网站中最引人关注的栏目之一。

网站地图。网站地图作为链接网站的通道，帮助网站浏览者清晰地了解网站的构造，门户网站的网站地图采用文字链接，简便易读，沿着网站地图提供的内部链接来搜寻所需栏目。

信息检索。门户网站信息检索使用的搜寻器引擎，可以轻易地为Java软件加入全文搜寻功能。将网站内的信息索引成服务器端的文件，当用户进行搜索时，搜索引擎会快速地扫描服务器端索引信息，搜索的效率比传统的逐字比较大大提高。信息检索使用了完整的查询引擎和索引引擎，从而实现全文检索的功能。

四、网站群管理平台

(一) 内容管理

网站群内容管理采用了集数据资源服务、应用集成服务、选件扩展服务、开发自助服务四位一体的架构体系，构造成辽宁省林业厅网站群自己的应用平台。通过统一的内容管理平台，全面覆盖组织内容应用。并可以创建内部站点、外部门户、信息管理平台、信息决策平台等。

内容处理。管理平台具有文本库、图片库、视频库三大类内容处理功能。在文本处理上，操作方便；同时支持本地的文件处理，如 Word 等文本抽取、在线 Office 等特色功能；在图片处理上，可以编辑各种图片属性，同时也能像文档一样分栏目管理，进行授权，流程审批，发布到网站上；在视频处理上，提供完整的流媒体内容管理功能。它支持各种常见的流媒体的文件上传、在线录制、在线直播，同时也提供栏目分类，授权审批处理、基于模板的流媒体内容发布等功能，形成对传统文字图片内容和流媒体内容的统一内容管理平台。

内容服务管理。辽宁省林业厅网站群不仅仅具有传统网站内容管理、文档管理的基本功能，更增加了许多创新有价值的服务内容，如分类管理、网上办事、场景服务、资源目录服务、嘉宾访谈、个性化订阅等等。不仅能够帮助组织更加高效、全面、统一的管理各种内容信息，同时还能丰富组织利用内容的方式方法，从组织管理的内容中得到更大的回报。

工作流程管理。网站的工作流程管理能够很好地满足复杂灵活的流程需求。工作流程管理采取所见即所得的可视化操作。用户可以进行流转、签收、批注、拒绝等多种操作，满足各种审批情况的需要。平台还具有流程监控和流程统计分析功能，可记录的完整的流程轨迹，帮助用户随时掌握工作的流转处理情况。

权限管理。网站群的权限控制是多级的而且灵活的，主要包括了站点、栏目、模板、文档等主要管理对象的访问和操作权限。通过合理直观的权限设置与查看方式，来满足准确授权与查权的要求。

内容发布管理。该功能采用 HTML 表现 + 内容置标的模式构成发布模板，利用发布引擎定时、批量地发布到网站上，供大家访问。平台具有可视化模板编辑选件、自主建站选件等工具，使模板的制作更加简单容易。

(二) 网站群子站管理

多个子站管理。从信息交流和共享、资源统一管理的目的出发，网站群管理平台支持

多个站点的管理，多个站点可以独立管理，拥有自己的模板、用户等等，可以支持不同的站点向不同的目标 Web 服务器分发，不同的站点可以按照自己的计划进行发布，支持虚拟主机方式的内容分发。

子站与门户网站资源共享。信息共享和交换直接在系统管理界面上实现，在平台，可以通过两种方式达到信息共享和交换的目的。创建公共信息栏目，该栏目对内部部分授权用户开放，允许这些用户从这里获得信息；将某一站点的信息直接引用、复制、移动到其他站点的特定栏目。

子站内容采集与管理。网站群子站的内容管理支持以下信息采集方式：

一是信息报送式。凡是报送类信息，均由各子站报送到主站上，主站根据需要对内容进行直接发布或经编审后发布。可实现以下发布方式：手工转发，内容管理人员可以从列表中选定信息，手工指定转发到多个站点的多个栏目。自动分发，系统管理人员可以设定某个栏目，在某一时段，符合某个状态的信息，自动分发到指定的多个站点和多个栏目。

二是分布集中式。支持虚拟栏目，可以设置新的检索条件，根据检索从其他栏目引入数据，组合形成新的栏目。类似办事指南的栏目，要求各子站可以按照一定的标准建立栏目结构，并以指定的规范表单格式，对信息进行填写。在子站发布此类信息的同时，自动向主站的办事指南栏目，按照部门分类、办事事项分类进行汇总。页面表现选用同源异现的方式，在保持主站与子站信息内容同步的同时，使主站、子站信息套用不同模板，以不同风格显示。

三是批量导入式。内容管理系统提供基于 XML 格式的批量文档导入、导出功能，以便实现批量数据的装载、数据迁移等支持。

四是数据交换式。其他系统的数据(如流媒体系统)，数据层通过 Web Services 的接口，以 XML 的格式标准，与内容管理系统进行数据交换。

(三)网上办事系统

网上在线办事是网站群针对不同服务对象建设开发的在线事务处理系统。提供人性化服务，采用模拟应用场景的导航方式提供服务，围绕办事流程梳理和整合服务资源，围绕用户对象应用主题的设计服务框架，按照服务深度整合服务资源，设计快速访问通道；并提供事项名称、办事机构、流程、依据、收费标准、联系方式以及表格下载、在线咨询、在线查询、在线申报服务内容。

(四)互动服务平台

互动平台是辽宁省林业厅在网站上开设的提供网上公众交流的平台，在网上受理公众提交的各类建议和咨询信息，主要包括信箱类、访谈类、调查类、留言类等。领导信箱(局长信箱)、部门信箱、行政效能投诉、建议提案、网上调查、建言献策等。

(五) 系统安全管理

网站群建设的安全管理从应用安全、系统体系安全和安全制度三个方面进行部署。

应用安全。应用安全实现集中分层式的网站授权管理机制，用户认证管理机制，应用资源统一管理，提供对任何时间、任何人员的操作记录，以备统计分析。可以利用各系统日志管理、权限管理等实现。

系统体系安全。系统体系安全实现对系统基础架构软硬件资源提供全方位的运行监控，实现基于策略的管理机制，发现问题及时报警处理，系统数据备份恢复。在系统的安全管理中，系统应用层集成了用户身份控制、访问授权控制与安全日志几个方面的安全机制，其他如物理安全、防毒、防入侵、防火墙、安全制度等方面的安全措施部署在网络设施上。

安全制度。安全制度是对人的管理，是系统安全建设的重要组成部分，只有认真落实制度，才能进一步确保网络安全运行。网站制定了一系列的制度、规范，包括信息管理安全、网站管理、网络管理等。这些制度为网站运行和管理提供了保障，使网站能够有序、平稳、良好地运行。

第二节　主要措施和经验

一、主要措施

网站投入运行后，辽宁省林业厅把网站的日常维护与网站管理成员单位的日常工作紧密结合起来，建立并形成了分级负责的信息维护、监督考核、安全保密、定期培训等一整套长期起作用的、独具特色且行之有效的管理措施。

建立信息维护机制。按照子站成员单位职能分工建立分级负责的栏目信息维护制度，要求各单位设立网站管理分管领导和责任人各一名。网站对所有子站成员单位，按照不同要求开放网站后台管理权限，原则上由各单位直接发布信息，并对自己发布的信息负责。同时下发《辽宁门户网站管理办法》等对各单位日常管理操作流程进行了详细规定，要求其认真执行。

执行有效的监督考评机制。以省厅对各市、厅直单位目标责任制考核为抓手，由厅办公室、信息中心负责对各单位网站数据维护情况进行督促检查，定期通报检查结果，将各单位全年参与网站管理的实绩与年终考核挂钩。这一机制有效调动了多方积极性，确保了各项任务的顺利落实。

实施可靠的安全保障机制。除必要的技术手段外，辽宁省林业厅实行了信息发布安全

管理责任制，把上网信息的审核权按职能分配到子站成员单位，要求各部门落实专人负责本单位信息发布和审核，确保发布的信息不涉密，内容准确，从源头上保障数据的安全。加强了对各单位维护人员的日常教育和管理，规范维护人员账户管理，督促他们定期更改密码，使用复杂密码，并妥善记录保管。

网站应用培训。网站后台管理维护操作比较简单，在网站运行之初和改版升级情况下实施集中培训；遇有网站成员单位信息维护人员发生变动，一般采取以老带新的办法过渡；如网站部分模块功能调整，则以邮件、短信等形式予以通告。

二、建设经验

领导重视。辽宁省林业厅在辽宁林业信息化建设工作的安排部署上始终坚持规划先行、顶层设计、集中管理的建设理念。门户网站群在2003年建设之初，辽宁省林业厅就为网站建设制定了政务商务结合、三统一分的建设原则。一是明确建网理念：网站的建设始终坚持“服务为民，为民服务”的理念，围绕政务公开、网上办事、商务合作三大功能，以实现“一站式服务”为目标发展建设，充分发挥网络优势，深度挖掘信息资源，尽一切可能满足公众诉求，为构建服务型政府开辟了一条便捷的渠道。二是优化架构模式：始终坚持省、市、县三级架构和数据大集中管理，在降低建设成本和基层维护强度的同时，提高了各级用户的应用积极性。三是坚持创新机制：确立了统一规划、统一建设、统一管理、分级应用的“三统一分”原则，克服了重复建设、标准不一、管理凌乱的弊病，实现了“统而不死，分而不乱”的灵活部署。

各部门配合。网站群的各项工作得到了各市县、厅直机关等林业主管部门的大力支持与配合。在多次的建网改网调研中，各部门均将工作经验、建设意见毫无保留地提供，并指正不足之处。各部门将子站建设作为一项重要工作来抓，单位领导对上网信息保质量、保数量，并建立专门科室或指定专人管理。每日门户网站平均接到子站信息报送过百条。网站群日均更新信息达200条。信息的及时发布对提高关注林业度、社会影响力起到极大的推动作用。网站群也形成了资源共享、上下联动的网络体系，全面提高了网站信息公开、服务公众的能力和水平。

网站表现方式多样。辽宁省林业厅门户网站主要采取“文字—图片—视频”立体结合的方法，来提升门户网站呈现效果。通过“文字、图片、视频”这些视觉语言的基本元素互相穿插、衬托和补充，构成最佳的页面效果。网站重点突出了三者的结合，全面提升政务信息公开的呈现效果。通过网站设置一些信息点，并将这些“点”深入地、立体化地展开，采取图文并茂、影音兼备的表现方式，辅以视频节目，做到既能综览，又能聚焦；既有平铺，又有汇聚；既有广度，又有纵深。最终实现政务公开信息在内容上的广泛覆盖、条理清晰、重点突出、含义完整，并呈现出动静结合、图文并茂、影音兼备的多维表现形式，有力提升政务信息公开工作的实际效益。

集约化建设。几年来，辽宁省林业厅的门户网站经历了 4 次改版，逐渐由单一的网站转化为名副其实的门户网站群。网站群通过纵向与横向的广泛联接，真正搭建起了全省政府信息发布的统一平台，形成了目标规范、编码统一、结构合理、层次清晰、覆盖面广的全省林业系统信息公开网站体系。截至目前，门户网站上共发布信息 50 万余条，访问量已达到上百万，而且正在逐日上升。网站采取“三统一分”的做法，既节省了时间，又降低了软硬件成本，减少了基层单位的工作难度，避免了重复开发和建设，规范了信息编制和发布的格式，有力保证了服务型网站有序发展。

第三节　效益分析和所获荣誉

一、效益分析

通过建设辽宁省林业厅政务商务一体化门户网站，可为辽宁省林业机构、林业企业、林农提供强大的信息支撑平台，并提供大量的市场机会，可为辽宁省经济社会带来明显的直接、间接和潜在的经济效益。

（一）直接效益

建设费用。坚持统一规划、统一建设，节约了各自为政的建设成本。通过网站的统一开发和网络设置集中管理，减少了近百个省内林业各级部门的网站开发、网络设施配置费用，以最小的投入，发挥效益的最大化，节约资金可达千万元。

管理费用。辽宁省林业厅网站群集约化建设大幅降低了内部管理成本，从网站维护、技术服务、网络租用等方面，各级林业主管部门不需再支出费用。

企业营销费用。借助于网站商务平台，宣传树立企业形象、传递产品信息给世界各地的潜在顾客，增加企业的销售机会；利用网络进行交易，降低交易成本，提高营销效率。网站群千余林业企业年可节约营销费用千万元。

（二）间接效益

提高管理效率和服务水平，从而提高林业行业影响力。扩大林业企业社会知名度，通过网站免费发布企业信息，从而取得经济效益。以先进的交易模式和管理模式获得社会的认同，从而提高社会效益和经济效益。以上效益虽然并不那么直接和明显，但从林业行业和社会的总体效益看，在某种程度上却具有更大的价值。

（三）潜在效益

辽宁省林业商务平台可为广大林业企业带来潜在效益。例如，开展电子商务可以使企业的传统经营理念及经营模式逐渐转向先进、科学的经营理念和经营模式；可以促进企业乃至国民经济高效化、节约化和协调化；可以提升企业文化，提高员工知识水平和综合素质等等。潜在效益对于中小企业的竞争能力、长期目标、长远利益具有深刻的意义。

二、所获荣誉

门户网站连续两年（2010、2011 年度）荣获“中国政府网站优秀奖”。连续两年荣获国家林业局评选的“全国林业十佳网站”，并获得 2011 年全国林业网站绩效评估“信息发布领先奖”和 2011 年全国林业网站绩效评估“网站效能管理领先单位”。

辽宁林业网络电视栏目获得 2011 年度政府网站政民互动“精品栏目奖”。

辽宁省林业厅政务商务一体化门户网站群的建设和完善使辽宁省逐渐走上了一条“低成本、集约化、见实效”的林业信息化建设道路，取得了良好的工作成效，得到了各级部门和领导的肯定。辽宁将再接再厉，将辽宁省林业厅的门户网站建设成为全国林业行业一流的门户网站群。

第十二章　山东省济南市林业信息网

政府门户网站作为电子政务的重要组成部分，利用目前发达的网络环境，为群众提供更好的服务起着不可或缺的作用。从目前政府门户网站的发展趋势看，国务院及省政府对政府门户网站的建设及服务质量提出更高的要求，除了要重视网站质量外，还加强了对信息公开范围及公开力度、在线办事服务能力、公众参与渠道的要求，这也成为网站建设的重点任务。

为明确政务信息化建设任务，有计划、有步骤、有重点地开展政务信息化工作，济南市林业局结合当前政府信息化建设相关的技术发展趋势，基于对信息化系统的现状分析，从系统功能、网站规划、安全防护、网站运维保障等几个方面对林业信息化系统建设进行规划、设计、实施及管理。将信息化建设工程采取两步走的策略，第一步重点升级改造市局门户网站系统，对门户网站系统进行重新设计与实施，使局门户网站外观、内容及服务有质的提升；第二步重点建设电子政务系统，通过门户网站提供统一的网上办事服务窗口，把相关行政审批事项放到网上进行办理，让公众通过网站即可办理相关涉林业务。

第一节　主要功能

一、总体设计

(一)技术路线选择

本着安全、高效、主流、先进、经济的原则，兼顾目前的实际情况，本次门户网站的技术路线包括：

B/S 多层架构。系统采用浏览器 + 中间件 + 应用服务器 + 数据库服务器的多层构架，分离表现逻辑、业务处理逻辑和数据访问逻辑，并支持大量用户访问和海量数据的存储、检索和管理。该体系结构为应用系统的开发、维护与扩展提供了更大的灵活性和可扩展性。

采用 JavaEE 平台。JavaEE 是一个主流技术体系，已成为一个工业标准，围绕着 JavaEE 有众多的厂家和产品，有很多优秀的软件产品。

遵循 XML 数据标准。在本系统中的数据传输和处理均采用 XML 规范标准进行设计，并采用标准的 XML 语言来描述系统接口，以适合可持续发展战略。

组件技术和模块化构造。整个系统完全是以对象化的功能组件方式进行开发，提供了灵活的可扩展能力，使系统具有良好的开放性、可扩展性，可以根据业务拓展需求不断进行调整、组合、扩展新功能。

AJAX。大量采用了 AJAX 技术，从系统运行效率、用户界面友好性等方面都比传统 Web 应用有很大提高，大大提高了门户网站的友好性与易用性。

动态页面静态化部署技术。系统支持将动态网页进行静态化处理，生成全静态的网站，即便脱离数据库服务器亦可正常浏览。对于必须动态访问的系统，采用静态页面 + AJAX 技术来实现页面的静态化，最大限度地提高了系统的安全性，确保了应用系统及数据的安全。

(二)总体规划

本次门户网站升级改造工作采取统一规划、分步实施的策略，并制定了统一的安全保障体系和运维保障体系，确保系统安全、稳定、高效地运行。

支撑层。包括支撑门户网站管理平台、交流平台、电子政务系统及门户网站正常运行的硬件及系统软件。如网络设置、存储设备、应用及数据库服务器、操作系统、数据库软件、防病毒软件、入侵检测、防火墙等等。

开发框架。所有后台管理支持系统基于开发框架实现，采用统一的开发框架有利于确保系统的可扩展性、可延续性、可靠性与稳定性，确保项目的可持续发展，有效地保护投资。

后台管理系统。本次升级改造工作的核心部分，是提供网站管理、互动交流、信息公开、电子政务、应用整合等所有服务功能，是运行在局域网上的管理系统。

前台应用。其是后台管理系统部分服务的前端应用，用于在门户网站上提供信息推送、在线交流、网上办事等服务，是运行在互联网上的服务组件。

门户网站。门户网站，是信息发布及提供各类应用服务的窗口。

(三)安全设计

系统安全是信息化建设中不可缺少的重要环节，涉及网络安全、数据安全、应用安全、内容安全等多个方面，但由于本次系统建设是针对网站系统的规划与设计，此处只对应用级的安全设计进行描述。

应用安全。本系统的身份认证依托于统一的应用支撑平台，所有应用平台将采用统一的用户中心，进行统一的用户身份识别与校验，实现统一平台的单点登录及统一身份认证。进而捆绑用户在本系统中相应的工作角色和工作权限。系统会记录所有登录用户的登录过程及管理操作过程并可追查。

系统部署方式。由于外网环境的复杂性与不确定性，外网门户网站采用互联网发布、局域网管理的模式对外网门户网站系统进行规划，门户网站部署在外网 DMZ 区，这个区域只提供网站服务及数据接收服务，所有核心管理系统及业务系统全在内部局域网运行，确保内部应用系统及数据不会遭到外部的攻击及破坏。

网站运行安全。门户网站基于门户网站管理系统进行管理，整个站点全部由静态网页文件组成，不包括任何与后台数据的逻辑，避免了所有基于动态网页文件技术（如 ASP、JSP 等）生成站点的风险。即使出现网站文件被破坏的情况，也不会影响到应用系统及数据的安全。即可以增加配套的防篡改软件，把网页文件被破坏的风险消除。

内容安全。为防止网站中出现反动、敏感、不良的内容，在向网站发布信息时，系统会自动过滤或提示用户，内容中包含上述内容。用户可根据实际工作需要设置过滤字典，系统在信息发布时进行监测，如果发布的信息包含这些字典信息，将提示，并自动禁止对外发布。

数据安全。在系统运行阶段，核心的资源是积累的数据资源，这部分数据一旦丢失、损坏，将给系统带来无法估量的损失。因此，为充分考虑数据库存储的安全，采取定时备份等方式确保数据安全。

（四）系统运行环境

整个应用系统将基于 J2EE 平台实现，可以运行于任何操作系统及支持 J2EE 标准的中间件服务器。同时，系统采用了基于 J2EE 的持久性框架来实现数据库的存取操作，保证了系统可运行于任何主流的数据库系统之上。常用系统环境包括：

操作系统：Windows，Linux，Uinx 等。

数据库系统：SQL Server，Oracle，Sybase，MySQL，IBMDB2 等。

中间件服务器：Tomcat，Apache，Web Sphere，Weblogic 等。

Web 服务器：Apache 、IIS 等。

二、网站管理平台

网站管理平台是通过专业的网站管理系统来实现门户网站的专业化管理，并且通过该平台整合互动交流、电子政务等其他应用服务，实现一个综合性的服务窗口。

网站管理平台采用的是专业网站管理工具“政通内容管理系统”，该系统能够支持 SQL Server、Oracle 等专业性数据库的存储，支持 Windows 及 Linux 等主流操作系统，基于 J2EE 架构，具备跨平台可移植性、功能扩展性。支持站群的模式，站群中的每个子站可设置独立的域名，提供开放的接口便于与各业务系统的对接。系统开发采用 XML 标准与 Web Service 标准，为信息采集、聚合提供多种信息接口标准，为第三方系统信息导入提供支持；提供组件化的数据接口，保证多平台数据交换与应用整合，为第三方应用系统提供统一用户管理接口及应用服务接口，为以后发展提供可扩展空间。

平台基于内容管理数据总线的概念，从根本上实现内容管理栏目间的信息共享。为行业门户整合、分布式发布部署提供了全系列解决方案。

平台具备对大容量、广泛信息源的采集、编辑、制作和发布，支持对历史信息的调入、调出，提供对信息的全流程跟踪管理，能够帮助用户对网站进行整体策划、模板设计、功能模块的调试安装，为大型信息门户网站从构建、设计、编辑、审核、生成、维护、管理全过程提供技术支持，且构建一个具有良好集成性能和扩展性能的基础性网络平台。

（一）站点管理

网站管理平台以站群模式提供了站点管理功能，通过该平台，既可建设市局门户网站，也可建立及管理部门站点、专题站点等，还可为不具备独立建站条件的单位提供网站建设服务。

站点是网站管理平台最重要的管理单元，负责组织和管理栏目、维护及审批信息、管理站点模板、进行站点发布等。站群中的每个站点，都可以设置独立的管理员，管理员在本站点行使管理员的职责。从信息利用角度看，站群中的站点间可以进行灵活的信息共享，如信息的引用、信息的复制、信息的报送等。站群中的每个站点，可根据现实情况灵活地确定发布方式，既可让某些站点在独立的服务器上发布，也可把一组站点集中在一台服务器上发布。对网站的显示风格而言，由于不同站点的服务定位不同，或者同一个站点在不同时间的特殊要求，每个站点可设置不只一个的显示样式，并且快速切换网站显示风格。

（二）栏目管理

网站管理系统支持多级栏目管理，并采用树状结构来组织及显示栏目，这种组织栏目的方式可以方便管理，能清晰地展现栏目的层次性。栏目树是按照树状结构来组织的栏目结构图，主要用来为维护栏目的层次结构。系统能够支持不限数量、不限层级的栏目结构，充分满足网站多样的信息组织及管理需求；针对每个栏目可设置局部的管理权限，如采编、审核、发布等，可根据信息类型及管理模式等设置相应的管理权限，达到精细化管理目的；每个栏目可根据工作需要设置单独的审批工作流程，对于某些特殊栏目中的信息进行基于工作流的审批处理；与网站模板库配合，每个栏目可设置不同的显示模板，当网站活动模板改变时，栏目的显示风格也相应地改变。

（三）信息管理

网站管理系统提供一站式的采集、编辑、审核、发布等服务，网站维护人员可在一个界面中完成从信息录入到信息发布的一系列网站维护工作。系统应提供所见即所得的可视化编辑器，类似 Word 的操作方式，可从外部编辑器中自动粘贴图片和表格，并保持原格式信息（字体、字号、颜色），要求可通过在线编辑器自动上传图片、附件等外部文件，并能实现图文混排的效果。对于较长的信息，能支持长分页；支持可扩展信息类型及信息属性，以适应多变的信息采编要求；对录入的信息，即可以手动调整顺序，也可以对重要的信息进行置顶，并且多条置顶信息自动按时间排序；通过点击鼠标的右键，可迅速实现对该信息的快速编辑：呈送、审核、发布、撤稿、清除、删除功能；在信息管理时，可选中某些信息，在站点间或站点的栏目进行诸如复制、呈送、移动等管理，并且可通过导入的方式快速建立信息；作为工作量考核的重要依据，在信息管理时，可记录信息来源、贡献者、作者等信息的功能，作为统计分析的依据；并且，作为统一的服务窗口，网站管理平台必须提供与外系统的接口，可以很方便地与外系统进行数据交换。

（四）信息审核发布

为确保网站信息的有效性，只有经过审核并且审核通过的信息才可在网站上发布。本系统能够支持可定制的多级审核流程，可以由各级管理员针对不同的栏目定制不同的审批流程，只有经过审核确认的内容才会真正发布到网站上。在某些特殊情况下，某些栏目中的信息可能需要，也可能不需要审核，系统也应提供相关的开关服务；在进行审核时，支持审核人员输入本次审核的意见，这些意见作为审核工作的重要内容保存下来，为事后的审计工作提供工作基础。

（五）网站发布

本系统提供高效的分布式发布服务，既可把站群中的每个站点发布到本地服务器，也可发布到异地服务器，并且提供多种途径的分布式发布，如基于 FTP、基于共享目录、基于自定义 Socket 服务等；对发布服务，可灵活设置定时任务，如设置站点的发布任务，设置栏目的发布任务，设置信息的定时发布与撤稿任务等。并且从发布方式上，应支持完全发布、增量发布、单篇发布、手工发布、自动发布等。

（六）模板管理

网站管理系统应提供模板服务，实现网站内容与显示风格的分离，这样既能确保网站

数据的安全性，又能在不影响内容的前提下实现网站的快速改版。模板的制作既能通过管理系统制作，也可以把通过专业网页文件编写工具(如 Dreamweaver、MS FrontPage 等)建立的模板文件直接导入。

(七)网站统计

网站访问情况的分析结果是进行网站优化、服务能力提升的重要依据。为掌握网站运行情况，本网站管理系统应访问统计相关服务。能从访问量、访问来源、访问时间、访问者所用环境等多方面对站点、栏目、信息及服务的访问情况进行统计。对于统计结果，既能以表格方式显示详细的统计结果，也能以图形方式提供直观的查看方式，并且可把统计结果导出生成 XLS 文件，以便进行进一步的加工处理。

为加强网站管理，网站管理系统提供了工作量统计服务，了解单位内部对网站内容及服务的保障情况。可以按站点、栏目、人员、部门等角度对工作量进行灵活地统计及排名。除可以在线查看统计结果外，还可以把统计结果导出，生成 XLS 格式的工作量统计报表。

(八)用户及权限管理

用户及权限管理是对参与门户网站管理的工作人员进行管理。系统应提供完整的组织机构及登录用户管理功能，具体将包括组织管理、人员管理、用户组管理、登录用户管理、角色管理、权限管理等常用功能。

(九)系统管理

提供配置服务，用于配置平台正常运行所需的各种参数，是整个平台应用系统的核心组成部分，主要是服务于系统配置管理员，负责设置系统的运行参数，设置系统接口参数与方式，维护系统运行所需的数据资料，对系统功能进行管理等。

系统需要记录各操作人员的操作情况，包括登录情况、所做操作动作、操作内容及操作时的 IP 地址。通过记录详细的操作日志，可以追溯对系统所做的所有操作，为内部的审计及管理提供了基础信息。

三、互动交流管理平台

互动交流服务已成为现阶段政府门户网站的重点内容，本次系统建设专用互动的应用管理平台，形成功能强大、管理审核完善、应用广泛的互动交流管理服务，实现诸如局长信箱、部门信箱、投诉建议、在线调查、民意征集、网上听证等多种交互式应用。

网上互动应用平台应是一个标准的、统一的管理系统。网站中所有的交互式服务都将建设在该平台基础上，是构成门户网站各种业务应用的基础之一。通过该平台可以自由配置多个互动交流业务模块，可以为每个业务模块定制独立的业务处理流程，支持待办、转办、处理、重办、发布等多种处理方式，基于该平台的各业务模块之间可实现数据的共享传输。

（一）局长信箱功能

在门户网站上提供局长信箱服务，用于接收并处理来自群众的综合性信件。群众在填写信件时需填写姓名、电话、电子邮箱、邮编、地址、信件主题及信件内容、是否愿意公开本人提交的信件等信息。信件提交成功后，系统自动生成受理编号及查询码，受理编号及查询码作为信件的唯一有效证件，用来查询本人所提交信件的办理情况。

收到信件后，政府办公室首先对信件进行审核，受理有效的信件，然后根据信件性质，将信件分发到相关部门，由相关部门进行答复。相关部门答复完成后，政府办公室对已答复的信件进行审核，只有审核通过后，该信件才可办结。群众可通过网站查看信件的办理情况。对于某些不适宜公开的信件，可设置其为不公开，只有写信人通过信件对应的受理编号和查询码才可查看办理情况。

（二）部门信箱功能

在门户网站上针对各部门提供部门信箱服务，用于接收并处理来自群众的与本部门负责业务相关的信件。群众在填写信件时需填写姓名、电话、电子邮箱、邮编、地址、信件主题及信件内容、是否愿意公开本人提交的信件等信息。在提交信件前，要求填写验证码，避免恶意频繁提交现象。

信件提交成功后，系统自动生成受理编号及查询码，受理编号及查询码作为信件的唯一有效证件，用来查询本人所提交信件的办理情况。

收到信件后，相关部门的承办人员对信件进行审核及办理。如果不属于本部门事项，可退回到办公室，由办公室直接答复，或转到其他部门进行办理。

答复完成后，部门负责人对已答复的信件进行审核，只有审核通过后，该信件才可办结。群众可通过网站查看信件的办理情况。对于某些不适宜公开的信件，可设置其为不公开，只有写信人通过信件对应的受理编号和查询码才可查看办理情况。

投诉建议。门户网站提供信访举报服务的目的是接受群众的监督，群众可通过门户网站提交各种诉求、举报各种问题等。考虑到该项工作的特殊性，由办公室负责受理，并且根据所反映问题的性质确定转发相关部门办理。对办理结果，由办公室进行统一审核，对重大事项应报相关领导，形成一致意见后才可完成最终答复工作。该项服务建议不提供公开的查询服务，只有写信人按受理编号及查询码查看本人提交信件的办理结果。

民意征集。在门户网站上提供民意征集服务，针对当前热点问题、重要决策、重大活

动等在网站上发布，群众对这些热点问题、重要决策、重大活动等提出自己的意见和建议，使工作做到“决策前认真调研”、“决策中全面征询”、“决策后主动跟进”，积极推进依法、民主、科学决策。群众通过网站提交意见或建议后，办公室对群众提交的内容进行审核，并且可选择有代表性的意见或建议在网站上发布。

在线调查。对公众关心的事件通过投票、问卷等方式收集意见或建议是一种有效的政民互动方式。系统的在线调查服务提供了灵活的调查主题、调查项定义等功能，可设定和管理投票形式(单选、多选、组合选、问卷等形式)、投票项目等；可实时统计投票结果，并以多种图形状态显示；支持 IP 地址过滤，防止同一 IP 地址的投票攻击，并且提供了详细的调查结果统计及反馈功能。

办理情况统计。为详细掌握互动交流事项的收件及答复情况，为相关考核工作提供数据支持，系统提供了详细的、多角度的办理情况统计功能，可从不同角度对门户网站收到的互动交流信息的办理情况进行统计，如统计总体收件情况、办结情况等，统计角度包括：时间、服务类型、处理部门等。统计结果图除以常规的表格方式显示外，还提供动态图表方式，提供更直观的对比显示。对统计结果，除可在线查看外，还可以 XLS 文件方式导出，可利用这些统计数据进行进一步的工作。

(三)网上办事服务平台

以“提升服务社会、服务群众的功能”为目标，提供“一站式、一体化”的事务网上办理服务平台。“一站式”就是要让群众获得全市涉林相关业务办事服务的统一入口，在最大的范围内整合服务资源；“一体化”就是在办事的过程中根据不同阶段提供相应的服务，如办事指南、表格下载、在线咨询、在线查询、在线申报等，这种有针对性的服务可以方便用户查找选择，提高办事效率。

业务咨询服务将按业务类型进行分类，当群众选择了相应的业务后，咨询问题自动转到相关业务部门，由业务部门对咨询的问题进行答复。为了避免出现群众分不清所咨询问题属于哪个业务部门负责或者分类错误的情况，需要有一个统一部门(一般是办公室)介入，对没有分类或分类有误咨询信息的管理，负责重新分发。对群众咨询业务的办理情况，门户网站随时对外公开答复情况，接受群众的监督。

(四)全文检索服务

全文检索服务能在网站群范围内对所有的信息进行检索，可按信息的标题、正文等要素进行全文检索。可对 WORD、HTML、TXT、PDF 等非结构化文件进行检索，支持精确、模糊等不同检索方法，检索结果支持多种排序和分类统计。可以在最短的时间内检索完整个系统中的数据，实现高速全文检索。

第二节　主要措施和经验

一、选择成熟稳定的开发技术

如何通过这个窗口为社会提供方便快捷的政务服务，群众通过这个窗口能否获得有价值的服务，如何让这个窗口美观大方，如何体现济南的地理、政治、经济、文化等特色？为达到预期效果，在信息化建设工作中充分考虑先进性与扩展性，注重选择当前成熟稳定的开发技术。

易用性。网站设计制作使用的技术不对浏览者使用的浏览器有特殊要求。方便各类操作人员，做到部分业务的完全或部分自动化处理。

高效性。网站页面的设计大气、美观、简洁，尽可能地提高浏览速度，突出主要信息与主要功能。导航系统层次清晰，方便浏览者对相关信息的访问。

结构合理。对门户网站，要合理设置栏目和层次。栏目设置要符合人们的浏览习惯，网站层次设计要合理，让浏览者可以通过尽可能少的点击次数即可找到需要的信息。

可扩展性。系统设计要考虑到业务未来发展的需要，同时考虑网站建设的阶段性，要尽可能地设计得简明，各个功能模块间的耦合度小，便于系统的扩展，平滑地与其他应用系统自动接口。

安全、稳定性。在充分考虑到站点访问性能的同时，要格外重视站点的安全和稳定性问题，采用加密算法的使用、服务器环境的安全措施等。

可移植性、可延续性。采用的开发技术不仅满足现在的应用需求，而且要适应未来的发展趋势，为以后的升级、移植等后续工作提供方便，降低二次开发成本。

个性化。利用各种先进技术，为公众提供尽可能多的个性化服务。

互动性。建立前后台系统的反馈机制，实现自动响应机制，实现高度互动。

维护方便。简便高效的后台维护系统，为管理人员提供全面丰富的网站维护内容。

二、突出全天候的公众服务

用户通过访问网站获得信息服务或交流服务其实就是一个直接或间接的交互过程，交互性是最能体现门户网站服务的特性。在进行网站的设计时充分考虑到交互性的要求，通过交互服务提供完备的公众参与服务及方便快捷的交互通道。

以服务为中心。提供服务是网站建设的核心目的，对网站的规划与设计将充分体现门户网站的服务目标，以政务宣传、网上办事及在线交流作为服务手段，将服务的特性贯穿

于每个设计环节。

突出实用与方便性。从公众的角度来看，对网站的关注点主要是能否快速找到有用的信息及服务。在网站规划和设计上，需要重点考虑网站所提供的信息和服务的实用性，使网站真正成为提供高效服务的窗口。信息与服务的提供区域要进行合理划分，共性的内容放在同一区域，让访问网站的用户容易理解。

常用的信息及服务要放在靠上的层次，减少用户获得信息及服务的点击次数。

大部分信息及服务通过 3 次点击即可获取，对少量特殊信息最多控制在 5 次。

对每个页面的最大高度进行控制，对首页面最多两次翻页操作即可看到网页所有信息，对其他页面最多进行一次翻页操作即可看到网页所有信息。

提供全站导航及帮助信息，帮助用户快速访问信息及服务。

确保网站风格美观。网站的总体风格及显示效果要突出反映网站建设用户所在地的文化特色、经济特色等。同时，网站的风格也能直接反映网站建设单位的形象。

内容充分关联。在进行网站版面及内容规划时要对其包含的信息及服务进行分析，找出信息之间、服务之间、信息及服务之间的关联特性，进而建设一个“立体式”的网站。当用户访问网站中的每一个页面时，都能得到全面的、充足的、有关联的信息与服务，让用户更方便地从网站上获得信息与服务。

三、努力实践以人为本

门户网站界面设计需要突出地方特色。

文字、图形色彩统一，搭配合理，界面清楚整洁，层次结构清楚。

统一首页和其他各级页面的排版风格。

页面富有时代气息和美感，色彩搭配稳重、合理、大气。

多媒体、Flash 动画页面丰富而生动。

第三节　效益分析和所获荣誉

随着电子政务快速发展，政府的服务效率和质量都将明显提高。政府通过信息网络，降低了进政府办事的“门槛”。原来所谓的“门难进，事难办”的现象，在网络时代可以很好地得到解决。通过互动交流服务，通过门户网站建立一条有效便捷的渠道，拉近政府与民众的距离，树立亲民、为民、公开的服务形象。

群众可通过门户网站提交各种诉求、举报各种问题等。考虑到该项工作的特殊性，建议由办公室负责受理，并且根据所反映问题的性质确定转发相关部门办理。

在门户网站上提供民意征集服务，针对当前热点问题、重要决策、重大活动等在网站上发布，群众对这些热点问题、重要决策、重大活动等提出自己的意见和建议，使工作做到"决策前认真调研"、"决策中全面征询"、"决策后主动跟进"，积极推进依法、民主、科学决策。

以"提升服务社会、服务群众的功能"为目标，提供"一站式、一体化"的事务网上办理服务平台。让群众获得全市涉林相关业务办事服务的统一入口，在最大的范围内整合服务资源，为用户带来便利。

对群众咨询业务的办理情况，门户网站随时对外公开答复情况，接受群众的监督。

随着政府信息化的不断深入发展，政府工作人员的观念不断转变，政府工作人员综合素质也在逐步提高，从而促进政府服务素质和水平的提高。

第十三章　河南林业信息网

河南林业信息网是河南省林业厅唯一官方网站。网站自 2003 年创建以来，始终坚持“宣传林业，服务社会，推进绿色中原建设”的办网思路，以政务公开和公共服务为重点，科学设计，精心管理，与时俱进，不断创新，于 2004 年、2006 年、2009 年、2012 年进行了 4 次大的改版，实现了由网站到网站群的跨越，提升了河南林业的整体形象，形成了以省厅网站为龙头，各省辖市林业局、部门网站为主体，分级管理，上下联动，与林业系统现行业务垂直管理体系相对应的网站群，目前网站由省林业厅主站和各省辖市林业(农林)局子站、省直管试点县林业局子站、厅直属二级单位子站共 50 余网站组成，大大提升了河南林业的整体形象。主站包括政府信息公开、公共服务、交流互动等板块，子站和主站统一后台管理，便于资源共享。几年来，网站努力提高建设质量，不断强化功能、优化服务、规范管理，逐步将网站建设成面向各社会公众、林业企事业单位，提供高效、便捷的林业服务和管理的统一窗口和网上林业厅。网站信息丰富，有效服务大众，较好地发挥了宣传林业、服务社会、促进工作的作用，受到社会的普遍好评。网站自创办以来，共编发各类林业信息逾 15 万条，工作日平均点击人数接近 2000 人次，用户满意率达到 85% 以上。

第一节　主要功能

一、总体设计思想

(一) 标准化和开放性

在网站群系统结构和技术路线上基于国际开放式标准和协议构建，在网站群内容和管理规范上遵从国家、工业和信息化部的规范要求，在保证内容规范的基础上实现内容的开放性，方便后续功能扩展。

(二)先进性和实用性

保证所采用的技术属目前政府网站建设领域主流技术，在相应的应用领域占有较大的用户市场，在相关计算机及网络技术方面处于领先地位。

系统切实满足应用需要，性能可靠，易于维护，并且网络及系统各方面指标切合实际需要，系统配置设计充分满足业务需求。

(三)可维护性和可扩展性

确保系统对用户的友好性、可操作性，使系统便于用户理解、学习、掌握和使用；要求人机界面友好，具有强大的在线帮助功能，方便操作和维护。要求系统采用积木式结构，整体构架考虑方便与现有政务系统进行无缝连接，为今后系统扩展和集成留有扩充空间。

(四)安全性和可靠性

为保证网站安全、稳定、可靠地运行，系统设计中充分考虑防黑客、防病毒、数据备份与恢复及其他保护措施；同时确保系统的正常运行和数据处理的正确，在软件的组织和设计方法的选择、数据的安全和完整，以及系统的运行和管理方面要相应采取必要的措施，保证系统 7X24 小时运行。

二、技术架构

(一)架构图

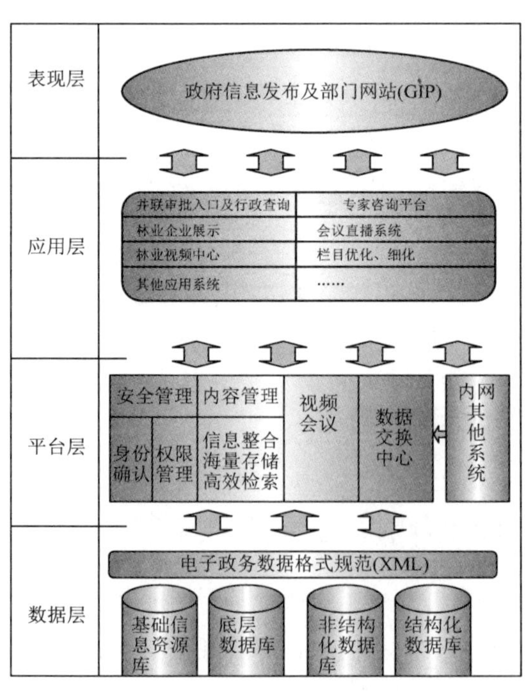

图 29　网站技术架构图

（二）系统部署环境方案

系统运行环境。操作系统：Windows NT/2K/XP、Linux、Solaris、UNIX、AIX；数据库：SQL Server/Oracle；Web 服务器：Apache；应用服务器：Weblogic、Websphere；前端浏览器：采用 Browser-Server 结构，支持 IE 等多种浏览器。

服务器部署。Web 服务器部署，Web 服务器由于主要发布静态信息，为了提高访问速度，可以部署在外网防火墙和内网防火墙之间。Web 服务器原则上不允许通过内网防火墙访问数据库服务器。所有数据请求，均由部署在内网防火墙内的应用服务器完成。考虑到作为政府门户网站未来增加的访问量需求，可以随时增加一台外网 Web 服务器来做负载均衡，以较高的性能参数满足浏览者访问的需要。

应用服务器部署。应用服务器用来部署应用。应用服务器位于内网防火墙中，不直接接入其他外部网络。通过独立防火墙访问数据库服务器。

数据库服务器部署。数据库服务器部署在独立防火墙后，只接受本系统的应用服务器访问，以提高服务器安全性。

三、网站群内容管理平台

（一）网站群管理

基于统一的网站群内容管理平台可创建和管理多个子网站，各站点之间有严格的管理权限，具有独立的采、编、审、发流程，互不干扰；并且可以在多个站点间进行资源的共享和整合，中心站点的超级管理员可给网站群中各子站点分配单独的管理账号。子站管理员录入账号和密码登录，输入单位资料，系统就能够根据关联的模板自动生成网站，由各站点管理员独立负责自身站点管理。

每个站点可以独立管理，拥有自己的模板、频道（栏目）、权限，站点间资源可以共享；支持站点导入导出，便于将来数据的迁移；站群内的信息支持栏目间和网站间的同步引用、呈送、共享和接收。提供各子网站的域名管理，并可将各网站域名导出为文本文件。

总站超级管理员可给网站群下的分支机构子网站分配管理账号。各个子站点管理员录入账号和密码登录，输入子网站必备资料，包括子网站名称及代号、栏目（频道）名称及代号、上传模板等，系统就能够根据关联的模板自动生成网站，栏目（频道）的形式基本相似，内容分静态、动态、动静结合等发布形式。即只有 HTML + 图片等静态文件形式的静态发布；站点首页、栏目页、信息页都是 JSP 而非静态 HTML 页面，从而实时向服务器端包括数据库服务器发请求获取数据信息的动态发布形式、站点首页与详细信息页发布成静态文件的动静结合发布形式。网站站点可以独立于平台服务器，只需要在另外一台机器上安装 Web 服务器譬如 APACHE HTTP Server，即可完成分布式部署。

系统支持子站点复制(克隆)，克隆生成的子站可具备基本的信息发布、留言板、网上调查、友情链接、公告栏及网站维护等功能。子站生成后，各管理员可根据各自建站的需求，在功能管理中进行功能模块的选择。网站生成后，可以预览网站和管理网站。系统能够监控并记录各子网站的信息更新情况，用 Email、MSN 或网站短消息的形式通知管理人员各子网站首页及各大栏目(频道)的信息更新情况；系统提供不同的 Web 界面和功能，供用户按照自己的需求进行灵活选择。

(二)频道和栏目管理

合理布局网站的栏目(频道)结构，对网站栏目(频道)进行科学的规划，对信息内容进行合理分类。网站栏目(频道)设计要以用户为中心，分类要清晰，层次要合理，页面层次不能太深，应遵循"三次点击"原则，保证用户能够方便、快速找到需要的信息内容；信息要传递及时，重要公告、信息要在第一时间展现给用户。网站首页设置网络旗帜悬挂区域，并在后台实现所见即所得的、方便快捷的管理。

本系统提供了对最终发布的栏目(频道)的管理，用户可以灵活地构建网站栏目结构，提供树状结构的浏览和编辑界面，支持多种栏目属性。支持多级子栏目，每个栏目可以拥有自己的模板、权限，各栏目资源可以共享；支持导入导出、类似创建、字段扩展等功能。支持自定义数据库的建设，提供数据字典、数据关联、自定义查询等功能。

系统提供栏目的分类管理，新建、删除和编辑栏目(频道)，可以修改栏目(频道)名称、类型；可以选用这个栏目(频道)的模板，指定这个栏目(频道)的子栏目(频道)的缺省信息模板；可以指定栏目(频道)分类的过期时间，设置栏目(频道)的生效日期，做到栏目(频道)定时发布。设定页面生成名字、目录。并支持虚拟栏目，可以设置新的检索条件，根据检索从其他栏目引入数据，组合形成新的栏目。

提供多层次的权限管理方式，可以分配不同的角色，进行基于 Web 的、面向多用户的异地协同工作。栏目管理中具有统计的功能，对栏目的现状进行控制。统计的数据包括栏目的子栏目数量和栏目下包含的文章数。栏目的层次、位置能自由调整，具有新增、删除、编辑、转移、克隆功能。

栏目(频道)管理处还可设置栏目的导航、网站地图、RSS 等应用，充分体现电子政务信息世纪的新潮流。并可为栏目设置栏目图标、前缀图片、后缀图片、栏目 Logo 图片，使模板栏目的表现形式多元化、灵巧化、方便化，简单易操作。

与此同时，栏目(频道)管理处，还可以扩展本栏目(频道)下的文章属性，新增属性来源、期刊号、信息实际时间、简介、作者、相关附件、相关表单、每日问答、关联信息、相关栏目等。还可设置栏目的共享，跨网站群、网站群内跨站点设置相关栏目的共享，实现栏目信息的多站点共享。

（三）信息抓取管理

随着信息量和信息需求量的不断增长，有必要借助先进的信息抓取系统更有效丰富的信息资源内容。同时将收集到的信息同步到网站群内容管理系统中，由编辑在内容管理系统中进行二次编辑后发布。网站内容管理系统提供支持多格式的信息采集程序，该程序能够定时地将信息分发到稿源库和发布库(图 30)。

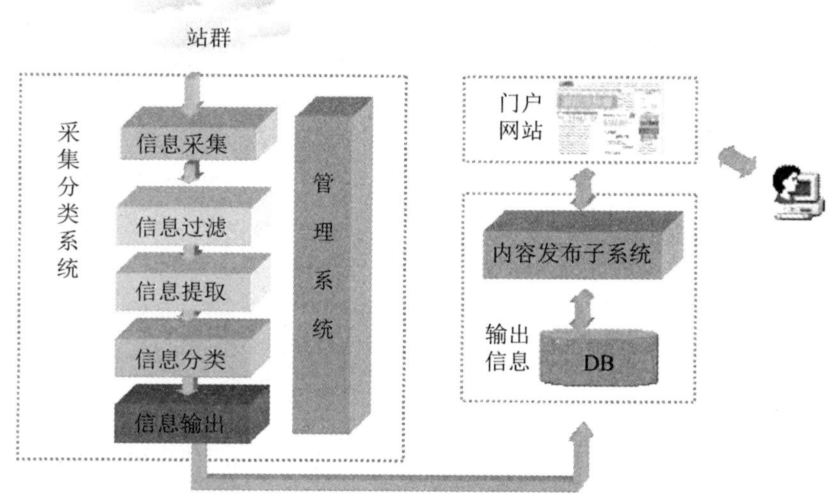

图 30　信息抓取管理图

信息采集系统将信息源源不断地输送到内容管理系统中，再通过编辑人员的审核和编辑加工，发布到各网站中，提供给用户浏览。

（四）内容发布管理

为使网站结构在统一的规划和标准下管理实施，需要建设统一的信息发布系统，实现分布式信息发布功能，加强政府网站管理，避免重复投资。

信息发布平台支持分布式信息发布应用。平台采用基于角色和用户组的安全访问控制，采用基于中心数据维护交换体系的结构化数据、非结构化数据统一管理、后台数据维护与前台数据发布共享的一体化，使所有信息实体(如网页、文档、图片、关系型数据)根据元数据的定义进入数据库，实现不同属性的数据的统一管理。

对于正在使用欲改版、升级的网站或网站群，不必重新构建信息，可运用数据库点对点技术将网站栏目(频道)下已发布的信息导入相应位置。

（五）信息编辑

系统提供了基于 HMTL“所见即所得”的可视化稿件编辑器，用户可以在这个编辑器里对稿件进行可视化编辑。不仅可以对稿件内容进行编辑，还可以对稿件的页面显示效果进行编辑，编辑可以对稿件的小标题进行编辑，可以在稿件内容中提取稿件的标题和作者等属性，可以在稿件中插入图片并随意调整图片在文章页面中的位置，可以插入各种格式的多媒体文件，如 ram、rm、avi、mpeg、asf、swf 等等目前流行的宽带文件格式，网上大多流行的是 Flash 文件和 Realone 视频文件，还可以手工或自动地建立与其他稿件的关联、图片的关联等等，甚至可以制作专题页面。编辑的结果就是站点的最终的稿件页面。

可视化的稿件编辑器极大地方便了编辑对于电子新闻的制作，同时编辑可以控制站点的内容页面，使得页面更加丰富多彩。

所见即所得的编辑功能，对于各种复杂的文本、表格、图片、动画、音频、视频、模板、特殊字符等内容进行所见即所得的可视化的编辑和修改。

支持对字体、字号、颜色、下划线、undo、redo、上标、下标等，提供 Word、Excel 等办公软件级别的编辑功能，实现信息内容进行靠左对齐、靠右对齐、居中对齐、编号、项目编号、增加编排、减少编排等格式修改。

插入图片，图片可以进行文字环绕、任意调整位置等操作，选用方便。可以很方便地实现大小图切换。同时打开多个编辑器，无须关闭编辑器，在编辑器连续完成编辑多篇稿件的工作。

插入本地多媒体文件，可播放，可插入 Flash 文件，提供小块模板方式，实现多种显示效果。

支持拖动操作，使编辑工作效率获得很大提高。

可保留性地对 Word、WPS 文件文档复制、粘贴，并对信息稿件做 Word 插件修改、编辑。

提供快速前台预览功能；可以任意调整图片的位置、大小等。

支持用户对观看或者修改信息稿件的 HTML 源码。

进行稿件关联的编辑，方便地查找，通过鼠标拖放加入，自动生成链接。

提供文档的标题、副标题、引题、链接标题的编辑和设置。

支持文档在不同栏目间的复制、粘贴、剪切、转移、引用，并且关系清楚。

支持文章手工分页功能。

（六）信息审核

信息在最终发布出去，供浏览者访问之前，要经过信息采集、信息录入、信息审核等工作流程。特别是当要发布的信息量大、所涉及范围多，需要不同部门的人分别采集、录入和审核时，信息采集和信息发布系统的实现必须要实现对这样一个工作流程的支持。

本项目中的网站群内容管理系统内置了一个对工作流机制的支持系统，管理者可以方便地设置和调整工作流，可以按需自行定制业务流程，流转过程支持会签、在线短信、邮件、手机短信、系统内消息通知等功能，支持工作流导入/导出，一个工作流可与多个栏目绑定；支持串联、并联审批流程。可视化拖动创建工作流；支持和字段级权限绑定；可设置收件人规则及文档接受处理规则；支持督办、催办、多级返工、强制结束、重新指派；流转过程提供多种监控方式。

（七）信息发布

发布库中的稿件能够被有权限的编辑继续编辑，在编辑稿库中能进行的编辑操作基本上在发布库也能实现，一般说来这时的主要工作应当是稿件显示的调整如稿件列表中的次序，专题的制作，将稿件复制（移动）到其他节点，这些都可以通过鼠标拖拽的方式方便地实现，当然这时也可以进行其他复杂的编辑工作。进入发布库中的稿件可以在浏览器中预览发布效果，这时看到的结果同发布时看到的完全一致。

系统支持将不同站点生成的文件发送到不同的 Web 服务器；提供手工、定时和自动发布；发布过程中支持多种方式的发布传输；支持增量发布、完全发布、单篇发布、即时发布等多种发布方式，并对发布过程提供日志监控功能；发布时自动生成索引文件和页面的链接。

针对目前政府网站流量大的特点，系统主要提供静态发布技术，以应付大访问量的高性能要求。同时支持动态发布、混合发布技术。

对于网站页面发布以前，提供主页、栏目、页面等的全部预览功能。

提供撤稿和恢复撤稿功能。支持自动撤稿与手工撤稿，通过选择信息的有效时间段来设定信息停留于网站上的发布时间，已经过期的信息会自动从网站上移走，也可进行手工撤稿，被撤稿的文章将放入草稿库中，以便重新发布。

信息发布模块支持 XML、RSS 等不同格式信息内容。

（八）网站模板管理

系统采用网页模板与信息分离的技术，可以通过不断地调整网页模板的设置或更改模板来完成网站的风格改版和更新，网站中的文章信息则自动继承下来，与新网页模板智能地组合在一起，快速创建一个全新的网站（图 31）。

上传的所有模板在模板管理库中管理，模板的存储由数据库统一管理，可以实现不同人员之间模板的统一；提供网站模板类别管理。系统后台的模板模块，依据站点分组管理门户网站及各个子网站模板，从而系统化、条理化管理。

系统中可以选择多套模板，每套模板都可以预先进行单元设置，设置好的模板可以给其他网页使用，达到模板的设置共用，可实现站群内模板共享和接收功能；支持模板效果前台的快速预览；系统内可以灵活定义模板样式，支持模板批量设置；提供模板批量导入功能；模板单元（组件）标签不能使用手工编写代码方式；模板标签可自由定义；支持模板

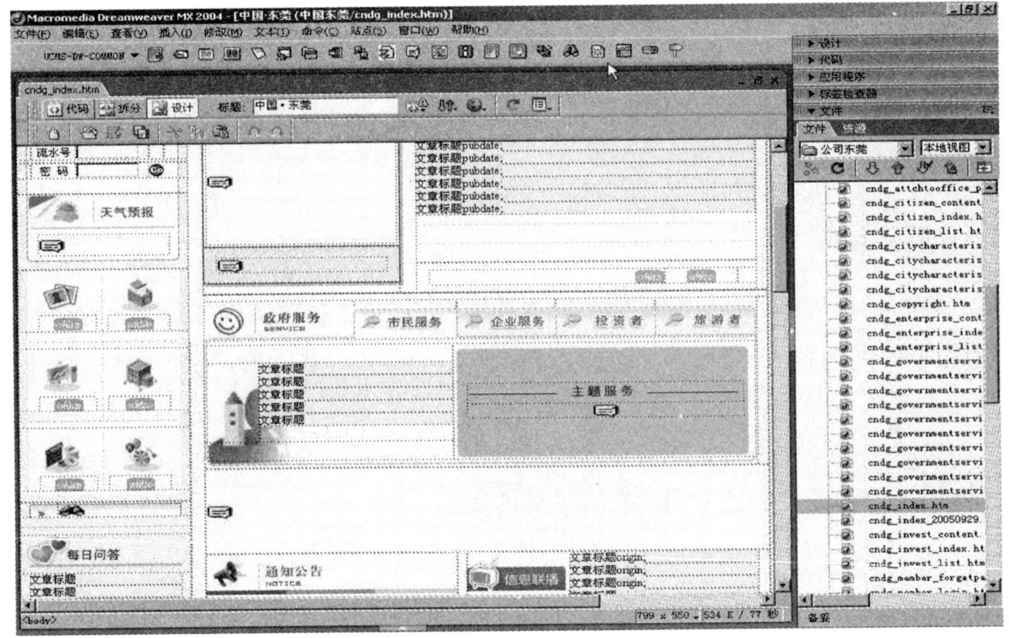

图 31　网站模板管理图

预设功能，使网站换肤更方便，切换模板实现网站风格的改变；支持模板配置关系查看，可以方便地查看到模板被应用的情况。

各个网站模板组列表中的模板，如模板名称、模板类型(站点首页模板、列表模板、信息模板)等简明清晰，便于用户、管理员查找。

支持对网站模板的管理权限进行设置。支持站点、频道分级模板管理，便于维护。

提供对首页模板、栏目模板、文章模板的新增、选择、撤销、设置等功能，并可设定全局的默认栏目、文章模板。

模板设置支持静态单元、动态单元及模块单元的设置。

动态单元支持图片新闻、栏目链接、标题链接、文章正文、多栏目信息、最新信息等多种类型。支持应用模块单元直接设置。

完整的模板操作功能按钮，便于用户操作选择，包括增删改、导入、导出、备份、恢复、预览、检索。

模板的数量没有限制。

同时，可对模板单项、批量地进行重新发布、失效、删除以及模板的定式发布等操作，以及即时的对编译的模板 JSP 文件下载修改、上传。对于网站群下的多个子网站模板管理，进一步人性化设计，方便及应广大用户需求而放开模板的传统限制管理，即将网站群内的模板设置共享，用户、管理员可跨网站群、跨站点地共享其他站点首页、列表、信息模板。

（九）网站信息资源库管理

文件管理。系统提供对各类文件的管理。管理人员可以新建文件存放目录、存放网站文件。文件管理具有权限控制体系，文件可在网站群内互为共享。

系统可以将相关格式文件，通过简单上传或者引用多媒体资源库已有多媒体文件，就可以在编辑器中插入多种格式的多媒体，如 ram、rm、avi、mpeg 等，或者是 Flash 的 asf、swf 等动画文件，非常简单地实现多媒体的发布和播放以及设置视频播放器的显示大小、尺寸。

图片管理。系统提供了对图片库进行的管理，图片的来源可以是多种方式。图片的主要文件类型是 gif、jpg、jpeg。通过自动分发程序自动入库，也可以是扫描的图片。网站图片主要分为广告图片、信息图片和链接图片三大类，为方便管理，系统将之视为一个独立的系统存在，可根据图片名称、类型、时间等条件进行查询。对图片资源进行新增、编辑、删除（单项、多项批量）操作，简便、灵活。

支持图片的水印，大小图自动压缩功能。

网站其他资源管理。类似于图片、多媒体管理，系统还提供对文档文件、应用资源及其他的管理。

文档资源库管理，是针对所有上传文档资料的系统化管理，上传时没有对文件类型进行限制。

应用资源库管理，主要是针对模板建立应用资源，可实现信息的分布式采集等功能。

其他资源库管理，即除图片、多媒体、文档文件、应用资源以外的资源管理，实现资源库的资源扩展。

第二节　主要措施和经验

充分做好调研工作。根据上级有关部门要求，结合本单位实际情况，多次征求各处室、单位意见，最终形成建设方案。

构建长效运行机制。根据有关法律法规及规定，结合河南省林业工作实际，制定了《河南林业信息网管理办法》。办法适用于河南省林业厅各处室、厅直各单位以及省辖市、直管县林业主管部门，主要包括总则、职责分工、网站建设、信息发布、公共服务和互动交流、运行维护与内容更新、信息安全、奖惩和附则等章节，并认真做了网站内容保障分工，把每个栏目内容保障分解到各处室、单位。每个季度对网站内容保障情况都作通报，鼓励先进，鞭策落后。

注重推广宣传。经常参加国内各家媒体举办的各种网站评比活动，在宣传自己网站的同时大量学习其他网站的经验和优势。

争取领导重视。积极争取有关领导和处室的支持，就网站日常维护的有关问题主动和有关处室、单位沟通协调，畅通信息来源渠道，构建有效的互动应答机制，结合制度的管理约束，使得网站的管理工作成为各处室、各单位日常工作的重要部分，成为宣传日常工作的重要阵地。

勇于开拓创新。网站的建设不能一成不变，根据不同时期的工作重点，结合最新的信息技术，对网站经常展开栏目的调整，页面风格的变化，使人经常有耳目一新的感觉，同时更能适应时代需要。

注重人员培训。对于网站群来说，各单位子站的管理人员都是经常培训的对象，尤其是建立有效的联系沟通和管理机制，对于岗位的变动引起的人员更替，要及时培训后上岗，同时不定期举办有关网站的各种培训班和交流论坛。

第三节　效益分析和所获荣誉

河南林业信息网作为河南省林业厅的官方网站，首先不是营利性的网站，而是作为政府信息公开的主要渠道、连接政府和公众的重要桥梁存在的，它的效益主要来自社会效益，产生经济效益也是必然的，但不是它主要的效益来源。网站建立以来，目前的日平均访问量在 3000 人次，平均每天接受回答网民的问题 11 次，通过网站的商务平台发布供求信息、企业咨询 700 余条，更作为政府信息公开的平台，及时地发布了各种重要的信息、文件，及时按有关要求公示了各种有关信息，带来的社会效益和经济效益巨大。

河南林业信息网创建 8 年以来，获得了各种荣誉。在历年河南省政府组织的省直单位网站绩效评估中名列前茅，多次受通报表扬。网站连续 5 年在中国农业网站百强评选中获“中国农业网站百强(林业园艺类十强)”称号；在过去两年国家林业局组织的“全国林业网站绩效评估”活动中连续两年获“优秀网站”称号；在 2010 年、2011 年“中国优秀政府网站推荐及综合影响力评估”活动中连续两年获“中国政府网站优秀奖”；在 2011 年中国农业网站论坛中获“杰出贡献奖”。

THREE YEARS 2009-2012

数据库示范案例

SHUJUKU SHIFAN ANLI

第十四章　浙江省林权数据库

为了减少林权纠纷，维护社会稳定，盘活林地资源，促进农村经济发展，浙江省林业厅自2005年开始，联合浙江农林大学信息工程学院，整合业务和技术优势，着手研究林权的信息化管理。为了明晰产权，减少纠纷，2005年开发了林权管理信息系统，主要用于林权证证本登记、发放的管理工作；2008年在原有系统的基础上又开发了林权地籍管理系统，解决了中央提出的人、地、证相符，图、表、册一致的要求；2009年浙江省林业厅为实现林权数据的存储和利用，建设了浙江省林权数据库，把原有林权管理信息系统和林权地籍管理系统中的数据统一整合到浙江省林权数据库中。通过林权数据库建设，2010年浙江省林业厅根据管理需要，又组织力量对原有系统作了整合、升级完善。

第一节　主要功能

一、林权数据库基本情况

数据库版本为Microsoft SQLServer 2005，数据库名称为"林权"。数据库服务器设在省厅数据中心；数据入库、维护、更新等后台管理采用客户机/服务器(Client/Server)模式；应用采用浏览器/服务器(Browse/Server)模式，页面风格与现有全省林业电子政务综合系统基本保持一致；同时进行操作界面个性化设计，即在同一个系统中，不同权限使用不同的操作界面。

实现对海量、大范围连续空间数据进行高效存储和管理。建成的省林权小班数据库数据量将达TB级，数据库必须将海量分幅数据组织成逻辑上无缝的空间数据库，并保证在整个空间数据库范围内能进行快速浏览和查询，实现其高效存储和管理。

数据采用Microsoft VS 2005为基本开发工具，因而程序员或者系统分析员，或者任何想要使用此数据库进行操作的人员，需要安装Microsoft SQLServer 2005，系统分析员设计并建立数据库，其他程序员进行联机访问。

对于从事此数据库的生成、此数据库的测试、维护的人员，有如下要求：

数据库的输入统一采用键盘。由于现在没有设置权限，故只要不违背基本的限制，所有的操作都是可以进行的。可是对于各系统需要的数据，却是有数据长度限制的，尤其是有说明的部分，所以测试人员在具体进行数据测试时，要注意数据输入格式。

浙江省林权数据库包括属性数据库(包括林权基础数据库、森林资源基础数据库、林权评估数据库和林权抵押数据库)和空间数据库。

二、林权数据库设计

(一)林权数据库构成

对数据库设计中涉及的各种项目，如数据项、记录、系、文卷、模式、子模式等一般要建立起数据字典，以说明它们的标识符、同义名及有关信息。在本节中要说明对此数据字典设计的基本考虑。

建立系统程序员视图，包括：数据在内存中的安排，包括对索引区、缓冲区的设计；所使用的外存设备及外存空间的组织，包括索引区、数据块的组织与划分。

空间数据也即具有公共地理定位基础的数据。在系统框架定义内的空间数据，主要是为共享基础空间数据，比如林权证的地形图数据。

属性数据包括林权证、山场基本信息、抵押信息、林权变更信息、林地变更信息数据等，这些数据从数据性质上体现为属性数据，内容可归结为表格型数据、文档数据，属性数据库每天异地备份。所谓备份，就是通过特定的办法，将数据库的必要文件复制到转储设备的过程。其中，转储设备是指用于放置数据库拷贝的磁带或磁盘。备份是平台中需要考虑的最重要的事项，虽然他们在平台的整个规划、开发和测试过程中甚至占不到1%，看似不太重要且默默无闻的工作只有到恢复的时候才能真正体现出其重要性。如果出现平台崩溃的灾难，数据库就必须进行恢复，恢复是否成功取决于两个因素，精确性和及时性。能够进行什么样的恢复依赖于有什么样的备份。本项目软件平台有责任从以下三个方面维护数据库的可恢复性：一是使数据库的失效次数减到最少，从而使数据库保持最大的可用性。二是当数据库失效后，使恢复时间减到最少，从而使恢复的效益达到最高。三是当数据库失效后，确保尽量少的数据丢失或根本不丢失，从而使数据具有最大的可恢复性。

1. 属性数据库

林权基础数据库。根据人、地、证相符，图、表、册一致的工作要求，以山林延包工作的林权证数据资料为依据，利用森林资源调查万分之一地形图，分步进行实地勘界和调查。将村、组林地所有权证登记的山场地块的界线勾绘到地形图上，对山场地块的林权证号、地名、权属、四至等林权因子进行调查记载，形成林权的权属数据，再对每个山场地块配以IC卡，实现山场地块与IC卡的一一对应关系。农户不但可以在林业主管部门领取纸质林权证，还配以对应的IC卡。利用本卡，可以在林业局指定窗口和林业信息化触摸屏上查询、补办、注销、流转林权信息。

森林资源基础数据库。准确地获得每个林权地块的森林资源的状态是准确进行每个林权地块森林资源评估的基础，因此需要建立林权地块的地理位置、地形地貌以及树种、树种组成、各树种的平均高、平均胸径等要素组成的数据库，并能及时进行数据的动态更新。

林权评估数据库。对勘界调查获得的森林资源资产资料、权属资料和经营资料，根据《森林资源资产评估技术规范〈试行〉》，综合考虑森林资源资产的类型、数量、质量、立地条件、交通条件、市场行情、管理成本、采伐利用成本和相关法律法规政策等因素，统一采取市价法进行评估，评估出每一片农户使用权山场地块的森林资源资产价值。并将转绘后的地形图与调查评估资源资产等相关数据信息全部录入林权信息化管理系统，统一建立农户森林资源资产信息数据库，实行电子信息化管理。农户可以利用林业主管部门发放的IC卡，可以方便地在指定窗口和林业信息化触摸屏上查询属于自己的山场地块的资产价值。

林权抵押数据库。在林权信息和森林资源资产信息数据库的基础上，以森林资源资产信息为管理对象，围绕林权和森林资源资产变化管理，开发集林权和森林资源资产管理于一体的森林资源资产信息化管理系统，建立农户林权及森林资源资产信息档案，并且林权一卡通作为金融部门发放林权抵押贷款、授信和建立林权抵押信用证贷款制度的依据，实行"统一评估、一户一卡、随用随贷"制度。

2. 空间数据库

林权地籍数据丰富，信息量大，包括底层地图(航片、卫片或等高线图)、各类权属信息、二类信息、生态公益林信息、征占用林地信息、古树名木信息等，如何保证在地图访问时数据的快速投递，减小访问延时是图层管理的核心。

林权地块按性质可分为：国有使用权山、所有权山、统管山、自留山、责任山、流转山，系统为每类性质分别设置图层；为了能管理二类信息、生态公益林信息、古树名木信息等非权属信息，平台增加了其他类型图层；为了加快查询、分析速度，降低服务器负荷，平台设置综合类型图层，本图层集中了除底图外的所有图层。由于各类数据都有相应编号，不便于数据检索，因此把各类编号统一映射到图层编号中。

对于底图的管理采用了切片技术，平台事先将底图设定为10个比例尺级别预存于服务器中，设置Storage Format为Exploded、Title Format为MIXED、Compression为90的缓存方式。当客户端访问时直接获取需要的小图片拼接成完整的地图，而不是由服务器动态创建出一幅图片来送到客户端。平台对于林权地块内的二类资源信息、生态公益林信息、古树名木信息预先进行了空间分析，以便实现快速查看每一个地块的资源信息。

最终平台生成以下图层：乡镇面(等高线)、乡镇面(遥感)、乡镇驻地、村面、村驻地、小班面、国有使用权、统管山、流转山、所有权、自留山、责任山、其他、综合等图层，放到指定目录下，符号化完成后，使用 ArcGIS Server 发布服务。

地图图层结构自下而上第一层为地图服务，为地籍管理的核心部分，使用 ArcGISServer 发布地图服务，为其他系统提供的 REST 服务的方式调用。第二层、第三层为用户呈现部分。Silverlight 获取林权监管平台的用户权限，调用 ArcGIS Server REST 服务，通过动态组合、权限控制等方式分别将基础图层服务、林权图层服务、影像栅格服务和等高线栅格服务叠加显示给客户端，提供图层控制、动态气泡提示、定位查询等 GIS 基本功能。

ArcGISServer REST 服务的调用采用动态地址配置方式如：http：//服务器地址/ArcGIS/rest/services/服务名/MapServer，来管理服务。如此可以实现服务分离，不同县的服务可以位于不同服务器上，从而实现负载均衡和保密性的需要，因为根据需要，可以把地址配置成内部 IP，从而实现只有内部用户才能访问地图服务的要求。

(二)数据库逻辑结构

林权数据库由主体数据库和元数据组成。主体数据库由空间数据库和非空间数据库组成；元数据由矢量数据元数据、其他元数据组成(图 32)。

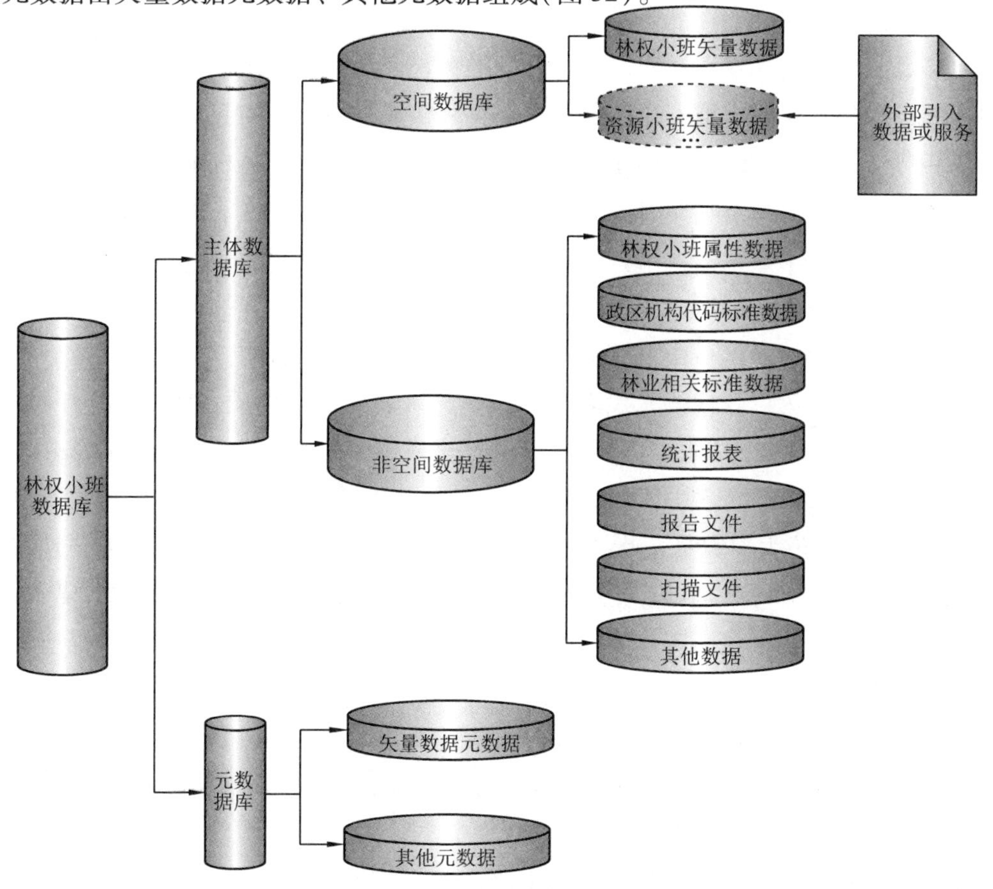

图 32　林权权属数据逻辑结构图

（三）数据标准

1. 基础数据标准

空间数据标准。空间数据底图的种类（地形图、航空图片、遥感图片）由各县自行确定，但是必须遵循如下准则：必须满足省林业厅关于林业信息化数据标准的相关文件精神；必须与各县二类调查、生态公益林调查所采用的底图数据一致，一个县内必须采用同一种空间数据源及格式。

属性数据标准。为确保林权证相关数据能在全省范围内实现统一管理与查询，各县市的林权证数据均需满足2006年1月浙江省延长山林承包期工作领导小组办公室印制的《林业生产责任制延包工作相关资料》的要求。

2. 林权属性数据采集标准

在系统中，权证数据采集分为两类：一是申请表录入→审批；二是清册录入。

在采集数据之前首先需要领证。

权证性质表明此林权证是真实林权证还是虚拟林权证。由于实际情况，发放的林权证无法获知其林权证编号，因此可以使用虚拟林权证编号。真实权证编号为林权证上的印刷号码，12位全国唯一编号。

领证方法：首先选择权证性质，填入领证批次，表示第几次领证，其作用是方便证本管理和审批，再填入本次领证本数。若选择真实林权证，则在证本起始编号中填写第一本林权证的编号，此编号用红色字体印刷在林权证上；若选择虚拟林权证，则在证本起始编号中填写本次领证的第一本虚拟林权证编号，此号码也是12位数字，为了使得此编号能唯一，前6位必须为本县行政代码，后6位为流水号。填写完毕后，其终止编号会自动计算。点击提交即完成领证程序。

申请表录入。申请表编号由系统通过申请表中已录入的内容自动生成，共20位。各位的含义为：前6位为行政代码，代表某县；第7位表示地块性质，1表示所有权，2表示自留山，3表示统管山，4表示责任山，5表示国有山；第8~9位为乡镇代码；第10~12位为村代码，若乡镇直管则用000表示；第13~14位为组代码，若乡镇或村直管则用00表示；第15~17位为户编号，此编号根据户名输入的顺序自动编号，若非户所有，则用000表示；第18~20位为地块编号，此编号根据输入地块的顺序自动编号，若户非空，则此编号为某户的地块编号，若户为空而组非空（组直管），则此编号表示某组所管辖的地块的编号，以此类推。

单位、法定代表人、通讯地址（户）三字段在输入时系统会自动保持一致，但是允许修改，目的是为了方便输入。当某地块为乡镇直管，则村、组、户字段必须为空，以此类推。

分山人口可以带小数，因为某些县把小孩看成半个人。林权登记申请表详见图33。

林权登记申请表

申请编号			填表日期：2008-7-1		
单位（个人）	刘坊村		法定代表人（主要负责人）		刘坊村
通讯地址	安仁 乡(镇) 刘坊 村 组 刘坊村 户				
分山人口					
性　质	所有权		身份证编号		
登记类型	初始		登记权利内容		☐林地所有权 ☑林地使用权 ☐林木所有权 ☑林木使用权
坐　落	安仁镇刘坊村		林地所有权权利人		安仁镇刘坊村
小地名	岙底水圳后坑下儿	林　班		小　班	
面　积	2.0000 亩	林　种		造林年度	
株　数	0		主要树种		
林地使用期	50		终止日期		
四　至 东南西北	东 路 毗连方签字			南 埋石 毗连方签字	
	西 横路 毗连方签字			北 塆 毗连方签字	
	户主签名				
主要权利依据					
林权共有权利人权利说明					
集体林地所有权权利人意见	负责人			日期	
林业主管部门意见	负责人			日期	
发证机关意见	负责人			日期	
林地分布图	浏览...				

提交

图 33　林权登记申请表

审批。审批页面分为两部分，上部分用来查询所需的林权证和申请表，最上方的地区和县市显示了当前用户的信息，林权证的查询分为林权证号和批次查询，填其中一项就可以，全填的时候系统会查询出满足第一个条件的林权证，林权证号默认为最小的未使用的林权证编号；申请表的查询分为单位、法定代表人和身份证号三种，查询时填一项，不允许一项都不填，多选时以第一项为准。点击查询按钮就可以查询相关要求的林权证和申请表了。下半部分提供审批功能，首先是填写一些信息，其中的经办人、负责人、林证字由经办人设置中读出，并允许修改，如果没有设置该项，系统会默认为空让用户填写。经办人日期、负责人日期和发证日期系统默认为当前系统时间，用户可以修改。林证字年系统默认为当前年份，允许修改。林证字号填写分为两种，第一可以用户自己填写，第二由系统自动生成，选择第二种方式时系统会根据申请表的乡镇代码以及该乡镇代码在申请表中的数量计算生成。下面是对具体的林权证和申请表进行审批，选择要审批的项在后面的多选框内选择，点击提交就完成了审批功能，为了方便用户操作，系统默认了前六条记录为选中，用户可以根据具体的情况和要求进行取消和选择。审批后页面会转到具体审批了的林权证本显示页，供用户浏览。

清册录入。为了方便权证数据的补录，系统提供清册录入功能，实际是把申请表录入和审批合二为一，一次性录入。因此前半部分录入格式与申请表录入一致，最后输入权证信息，其内容为审批时的权证编号、经办人、负责人的相关信息，格式与审批一致。由于一本权证可以记录多个地块，每个地块就是一张清册表，因此在清册录入时可能连续使用同一个林权证编号和林政字号，但是其前提是通讯地址必须保证一致，即保证本林权证是属于某个个人或某个集体的。

3. 数据共享

林权信息监管服务平台中的山场基本信息数据存入系统后，无论是采伐系统还是营造林系统做山场信息调查前都可以通过服务在林权信息监管服务平台调出相应的数据去做调查，调查回来的记过通过各个系统录入数据，林权信息监管服务平台会自动判断时间的有效性，将最新的数据保留在林权信息监管服务平台中，提供以后任何系统调用的都是最新数据，从而保证数据的实效性与统一性，达到数据共享的目的。

林权信息监管服务平台林权证管理功能中管理的林权证本可以通过系统共享在采伐系统、征占林地等系统中查出证本，从而提高各个部门工作的协调性，提高工作效率。数据共享与通信见图 34。

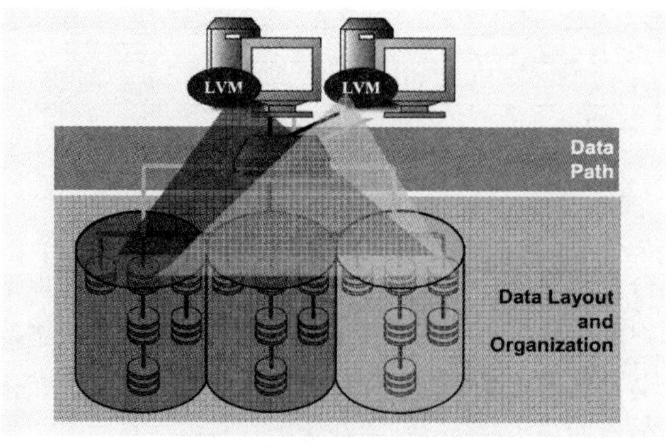

图 34　数据共享与通信图

多功能无线野外采集数据通过 Web Services 服务实现数据共享，实现原理见图 35。

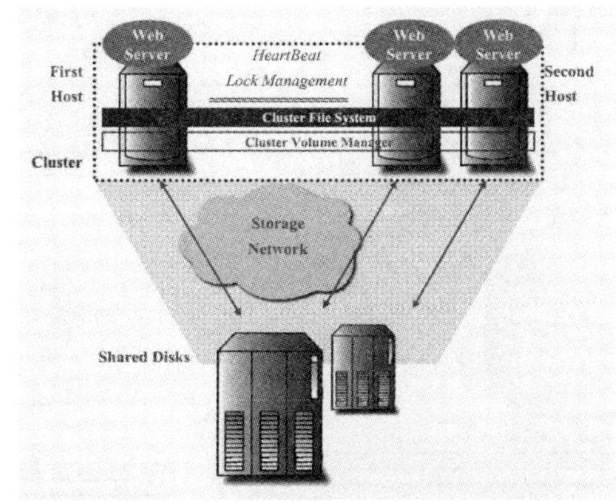

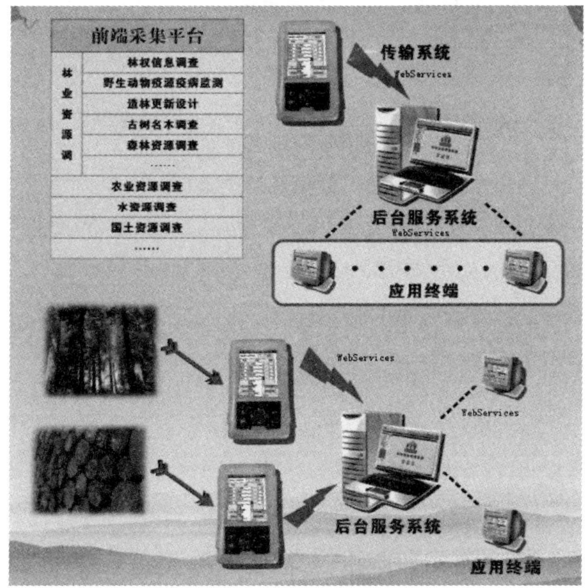

图 35　实现原理图

4. 实时的数据统计与查询

实时的数据统计可以展现处理数据的能力，同时可以提供更丰富的报表展示，甚至在报表上使用动态的趋势图表进行实时刷新；实时数据统计的结果用于展示数据实时的变化情况，哪个时间段的某个地方的数据，或者某个地区整体数据，同时可以分析每天发证情况，报表统计。数据统计原理如图 36。

5. 数据批量处理

由于各县市条件不同，手头持有的基础数据标准也不一致，基础数据保持的完整性参差不齐、进度不统一，需考虑的情况众多。如不同阶段做的基础数据的乡镇、村、组名称编号不相同等等，所以应该对数据进行预处理，数据预处理之后进行数据的批量导入，加快林权信息的完善。

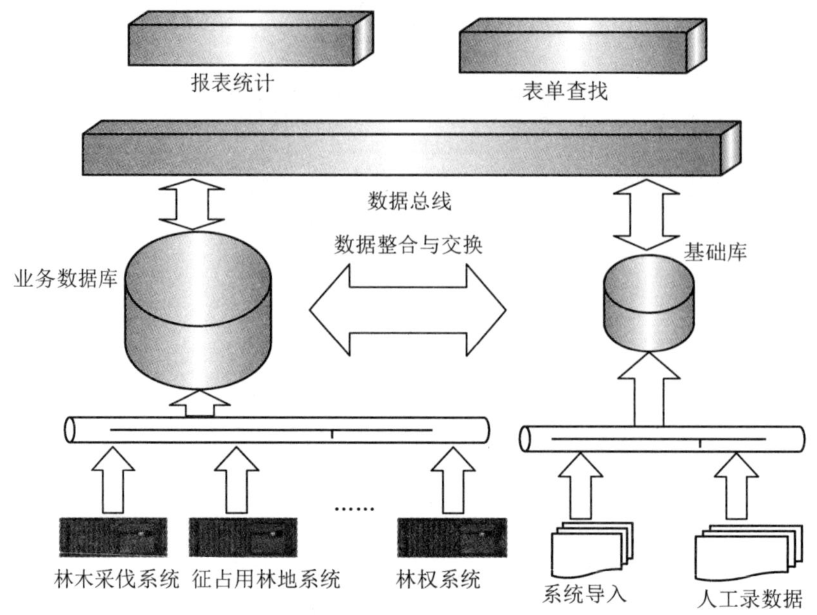

图 36　数据统计原理图

数据预处理要通过大量的人工进行 Excel 的统计，数据导入主要包括山场基本信息、林权清册、林权证本等，为林权监管平台的完善起到推动的作用。

三、安全保障

数据安全是整个数据库建设中的一项关键性的内容。在数据安全方面，数据库系统必须满足以下条件。

首先要保证数据被合法利用，即要求在包括设备管理、操作系统、数据库管理系统、应用系统等四个层次中，都能够进行有效、可靠的用户身份和权限验证。不同用户身份将具有不同的对数据库的使用权限。未经授权的用户不得对数据进行访问、篡改，授权用户一旦对数据进行了修改，就会产生相应的记录。

其次，数据库在物理上应处于安全的环境，一般不会遭到意外或非法的侵入和破坏。系统建设的机房环境应符合 GB2867-82 标准(即计算机场地设计技术要求)；建立切实可行的管理制度，制定各种应急故障处理的办法；及时、详细地记录系统运行情况，及时分析，发现隐患加以排除。

再次，在数据库遭受侵入破坏后，必须保证能进行有效的恢复。在操作系统、数据库管理系统、应用系统等方面要及时实行自动备份和恢复机制，建立防病毒机制等。进行数据库建设时，可考虑使用自动磁带备份系统对系统数据库进行自动备份。与以往较传统的手动单磁带驱动器备份方案相比，自动磁带备份方案具有如下优点：减少了人为误操作；备份数据量大；降低了备份工作的成本；提高了备份、恢复性能；省时和使备份工作更舒适；提高了数据的可用性。

(一)安全保障体系模型

浙江省林权数据库安全保障体系应该是一个在充分分析系统安全风险因素基础上，通过制定系统安全策略和采取科学、先进、适用的安全技术，能对数据库实施安全防护和监控，使数据库具有灵敏、迅速的恢复响应和动态调整功能的智能型系统安全体系。其模型可用公式表示为：

平台安全＝风险评估＋安全策略＋防御体系＋实时检测＋数据恢复＋安全跟踪＋动态调整

其中，风险评估是对平台安全风险因素进行的分析报告，是安全策略制定的依据；安全策略是平台安全的总体规划和具体措施，是整个安全保障体系的核心和纲要；防御体系是根据平台存在的各种安全漏洞和安全威胁所采用的相应的技术防护措施，是安全保障体系重心所在；实时检测是随时监测平台的运行情况，及时发现和制止对平台进行的各种攻击；数据恢复是在安全防护机制失效情况下，进行的应急处理和响应，及时地恢复信息，减少被攻击的破坏程度，包括备份、自动恢复等。

(二)安全保障体系方案

浙江省林权数据库安全保障体系的目标是：网络层安全、系统层安全和应用层安全。不同层次，其安全内容、要求各有差异，因此，各层次安全保障方案的制定也应该是不尽相同的，其安全保障体系分为三层：网络层安全、系统层安全、应用层安全。其中网络层安全包括：网络结构模式、网络访问控制、网络地址翻译、网络活动检测与防御；系统层安全包括：系统弱点扫描检测、系统目录设置、账号口令设置、安全管理设置、软件监测与病毒防护；应用层安全包括：用户和目录管理机制、加密通讯机制、认证授权机制、备份恢复机制。

然而，无论是哪一层次的安全保障方案，都涉及方案的制定者和实施者即人和系统环境，在实际规划系统安全方案时应将技术保护方式和管理保护方式分布在不同层次中实现，建立一个全面、科学的系统安全保障体系。其安全保障体系结构包括：安全法规、安全组织、安全宣教、安全监管、安全服务、安全防御、安全基础。

第二节　主要措施和经验(略)

第三节　效益分析和所获荣誉(略)

第十五章　湖南省林权权属数据库

湖南省林业信息化建设是从一张“白纸”起步的。搞不清“资源分布在哪里”、“林子造在哪里”等问题，成为湖南省林业厅决策科学化、管理现代化的最大障碍。

2001 年，按国家每 10 年开展一次大规模森林资源清查的有关规定，湖南省又需展开新一轮二类资源清查工作。按常规办法，从资源清查到数据整理成册，到最后制定经营方案，工作周期较长，经常出现经营方案和现实情况不相符、管理方案不合理等问题。

同时，如何充分利用二类资源清查成果，建立湖南省林业资源数据库，实现资源共享、提升管理水平、增强资源监测能力，成为湖南省林业厅要紧迫解决的问题。而信息化的“短板”，促使湖南省林业厅大力推进林业信息化建设。

林权管理是集体林权制度改革的基础性工作，推进林权管理信息化事关集体林权制度改革的成效。自 2008 年湖南集体林权制度改革全面开展以来，全省各地产生了大量的林权小班数据和林权登记信息。如何管好、用活这些数据成为了摆在各级林业主管部门面前的首要问题。

为了加强对林权小班数据和林权登记信息的管理和利用，进一步巩固和深化集体林权制度改革成果，推进林业信息化建设，湖南省一直在探索建立全省林权权属数据库。即以林权小班为基础，综合运用“3S”、计算机、网络和数据库等技术，统一储存、管理全省林权权属数据，实现全省林权管理数字化、科学化。湖南林权权属数据库建成后，将会实现资源数据和林权数据的有机融合，不仅能满足林业资源管理的需求，而且与老百姓的经济利益直接挂钩，实现由传统的对林地林木等“物”的管理为主，向以林权所有者“人”的管理为主的转变，实现由对“山头地块”的管理为主到为“千家万户”服务为主的转变，真正实现林业各类数据的全省“一张图”、“一套数”，为数字林业的发展奠定坚实的基础。

湖南省林业厅还要建立各类数据实时更新和共享机制，最大限度地减少人为的干预与数据的误差，将湖南省林地、湿地、沙地和生物多样性等基础林业资源数据落实到山头地块，形成对三个系统和一个多样性的全面有效监管。为森林资源、病虫害防治、适地适树和科学造林提供决策依据，为各级林业生产、管理与决策服务，为建立现代林业管理制度奠定坚实的基础。

第一节　主要功能

一、主框架

布局：上端——主菜单；左侧——基本工具条；右侧——地图比例尺设置面板、地名查询面板、林权证与身份证查询(图 37)。

图 37　系统主界面示意图

二、系统登录

用户登录电子政务网后，点击电子政务网 Logo 中的“电子地图”或者是菜单栏中的“测土配方”菜单，用户通过权限验证后进入湖南省林权信息查询系统主界面(如果未通过权限验证，则直接将页面转向电子政务网登录页面)。根据用户所具有不同权限显示相应的操作功能项，如果该用户没有授予任何权限，则默认以普通用户身份登录(只能操作基本的 GIS 功能)。

三、系统菜单功能

(一)林权查询

将地图比例尺设置成 1∶10000，地图窗口将切换成林权小班图层可见范围。点击“林权查询”按钮(如果当前专题图层为非林权小班数据图层，会提示“林权小班数据在当前比例尺下不可见！请切换到“林权小班”图层后再查询！”），鼠标将变为拾取状态，直接在窗口点选林权小班要素，系统会弹出林权小班详细信息显示窗体（图 38）。

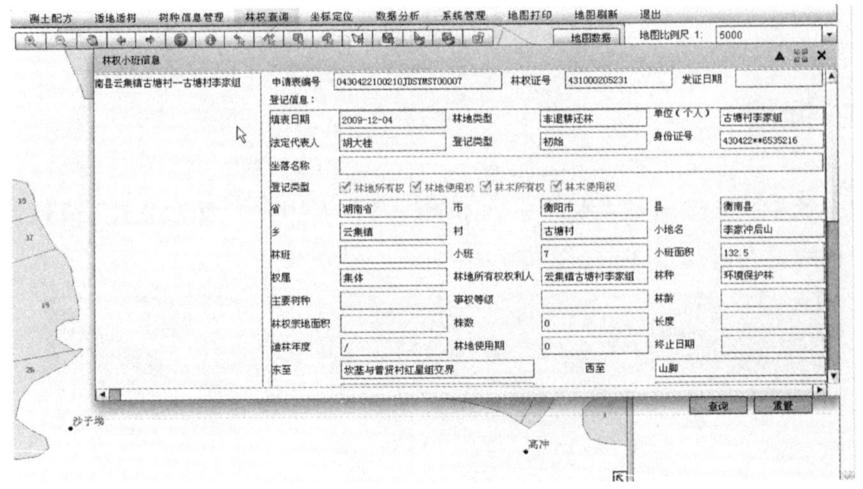

图 38　林权查询页面图

（二）坐标定位

坐标定位功能是指按照用户输入的经纬度坐标，定位到目标点。点击“坐标定位”菜单后，弹出所示的坐标输入窗体，按“度、分、秒”的格式输入经纬度坐标；点击“定位”按钮，在地图窗口显示以输入坐标点为中心的地图数据，并用红色实心圆标记。

（三）邻域分析

点击“邻域分析”菜单后，系统弹出“邻域分析”数据显示窗体，并在窗体左侧的“选择区域”列表中显示所有县级行政区划的名称（从行政区划编码表中读取）。

双击“选择区域”列表中的数据项，系统在地图窗口闪烁显示行政编码与之匹配的行政区空间数据，系统自动进行空间分析，获取与之相邻的所有县级行政区划，并在窗体右侧的“相邻区域”显示相邻的县级行政区划名称。

双击窗体右侧“相邻区域”列表中的某一项，系统在地图窗口闪烁显示行政编码与之匹配的行政区空间数据。

点击“定位”按钮，在地图窗口居中高亮显示“选择区域”列表中被选择数据项对应的行政区空间数据。

（四）缓冲分析查询

缓冲区分析是指利用图形要素或图形元素创建缓冲区多边形，包括分析数据源设置、缓冲距离设置和功能按钮，具体过程如下：

点击“缓冲分析”菜单后，如果当前地图数据中存在选择集或图形元素，则弹出缓冲区分析窗体；如果只存在选择集，则弹出缓冲区分析窗体并默认选择“使用图层要素做缓冲”；如果只存在图形元素，则弹出缓冲区分析窗体并默认选择“使用图形元素做缓冲”；如果两者都不存在，则提示用户“地图上没有选择任何地物”，不能进行缓冲区分析。

如果选择“使用图层要素做缓冲”，从下拉框中选择图层并输入“缓冲距离”，点击“生成缓冲区”按钮后，根据选择的图层要素和输入的缓冲距离在地图窗口生成半透明的缓冲区。

如果选择“使用图形元素做缓冲”，点击“生成缓冲区”按钮后，根据地图窗口的图形元素和输入的缓冲距离在地图窗口生成半透明的缓冲区；

点击“清除缓冲区”按钮，删除地图窗口中的缓冲区。

缓冲查询是指利用缓冲区分析生成的缓冲区多边形，对选择的查询图层做查询，高亮显示查询结果，并将查询结果更新到地图的选择集。

具体过程如下：

点击“缓冲查询”菜单，如果地图窗口没有缓冲区，则提示用户“没有生成缓冲区”，不能进行缓冲查询；

如果存在缓冲区，则在窗体中显示当前可见图层列表；选择需要查询的图层后，点击“缓冲查询”按钮，利用地图窗口的缓冲区多边形和选择的图层构建选择集，并高亮显示查询结果。

（五）历史数据对比分析

点击“数据分析”按钮下的“历史数据对比分析”按钮，系统弹出历史数据对比分析界面，分别点击左下角年份和右下角年份后面的选择“日期按钮”来选择对比数据的日期，按上下箭头“ ”选择年份，按左右箭头“ 、 ”选择月份。

（六）地图打印

用鼠标点击系统主界面的“地图打印”菜单，弹出打印设置对话框，进行打印设置。

（七）地图数据

用鼠标点击“地图数据”，弹出一个图层对话框，用鼠标点击复选框，确定要显示的地图类型，打钩表示显示该数据类型地图，不打钩表示不显示该种数据类型地图。下面单选显示资源小班或是林权小班。

（八）地图刷新

对地图控件进行刷新。

（九）显示/隐藏 Logo

点击菜单栏右端的“ ”图标按钮，隐藏系统顶端的图片 Logo，扩大地图显示区域；

隐藏 Logo 状态下，菜单栏右端的图标按钮会变为“ ”，点击此按钮会显示系统顶端的图片 Logo。

（十）退出系统

关闭系统主页面。

四、地名查找

（一）地名查询定位

地名查询定位是指对市、县、乡镇、村的查询定位，从上到下依次为市（州）选择列表；县（市、区）选择列表；乡、镇、村选择列表；重置、定位和小班号查询功能按钮。

进入系统主页面以后，初始化“地名查找”中的市（州）下拉选择框，选择某行政区划后，初始化其下级行政区划选择列表。查询定位时的地名选择顺序为：市（州）→县（市、区）→乡、镇、村；点击定位按钮后，在地图窗口居中高亮显示选择的最低级别行政区名称所对应的地图要素。例如，默认定位到选择的“乡、镇、村”地名，如果“乡、镇、村”为空，则定位到选择的“县（市、区）”地名，如果“县（市、区）”也为空，则定位到选择的“市（州）”地名。

通过“重置”功能，可以清除已经选择的地名。

（二）林权小班定位

林权小班定位是指根据选择的“县（市、区）”、“乡、镇”、“村”、“林班号”和输入的小班号查找符合条件的小班号，如果存在，则在地图窗口居中高亮显示小班号对应的地图要素；如果不存在，则给出提示信息。在“地名查找”面板中点击“林权小班定位”按钮后，所示的小班号查询界面，按从左至右、从上至下的顺序依次为：县（市、区）选择列表；乡、镇选择列表；村选择列表；林班号选择列表；小班号输入框和“查询”按钮。

五、地图比例尺设置

通过地图比例尺设置功能，可以将地图快速缩放到指定的比例尺。如果是从下拉列表

中选择地图比例尺，则用户选择新的比例尺后，系统自动以原有地图中心点为中心，在地图窗口显示新比例尺下的地图数据；如果是手动输入地图比例尺，则输入地图比例尺并按键盘“回车(Enter)”键以后，以原有地图中心点为中心，在地图窗口显示新比例尺下的地图数据。

点击“地图比例尺”输入框，系统会自动清空原有显示内容；当“地图比例尺”输入框失去焦点时，系统自动显示当前地图比例尺。

六、林权证与身份证查询

根据身份证和林权证号信息进行查询。

第二节 主要措施和经验

2008 年推进集体林权制度改革以来，湖南坚持“林改推进到哪里，信息化就跟进到哪里；林改影响到哪里，信息化就覆盖到哪里”，全省林权权属数据库建设工作取得显著进展。主要措施和经验是：

一、打基础

在集体林权制度改革全面启动之初，全省便建成林业基础地理数据库，完成了从森林资源、营造林、森林防火、有害生物防治到林权信息各个环节数据的整合，真正做到了资源共享，标准统一。同时，湖南林业电子政府网实现了与全省电子政务骨干网和国家林业局内网互联互通，为林权管理信息化提供了一个正常、高效、安全的运行环境，奠定了坚实的基础。集体林权制度改革(以下简称林改)工作全面铺开之后，全省各地广泛开展了对林权权属数据库建设的探索。如靖州县对几十万个林权小班都进行了扫描，以便于今后核查；芷江县尝试将林权小班绘入电子地图，建立林权小班图形数据库；会同县充分利用二类森林资源建库成果，在此基础上进行林权小班勾绘。一系列行之有效的工作，使林权管理信息化已成为全省各级林业主管部门的普遍共识。

二、拓范围

在林改过程中，基层林业主管部门在林权管理信息化方面做了大量的工作。一是勘界。如衡南、祁阳县在林改勘界工作中广泛应用 PDA(掌上电脑 + GPS)技术，全县的林权小班数据已经全部导入全省林业基础地理数据库，实现了林改信息从外业采集到内业整理的全部数字化。二是办证。早在2003年，湖南省就率先在全国开发出林权电子办证系统，并在全省全面推广应用，现已成为林权日常管理中不可或缺的工具。目前，通过全省林权电子办证系统颁发林权证近1500万份，办证面积达林改面积的90%以上。电子办证系统中储存的大量林权登记信息，为林权权属数据库建设奠定了坚实的基础。三是归档。如桃江县林改进行到哪里，纸质林权小班图矢量化工作就进行到哪里；隆回县当天勘界，当晚就完成小班图矢量化，所有林改小班数据已全部导入湖南省林业基础地理数据库，从而通过全省林业电子政务网就能十分方便查询到林改小班基本信息。

三、谋长远

林改主体改革完成以后，为巩固改革成果，推动林权管理科学化、规范化，湖南省林业厅加快了推进全省林权权属数据库建库进程。

一是充分调研，积极试点。厅领导高度重视林权建库工作，先后4次召开专题会议进行研究，对林权建库工作做过多次重要批示，不仅确定了林权数据建库的技术路径、工作步骤，还安排专项资金，确保了全省林权建库工作的有序进行。从2009年开始，省林业厅多次组织调查组分赴全省各地开展林权建库可行性调研，并在全省每个市州1～2个县开展了试点工作。分别在纸质林权小班图矢量化、建立林权小班图形数据库、林权小班拼图等方面做了大量探索。

二是确定方案，精心组织。在充分调研和试点的基础上，制定了《湖南省林权权属数据库及管理系统总体方案》，确定了数据库建设的总体目标和技术路线、图形及属性数据标准结构。项目建设拟分两年完成，2011年主要完成林权小班数据入库工作试点示范，获取经验。努力实现全省有1个林权建库试点示范市，其余市州有1～2个试点示范县的目标。2012年在全省全面推开，同时启动并完成全省林权管理系统研发工作。为保证全省林权权属数据库建设的顺利完成，2011年省厅专门下发了《关于开展全省林权权属数据库建设工作的通知》，召开了全省林权权属数据库建设工作会议，并先后组织举办了11批林权权属数据库建设技术培训，共培训试点县市区技术人员140名。同时，受省厅委托，湖南林业调查规划设计院还专门安排了28位技术骨干分别指导全省14个市州的林权权属数据库建设工作。

三是数据入库，软件开发。通过前期调研，在基本摸清全省林权小班数据现状的基础上，现已针对矢量、纸质林权小班图数据分别找到了相应的解决方案，现在不论是采用PDA技术，还是纸质图矢量化，或一县，或一乡，或一幅标准图，均可按要求入库，并能达到通过全省林业电子地图点击查询的目的，林权建库工作在技术上已不成问题。同时，全省林权权属建库软件已经开发完毕并投入正式运行。

除此之外，为了确保全省林权权属数据库建设的顺利完成，湖南省林业厅还把林权数据建库工作作为2012年“湘林杯”林业建设目标管理的重要内容进行考核，并在全省林改通报中向全省通报各地建库进展情况。数据库建设完成后，省厅还将对在林权建库工作中成绩突出的单位和个人予以表彰；对不能按时完成任务的县市区，将在省级林业项目资金安排时进行适当调控。

第三节　效益分析和所获荣誉

经过全省各级林业主管部门的共同努力，全省林权权属数据库建设已取得突破性进展。2011年，全省已启动林权权属数据库建设的市州和县市区分别达10个和101个，分别占单位总数的71.4%和78.9%，其中已有27个县市区全面或基本完成林权权属数据库建设工作；全省共完成林权小班图幅矢量化2428张，占总工作量的24.20%；完成林权小班矢量化面积达4226.3万亩，占工作量的23.53%。林权小班矢量化工作总体进展顺利，部分县市区在开展林改工作时就同步完成了林权小班矢量化工作，湘西自治州、郴州、娄底的进展较快，任务已完成过半。

湖南林权权属数据库建设得到了各级领导的高度重视。在2011年召开的湖南首次林业信息化工作会议上，这项工作更是被列为“十二五”湖南林业信息化“五个一工程”之首。邓三龙厅长亲自对林权数据建库工作做了动员部署，提出了明确要求。国家林业局信息办李世东主任也于2011年8月，专程到湖南调研指导林权数据库建设工作，2012年又将该工作纳入《全国2012年林业信息化与电子政务工作要点》。林权权属数据库建设工作已经被列为2012年湖南各级林业主管部门特别是信息化和林改部门的主要工作任务。

THREE
YEARS
2009-
2012

YINGYONG XITONG
SHIFAN ANLI

应用系统示范案例

第十六章　北京市林木有害生物监测网格化管理系统

进入21世纪以来，网络计算技术、移动通讯技术、空间信息技术、数据库技术、虚拟现实技术飞速发展，为政务信息化提供了难得的发展机遇和强大的技术支撑。2004年北京市东城区在城市管理中应用网格化管理模式，取得的成功经验被比尔·盖茨肯定为一个信息化应用的国际案例。2005年起，北京市政府开始在全市范围推广东城区网格化管理的经验，住房和城乡建设部将网格化城管模式纳入国家科技攻关计划重点示范工程，并分三批在深圳、成都等51个城市试点推广，网格化管理已经成为一种先进的管理理念和信息化应用模式，得到了信息化专业领域、政府部门以及社会的广泛认可。

2005年下半年，北京开始组织专门技术人员会同有关科研院所、专业咨询机构着手研究园林绿化网格化管理课题，逐渐形成了比较清晰的技术思路和实施方案。2006年春天北京市园林绿化局正式组建后，随即启动在全行业推行网格化管理，充分利用首都政府信息化资源，在已有的信息化应用、网络和数据资源基础上，通过机制与技术创新，快速实现了“同一平台、同一数据、同一标准、同一机制”，整体提升了园林绿化行业信息化建设和应用水平。

基于园林绿化网格化的管理理念及统一的网格化管理平台，建设了北京市园林绿化局林木有害生物监测网格化管理系统，结合GIS实现了全市3000多个监测点及800多个监测区域的空间分布管理，实现了有害生物监测信息的实时上报，各级管理部门的实时审核、查询与统计，实现了2002年以来监测信息的汇总与分析，大大提高了有害生物监测工作管理水平。实现了有害生物监测工作由传统模式向信息化、现代化模式的重大转变，标志着有害生物监测进入了电子政务时代。

第一节　主要功能

长期以来，有害生物都是全世界最为关注和头疼的问题之一，每个国家都深受有害生

物的危害和困扰。因此如何有效防治有害生物成为全世界一项共同的重要研究课题，而有害生物的防治，首先则在于如何对有害生物进行实时、有效的监测。目前，通过 GIS 结合其他成熟的信息技术来实现对有害生物的全面、实时、有效监测已经成为世界各国的主流方法，而北京市园林绿化局的有害生物监测充分利用了这种方法，并收到了很好的成效，因此，整理以往积累的成果，建立起一套完整高效的有害生物监测系统已经成为必然。

一、建设目标

北京市园林绿化局林木有害生物监测网格化管理系统实现林木有害生物监测信息与空间地图的良好结合，满足林木有害生物监测信息的实时采集、报送、统计、查询和在空间地图上动态渲染展现等要求。

林木有害生物监测系统建设核心目标是：结合业务实际需求，制定科学的有害生物业务信息编码规范和有害生物监测业务流程；提供有害生物监测数据采集处理系统，实现监测信息的解析，并通过 CTI(传递电话语音的设备)和短信 Modem 实现监测任务的下发；基于网格化管理信息系统，建设有害生物管理展现系统，实现有害生物监测信息的可视化查询、统计、分析和展现等。

二、功能简介

(一)监测信息定时获取服务

北京市园林绿化局林木有害生物监测网格化管理系统通过建立一系列的监听服务，对手机短信、语音报送等形式上报上来的有害生物监测信息进行定时获取(一般为一分钟获取一次)，并将获取的数据进行存储。

(二)监测信息处理服务

系统将获取的数据进行分类处理，对于通过手机短信获取的信息中，符合短信发送格式要求的数据则进行分类保存，不符合格式要求的则会回复短信内容无效，并指出发送内容错误的位置。

(三)监测信息展现

由于每个有害生物监测人员都有具体的地理位置，或是所负责的区域位置范围，当数据进行分类保存后，通过电子地图将当前监测人员所在区域或所在位置进行定位并显示相关病虫害信息。

（四）监测信息统计汇总

统计图表汇总统计。利用上报上来的有害生物监测数据，可以根据虫种、虫态、世代、时间、辖区范围等以统计图加表格的形式进行汇总统计，同时提供导出 Excel 表格，方便灵活地适应各级业务部门管理需要，对于林木病虫害的防治起到辅助决策作用。

专题图汇总统计。利用上报的有害生物监测数据，可根据种类、范围等属性进行空间分析，预测扩散范围等，并生成专题图，叠加在电子地图上，为病虫害的预防、治理起到辅助决策作用。

三、功能描述

（一）有害生物监测数据采集处理系统

有害生物监测数据采集处理系统通过接口与通讯终端进行结合，严格按照有害生物业务信息编码规范对有害生物监测信息进行解析，若解析失败，则将整改建议通过 CTI 或短信猫下发到监测站通讯终端，成功则继续处理并保存到有害生物监测系统数据库（图 39）。

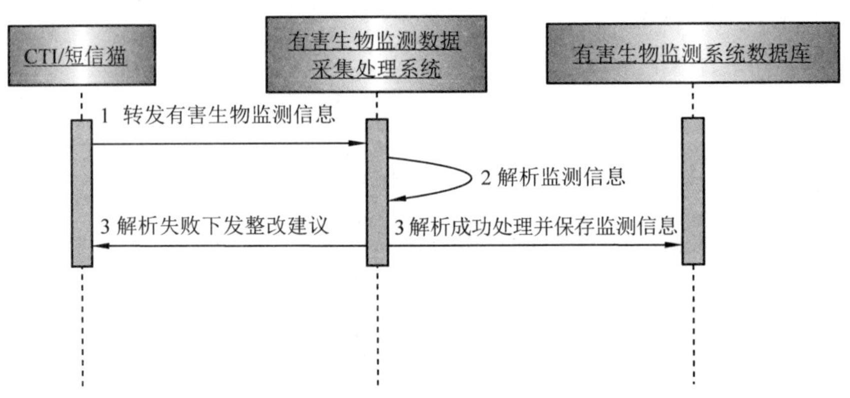

图 39 有害生物监测信息接收序列图

CTI 或短信猫通过接口将有害生物监测信息转发到有害生物监测数据采集处理系统。

有害生物监测数据采集处理系统严格按照有害生物业务信息编码规范解析接收到的有害生物监测信息。

若有害生物监测数据采集处理系统解析有害生物监测信息失败，则产生整改建议下发到 CTI 或短信猫。

若有害生物监测数据采集处理系统解析有害生物监测信息成功，则进行关联处理后保存到有害生物监测系统数据库中，并标识对应的监测任务。

（二）运行维护管理子系统

运行维护管理子系统是对系统用户的管理及权限分配，包括组织机构管理、用户管理、角色管理、权限管理和日志管理五个部分。

组织机构管理。组织机构管理主要用来管理系统中各用户所在的单位信息。

用户管理。用户管理主要用来管理用户的基本信息、用户分配的功能权限、数据权限等。用户必须属于某一个组织机构。

角色管理。角色管理主要管理角色的基本信息、分配功能权限和数据权限，然后通过用户分配角色来实现批量分配用户权限的效果。

权限管理。权限管理主要用来管理应用系统、应用系统下的模块、模块下的功能信息。同时可以通过功能分配用户权限和角色权限。

日志管理。日志管理将在系统中进行的各种操作，生成完整的工作日志信息，进行存储和分析。帮助用户了解系统应用状态，尤其对整个系统中出现的各种问题进行回溯。

（三）元数据管理子系统

元数据即数据的数据，元数据管理子系统是对有害生物防治系统数据的管理。由元数据维护、综合查询、结构定制和同步数据四个部分构成。

元数据维护模块。元数据维护主要是通过树状结构的图层列表，实现对元数据的查询和修改，并可查询图层的属性信息和图层在地图上的叠加显示。

综合查询模块。综合查询通过元数据分类、元数据项、查询逻辑、查询内容输入等条件的设置，实现对元数据的灵活查询显示。

结构定制模块。结构定制实现对元数据管理系统的结构进行管理和定制，以及删除和修改等，主要分为三部分，即：元数据分类操作、元数据项操作、关联与删除操作。

同步数据模块。同步数据完成资源管理器与数据库管理系统的数据同步更新。

（四）业务组织体系构建子系统

业务组织体系构建子系统由业务组织体系、任务下发、任务反馈三个模块构成。

业务组织体系。业务组织体系按照“业务—部门—人员”的结构模式进行业务的构建和管理。

任务下发。任务下发利用构建好的业务组织体系、病虫害信息处理服务和手机短信管理平台，以手机短消息的方式将任务信息（如：病虫害监测任务信息）下发到业务相关人员。

任务反馈。任务反馈提供对任务执行反馈的信息的查询显示。

（五）数据采集子系统

数据采集子系统由在线采集子系统、离线采集子系统和无线采集子系统构成。

在线采集子系统。在具备网络环境的部门，通过在线采集子系统在线更新系统（B/S）实现对业务、对象、事件和主体等数据的采集和维护。

离线采集子系统。在不具备网络环境的基层单位，采用离线采集子系统（C/S）实现对业务、对象、事件和主体等数据的离线采集与维护。

无线采集子系统。利用手机短信管理平台、病虫害信息处理服务和业务组织体系构建子系统实现对业务、对象、事件和主体等数据的无线采集与维护。

（六）有害生物管理展现系统

有害生物监测管理展现系统以电子地图为基础实现了对监测站上报的有害生物业务信息的查询、统计和动态渲染展现。

系统主要由地图基本操作、综合信息查询、有害生物监测、有害生物专题、有害生物统计、有害生物历史对比、我的地图等构成。

地图基本操作。地图基本操作主要实现地图的漫游、全图、放大、缩小、测距、测面积、清楚、鹰眼、图例和打印等，主要由地图工具栏、地图层级控制栏、地图类型转换栏三部分构成。

地图工具栏：实现地图的放大、缩小、漫游、测距、测面积、全图、鹰眼、清除和打印。

地图层级控制栏：精确控制显示地图的层级。

地图类型转换栏：控制显示不同类型的电子地图。

综合信息查询。模糊、圆选、框选、多边形选等方式对与病虫害相关的业务对象图层进行查询，并可在地图上进行定位展现查询结果。

有害生物监测。有害生物监测主要实现对上报的有害生物监测信息的查询与定位展现。

有害生物实时监测：系统主动提取最新有害生物监测信息采集处理系统接收的有害生物监测信息，采用图文结合声音方式在监控台进行实时展现，并可方便查看有害生物监测详细信息。

有害生物监测信息查询：根据设置条件实现对有害生物监测信息的查询、定位和信息展现。

有害生物专题。有害生物专题根据设置条件过滤有害生物专题图层数据，利用专业的专题图工具进行渲染后在地图上进行叠加显示。

有害生物统计。有害生物统计分析通过自定义查询和统计报表两种方式对有害生物业

务信息进行查询和统计分析。

有害生物历史对比。有害生物历史对比是将有害生物业务信息进行历史同期纵向对比，为科学决策和规划提供有效参考。对比方式有两种：专题图与统计图。

我的地图。有害生物管理展现系统用户可通过我的地图功能定制进入系统时的地图显示级别、显示中心点以及初始地图设定。

第二节　主要措施和经验

由于系统总体的建设内容包含了市级、区县级及监测站多个部门的管理业务，涉及管理理念与模式的转变，增加了系统建设的难度和复杂度，为了顺利地完成整个系统的建设，采用了多种的有效措施，并总结了大量的建设经验。

一、领导重视，高位推动

北京市园林绿化局领导高度重视有害生物监测系统建设和应用工作，召集各区县主管领导与主要负责人召开系统专题研讨会，并提出“以点带线、以线及面”的建设和应用思路；建立各部门的协商机制、配合机制，各业务部门派专人参与建设，及时了解沟通业务需求、紧密围绕项目目标，确保项目需求理解的正确方向。局领导首先垂范，在自己关心的部分首先通过系统进行查询、使用，促进了各流程节点的应用，推进了整个系统的应用。

二、顶层设计，加强业务梳理

按照园林绿化网格化的整体规划，基于园林绿化网格化管理平台，在园林绿化网格化标准体系的统一要求下，遵循“以用户为中心、以需求为导向、以服务为宗旨、以应用为目的”的原则，建设有害生物监测管理服务。强调从全局出发、整体规划、整体部署，制定了“统一系统入口、统一数据库、统一查询统计”的三个统一的建设思路。

三、制定计划，加强管理和实时把控

系统建设涉及多个、多级业务管理部门，建设历程较长，在建设过程中需要进行多方面的沟通工作，沟通工作较复杂。在此环境下，北京市园林绿化局信息中心与建设单位制定了详细的系统实施计划，严格根据计划进行系统的实施工作。

系统建设过程中，加强对建设单位的管理，制定了详细的项目管理制度。包括相关例

会制度、沟通机制、重大问题协商制度等。

为了保证按计划进行，北京市园林绿化局信息中心协调各管理单位、应用单位制定了相关例会沟通制度，每周举行项目例会，沟通项目进度以及存在问题，这样，管理单位及信息中心都能够及时掌握项目建设的进度。同时，还制定了重大问题协商制度，在出现重大问题或者无法推动的情况下，可以根据制度进行解决。

四、分步实施，强化应用推广

为了加大有害生物监测管理服务力度，推动有害生物监测网格化管理应用，按照“以点带线、以线及面”的推动思路，即以示范监测点带动整体有害生物监测管理服务能力提升，以重点监测的虫种推动全局有害生物监测管理服务能力提升。截至 2011 年底系统共采集、管理监测信息 47166 条，实现北京市 55 种主要有害生物、4 种虫态、多个世代的管理。有害生物监测网格化管理系统在示范部门的成功应用，实现了有害生物监测管理工作由传统模式向信息化、现代化管理模式的重大转变。

五、针对培训，努力提高效果

为了使系统更好地使用，制定了完善的培训计划及培训方案，分别对不同的管理部门及使用人群进行针对性的培训。在整个培训过程中，分别针对市林保站、区县园林绿化局的林保部门及各监测区域的监测人员进行了多次的培训，并且在培训中，注重系统使用的实际操作，现场指导进行模拟操作，现场答疑；在培训完成后，指派专门人员进行回访及效果跟踪。使得相关用户充分掌握了系统的使用，为整个系统的有效应用提供了支撑。

第三节　效益分析和所获荣誉

该系统是按照北京市园林绿化局对有害生物监测统计网络信息化的建设要求，为解决长期以来有害生物监测统计上报的技术手段落后问题而开发研制的，具有较强的实用性和针对性。系统集当今先进的网格化管理思想，采用无线信息采集技术，并实现以 WebGIS 为展现的方式；系统为北京市园林绿化行业有害生物监测各级管理人员提供了快捷的统计查询信息平台，方便共享信息，为监测员提供了便捷的信息报送方式，提高了工作效率；系统提供多种查询方式，为用户实现数据汇总，并可以对不同时段、不同区县的有害生物信息进行比较分析。

北京市园林绿化局林木有害生物监测网格化管理系统作为园林绿化网格化管理平台的专题应用系统，在 2009 年中国 GIS 优秀工程的评选中，获得铜奖。

第十七章　北京市园林绿化局行政许可网上审批系统

2006年北京市园林绿化局成立，承担原市林业局和原市园林局职能，行政许可事项变更为65项，并对所有行政许可事项办理流程进行优化。截至2010年，北京市园林绿化局法制部门多次对行政许可事项审批流程、填写表格、表格样式进行梳理，实现了全部事项网上公示、网上查询，行政许可事项变更67项。2009年下半年各区县对承担园林绿化职能的部门进行了整合，在各区县统一成立了园林绿化局，为统一管理行政审批创造了有利条件。

市经信委发〔2009〕28号文件转发《北京市政府网站网上办事建设与管理规范(试行)》，提出了对网上办事服务的实现方式、内容组织、质量管理、辅助功能等方面的规范要求。需遵循“以用户为中心、以需求为导向、以服务为宗旨、以应用为目的”的原则，建设网上办事服务。

北京市园林绿化局根据北京市网上办事服务的要求和精神，在2011年完成了网上行政办事统一申报入口、统一受理、统一证照打印三大基础模块的开发。同时将局征占用林地与林木移植系统和林木采伐管理信息系统等一批全市应用的证照办理系统整合到了网上审批系统，系统针对不同的应用对象分别开发了不同功能的子系统，规范了发证人员的业务行为和证照的统一管理，对相同地域、同一申请人多次发证等不规范行为进行甄别和监督。实现了临时占用绿地审批、改变公共绿地用途和性质初审、园林绿化专业审查、为保证城市管线安全使用进行树木修剪的批准、调整规划确定的公园用地性质的批准、市政公用工程穿越历史名园的审批、公共绿地建设工程竣工验收许可、“林木采伐”、“林木移植”、“林地征占用”、“临时占用林地”等事项等证照的统一管理和办理结果的实时公开。网上审批系统已经在局规划发展处、城镇绿化处、林政资源管理处、各区县园林绿化部门应用，大大提高了局行政审批工作管理水平。

网上审批系统在局重点部门的成功应用，实现了行政审批工作由传统模式向信息化、现代化办理模式的重大转变，标志着局行政审批进入了电子政务时代。

第一节 主要功能

北京市园林绿化局网上审批系统改造项目应采用先进的技术和设计构架，建立北京市园林绿化局与社会公众、企业之间办事的通道，实现咨询、受理、查询、监督、证照打印及管理等业务功能，拉近企业、公众与政府间的距离，提高办事效率，提升政府形象。

一、建设目标

在全市范围内实现临时占用绿地审批、改变公共绿地用途和性质初审等 11 项网上行政许可审批网上办理，满足北京市园林绿化局各业务处室的行政许可业务网上网下受理、办理、审核、证照打印、送达等业务需要。按照数量等标准下放并划分审批权限后的监管问题。制定统一的园林绿化行政许可信息化办理流程及规范，梳理整合行政事项审批流程，建立相关事项的转换机制、联动的网上审批机制。

二、功能简介

制定统一的园林绿化行政许可证照办理流程及规范，对通过市在线服务平台入口受理的许可事项进行内容梳理、表单更新、流程优化。促进受理系统的统一、文书证照打印的统一，实现了以下功能：支持行政许可事项全程代办、网上监察、信息公开、证照文书打印等工作，建立北京市园林绿化局网上审批行政许可证照数据库，实现与园林绿化局综合信息平台、统一认证平台、网上监察等系统的集成整合(图 40 至图 42)。

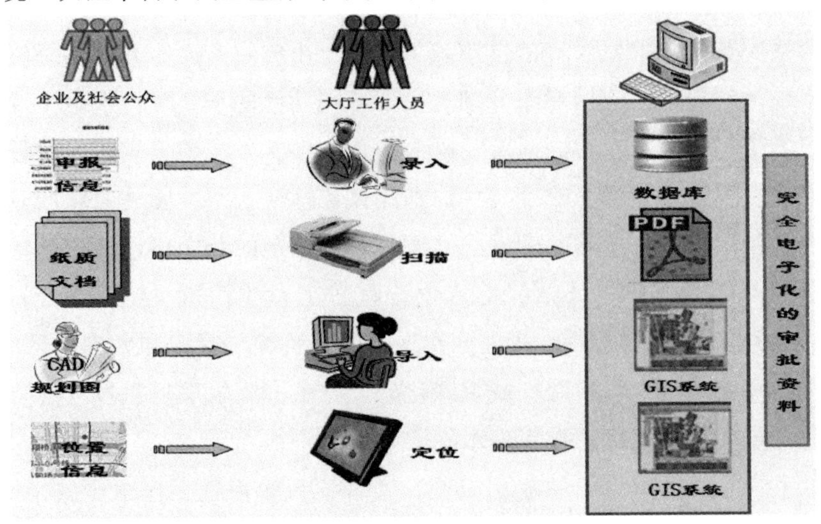

图 40 服务大厅业务流程图

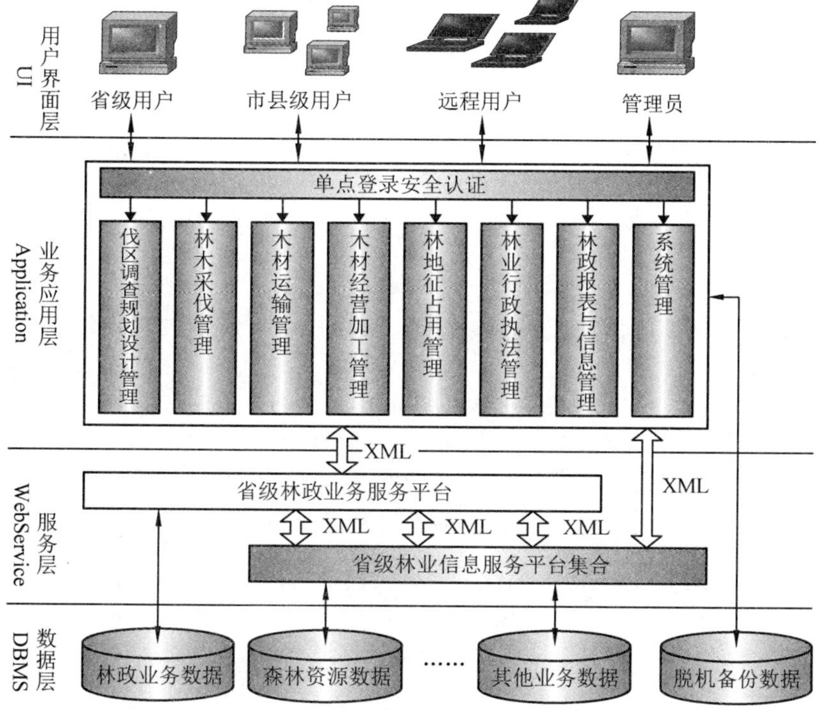

图 41　多渠道预受理模式流程图

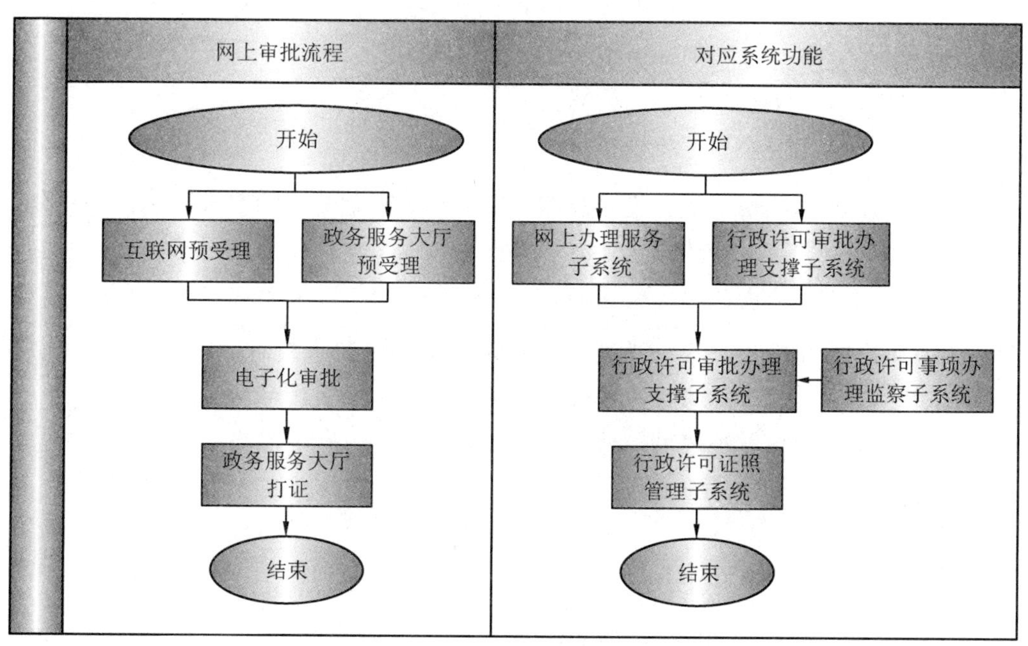

图 42　行政许可网上审批应用流程图

三、功能描述

(一)网上办理服务子系统

网上办理服务子系统为社会公众、企业提供网上办理通道，平台提供行政许可办理指南、申请表下载、网上申报、状态查询、网上查证等服务。

网上申报模块。该模块实现社会公众填写申报人基本资料和申报信息，在线进行申报，包括用户注册、基本信息维护、选择办理事项、填写申报概要信息、上传申报资料、申请材料信息修改等功能。

网上办理查询服务模块。该模块提供各类行政许可事项的办理流程查询及相关说明，管理对社会公众公开的行政许可信息，管理许可事项办理的用户指南，对已有证照进行查询，可以显示证照有效期等信息以及存储管理，上传表格扫描件及其他电子文档材料等功能。

行政许可公示模块。该模块管理对社会公众公开的行政许可信息，社会公众通过该模块可查看已办理的许可信息，管理员可维护许可公示的信息。

行政许可事项办理指南维护模块。该模块实现查看办理说明文字指南，查看办理流程图指南，查看下载申请表格样式和内容，维护下载申请表和配置链接，维护办理流程图指南和配置链接，维护办理说明文字指南和配置链接等功能。

(二)行政许可事项办理监察子系统

行政许可事项办理监察子系统建立办理行政许可事项全流程的监察机制，提高北京市园林绿化局业务处室工作人员的行政许可事项办理效率，缩短行政许可事项办理时间。提供事项查询、监察统计、事项提醒等功能。

事项办理统计分析模块。从已受理事项统计、已办结事项统计、办理超时事项统计、办理越权事项统计方面对事项进行统计分析，并可查询每项事项的相关办理情况。

提效率统计分析模块。根据设定的办理时限与实际的办理时间进行统计对比，提供行政许可事项的提效率统计。

(三)行政许可审批办理支撑子系统

行政许可审批办理支撑子系统提供审批办理、流程管理、日志管理、统计查询等功能。

行政许可审批管理模块。该模块实现受理提交的申请信息，更改基本信息和申请材料，检查材料是否齐全，对大厅受理通过的申请事项进行初级评审，对初审通过的事项进

行复审、停办和延期，对复审通过的事项进行审定，对已审批通过的事项通知用户领取证件，查询未领取证件，确认用户已经领取，通过申报号、申报人、领取状态、打印状态、证照状态来查询证照等功能。

行政许可审批配置管理模块。该模块实现对于可办理证照的行政许可事项数量及类型进行管理。设置行政许可事项配置；设定各行政许可事项的流程、配置行政许可事项名称、提交申报材料，行政许可事项进行中的各级业务人员和各级领导对于行政许可事项的任何操作，都会保存在审批日志中，以便日后查询，并有效地支持监督监察机制；设定系统日历，提供统一的时间规定，提高工作效率；设置审批系统中不同用户所用常用语，提高工作效率；制定审批数据的备份和恢复机制，当审批数据库出现问题时，可以及时有效地进行恢复，最大限度地保证综合信息平台的可用性；管理连接业务数据交换管理的数据接口，将审批流程监察信息通过业务数据交换管理的消息适配器上报到市级在线服务平台及市级网上监察平台。

(四)行政许可证照管理子系统

行政许可证照管理子系统提供行政许可事项的统一管理、统一套打、统一发放及快速高效的材料电子化手段，实现行政许可事项证照“管、印、发”流程的统一化。

行政许可证照管理模块。该模块实现查询浏览不同行政许可事项的证照模板；按照证照类型、办理时间、到期时间等，对证照进行查询，对证照的使用进行监管；逾期的证照，向业务人员或申报人员发出提醒，进行延期处理；有新发、修改、作废三种，当对证照进行相应操作时，修改证照的状态。

行政许可证照模板管理模块。该模块实现对已有模板进行状态管理，状态分为可用、停用等，对已有模板进行预览以及查询各类行政许可事项的可用模板等功能。

行政许可证照信息管理模块。该模块实现管理行政许可证照的类别信息、许可内容信息、申请人信息；按照行业规范，对各类行政许可证照实行统一编码管理；对行政许可证照信息进行维护，证照延期后，依新的有效期进行信息维护；按照证照类别信息、许可内容信息、申请人信息进行证照信息统计。

行政许可证照逾期提醒模块。该模块实现针对各类许可逾期设置提醒方式；可以设定提醒发送的内容，在内容中说明行政许可逾期编号和到期时间等；行政许可证照到期后，系统自动发送逾期提醒；按照设置的提醒方式和提醒内容，对已逾期的证照发送逾期提醒；对发送过的证照逾期提醒信息进行查询。

行政许可证照状态管理模块。该模块实现对新通过的行政许可证照进行打印，对到期或因其他原因作废的行政许可证照进行作废处理。修改行政许可证照状态及信息，对申请延期且通过的行政许可证照进行延期，并进行延期打印对行政许可证照内容信息及证照状态进行修改。

(五)业务交换管理子系统

该子系统主要实现按照市级在线服务平台的接口规范制定消息适配器的接口，并随时了解接口规范的最新制定情况，以保证该适配器能够完全满足数据交换需要，同时当向市级在线服务平台发送消息出现问题时，发送问题消息到系统管理员；负责管理向市级在线服务平台发送的各种公示信息，以及对向市级在线服务平台发送的消息进行日志管理，以备留查。

(六)接口设计

1. 市级在线服务平台消息管理

市级在线服务平台消息管理包含消息适配器配置管理、问题消息提醒、消息发送管理、消息发送日志。

消息发送管理。负责管理向市级在线服务平台发送的各种公示信息。

消息发送日志。对向市级在线服务平台发送的消息进行日志管理，以备留查。

2. 市级网上监察平台消息管理

市级网上监察平台消息管理包含消息适配器配置管理、问题消息提醒、消息接收日志、消息发送日志。

消息发送管理。负责管理向市级网上监察平台发送的各种监察信息。

消息发送日志。对向市级网上监察平台发送的消息进行日志管理，以备留查。

3. 业务数据交换接口管理

综合数据库系统。管理连接综合数据库系统的数据交换接口，通过数据交换接口与综合数据库系统进行数据共享。

网上办公系统。管理连接网上办公系统的数据交换接口，通过统一的消息处理模块与网上办公系统传递办公消息，进行协同办公。

网格化管理信息系统。管理连接网格化管理信息系统的数据交换接口，通过数据交换接口与网格化管理信息系统进行 CAD 矢量数据交换。

统一认证平台。管理连接统一认证平台的数据交换接口，通过数据交换接口与统一认证平台进行统一身份认证信息的数据交换。

第二节　主要措施和经验

由于系统总体的建设内容包含了多个处室的审批业务，增加了系统建设的难度和复杂度，为了顺利地完成整个系统的建设，采用了多种的有效措施，并总结了大量的建设经验。

一、领导高度重视，加强高位推动

北京市园林绿化局领导高度重视网上审批系统建设和应用工作，召集各审批业务处室召开系统专题研讨会，并提出“以点带线、以线及面”的建设和应用思路；建立各处室的协商机制、配合机制，各业务处室派专人参与建设，及时了解沟通业务需求、紧密围绕项目目标，确保项目需求理解的正确方向。局领导率先垂范，在自己负责的审批环节拒绝纸质审批，使用系统网上审批，促进了各流程节点的应用，实现全程的网上审批。

二、强调顶层设计，加强业务梳理

遵循“以用户为中心、以需求为导向、以服务为宗旨、以应用为目的”的原则，建设网上办事服务。强调从全局出发、整体规划、整体部署，制定了“统一申报入口、统一办理系统、统一证照管理”的三个统一的建设思路。

2011 年北京市园林绿化局组织有行政审批业务的处室对 67 项行政许可业务进行认真梳理，对年业务量进行重新评估，对办事流程进行科学分析，对系统应用中存在的问题提出了有效的整改方案。清理了 6 项常年无业务的服务项，新增及整改 15 项服务事项，明确实施网上审批业务的方向和思路。

三、制定工作计划，加强实时把控

系统建设涉及多个业务处室，建设历程较长，在建设过程中需要进行多方面的沟通工作，沟通工作较复杂。在此环境下，北京市园林绿化局信息中心与建设单位制定了详细的系统实施计划，严格根据计划进行系统的实施工作。

系统建设过程中，加强对建设单位的管理，制定了详细的项目管理制度。包括相关例会制度、沟通机制、重大问题协商制度等。

为了保证按计划进行，北京市园林绿化局信息中心协调处室单位、建设单位制定了相关例会沟通制度，每周举行项目例会，沟通项目进度以及存在问题，这样，各处室及信息中心都能够及时掌握项目建设的进度。同时，还制定了重大问题协商制度，在出现重大问题或者无法推动的情况下，可以根据制度进行解决。

四、努力实施推进，强化应用推广

为了加大网上办事服务力度，推动行政许可审批应用，按照“以点带线、以线及面”的推动思路，即以重点业务带动整体业务服务能力提升，以重点处室推动全局网上办事服务能力提升。局规划发展处重点推动“建设项目绿地率审查”服务的建设，于2011年1月完成培训，截至10月共办理616件均可网上查询，以此推动其他行政办事事项开展网上服务；城镇绿化处重点推进“临时占用绿化审批”服务建设，并适时推进区县前置预受理，实现树木采伐、树木移植等项目的并行审批；林政资源处结合全市“林木采伐”、“林木移植”、“林地征占用”、“临时占用林地”等证照统一管理，推动了证照办理结果在政务网站的实时公开，同时改进了“林木采伐”、“林木移植”等4个项目的网上办理模式，提供了更加便捷的服务内容。网上审批系统在重点部门的成功应用，实现了行政审批工作由传统模式向信息化、现代化办理模式的重大转变。

五、做好针对培训，提高应用效果

为了使得系统更好地使用，制定了完善的培训计划及培训方案，分别对不同的业务处室及使用人群进行针对性的培训。在整个培训过程中，分别针对规划发展处、林政资源处、城镇绿化处以及各处室业务对应的区县园林绿化局进行了多次的培训，并且在培训中，注重系统使用的实际操作，现场指导进行模拟操作，现场答疑；在培训完成后，指派专门人员进行回访及效果跟踪。使得相关用户充分掌握了系统的使用，为整个系统的有效应用提供了支撑。

第三节　效益分析

面向公众实现了建设项目绿地专业审查、林木采伐、临时占用绿地批准、改变其他绿地性质和用途审核等6个事项的网上审批子系统建设；面向业务受理人员实现了系统提供市局与区县两级的林木移植许可证、征占用林地许可证、临时用林地许可证、为林业生产服务林地许可证以及林木采伐许可证数据的录入及打印工作。系统规范了发证人员的业务行为，建立系统信息填写标准、系统证照编号打印标准，对相同地域、同一申请人多次发证进行甄别；解决证照的统一规范管理问题，及时对不规范行为进行限制、监督。此外，通过信息化手段实现统一管理后可以提供结果公开查询及证照检验的服务，树立公众公开的政府形象。

网上审批系统已经在局规划发展处、城镇绿化处、林政资源管理处、各区县园林绿化部门应用，大大提高了北京市园林绿化局相关审批工作管理水平。网上审批系统在重点部门的成功应用，标志着北京市园林绿化局行政审批工作由传统模式向信息化、现代化办理模式的重大转变，是北京市园林绿化局电子政务建设的重大成果。

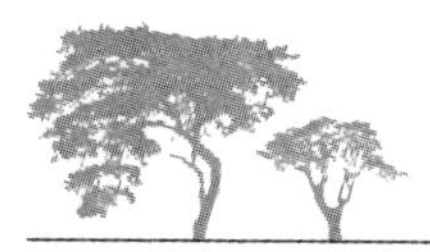

第十八章　河北省林权管理系统

河北省林权管理信息系统是河北省林业信息中心自主研发的。2007 年 7 月在全省 172 个县(市、区)和部分兄弟省市推广应用，首次实现了省、市、县三级林权管理的网络化，极大地提高了林权登记发证效率和林权管理水平。截至 2011 年底，全省林权数据入库总量达到 72 万条。专家鉴定认为，“河北省林权管理系统是为了适应林权制度改革和管理工作需要而研发的，实现了林权管理工作的电子化，使林权管理更加规范、科学，满足了林权管理工作的需要，达到了国内领先的科学技术水平”。2008 年 8 月、2010 年 5 月，该软件先后两次在国家林业局召开的有关林权改革政策研讨会上进行成果演示，得到国家林业局相关领导和业内专家的一致好评。此系统已平稳运行 5 年，大大提高了全省林权管理工作水平，实践证明，本系统技术先进，运行安全稳定，应用效果显著。

第一节　主要功能

河北省林权管理系统建设目标是解除手工操作对林权登记、发证、管理工作效率的制约，建立安全、高效的全省统一林权登记管理系统平台。省级权限用户可以进行全省林权登记汇总计算、单证查询及批次查询、数据导出；市级终端可以对辖区内的林权登记进行汇总计算、单证查询及批次查询、以县为单位的数据导出；县级终端能够进行数据录入、修改、证本审批、台账管理、查询汇总及数据导出、林权证正本打印等操作。该系统适用于有互联网接入，具备简单计算机操作能力的用户群体。服务器要求安装 Linux 操作系统，MySQL4. 0 或更高版本，客户端能良好运行 IE5. 0 以上浏览器软件即可。

一、系统软件五大模块

(一) 系统设置模块

系统参数设置，如系统数据库初始化、账户管理、日志管理等。

更换用户。在登录状态，进行用户切换。所有用户均有权限。

日志管理。记录每一个成功登录的用户行为操作、时间、IP 地址，备份日志，删除日志，按时间段查询每个用户的日志。

群组管理。新建和修改，创建新的群组，并为群添加权限(例如台账设置、增加申请表、删除林权证、打印林权证等)，设定数据管理范围(比如张家口市|承德市|武邑县)，删除群组，修改某个群组的权限或数据范围。

用户管理。选择某个群组，在群下增加系统用户和用户密码，增加用户群的所有权限。删除用户，更改用户名和密码。

清空数据。清空此用户录入的所有数据，申请表、林权证数据和乡、村名称及代码(说明：试运行阶段使用此功能删除测试数据，正式运行后系统管理员应屏蔽此功能)。

(二)基本资料设置模块

县、乡、村区划设置，台账设置，查询导出，证本设置等。

管理市县、管理乡村。按行政区从大到小的顺序，先添加市，然后添加市所辖的县，县的下一级乡(镇)，乡的下一级村。要求名称和代码同时存储，并且在数据库中不重复。删除市、县、乡、村，删除时要求下一级为空(比如删除石家庄市，则要求石家庄市下没有县的数据)。

林种、树种管理。增加或删除林种、树种信息。

台账设置。将数据库中所有关于林权证和申请表的字段列出，供用户勾选，保存被勾选的字段信息，可多次勾选。

台账列表。将被勾选的字段信息显示在屏幕上，并能够用 Excel 表导出。

证本设置。为兼容手工发证的证号长度，用户需根据所属县的需求自行设定证号长度，仅需设定一次。

(三)申请表管理模块

申请表的添加、查询、修改、导出、审批。

增加申请表。用户录入申请表数据，每张表只允许录入一次，数据库中不能存在两条完全相同的记录，即数据表不能重复录入，增加数据类型和数据长度的校验，如果有误，用弹出窗口的方式提示用户数据错误。特殊数据身份证的校验机制为：检验已入库的申请表中是否存在与此申请表中相同的身份证号，如果有，则检查两个申请表的法定代表人姓名是否相同，如不同，则弹出窗口，提示用户身份证出错。提交数据时，系统判断必填数据是否为空，如为空，弹出窗口提示用户。

编辑申请表。定位某个申请表，定位方式：通过选择区划或申请表编号或时间段定位申请表，数据修改后，写入数据库时仍需检查数据的正确性，比如数据类型、长度、必填

信息等。

审批申请表。自动审批：以村为单位选择申请表，进行自动审批。自动计算需要生成的林权证个数(相同村、相同权属、相同身份证号的记录每6个生成一本证，如有余先生成另外一本)，然后用户指定证号范围，或由系统按范围分派林权证号，生成新的林权证。手动审批：按照村、权属、身份证号进行排序显示申请表，用户可勾选要审批的申请表，填写给出证号，生成林权证。审批时系统提示最小的证号范围(自动审批)或证号(手动审批)。如用户有修改，则指出给定的证号范围或证号是否已经用过，如用过，提示其他范围或证号。审批时需要填写以下内容：林证字单位简称、年度、发证日期、经办人、负责人，经办人时间、负责人时间由用户输入(自动审批只需输入一次)。林权证编号由系统按范围给定(自动审批)或用户给定(手动审批)。页号由系统给定。林地使用权利人、林木所有权利人、林木使用权利人按照申请表的四权和单位(个人)字段导出。

(四)权证管理模块

林权证的查询、删除、打印、注销。

删除林权证。审批后未打印的林权证可以批量删除、单独删除，删除后记录转回申请表状态，证号收回，可以继续使用。林权证的定位方式同上。

打印林权证。林权证分成打印和未打印两个队列。选择未打印的林权证进行打印，打印后林权证归入已打印队列。林权证允许重复打印，以适应打印机卡纸、打偏或突然断电等各种打印失败的情况。可按村打印林权证领取表，表头包括村名、持证人、法定代表人身份证号、林权证号、发证时间、领取人签字等信息。

注销林权证。过期的、错误的林权证均进行注销，注销时通过输入林证字单位简称、年度、林权证号和注销原因进行注销。注销原因进行选择，林地使用期结束、数据错误、林地流转、权利继承、其他原因，对于其他原因用文本框具体说明。一经注销记录返回申请表数据库，并生成新的申请表编号。同时此记录连同新旧申请表编号一起存储到注销数据库，以便查询。注销库可通过新旧申请表编号与林证或申请表数据建立联系。注销后原林权证号作废，不能再用。将注销记录的查询结果打印成一个公告性文件，声明原林权证作废及作废原因。作废的林权证号可以按作废原因分组打印。

(五)查询模块

林权证的查询、导出、统计等。

申请表查询。按村代码查询，按乡代码查询，按权属查询，按主要树种查询，按时间查询，按时间范围查询，按申请表编号查询。

林权证查询。按村代码查询，按乡代码查询，按权属查询，按主要树种查询，按时间查询，按时间和证号范围查询。

查询结果包含全部字段。

各种查询及统计结果可以转换为.txt、电子表格、.dbf 等文件格式，生成的文件支持迅雷等工具下载。

统计行政区划内某一时间段内林权证发证面积、发证本数。

二、实体属性

申请表。申请表编号，填表日期，单位(个人)，法定代表人，通讯地址，身份证编号，登记类型，登记权利(林地所有权、森林或林木所有权、林地使用权、森林或林木使用权)、坐落、林地所有权权利人，小地名，林班，小班，面积，林种，造林年度，株数，主要树种，林地使用期，终止日期，东至，南至，西至，北至，主要权利依据，林权共有权利人说明(注记)，地类，工程造林(选项：沿海、通道、三北、退耕、治沙、太行山、其他)，树种构成(纯林、混交林)，起源(人工、天然林)。

林权证。证字单位简称，年度，林权证编号，页号，持证人，发证日期，申请表编号，登记权利(林地所有权、森林或林木所有权、林地使用权、森林或林木使用权)，坐落，小地名，林班，小班，面积，林种，造林年度，株数，主要树种，林地使用期，终止日期，东至，南至，西至，北至，主要权利依据，林权共有权利人说明(注记)，经办人，负责人，经办人时间，负责人时间，打印标记。

注销林权证。林证字单位简称，年度，林权证编号，页号，持证人，发证日期，申请表编号，登记权利(林地所有权、森林或林木所有权、林地使用权、森林或林木使用权)，坐落，小地名，林班，小班，面积，林种，造林年度，株数，主要树种，林地使用期，终止日期，东至，南至，西至，北至，主要权利依据，林权共有权利人说明(注记)，经办人，负责人，经办人时间，负责人时间，注销原因。

林种树种。林种标识，林种名称，林种代码，树种标识，树种名称，树种代码。

行政区划。区划名称，区划代码，区划间的所属关系，区划层级。

台账设置/证号位数设置表。用户(区划代码)，台账字段信息，证号显示长度。

日志。用户名称，行为时间，行为描述，成功否，用户 IP。

三、关键技术

(一)基于角色的用户权限管理

基于角色的访问控制目前在业内的应用已经相当成熟，作为授权机制，通过角色的继承和职责分离等控制约束条件可以实现多种控制策略。基于角色的访问控制引入角色这个中介，管理人员根据需要定义各种角色，并设置合适的访问权限，为角色创建用户。由于实现了用户与访问权限的逻辑分离，基于角色的策略极大地方便了权限管理，而且对实际应用环境的访问控制需求的描述更自然。

本系统包含了多种数据操作功能，并且拥有不同层级的多个用户，从总体上考虑可以分为系统管理员、省级用户、市级用户、县级管理员、县级普通用户等多个层次。不同类别的用户对系统功能的使用权限是不同的，因此要求系统提供一种对多用户的权限管理，以确保具有权限的用户能够获取或处理数据和信息，禁止所有未授权用户操作数据。针对系统的这一特点，河北省林业厅在开发过程中，采用了两级控制机制，分别对页面资源和数据进行控制。在用户成功登录系统后，根据用户角色所具有的权限来限制用户对未授权页面的访问；在访问同一页面时，对于不同的用户所获取的数据信息是不一样的。例如，省级用户可以进入全省数据统计页面，市县级用户未被授权；不同县的用户进入系统后，他们只能操作所在县的数据。

在林权管理系统中，首先把所有系统用户的角色信息保存在数据库的用户表中。其次，将系统中所有的功能模块的访问权限信息都存放在数据库中的访问权限表中。

为使操作更加直观，本系统用群组来表示角色，即一个用户群，系统管理员可通过创建群组，并赋予群组权限，将用户添加到群组，则用户继承到相应权限。

(二)基于存储的分页显示

显示数据查询的结果时，为了缩短页面数据的显示时间，本系统利用分页的方法来显示查询结果。传统的数据分页方法是每次加载整个数据源，这种分页方法仅适用于较少数据量的情形。对于数据量大的数据源而言，分页检索时，如果按照传统的每次都加载整个数据源的方法将大量浪费资源。因此在分页的时候可以检索当前页面所需数据，而非检索所有的数据，即基于存储过程的分页显示技术。

(三)编码技术

在程序编码时，本系统注重工具软件自身强大功能的调用和特性的发挥，同时注重引入与之相匹配的各项关键技术方法，以增强系统开发效果。主要有：①充分使用控件及控件组，增强系统界面设计的灵活性，提高了程序设计效率；尤其是使用打印组件，能够指定打印方向，纸张类型，很好地解决了 Web 客户端精确打印林权证的问题。②应用 ajax 技术，实现页面异步调用，只在后台传输需要的数据，减少了数据传输量，节省网络带宽，响应迅速、交互性强。③利用 jsp 编制数据检验函数，保障了客户提交数据的准确性，提高了系统运行性能和效果。

(四)基于 PKI 数字证书的身份验证和加密传输技术

本系统采用基于 USB Key 的身份验证方式，实现了软硬件相结合的双因子验证模式，很好地解决了安全性与易用之间的矛盾。采用 PKI 验证方式为用户登录安全和数据传输安全提供保障。林权管理用户将 USB Key 连接到计算机的 USB 接口。登录林权管理系统时，首先向服务器发出建立安全通道的请求，通过身份验证后，创建 SSL 安全传输通道，实现数据的安全传输。

第二节　主要措施和经验

一、认清形势，把握政策导向和实际需求

建设现代林业是林业工作的主题和方向，信息化是现代林业科学发展的三大支柱之一。林业事关人民群众生存环境和生活质量，事关农民就业增收，林业执政能力的高低直接影响着政府的形象和百姓的福祉，社会关注度很高。随着河北省集体林权制度改革工作的推进，社会公众对林业服务网络化、办事便捷化的需求越来越迫切，办公电子化、管理信息化、决策科学化，建立行为规范、运转协调、公正透明、廉洁高效的行政管理体制成为加快林业发展的当务之急。

河北省林业厅对信息化工作高度重视，积极贯彻落实国家林业局“加快林业信息化，带动林业现代化”的总体思路，以服务为宗旨、以需求为导向、以应用促发展，采取有效措施推动全省林业信息化建设取得明显成效：林业信息化基础设施建设得到了加强；林业信息化建设制度、规范逐步完善；信息化建设项目争取取得新的突破；专业人才队伍日益成熟壮大。

林业信息资源的开发利用是林业信息化最重要的基础性工作。省信息化工作领导小组多次下发文件，强调“要在现有网络基础上，重点搞好信息资源的开发利用”，加快电子政务建设步伐。当前，全省集体林权制度改革作为影响林业发展全局的重点工作，已进入深入推进的关键时期，林权证发放和管理手段的滞后严重制约了林改进程，迫切需要以现代化的管理方式提高工作效率和管理水平。为此，省林业信息中心在深入调研的基础上，集中技术力量进行了河北省林权管理系统的研发工作。

二、明确目标，找准项目建设切入点

河北省林权管理系统开发课题组成立伊始，就明确了项目建设的总体设计思想。即：结合林地确权发证工作，逐步实现林权管理网络化目标，并为资源管理数字化奠定基础；开发与应用并举，以应用促开发，以开发保应用；从全省林权业务工作现状出发，突出实用性、易用性与针对性，兼顾安全性、通用性和拓展性。在 B/S 系统架构下，以政务网为

基础，扩充网络通道，增加网络设备，实现不同层次数据库间的数据传输和信息共享。根据系统功能需要建立林权证登记库、行政区划代码库、群组权限管理库、管理日志库、历史库。数据库服务器用 FreeBSD 操作系统，利用 PHP 作为主要开发工具，同时辅助 jsp、ajax 技术进行程序编码。

课题组为系统规划了翔实的技术方案和技术路线。以浏览器服务器方式，使用户工作界面通过浏览器实现，极少部分事务逻辑在前端(Browser)实现，主要事务逻辑在服务器端(Server)实现。以林权申请表为数据基础，并与资源调查数据相结合，利用 MySQL 数据库建立数据库，并通过 TCP/IP 协议，实现不同层次数据库间的数据传输和信息共享。以省电子政务网络为支撑，横向连接各市、县，形成省、市、县三级互联互通的网络体系；在省级创建数据中心，实现数据的统一管理、维护、更新，并提供应用支撑和信息服务；应用系统采用统一的界面和权限管理，用户通过身份验证后便可对应用系统进行其权限范围内的操作和访问；建立具有流程化业务审批功能的应用模块，涉及数据提交、汇总和建立台账的各项业务，统一由数据中心响应。

系统开发设计遵循易应用、易维护原则。统筹考虑业务需求、基层信息化水平状况，对行政流程进行梳理、优化和精简，专注于解决好核心业务应用，以简单的应用桌面体现业务信息化的高技术含量，为系统的应用推广打下了良好基础。

三、循序渐进，确保项目建设取得扎实效果

为保障项目建设绩效，精心设计了三个主要环节，指定专人负责，明确分工，在较短的时间内高标准完成了系统开发任务。

一是网络建设、流程设计、程序研发阶段(4 个月)：分析现行林权管理软件的优缺点，根据河北省具体情况，按统一、高效、安全的目标要求，制定系统方案，包括系统结构(网络结构、数据结构)、工作流程、功能模块，确定开发工具。每个设计方案均经过反复咨询、研讨或提请业内专家审定。在现有网络基础上增加必要的网络设备，安装调试并测试网络环境。根据工作流程，编写代码，实现模块功能。

二是软件测试、修改、完善阶段(2 个月)：对需求分析再次复审，仔细解读需求分析的每一个细节，检查需求的实现情况；按照普通用户的不同操作习惯，设计测试案例，检验程序中的每个模块是否都能按预定要求正确工作，检查软件的逻辑结构和容错性。同时，把每个步骤的测试数据和测试结果记录下来，作为综合分析和修改完善的依据。

三是试运行阶段(1 个月)：对项目相关材料进行整理、归档，对项目开发工作进行总结，为进一步研究和改善做好了准备。

第三节 效益分析和所获荣誉

一、创新点

基于BAMP架构的网络版应用系统，实现了客户端零维护，更适合基层单位使用；

创建了统一的数据管理中心，解决了数据条块分割、不能统一管理的问题；

系统设计保障了林权宗地编号的唯一性，将其作为物权查询的检索码，保护了权利人的更多财产隐私，做到了物权查询的有限公开，将《物权法》的要求进一步具体化。

二、突出优势

申请表、权利申请信息以及林权证书信息之间的业务逻辑关系清晰明确；

大量节省人工输入的工作量，尤其是一家农户同时拥有多宗林地且权属不同时人工分检的工作量；

系统设计了严格的数据检查机制，对面积、日期、身份证号等数据进行数据类型或逻辑关系的检测，减少了数据错误；

系统创建省级数据中心，由专业人员进行数据库的维护和备份，提高了数据安全性；

系统具备完善的查询、统计报表功能，查询或统计结果可利用Excel格式导出，方便用户对数据进行二次加工，满足了多元化的数据统计分析要求；

系统采用业界公认最安全的BAMP技术（BSD、Apache、MySQL、PHP），不仅系统稳定性和可靠性得到保障，而且系统升级、运行维护均由省级数据中心专业人员完成，客户端免维护，降低了运行维护成本。

三、效益分析

河北省林权管理系统是目前国内首家网络版林权管理系统，在河北省国家重点公益林、防护林工程、退耕还林工程等林业重点工程及社会造林中广泛应用，实现了林权证登记、发放、建档、查询等关键环节的数字化、网络化，成为林业信息化建设的新亮点，加速了林业现代化步伐。

河北省林权管理系统的应用实现了省、市、县三级林权管理工作的互联互通，显著提升了全省林权管理水平；完善的林权管理信息数据库，使权证信息传递更加及时、精确、完整、流畅，引领林权改革工作步入规范化、科学化轨道。

河北省林权管理系统在全省172个县(市、区)运行稳定，林权证数据入库逾72万条，是此前权证总量的6倍多。各市、县林权管理部门通过IE浏览器即可登录省林权管理信息平台，迅捷地完成林权证的申请、审批等工作，有效地降低了行政运行成本，提高了工作效率。

河北省林权管理系统首次利用互联网向社会公众开放林权查询系统，为林地流转、林权抵押贷款、林业综合执法、山林纠纷调处以及开展林业综合保险等提供了准确依据，对于盘活林业资产，维护林权所有者合法权益，减少林权纠纷，保持林区社会稳定，促进林业发展具有重大的现实意义。

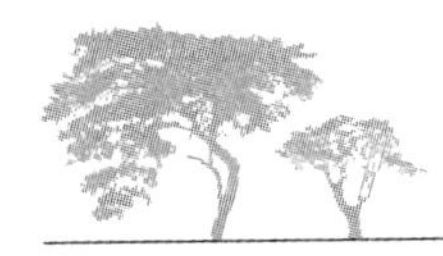

第十九章　山西省森林远程视频监控系统

森林作为陆地生态系统的主体，对改善陆地生态环境、维护生态安全、实现经济社会可持续发展具有重要作用。森林面积的大幅度增加，森林资源保护的任务越来越艰巨，传统的保护手段难以适应当前林业发展的需要。尤其是森林火灾突发性强，破坏性大，处置难度大，仅靠较为原始的、大兵团作战办法，已经不能适应当前森林保护形势的需要。

进入21世纪以来，随着现代信息技术的快速发展，山西省林业厅开始探索现代信息技术在森林防火工作中的应用，先后经历了有线传输监控试点、无线传输监控试点、有线与无线相结合传输监控试点三个阶段，在太原市林场、太岳山国有林管理局、阳泉市和晋中市开展了林火远程监控试点，积极摸索规律，逐步积累经验。

山西省森林远程监控系统起源于林火视频监控系统。在总结试点经验的基础上，2008年，省林业厅提出了建设全省森林远程监控系统的思路，提高全省森林保护的综合能力和现代化水平。2009年，省政府将森林远程监控系统建设作为应对山西国际金融危机、扩大内需、拉动经济增长的152项重点工程之一，4月22日专门举行了山西省森林远程视频监控系统启动仪式。经过省林业厅和中国移动通信集团山西公司的共同努力，完成了林火远程监控系统一期工程建设，在11个市、113个县(市、区)建成了以市级监控指挥中心为核心节点，以省、县两级指挥中心为远端监控的远程监控系统，包括1个省森林监控指挥中心，10个市级监控中心，104县级监控中心，400个远程监控点以及20个视频会议主会场、104个视频会议分会场。2009年12月22日，省政府举行了山西省森林远程视频监控系统启用仪式。该系统的建成，监控范围覆盖3000多万亩林地，占全省森林资源的70%以上，成为全国唯一实现森林远程视频监控全覆盖的省份，标志着全省森林资源保护手段步入到一个新的阶段。

目前，山西省在森林远程监控系统一期工程建设的基础上，正在开展二期工程试点。重点是围绕森林防火的烟火自动识别、自动报警、自动定位，人员和车辆定位、森林防火应急指挥辅助决策系统建设开展。试点结束之后，将在全省范围内实施二期工程，并加密补建监控点。

第一节 主要功能

一、森林远程监控系统简介

通过一期工程建设，山西森林远程监控系统已实现如下功能：

远程视频监控。监控点安装高倍摄像机和室外重型智能变速云台，前端监控设备可以360度旋转、最大俯角75度、最大仰角35度，单个监控点监控半径5~10千米，监控录像可存储30天，监控图像通过光缆、微波等传输方式，被实时传输至市、县防火指挥中心。实现了监控中心对监控范围内森林火灾、森林采伐、湿地保护、病虫害防治、野生动物等森林动植物资源的实时查看和实时录像。省、市、县三级监控中心，均可随时对所辖林区的监控图像进行查看和调阅，尤其是及时发现监控范围内的火情与火灾隐患、火灾发展情况，为做到森林火灾的打早、打小、打了提供了第一手资料。在中心监控室发现可疑点后，可通过对前端摄像机的人工干预，判断图像中某个点的实际位置，便于对重点地段实施重点监控。

远程语音通信。实现了省、市、县监控中心与所辖林区前端监控点的点对点双向语音通信，改善了山大林密、交通信号条件较差地区的通讯条件，方便了现场森林火情的及时反馈、各级指挥部发布命令。同时，还实现喊话功能，如对监控范围内的野外放牧、田间劳作等人员进行喊话，告诫其禁止野外用火。

防盗报警。林区前端监控点安装的防盗报警系统，实现了自动探测无关人员闯入铁塔附近，自动发出声光报警且联动视频切换，提示监控中心人员及时赶赴现场阻止，有效地防止监控点重要设备的被盗或破坏。

视频会议。利用中国移动通信集团山西公司信息化骨干网络建设的视频会议系统，为省、市、县三级林业主管部门随时召开电视电话会议，研究、安排、部署和调度林业工作提供了便利条件。

二、森林远程视频监控系统功能

林火视频监控系统是使用数字视频技术、计算机通信技术、无线网络技术、前端动力供电系统等相关设备，通过实时动态监控、记录查询、网络传输、分级控制、授权访问、资源共享等方式，实现对林区的危险区域、火灾高发地点、重要目标的全程或重点实时监控。整体采取数字接入方式的全数字型(图43)。

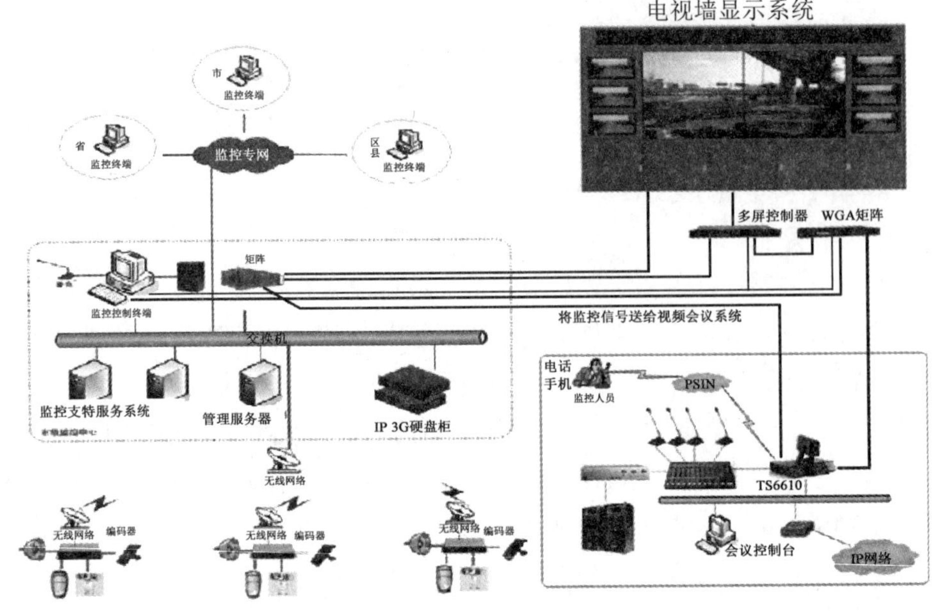

图 43　系统拓扑图

前端监控利用数字编码设备(林火视频监控专用编码器)将模拟信号编码转化为数字信号，通过有线+无线相结合的传输网络接入市级监控中心。进入市级监控中心的数字信号，由市级平台统一管理、存储、显示，同时上传给省级监控指挥中心和县级监控图像显示中心。

山西省森林远程视频监控系统，包括监控指挥系统、前端监控系统、视频会议系统。

(一)监控指挥系统

山西省监控指挥系统包括省、市、县三级监控指挥系统。

1. 省级监控指挥中心

省级监控指挥中心是全省视频监控系统的总控制系统。在指挥中心安装了监控支持服务器、管理服务器、监控与控制终端、SQL数据库和屏幕墙，通过SDH数据专线，与市级监控指挥中心连通。省级监控指挥中心的系统架构(图44)：

主要设备包括：电视墙、DLP大屏、多屏拼接处理器、监视器、VGA矩阵、AV矩阵、LED显示、大屏幕管理软件、数据库服务器、管理服务器、录像服务器、流媒体转发服务器、监控与控制多媒体终端、数字矩阵(解码主机)、流媒体转发软件、录像存储软件、中心管理软件、SQL数据库、杀毒软件、Windows Server 2003、UPS电源、标准网络机柜等。

省级视频监控中心的建设，实现了对全省林业系统所有监控系统的高效管理和控制，包括用户权限、前端设备及日志的数据管理；及时接收市级监控指挥中心的报警与监控信息，制定专家预案系统，方便基层根据预案系统快速调度；通过多级权限管理，对下辖各

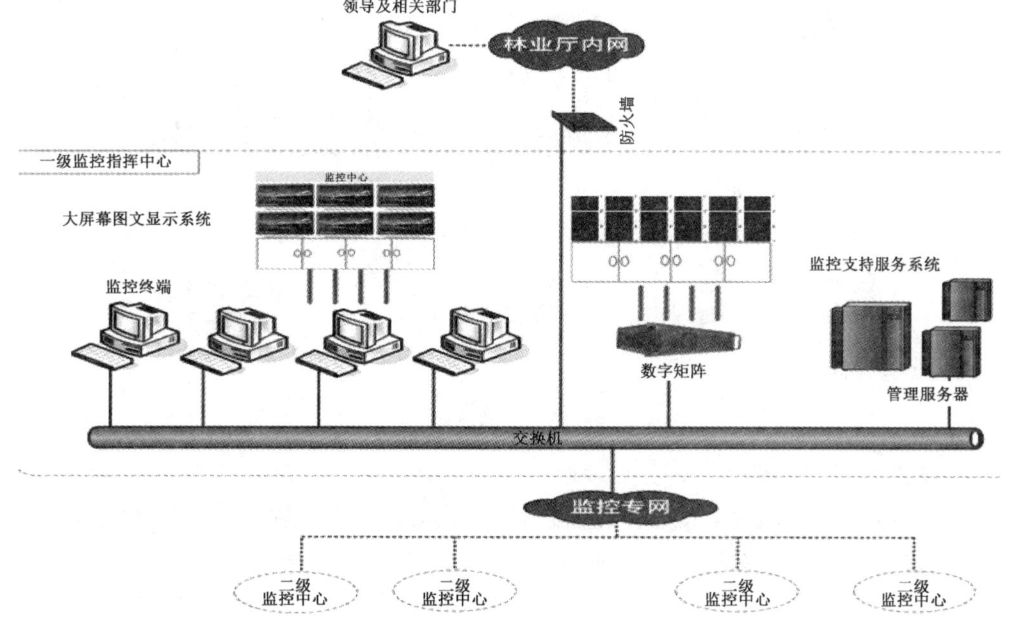

图 44　省视频监控中心拓扑图

个职能部门、作战单位进行有效监控和调度；预留了各种功能扩展接口，以适应监控指挥系统不断发展的需求。也就是说，在省级监控指挥中心，可随时调看各监控点动态视频、选择性存储重要的前端监控图像，调看历史监控图像，对重大火情的紧急调度指挥和市级监控设备的运行情况进行巡查。

2. 市级监控指挥中心

市级监控指挥中心是林火监控指挥系统的核心部分，是接收辖区内所有监控点监控信号的汇集区。在市级监控指挥中心安装了监控支持服务系统、流媒体转发服务器、录像服务器、网络存储磁盘阵列(IP SAN)、监视器等，通过 SDH 数据专线，上连省级监控指挥中心，下接县级监控图像显示中心。

市级监控指挥中心的系统架构(图 45)：

主要设备有：电视墙、50 寸 DLP 大屏、控制台、多屏拼接处理器、监视器、VGA 矩阵、LED 显示、大屏幕管理软件、管理服务器、录像服务器、流媒体转发服务器、监控与控制多媒体终端、数字矩阵(解码主机)、流媒体转发软件、录像存储软件、中心管理软件、SQL 数据库、杀毒软件、Windows Server 2003、UPS 电源、标准网络机柜、机房防雷系统、IP－SAN 网络存储主机、磁盘阵列专用硬盘等。

市级监控指挥中心是全面接收辖区内所有监控点监控信息的核心，将前端专用的防火专用摄像机检测到的信号，通过林火视频监控专用编码器转化为视音频数字信号，通过无线与有线相结合的网络，传输至市级监控平台。市级监控中心的主要功能：一是将辖区内所有监控点的信号进行汇集，实现了本地监控；二是通过流媒体转发服务器，为本地内网

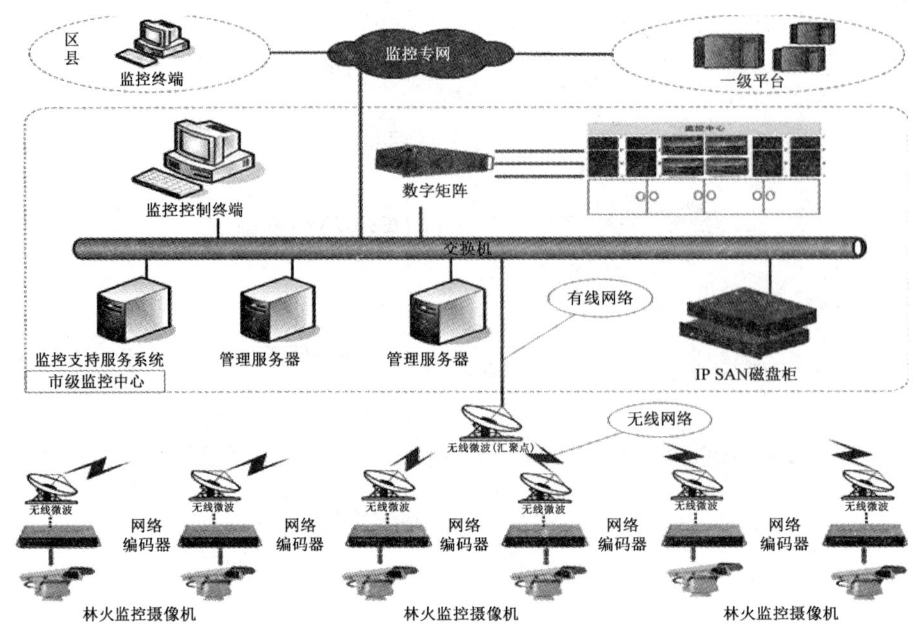

图 45　市级监控中心拓扑图

和上级部门调用前端监控点图像进行流媒体转发；三是处理报警服务器的报警信号，进行紧急的报警联动监控。

3. 县级监控指挥中心

县级监控指挥中心是应用监控信息最直接的单位。主要是建设了监控图像显示中心，搭建在市级视频监控平台上，通过权限划分，查看本县(市、区)范围内每个监控点的监控信息，不承载视频接入数据，在逻辑上归县级林业主管部门管理。

县级监控图像显示中心的系统架构(图 46)：

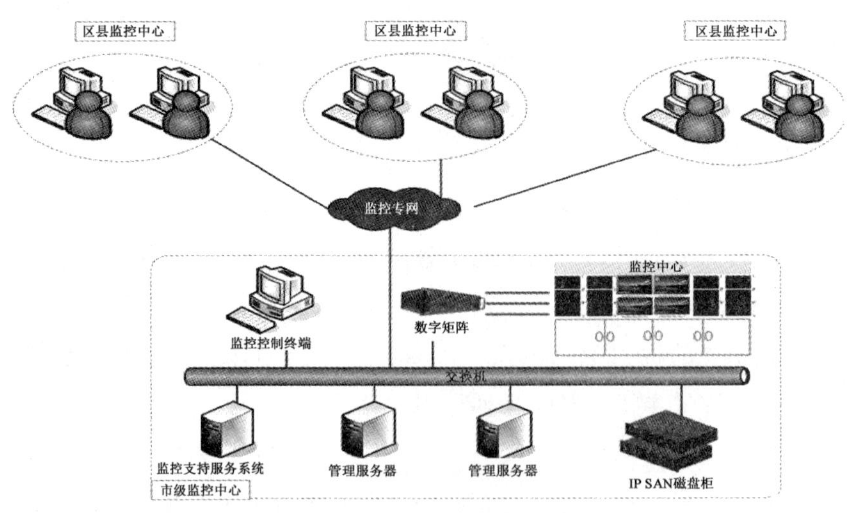

图 46　县级监控中心拓扑图

在设备配备上比较简单，主要有电视机、监控客户端软件、控制计算机、交换机等。

县级监控图像显示中心，主要实现了对辖区内监控点图像的实时监控，发现火情后及时组织灭火人员深入一线进行处理；并能直接调看历史监控图像。

（二）前端监控系统

前端监控系统是森林远程监控系统的核心装备，也是获取第一手监控信息的最前沿的设备装置。主要由塔架、主摄像机、重载数字云台、微波传输、防盗摄像机、远程语音通信、供电系统、机房等组成（图 47）。

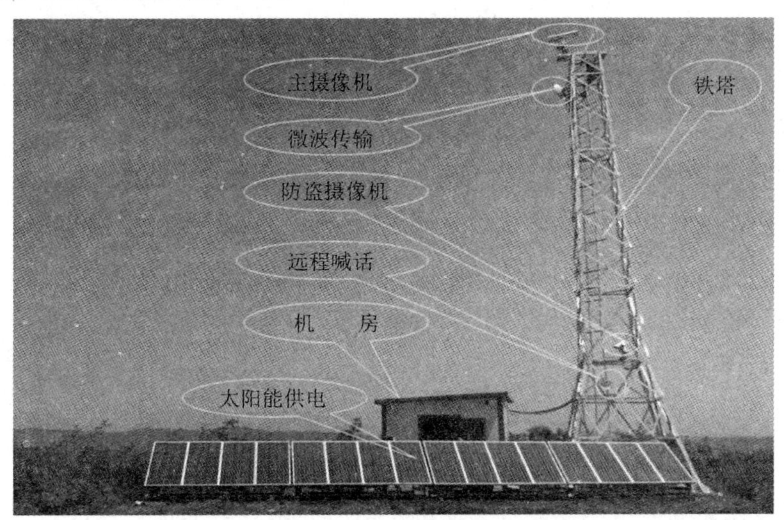

临汾市尧都区河底乡西四村森林视频监控实物图

图 47　前端监控系统架构图

前端监控系统的设备包括：专用摄像机、专用镜头（10～750 毫米）、室外护罩、重载数字云台、变速驱动解码模块、高清网络编码器、19 寸标准机柜、防雷接地系统、智能三鉴入侵报警探测器、防盗报警红外一体摄像机、高清网络编码器、警号、专用功放、继电器、拾音器、号角（喇叭）、太阳能电池组件、蓄电池组、太阳能充放电控制器、逆变器、蓄电池支架、防护保温箱、浪涌保护器、电气元件、应急充电接口、配电柜、微波传输、机房（活动房、砖房）等。

监控地点选择。一是具有较好的观测视野和通视距离，观测覆盖范围大，通常观测距离应在 3～5 千米以上，地形较缓的地区可观察到 10～15 千米。二是具有良好的通行条件，能进行铁塔和系统设备的安装。三是具有较好的避雷接地条件。四是具有通电的条件，距市电接入点近，无法接入市电时，应有足够的空间建设光电互补的供电系统。五是应通过计算机演算，计算覆盖范围。

摄像机镜头选择。主摄像机选用低照度摄像机，镜头为 10～750 毫米的远焦距镜头，夜晚可拍摄到比较清晰的图像。

太阳能供电子系统。采用太阳能光伏独立发电系统。主要由太阳能电池方阵、蓄电池组、太阳能充放电控制器、蓄电池保温箱、安装支架、逆变器以及辅助设备组成，为各种设备提供电力保障。

远程语音通信子系统。在视频监控的基础上，在前端监控系统中增加音频输出设备（喇叭或音柱）、报警输入设备（紧急按钮、其他报警探头或智能分析报警信号），经高清网络编码器通过无线网将信号传输至各级监控中心。这一子系统，实现了省、市、县监控中心与所辖林区前端监控点进行点对点的双向语音通信，改善了监控点现场的通讯条件，方便了现场森林火情的及时反馈，以及各级指挥部发布命令等工作。

前端周界报警与防范子系统。周界安防报警系统是森林远程监控系统的重要组成部分。由高清编码器、红外一体化摄像机、三鉴探测器、警号等组成。通过对人体发出的远红外光谱，以及人体走动产生多普勒频移进行智能分析、量化计算，准确地对人体移动做出报警，采用"微波 + 红外 + 微处理器"三鉴综合探测分析技术，使探测器更加稳定、能更有效防止误报。全方位的感应林区重要地点的安全状况，通过微波式的感应，一旦有突发的不安全的状况就会立即报警，其感应范围比单纯的红外对射更加广泛，使非法闯入者无所遁形。它与视频监控部分的配合使用，保证了林火监控系统的安全。

鉴于监控系统中的传输线路大多数处于 LPZ0A 非防雷区域，采取了多项防雷接地等防护措施，如采用气体放电管、放电间隙、高频二极管、压敏电阻、瞬态二极管、晶闸管、高低通滤波器等元件，根据不同频率、功率、传输速率、阻抗、驻波、插损、带宽、电压、电流的要求，组合成电源线、天馈线、信号线系列电涌保护器（SPD），安装在微电子设备的外连线路中，接入系统地线，有效地保护各类设备。

（三）视频会议系统

在中国移动通信集团山西移动公司建设的信息化骨干网络基础上，在省、市、县三级林业主管部门建设了视频会议系统，为全省林业系统召开视频会议提供了场所。

第二节　主要措施和经验

森林远程监控系统是山西林业信息化建设的一项重要工作，在不足一年时间内完成了一期工程建设任务，规模之大、覆盖面之广，在全国罕见。在建设过程中，山西省积累了一些可资借鉴的做法和经验。

一、领导重视是项目建设顺利推进的重要前提

随着信息技术的迅猛发展，将其推广应用到林业行业，转化为现实生产力，必须有各级党委、政府和林业主管部门，特别是主要领导的高度重视和大力支持。2008 年 6 月下

旬，省领导在全省造林绿化现场会上，明确提出“要加强森林防火远程监控，建立覆盖全省的森林资源保护体系。”7月，省林业厅提出以林火视频监控系统为切入点，在全省范围内建设森林远程监控系统，并在晋中市召开了全省林火视频监控系统现场会，推广了晋中市远程视频监控系统建设经验。2009年，省政府将其作为全省应对国际金融危机、扩大内需的152项重点工程之一，并举行了大规模的启动仪式。王君省长非常关心项目的进展情况，多次过问并提出明确要求。时任分管领导的刘维佳副省长多次强调工程建设进度，多次深入基层检查工程建设质量。2009年全省造林绿化现场会之后，专门与各市分管领导参观临汾市林火视频监控系统建设现场，要求各市强化领导、落实投资，确保工程顺利建设。2009年8月下旬，国家林业局贾治邦局长在参加全国山西省造林绿化现场会期间，专程到长治市林业局考察了林火视频监控系统建设情况，充分肯定了山西省大规模建设林火视频监控系统的做法。2009年12月22日，森林远程监控系统基本建成后，省政府专门举行了启用仪式。正是各级政府的高度重视，国家林业局的大力支持，山西森林远程视频监控系统才取得如此辉煌的成绩。

二、资金落实是项目建设顺利推进的先决条件

林业信息化建设是一项技术性强、投资额度大的系统工程。加快森林远程监控系统建设，必须有足够的资金作保证。山西省森林远程监控系统一期工程总投资为20135万元。项目建设中，山西省林业主管部门不等不靠，多渠道、多层次筹集建设资金：一是积极争取国家有关部门和省政府的大力支持，列入国家和省级林业重点项目，在资金扶持上给予更多支持；二是调动实现两级政府积极性，动员市县两级财政投一点；三是积极与中标单位协商，实行“施工方先行垫支、资金到位支付”办法，走出了“垫支建设”的信息化建设的路子，推动工程建设实施。

三、试点先行是项目建设顺利推进的必要步骤

林业信息化是信息技术与林业工作的融合，没有现成的经验可资借鉴，也没有现成的模式可以套用。只有以一流的设计、一流的建设、一流的技术，方能保证项目建设质量。在项目建设中，山西省始终坚持试点先行的原则，利用几年的时间，先后经历了有线传输监控试点、无线传输监控试点、有线与无线相结合传输监控试点三个阶段，在太原市林场、太岳山国有林管理局、阳泉市和晋中市开展了林火远程监控试点。通过试点对比，采取有线与无线相结合传输监控的方法，既符合信息化技术应用的要求，更符合森林资源保护尤其是森林防火工作的实际。这为全省大规模开展森林远程监控系统建设提供了经验和工作方法。

四、创新管理是项目建设顺利推进的重要保证

加快推进林业信息化项目建设，创新管理十分关键。项目建设中，山西省林业厅在网络组建、系统集成、项目监理、运维经费等方面进行了大胆的探索和创新，且取得明显成效。在网络组建上，“省—市—县(监控点)”三级监控网络，以市林业局监控指挥中心为核心，监控点图像先传回市林业局，省中心、县中心监控图像均从市核心服务器中适时传送。这样做，减轻了省级监控中心安装大量服务器、存储设备、市县调取图像服务器容易死机的压力，避免了县级监控中心随意关闭视频信号的现象。在系统集成上，由专业公司承建，实行中标总集成商总承包的方式，一方面较好地解决了林业主管部门信息化技术力量有限、缺乏经验的问题；另一方面有效地解决了设备之间的衔接和配套，有利于项目建设的整体推进。在项目监理上，从监控点选址、设备选用、项目施工、竣工验收等各个环节，由中标监理公司全面监理。在运行维护上，实行总集成商负责制，避免因各设备厂商协调不畅、互相推诿扯皮、推卸责任等原因不能及时排除故障；实行运维经费浮动制度，按照巡检和维护难易程度，每个监控点年运维经费控制在 3 万 ~8 万元。可以说，项目建设管理的创新，为森林远程监控系统建设在技术、质量和运维上提供了保障。

第三节　效益分析

山西省森林远程监控系统的建成应用，将为林业的持续、健康、快速发展奠定坚实的基础，将产生巨大的生态效益、经济效益和社会效益。

森林远程监控系统的建成应用，有效地改善了森林资源保护手段。该系统的建成应用，克服了遥感卫星、人工巡护的滞后性和局限性，与卫星热点监测、瞭望台监测、航空巡护、人工巡护一起，共同形成了“五位一体”的森林资源监测监控体系，为森林资源保护安上“千里眼”、“顺风耳”，安装了一道无形的“防火墙”，从根本上改变了森林资源保护手段落后的现状。尤其是对森林防火来讲，极大地提高了森林火情的发现率。目前，国家和省级气象部门利用卫星监测到地面热点信息，其处理时间大约需要 30 ~ 50 分钟，而各级防火部门接到热点信息到组织人员实地核查又需要 1 ~ 2 小时。采用森林远程监控系统，可在第一时间发现火情，准确地判定起火地点、火场范围和火势强弱，为快速处置火情、实现“打早、打小、打了”赢得了宝贵的时间。2010 年清明节，全省利用该系统监测到 27 处火情(卫星只监测到 2 个热点)，通过其进行科学的指挥和调度，27 处火情均在当天得以扑灭。

森林远程监控系统的建成应用，为发展现代林业提供了新的实践。实现林业又好又快发展，走出由传统林业向现代林业发展的路子，必须用现代理论去指导林业，用现代管理

模式去经营林业，用现代技术去武装林业。森林远程监控系统作为现代通讯技术在林业上的具体应用，集生态、社会、经济效益于一体，不仅可以及时监测、及早发现森林火灾、森林病虫害、偷砍滥伐、私挖乱采、侵占林地等破坏森林资源的现象和行为，及时采取措施进行制止，确保森林生态效益的发挥，而且能够将巡护人员从繁重的体力劳动中解放出来，减少巡逻检查人员，节约95%的人力资源，还能够将火灾消灭在萌芽状态，减少扑救林火的人财物投入，避免形成重、特大森林火灾、大面积的林业有害生物发生，造成大的经济损失。有利于提高林火监测和应急处置能力，有利于自然保护区、森林公园和风景名胜区的森林和野生动植物资源的保护，有利于推动林业生态建设的持续快速健康发展，对推动经济社会发展和新农村建设将发挥重要作用。

森林远程监控系统的建成应用，已经产生了明显的社会效益。一是进一步引起高层领导对林业工作的关注。山西省森林远程监控系统建成应用后，各级领导亲自到林业主管部门视察。二是扩大了林业行业的内部交流。项目建成后，内蒙古森工集团、河北省林业厅、木兰林管局、广西南宁林业局、湖南省防火办、辽宁省本溪市林业局等省市同行先后到山西进行考察。三是进一步调动了全社会发展林业的积极性。

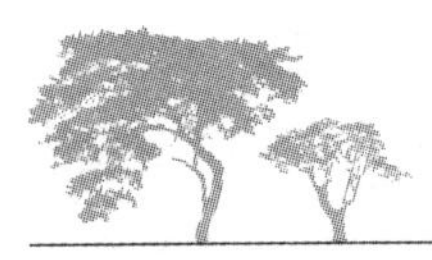

第二十章　内蒙古森林资源管理信息系统

内蒙古森林资源管理信息系统，是现代林业建设的重要内容和基础。对于保障林业科学经营，促进可持续发展，确保林业管理手段科学、规范、高效具有十分重要的意义。内蒙古自治区林业厅于2005年开始启动了内蒙古森林资源管理信息系统建设，其宗旨是建立以森林资源信息为主体，以标准化建设为基础的森林资源基础信息服务平台框架，初步确定了各类森林资源信息统一管理、共享的建设和运行模式，开发了满足国家、自治区、盟市和旗县不同层次森林资源管理需要的一体化应用系统。

森林资源管理信息系统具有迅速、准确、客观地查询和评价等功能，系统能够对各项工程分别管理，建立工程模型，实现林业的数字化管理。森林资源管理信息系统的建立对于带动并从根本上提高林业决策水平，实现林业由传统管理向现代管理转变具有重要意义。因此，系统的建立是迫切和必要的，同时，系统建设设计方案通过专家委员会评审，建设方案征求了自治区财政厅的意见，并经林业厅厅务会议讨论通过，系统的建立是可行的。

内蒙古自治区森林资源管理信息系统是内蒙古自治区数字林业建设的主要内容之一，是推进传统森林资源管理向现代森林资源管理、传统林业向现代林业转变的重要步骤。利用网络技术、数据库技术、地理信息技术，建立全区统一的森林资源管理业务应用系统，实现对森林资源连续清查（一类调查）、森林资源规划设计调查（二类调查）、森林资源数据共享、生态公益林管理、资源林政管理等方面数字化，为各级森林防火、森林病虫害防治、营造林工程等提供实时、准确、可靠的森林资源信息，达到全区森林资源信息共享。系统将森林资源连续清查（一类调查）、森林资源规划设计调查（二类调查）、森林资源年度变化调查、森林资源数据管理更新维护、生态公益林管理、资源林政管理以及相关的制图、报表与信息管理等森林资源管理应用集为一体，实现对森林资源管理流程全过程管理的功能。

第一节　主要功能

一、系统运行模式

本系统主要应用“3S”技术和计算机网络技术来实现内蒙古自治区森林资源管理的资源监测、数据处理与业务管理，系统构架为 C/S 和 B/S 相结合，建成后的系统将为自治区、盟(市)、旗(县、局)各级用户提供方便、快捷的服务；旗(县、局)、乡(镇、苏木、林场)级林业企事业单位能够采用联机和脱机两种模式进行相应的数据采集、处理和业务管理，在联机模式下可以直接处理集中存储的空间及属性数据，在脱机模式下能够处理本地数据，并在转换为联机模式后实现和森林资源数据库的同步；为森林资源连续清查、森林资源规划设计调查外业调查、年度变化调查和内业处理提供实用可靠的技术解决手段。所有这一切都要求本系统具有良好的稳定性、可靠性，要求在系统设计时综合采用各种先进、成熟的技术，提供最科学、规范的森林资源监测管理业务模型给系统各级终端用户。

本系统具有足够的灵活性、扩展性和适应性。系统支持多级网上数据浏览、查询、统计、报表等森林资源数据服务；提供伐区调查设计、造林作业设计、病虫害损失调查、森林火灾损失调查等影响森林资源变化的业务系统接口、外部设备接口(PDA、GPS)；满足森林资源管理突发性变化的需要，并能够平滑扩容到支持大容量业务处理(包括林业地理信息处理)，系统具有良好的扩充性和适应性。

二、系统建设目标

(一)总目标

依据《森林法》、《森林法实施条例》等有关法律、法规、规章的规定和国家、自治区有关森林资源管理方针、政策，利用网络实现自治区级、盟(市)级、旗(县、局)级、乡(镇、苏木、林场)级森林资源管理部门间互联互通、信息共享，建立全自治区统一、高效、安全、集各种森林事务处理、信息服务和辅助决策为一体的森林资源管理电子政务办公平台，实现本系统与自治区数字林业建设项目的其他专题信息系统的互联互通、系统兼容、数据共享，实现乡(镇、苏木、林场)、旗(县、局)、盟(市)、自治区的森林资源数据管理标准化、规范化、一体化；为森林资源连续清查、森林资源规划设计调查(二类调查)、生态公益林管理、资源林政管理，以及森林资源数据更新和维护提供信息技术支撑和软件平台；在全自治区范围之内实现森林资源空间属性管理、统计报表、森林资源地图和表格制作、资源数据动态更新等工作的计算机化。

(二)具体目标

本系统建设项目主要完成数据采集和数据建库、森林资源基础信息管理、生态公益林管理、森林资源监测管理、资源林政管理和系统管理等六个方面的内容，具体目标如下：

数据采集和数据建库子系统。改造原有森林资源数据、完成所有森林资源数据的数字化及基础地理数据准备；所有森林资源及基础地理信息空间数据存入中心数据库；满足管理多比例尺矢量图和栅格图，满足管理海量空间数据的要求；所有二维地图(包括 Web-GIS)每次调图的时间不超过 15 秒(以下所有要求时间都以网络延迟时间为 0 秒来计算)。

森林资源基础信息管理系统。实现对多类型、多尺度、多时态基础地理数据的有效管理，包括图层配置与管理、图形编辑、浏览与定位、数据查询与检索、三维无缝漫游显示、历史数据管理与分析、数据字典维护等；实现对森林资源数据的编辑、查询、统计、分析等操作；为盟(市)、旗(县)、乡(镇、苏木)等基层森林资源管理人员提供森林资源相关地图数据采集、数据编辑软件，该工具可以直接联通自治区级数据库，实现在线空间数据处理，也可以进行离线编辑后与自治区级数据库进行数据交换和共享，为了满足年度数据更新，提供数据分发和版本控制功能；实现全区不同层次[旗(县、局)、盟(市)、自治区]的森林资源数据更新维护、确保数据的实时性。

生态公益林管理系统。实现生态公益林资源、资金、护林员计算机管理。解决乡(镇、苏木、林场)、旗(县、局)、盟(市)生态公益林管护的信息采集、审核反馈、查询检索、统计报表打印、统计分析等日常管理问题；将生态公益林管护属性表格数据库与森林资源空间数据结合，生态公益林管护数据落实到林相图上，达到生态公益林管护信息的可视化；同时可以动态生成国家需要的各种数据，满足国家对生态公益林管理的需要。

森林资源监测管理系统。实现森林资源规划设计调查管理；实现森林资源连续清查(一类调查)管理；实现森林资源年度变化调查管理。

资源林政管理系统。系统将伐区作业管理、森林采伐管理、木材运输管理、木材经营加工管理、林地林权管理、林业行政执法管理、林政报表与信息管理等资源林政管理应用集为一体，实现对森林资源从征占用林地、采伐、运输，到经营加工整个资源林政管理流程全过程管理的功能。根据不同层次、不同级别资源林政管理部门的不同需求，由本系统统一完成自治区、盟(市)、旗(县、局)、乡(镇、苏木、林场)等四级林政主管部门的资源林政管理业务。

系统管理。实现用户权限管理、权限定义、角色分配、日志管理、系统备份等功能。

三、系统设计原则

内蒙古自治区森林资源管理信息系统的建设坚持“以需求为导向，以应用为重点”的基

本原则，遵循“统一规划、分期建设、信息共享、安全保密”的指导方针。根据系统的总体目标，本系统要建设成为能够科学规划森林资源，实现信息资源共享和优化配置，以各级森林资源管理用户的需求为主要导向，充分利用先进、可靠的技术和产品，实现各级森林资源管理信息流实时双向交互，实现安全、便捷的系统管理，确保能为最终用户提供安全、高效、可靠、丰富、便捷的信息服务。因此在规划、设计和实施本系统时必须遵循以下具体原则。

宏观控制与微观调控相结合的原则。森林资源管理信息系统应根据不同层次进行分级管理，做到分级管理相对独立，同时又建立有机联系，保持一致性。

标准化、规范化、系统化原则。标准化、规范化、系统化是森林资源管理信息系统建设的基本保证，它贯穿本系统建设的始终，能确保进入森林资源管理信息系统的信息尽量可靠、适时和完整。

先进性原则。在系统设计上尽可能采用目前最先进的技术，保持技术先进性，使其在系统设计、设施建设、设备配备上居领先地位。

统筹兼顾原则。该系统是数字林业的基础，作为数字林业先期开发的系统，要具有前瞻性。无论是在技术上，还是在数据库、图、表等的标准和规范上都要兼顾到数字林业的需求。

实用性原则。系统设计必须满足业务要求，同时兼顾现有业务操作习惯，为各级各类用户量身订制功能齐全、界面友好、方便实用的系统，使用户易理解、易学、易操作、易维护。

统筹安排、分步实施原则。森林资源管理信息系统是一个非常庞大的管理系统，在统筹考虑的前提下，分步完成各模块的设计，既要兼顾通用，又要避免重复。

有序性原则。尽可能做到系统结构简单，层次分明，模块分割合理，功能明确，系统稳定、可靠和实用。

可扩展、易维护原则。森林资源管理要求将随时间的推移而发生变化，森林资源管理信息系统应随时进行修改、更新和扩充。所以系统在设计上应具有较强的可维护性和扩展性。

安全性原则。按照国家有关规范要求，从网络安全和应用安全两个层面进行统一的安全规划和管理；提高数据的抗破坏能力，防止数据被非法修改或盗用；建立完善的授权机制，为不同的用户提供合适的访问权限；采用软件加密技术，对关键信息进行加密处理，保证数据在使用和传输过程中不会被非法查看、篡改、窃取等。

四、系统建设内容

（一）数据库采集和数据建库

利用本系统具有的数据矢量化工具和属性数据采集工具，根据内蒙古自治区森林资源规划设计调查(二类调查)结果，将森林资源数据进行数字化处理，采购及处理全区1:5万基础地理数据，对原有数据进行改造，将以上结果作为本系统资源数据建库的来源。

遥感数据。覆盖全区范围的森林资源、土地利用现状与变化的动态监测遥感正射投影影像数据；覆盖旗(县、局)用于森林资源调查、林业工程建设调查规划等的高分辨率的遥感正射影像数据；覆盖全区范围的遥感卫星影像。

基础信息数据。包括地形图、行政区划图、交通、水系等。

全区范围1:25万比例尺数字化地形图，全区范围1:5万比例尺数字化地形图和1:5万DEM数据；部分有条件地区1:1万比例尺数字化地图。

自治区、盟(市)、旗(县、局)多级比例尺的行政区划图、道路交通、水系、城镇居民点、独立建筑物等数据。

土壤数据。全区1:400万土壤数据、盟(市)1:10万土壤数据。

气候、气象数据。全区、盟(市)、旗(县、局)级历年的关于日或月平均温度、湿度、降雨量，极端最高、最低温度，≥10℃的年积温等数据。

森林资源数据。森林资源连续清查(一类调查)数据、森林资源规划设计调查数据、生态公益林数据等。

林相图及属性。1:2.5万林相图及小班数据。

林业综合数据。社会经济数据包括人口状况数据、经济状况数据、自然资源数据、生态环境状况数据。林业政策法规与文献数据包括林业政策法规数据、文献资料数据。

其他数据。代码数据；图式数据；规范标准等数据。

(二)数据库设计

以Oracle作为空间数据管理平台，以ESRI ArcSDE作为空间数据引擎，属性数据和空间数据统一采用关系数据库进行连接和管理，完成内蒙古自治区森林资源管理数据库的建设工作。

入库前的矢量数据支持ArcInfo Coverage或者ArcView Shapefile格式，栅格数据最好为GRID或GEOTIFF格式；入库后数据以ESRI Geodatabase为空间数据存储模型。

入库数据统一采用西安80坐标系，经纬度投影，系统应提供动态投影转换功能并考虑用户原有北京54坐标系数据的转换。

建成符合规范和标准的基础地理信息数据库，要求建库的原始数据的精度和质量应该符合相关国家标准和行业标准。

(三)森林资源基础信息管理系统

通过给基层资源部门下载客户端软件，实现资源数据的离线编辑、在线更新机制。同时为盟(市)、旗(县、局)、乡(镇、苏木)森林资源管理人员提供森林资源相关地图数据的处理工具，包括坐标矫正、边界线纠正、编辑修改、地图处理、地图制作、地图打印等功能。为了满足年度数据更新，必须提供历史数据库管理和版本控制功能。系统还应提供丰富的接口，如：PDA、GPS 接口等，满足外业调查的需要。

森林资源基础信息管理子系统具体功能包括：数据编辑、数据更新、数据拼接、图层管理控制、小班定制查询分析(按照自选区域、小班属性等定制条件)、按照多种固定的模板格式制作专题图、三维分析、历史数据管理、数据备份与恢复、空间分析等。

(四)生态公益林管理系统

生态公益林管理主要包括以下功能：

规划调查。对生态公益林资源规划设计调查数据进行录入、更新、维护等。

监测管理。对生态公益林定位监测、生态环境监测数据进行录入、更新、维护等。

管护责任。该模块对生态公益林管护人、监管人员的考核以及监管合同等管护情况的管理。

统计分析。提供标准报表和实施方案中列出的报表的统计汇总功能。

信息查询。该模块根据用户权限进行信息查询，可获取相应级别的图表信息等。

资金管理。该模块对实施单位资金使用情况、资金流向、库存、固定资产等进行管理。

检查验收。该模块对生态公益林的区划界定成果和各种实施情况进行检查验收，并以此更新有关数据。

组织管理。该模块对自治区级、盟(市)级、旗(县、局)的组织机构、岗位、职责、人员等进行分级管理，并生成各种人事统计报表。

档案管理。该模块对生态公益林的法律法规文件、技术文件、成果资料等进行管理。

数据交换。将实施单位现有的资源数据按数据编码标准、分类标准等转换到本系统；实现数据上报、数据下发、信息发布。

数据更新及历史数据管理。对面积、补偿资金、所有者等主要因子发生变化的信息，提供变化数据库，通过对变化数据库的管理，直接获得年度间生态公益林面积、地类、权属等变化信息。

专题图制作。制作生态公益林相关的各种专题图。

(五)森林资源监测管理系统

数据输入。二类小班区划功能。

外业调查利用本系统可直接利用二类小班录入界面进行录入。

根据所录因子计算数据回填相关字段。

数据更新。自然生长引起的数据变化，通过生长模型确定，每年年初对数据进行更新。

造林、采伐征占等人为活动和自然灾害引起的资源变化在本底二类数据进行更新，不确定的需做补充调查进行更新。要能做到实时更新。

数据输出。根据资源变化要求每年形成一套新的森林资源数据库。

输出要求具有专题图和数据报表两种方式。

市级系统可以单独生成一独立区域的数据报表和专题图形，如某一行政单位、林业区划单位等。

专题图形符合林业制图标准。

数据输出内容(统计表、统计图、专题图)，分别行政单位、经营单位出统计结果。

具有自动定制表格功能。

根据比例尺不同显示不同的内容。

数据更新模型建立。根据森林资源规划设计调查(二类调查)中的小班数据和固定样地调查数据分立地类型、树种、经营措施拟合出亩蓄积、树高、胸径、郁闭度等因子的生长模型，求出其参数，存放在模型数据库中。

经营方案编制。合理年伐量测算，伐区安排。

(六)资源林政管理系统

系统将伐区调查规划设计管理、森林采伐管理、木材运输管理、木材经营加工管理、林地林权管理、林业行政执法管理、林政报表与信息管理等资源林政管理应用集为一体，以森林资源数据库为基础，实现对森林资源从征占用林地、采伐、运输，到经营加工整个资源林政管理流程全过程管理的功能。根据不同层次、不同级别资源林政管理部门的不同需求，由本系统统一完成自治区、盟(市)、旗(县、局)、乡(镇、苏木、林场)等四级林政主管部门的资源林政管理业务。

伐区作业设计管理。在现行自治区伐区设计规范和林业基础GIS支持下，通过对指定的伐区进行伐区规划、外业调查数据管理、内业设计计算、林业规费预交测算，实现计算机辅助伐区采伐作业设计，为及时准确掌握伐区现状、实施森林采伐限额和制定年度木材生产计划提供信息和依据，最终生成伐区规划设计书、伐区作业设计书和林木采伐申请书等规划设计成果。

森林采伐管理。根据森林采伐限额上级下达的年度木材生产计划和森林资源数据库提供的信息，完成全自治区各级年度木材生产计划编制与管理，在此基础上完成各级各类林木采伐的申请、审核、审批、发证和管理，实现林木采伐的审核、审批、发证、管理和伐区管理的计算机化，有效保护森林资源。

林木运输管理。根据客户提出的木材运输申请书，获批准的林木采伐证、加工企业原料进仓指标情况，对客户提出的木材运输申请进行审批、发证和管理，对区内和出区木材

运输证的申领、发放进行管理，实现木材运输证的审核、审批、发证和管理计算机化。

木材经营加工管理子系统。提供木材经营加工企业审批管理、经营加工企业原料进仓、产品出仓台账管理以及原料对产品的折率管理等功能。

林地征占用管理。完成建立基于 GIS 的林地档案数据库，实现对林地信息的查询、分析、统计、汇总、建档，各种征、占用林地申请的办理、审批、收费和管理。

造林核查管理。建立人工造林、飞播造林、封育造林自查小班，检查无误上报，审核通过进行上报，自治区进行核查管理。

（七）旗县基本情况管理系统

实现对林业机构、人员、社会经济、自然地理状况等林业基本建设情况的管理，使自治区、盟（市）、旗（县）的信息共享更畅通、更快捷。

从管理级别上看，从自治区、盟（市），到旗（县）管理了三级林业单位，各级各单位管理又相对独立，相当于每个单位都拥有一个自己的系统。

从功能上看，基本上包括了林业的方方面面，总共有 22 个功能模块（图 48）。

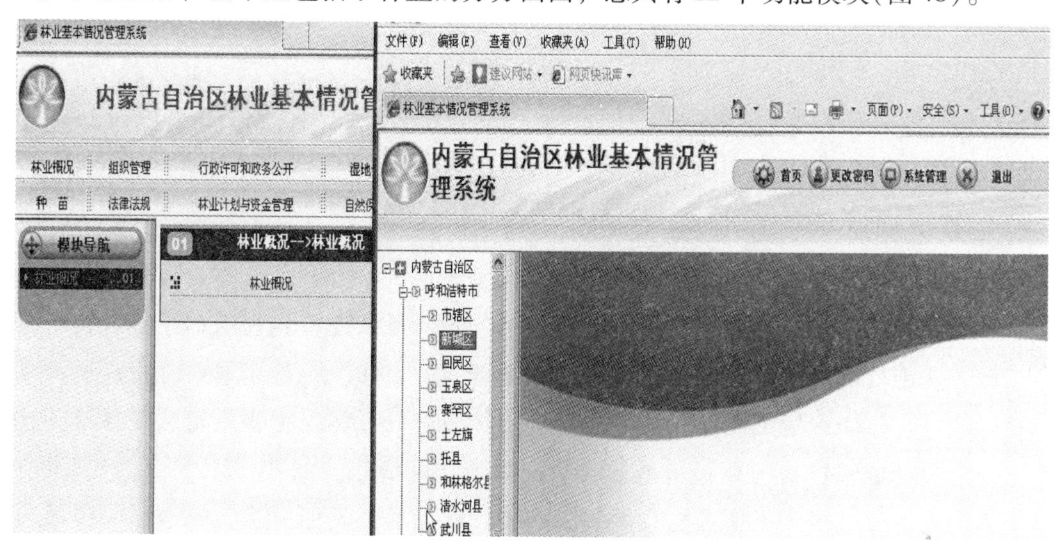

图 48　旗县基本情况管理系统页面图

（八）系统管理系统

用户管理。要求对用户进行逐级管理，即每一级管理员管理本级的用户和其下级的管理员用户，不能跨级进行管理。同时，管理员和业务应用用户角色应分开，管理员只拥有管理模块的权限，但可以将业务权限赋予业务应用用户。

日志管理。系统自动实时记录每个用户在系统中的各种动作信息，包括登录、提交数据、查看详细信息、统计及分析等操作，并存入数据库中统一保存。日志信息不能人为地进行增加、修改、删除操作，只能由系统自动完成。系统管理员可以查询所有的日志信息，分级管理员可以查询本级及下属用户的日志信息，达到系统监控和安全审核的目的。

第二节　主要措施和经验

一、系统建设模式

系统建设规划好后，聘请了两家有经验的软件开发公司，北京大陆康腾科技有限公司和北京林信新技术有限公司为开发公司，经过系统调研、需求分析、技术方案及实施方案编制等过程，两家公司按照林业厅对整个系统要求制定了信息系统概要设计书并对系统进行整体开发，并经过实际应用进行程序检测不断完善程序功能。

二、系统推广与技术培训

系统建设完成后，分别对呼市、通辽两盟市及所属旗(县)进行了多期多人次应用推广培训。分别对不同应用系统、应用人员进行技术指导，并在应用过程中进一步完善系统。

第三节　效益分析

本系统在二类调查内外业中广泛应用。这两年的二类调查首先利用本系统进行小班区划，然后外业进行调查填写小班卡，数据进行逻辑检查、修改，利用本系统报表统计功能进行数据统计、各类专题图制作。实际应用于造林核查自查网络上报审批、采伐证、运输证网上办证、林地保护利用规划。本系统通过以上实际应用，解决了工作中的实际问题，提高了工作效率，减少了工作强度，做到了网络互联互通、资源共享、标准统一、统筹划一，使林业建设工作上了一个新台阶。

第二十一章　江苏省森林防火指挥综合管理系统

森林火灾是世界性的林业重要灾害之一，年年都有一定数量的发生，造成森林资源的重大损失和全球性的环境污染。森林火灾具有突发性、灾害发生的随机性、短时间内能造成巨大损失的特点。因此一旦有火警发生，就必须以极快的速度采取扑救措施，及时扑救，正确决策等。这些都取决于对林火行为的发现是否及时，分析是否准确合理，采取措施是否正确，决策是否得当。为此国内外都在为控制森林火灾而努力，争取早日实现森林防火工作的规范化、科学化、信息化，贯彻“预防为主，积极扑救的方针”，真正做到早发现、早解决。

近年来，计算机信息技术在森林资源清查、林业区划实践中发挥了重要作用。然而，信息技术在森林防火工作中的实际应用还相对滞后，影响和限制了森林防火工作水平的提高，信息化管理是一门新兴科学，需要现代信息管理知识，以及计算机、网络通信等相关技术，同时森林防火涉及多个学科，有关气象、地理、数学的各种数据复杂、多变，需要付出大量的精力，为了得到准确数据，往往需要多次深入火灾一线调查，但往往因人员精力有限和工作量庞大而顾此失彼。因此，为适应新形势下森林防火的需要，促进森林防火事业的发展，有必要加快森林防火信息化管理进程，建立完善的森林防火系统。

江苏省森林防火指挥综合系统的建设，是建立在GIS平台基础上的、以林场基础数据管理和林场管理为核心的专业应用系统。目前系统将完成在现有数据基础上的地形图以及其他林场管理等数据的建库，实现林场各种基础地理信息、林场信息的规范化、科学化管理，并通过森林防火指挥地理信息系统的建设为林场管理提供先进的技术手段。

第一节　主要功能

一、系统简介

（一）制作对象

主要安排面积集中、生态效益好、火灾高发、影响大的重点林区。

（二）信息范围

基础地标。林种、林相、山头、建筑物、景点设施、行政边界、海拔高度等。

防火设施。瞭望塔、防火隔离带、防火通道、森林消防队、纪念林、通讯基站（中转台）、护林点、物资储备库等。

人员管理。森林防火组织体系建设情况、森林消防专业（半专业）队队员名册，护林员、向导人数、通讯联络方式等。

火险隐患。居民地、散坟、军事靶场、易燃易爆危险仓库等设施、火灾多发地段等。

危险地点。悬崖、矿坑等危害扑火人员安全的地点。

小班信息。二类小班、农田林网、四旁树及古树古木等。

道路网络。高速公路、国道、省道、城市道路及林区道路等。水系水源。河流、湖泊、水库、池塘等。

火灾处置预案。火灾档案信息。

（三）主要功能模块

地理信息系统基本功能。集成地理信息系统的基本功能，方便图形的显示及操作定位，如：地图的放大、缩小、漫游、缩放及鹰眼窗口、量算距离和面积、快速定位视野等基本功能。

县区林区基本信息。提供县区林区建设情况及防火设施情况的查询。

林火指挥扑救子系统。该子系统主要包括林火的快速定位、火情分析、救援路径分析、撤离路线分析、水源路径分析、周边救援力量分析以及周边火险隐患分析。

防火人员管理子系统。该子系统主要包括防火责任人、护林员管理、防火人员实时跟踪及实时通讯等功能。

防火设施管理子系统。包括如防火指挥部、消防单位、瞭望塔、物资仓库、护林点、火源隐患、防火阻隔带、防火通道等基础防火设施的查询定位。

灾后处理子系统。包括火灾损失的分析、折算，以及火灾档案的录入管理。

数字林业管理子系统。主要提供二类小班、农田林网、林业经济及社会效益的查询统计及制作林业专题图等功能。

报表与专题图输出子系统。该子系统包括日常防灾报表的统计打印，以及相关专题地图的制作及输出。

林业及防火数据更新及维护。该功能模块主要对系统中所用到的各类林业基础数据和防火基础信息进行维护管理。

二、地理信息系统基本功能

（一）地图基本操作

图形操作。图形操作功能为 GIS 系统的最基本功能，其主要为 GIS 系统提供便捷的图形操作，包含了图形的放大、缩小、漫游等功能。可以通过坐标定位到指定地点。也可以依据市、县区、乡镇等不同的行政区域快速定位视野。

鹰眼窗口。放大镜窗口根据鼠标当前窗口的位置，按照设定的比例系数在专门窗口中放大显示鼠标周围一定区域的图形。鹰眼窗口则显示当前图形窗口的缩略图效果，用户可以知道当前图形位于整个地图中的位置，并能通过在缩微图上拖动的方式改变当前地图窗口的视窗（图 49）。

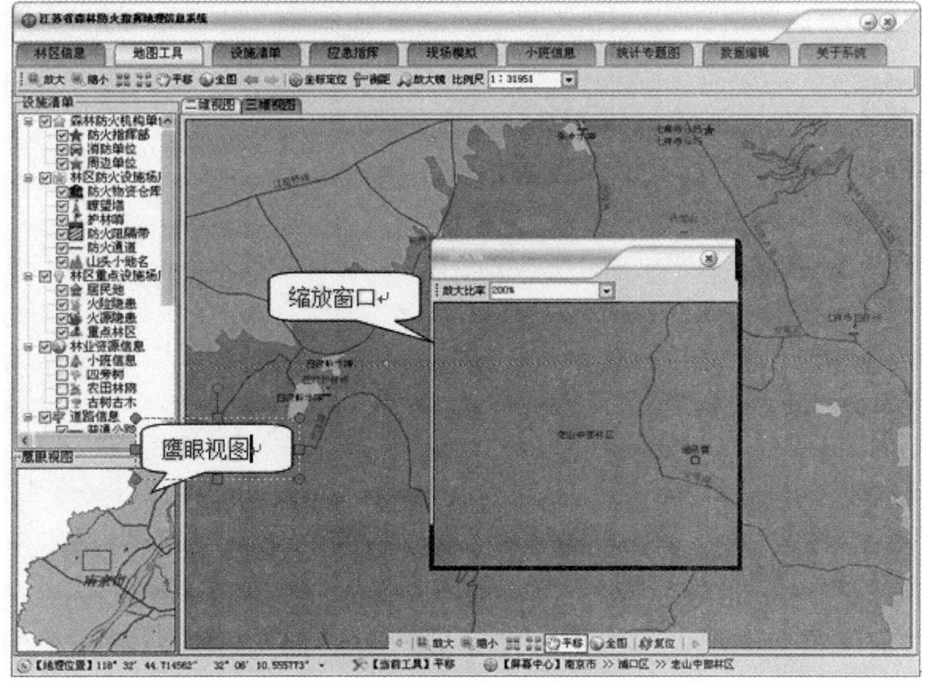

图 49　缩放及鹰眼视图

设施图层控制。森林防火系统包含多类复杂的图层数据，系统会根据不同比例尺，在当前地图窗口中显示该比例尺下有显示意义的图层，如在全图时只显示行政区和分辨率低的影像，当比例尺放大到一定比例尺时才显示图斑和高分辨率的影像。用户可以根据实际使用需要动态地控制各组图层或单个图层的叠加显示及隐藏。

图库管理。采用无缝海量图库管理系统管理底层的 1∶25 万和 1∶5 万的地形图，以及高分辨率的影像图，以帧为单位管理图形数据并实现图幅漫游，提供了建立图库、修改及删除图库等一系列操作。

量算。提供计算点的坐标信息(经纬度或千米网坐标)，测量折线的距离(米或千米)、多边形的面积(平方千米或公顷)等。

(二)二三维视图

二维视图。森林防火指挥系统可以实现二、三维视图的实时切换。二维视图为传统的矢量地图信息，便于快速地查询定位操作。

三维视图。三维视图基于影像图和高程数据叠加的效果，可以清晰展示林区各类林业特征及地貌地形特征。特别是在进行应急指挥操作时，可以在三维视图下观察火源周边的林种、林相及附近的道路和建筑物等，为指挥人员做出正确的决策提供帮助。

三、县区林区基本信息

该模块主要提供各市、县区林业基本信息的介绍，以及防火设施配置的基本情况汇总。

四、林火指挥扑救子系统

(一)火源分析

定位火源。一旦发生火源报警，系统可以通过以下几种方式进行定位：

根据火源的坐标位置自动在图上定位。如护林员在一线发现火情，可以通过手持 GPS 设备向指挥中心发送火源信息，或者指挥人员可以直接输入火源坐标定位。

根据小地名定位。如在某个山头发现火情，可以快速查询到该山头并直接将火源信息定位到该山头。

另外，系统还可以用在图上直接标绘的方式定位火源点。

火源分析。在定位火源后，系统会自动分析出该火源点周围的相关设施信息、火源隐患信息及历史上是否发生过火灾情况等。

火源分析告诉指挥人员当前火源的具体位置所在行政区域，同时分析出预算范围内的防火救援物资情况，以及高亮显示附件存在的火源隐患，最后会显示出该火源附近曾经发生过的火灾情况。

通过以上几个方面的信息，为指挥人员了解火情、指挥灭火提供了依据。指挥人员在此基础上研究扑火方案，使用森林防火指挥辅助决策功能，计算出：坡向、坡度、通视距离、道路最短路径和火线长度等基础数据。可以输入预计投入工具、人力求出扑救时间，输入预计扑救时间求出投入工具、人力；输入预计投入工具、人力求出打隔离带时间，输入预计打隔离带时间求出投入工具、人力。经过反复计算、权衡，结合指挥人员的防火知识和经验确定扑火方案。指挥人员可以将命令通过森林防火信息传输系统直接下达到火灾现场，或者通过卫星电话、互联网、微波电台和值班热线电话下达命令，节约宝贵的扑救时间，科学高效地完成林火扑救指挥工作。

（二）路径分析

救灾路径分析。在定位火源后，系统将自动计算出到达该火源点最近的消防单位和最近物资仓库，同事高亮显示消防单位和物资仓库到达该火源点的救灾路径，同时提供导航信息。

撤离路线分析。根据火源，可以设定撤离的安全区域，系统将分析出到达该安全区域的最佳路线，同时提供导航信息。

水源路径分析。一旦火源确定后，系统会自动计算出到达该火源最近的水源，以及到达该水源的最近路径，同时提供导航信息。

（三）现场模拟

针对火源发生点的特殊地形地貌，需要适时地调整救援力量的分配及部署。通过现场模拟功能可以方便地实现现场救援力量的规划及调度部署。

现场模拟可以为指挥人员提供实时的、动态的指挥决策，如可以安排救援车辆的行驶路线、救援力量的分布结构、撤离人员的路线安排等。

（四）周边分析

周边查询。火灾发生后，需要特别重视的是该火源周边的一些隐患设施，比如居民区、化工厂等。系统会自动分析出火源范围内所有的隐患设施，为应急指挥提供决策。

周边分析。火源定位后，系统会自动分析出火源周边的一些设施、救援力量以及火险隐患情况。同时指挥人员还可以动态调整火源周边分析的范围，对火源周边情况重新分析，以便寻找到最佳的救援决策。

五、防火人员管理子系统

（一）基本信息管理

对森林防火从业人员基本信息进行管理维护，包括森林防火从业人员信息的录入和报表导入，信息新增、编辑、删除、组合查询(图 50)。

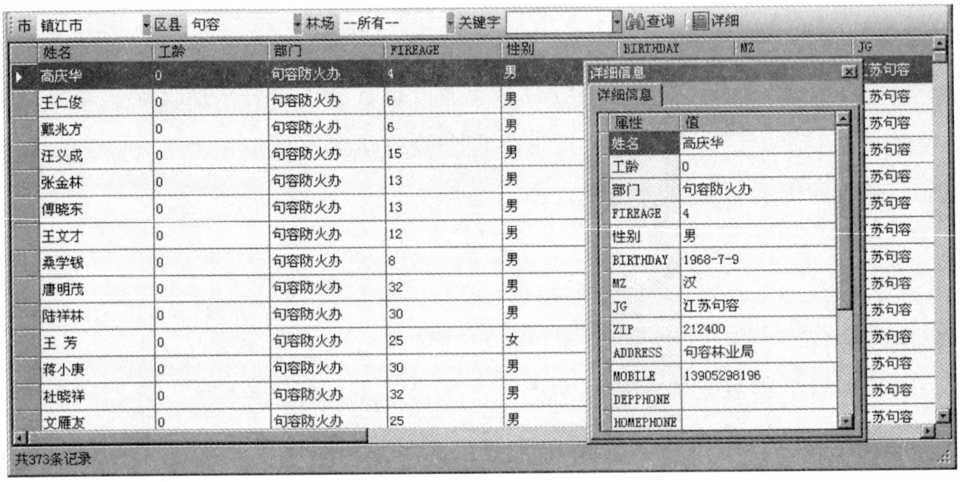

图 50　防火人员基本信息图

（二）人员定位

护林员定位。通过护林员手机的定位及通话功能，能有效地监控到护林员的日常巡逻路线，并且各护林员在巡逻中能有效地增加协同工作的能力，从而增加护林的高效性和高覆盖率。

GPS 数据通讯。手持定位终端可以在服务器设定的区域范围和时间内，实时地向服务器发送当前设备 GPS 数据信息，以便监控管理中心管理人员实时监控，同时管理系统可以实时跟踪护林员巡逻路线。

（三）在线指挥救灾

实时火源报警。护林员在巡逻时，如遇发送火情，可以通过手持 GPS 及时将火源的位置发送到指挥系统，系统分析火源后就可以在线实时地进行指挥救援。同时，后台系统自动提示管理人员有报警信息需要处理。管理员可查找指定时间段的报警信息。

人员实时监控。实时读取当前在线护林员的手机坐标位置信息或基站位置信息，动态显示在地图上。通过在线护林员在地图上定位到该护林员的位置，并高亮显示。

（四）后台人员管理

历史轨迹回放。系统可以根据实际需求，定时对护林员的基站位置进行记录。系统管理员可以根据手机位置信息及基站位置信息对护林员按照时间段进行轨迹回放。系统管理员判断待定护林员的巡逻路径是否合理，优化和寻求最佳的巡逻路径。

信息群发功能。可以在重要节假日、高火险天气等防火紧要时期通过群发短信的形式，将火险信息及时发送给每个护林员，提高护林员的责任意识。护林员也可利用手机迅速向信息中心报告火情，为火灾扑救工作提供可靠依据。

护林员绩效考核。护林员 GPS 考勤系统是建立在 GPS 卫星定位基础上的一项新技术。通过接收护林员所携带的终端设备发出的信号，来确定护林员所处位置及行动线路，并能将护林员的动向在电脑上做出直观的反映，以检查护林员护林工作，护林员 GPS 考勤系统不仅能准确反映出护林员的巡山时间、巡山路径、所在区位等，还可对护林员的工资收入、工资组成进行量化，使护林员的日常考勤考核管理工作更加科学、规范，从而解决了护林员队伍建设中存在的管理松散、考勤困难等问题，并进一步推进了林护林员监管体系规范化、信息化建设的进程，为保障森林资源及生态安全打下了坚实基础。系统根据考勤系统的数据和护林员所辖区域及巡逻任务进行综合评比，从而使护林员绩效考核有据可依，护林员的考核工作更加科学规范。

报警信息显示。护林员发出报警请求后，后台系统自动提示管理人员有报警信息需要处理。管理员可查找指定时间段的报警信息。

在线人员监控。显示当前在线巡查的护林员的位置信息（护林员编号、护林员姓名、经纬度坐标等实时状态）。实时统计当前各个乡镇护林员出勤情况，统计数据按照行政区域逐级显示。

六、防火设施管理子系统

（一）防火设施检索

防火设施清单。系统防火设施清单检索主要包括以下信息：防火指挥部；消防单位周边单位；防火物资仓库；瞭望塔；护林哨；防火阻隔带；防火通道；火险隐患山头小地名；居民地；林区道路；水源水系；防火责任人及护林人员。

防火设施查询。可以通过多种条件进行组合查询，如查询指定区县内的指定名称的设施信息。同时可以直接查询图上所选区域范围内的设施信息（图 51）。

在指定完成查询条件后，系统会依据条件检索相关的设施清单。查询的结果除包括了设施的基础信息外，还可以查看设施的配置信息、相关图片和视频等资料。

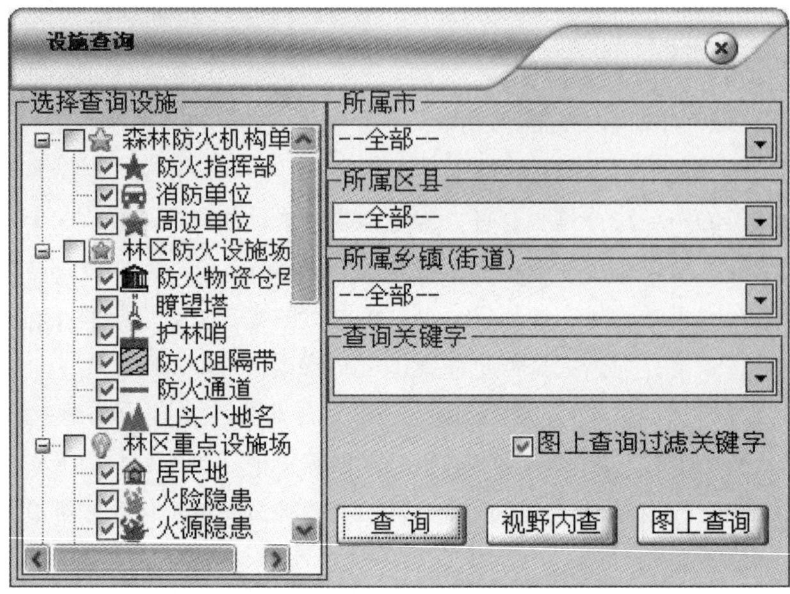

图 51 设定查询条件

(二)防火设施维护

包括各类防火设施的新增、维护及删除功能，同时可以对防火设施的多媒体信息，如照片、视频等进行维护管理(图 52)。

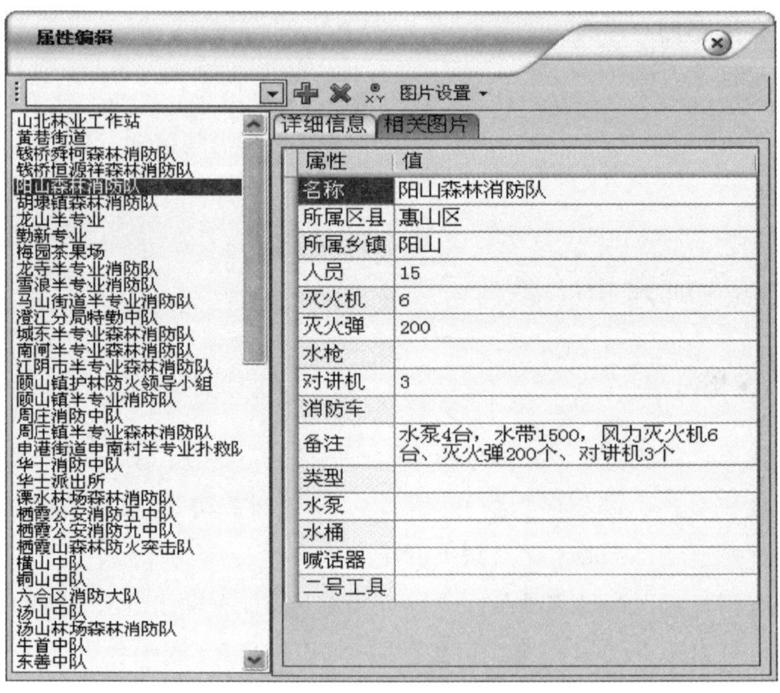

图 52 设施维护

七、灾后处理子系统

（一）火灾损失评估

火灾扑救工作结束以后，对森林火灾进行损失评估，火灾损失总共分为三个方面：直接经济损失评估、间接经济损失评估、社会损失评估。不仅可以为责任认定提供依据，而且还可以为火烧迹地恢复提供参考资料。

火灾折算。对过火面积、蓄积损失、经济损失，以及在扑火过程中的各种经济投入能快速并准确地统计计算。

灾后处理。火烧迹地的清理及火灾地区的造林规划。

（二）火灾归档处理

火灾扑救工作结束以后，应当及时将本次火灾的相关信息输入森林火灾档案数据库，为综合信息管理系统自动生成报表提供数据支持，也为以后的森林防火指挥工作提供宝贵的经验。

八、数字林业管理子系统

（一）信息查询

小班查询。二类小班信息查询，可以根据设定的区域及小班的各属性分类查询，如可依据地类、所有权、使用权林种等分类查询。

古树名木查询。可以按区域、编号、地貌、坡度、坡向等条件组合，查询古树名木信息（图 53）。

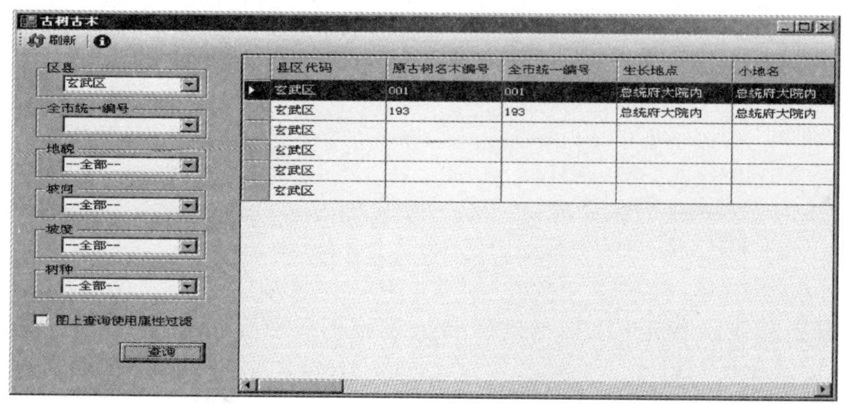

图 53　古树名木信息查询图

农田林网查询。可以根据区域及等级等条件查询农田林网信息。

四旁树查询。可以根据区域及分类条件查询四旁树信息。

（二）林业经济社会效益统计

林业经营情况。查询及维护林业经营情况。

历史经营情况。森林历史经营情况查询，可以根据区域及历史年份查询各区域内的森林历史经营情况。

社会经济效益。查询及维护森林社会经济效益。

社会生态效益。查询及维护森林在社会生态效益上的相关作用。

（三）制作数字林业专题图

专题图设置。数字林业专题图包括：事权等级专题图、地类专题图、林种专题图及树种专题图等。专题图设置中可以配置各类专题图的配色及统计输出信息等。

制作专题图。生成专题图后，可以直接在图上看到以下效果，用预设的各类别色系显示专题图。

九、报表与专题图输出子系统

防火设施配置报表。对各区县及各单位的防火设施、配置的设备信息进行统计，分析后的成果显示在屏幕输出（图 54）。

设施清单

南京市 ▾ | 玄武区 白下区 秦淮区 建邺区 鼓楼区 下关区 浦口区 栖霞区 雨花台区 江宁区 六合区 溧水县 高淳县

名称	人员	指挥车	消防车	对讲机	灭火机	灭火弹	水枪
下关区	450	0	0	0	50	0	0
浦口区	121	6	11	40	129	1016	100
栖霞区	660	2	14	8	350	1956	0
雨花台区	133	2	6	11	82	39	2
江宁区	651	0	14	295	285	5020	297
六合区	456	0	4	47	120	89	0
溧水县	155	0	0	113	77	380	24
高淳县	27	0	4	1	66	130	68

图 54　设施统计

防火专题图制作。系统可以根据各级防火设施信息制作如车辆专题图、人员专题图等，图 55 为区县车辆专题图。

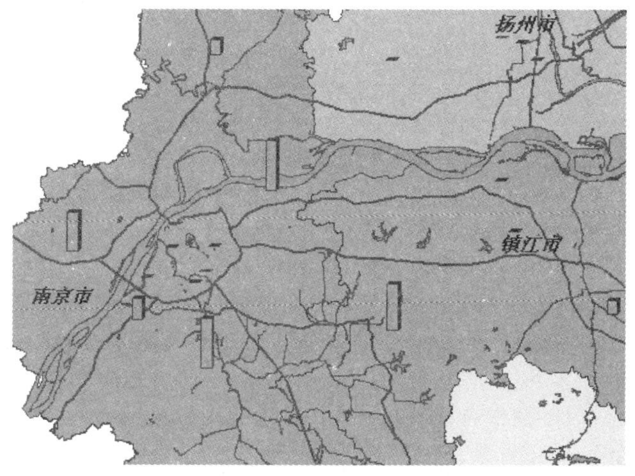

图 55　区县车辆专题图

十、林业及防火数据更新及维护

基础数据更新。其中包括了行政区划、道路、水系等基础地理数据的更新，实时对基础数据更新可以为应急指挥提供更准确的分析结果。

林业数据维护。林业数据维护包括：重点林区、二类小班、四旁树、农田林网等数据的维护。在系统中可以直接进行新增、编辑和删除该类数据(图 56)。

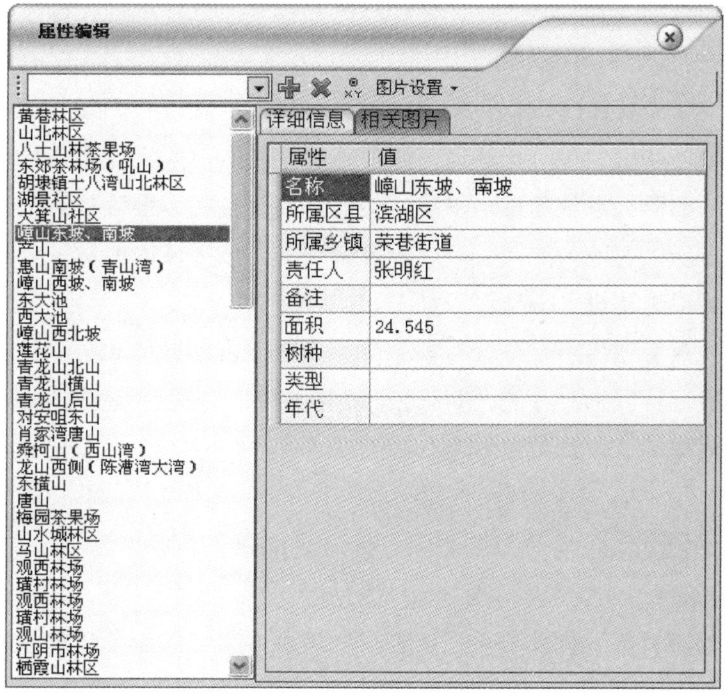

图 56　林区信息维护图

防火数据维护。防火数据包含：防火指挥部、消防单位、周边单位、防火物资仓库、瞭望塔、护林哨、防火阻隔带、防火通道、山头小地名、火险隐患等。同样在系统中可以直接对该类数据进行新增、编辑和删除操作。

人员信息维护。系统可以直接对防火指挥人员、责任人、护林员等数据进行新增、维护和删除操作。

第二节　主要措施和经验

一、建设措施

建立统一的信息标准。该系统从省级防火指挥应用平台出发，建立了以省为中心的防火信息数据标准库以及林业基础数据库。可以与各子级系统进行无缝对接，提高了数据共享性。

推动各级机构防火信息化建设。随着省级防火指挥系统的逐步完善，各市局防火系统也相应地进行建设或已建成。同时按照省防火数据标准与省指挥中心系统进行对接，实现了各系统的数据传输和共享。

规范及完善防火指挥硬件设备建设。系统的建设为指挥中心提供了高效的分析及救援决策，同时需要相应的硬件资源支撑，如各林区的视频通讯指挥，护林员手持 GPS 设备等建设。

建立规范化的防火救援队伍。在发生火灾时，指挥中心统一调度各级救援力量，这就必须要求加强各消防队伍的规范化建设，以便能够及时高效地进行扑救行动。

完善各级机构的防火设施建设。系统的运行需要完整的、准确的防火数据支撑，这就要求各林区、重点防火区域内的防火设施配置必须满足该区域内的救灾要求，因此必须完善各级机构的基础设施建设。

制定统一的人员管理体制。系统将各类防火指挥人员、责任人员以及护林员进行统一管理，同时护林员还可以通过手持 GPS 进行实时监控，这就有必要加强人员管理的规范化、标准化，从而提高工作及救灾效率。

二、建设经验

加强领导，落实责任。森林防火系统是一项涉及面很广的应急指挥系统，需要各方领导的重视及配合。同时要对各责任人落实具体要求，明确工作职责，建立规范的责任制度。

统一规划，建立标准。在建设省级森林防火指挥系统时，需要考虑到各市局数据的共享。这就要求统一规划全省的防火指挥系统，同时建立林业及防火数据标准，以便顺利开展今后的工作。

加强队伍建设，提高应急能力。指挥系统为指挥中心提供了更便捷与科学的决策指导，这就对各防火队伍的应急救援能力提出了更高的要求，因此有必要加强各队伍的能力建设。

严格管理，落实防范措施。信息化要求管理更为严格，系统可以为领导提供多层决策，因此防火工作应当以预防为主，加强及提高各机构的防控能力。

加强基础设施建设。基础设施信息是系统的支撑，因此系统的完善依赖于防火基础设施的建设。

加强协调，密切配合。系统的统一调度指挥要求各机构需加强协作，密切的配合才能及时高效地进行救灾处理。

第三节　效益分析和所获荣誉

提高信息共享性。建立防火数据的统一规划和统一标准，健全管理制度和运行机制，各信息系统彼此不再孤立，信息资源得以共享，实现了信息系统的整体性。省局⟵⟶市局⟵⟶林场之间各级管理部门信息互联互通，实现协同工作。森林防火管理涉及的多个组织机构（如森林公安、消防大队等），彼此之间通过信息系统进行协同工作。

提高信息利用率。提供完整的一套以森林资源及防火资源数据为基础的业务应用平台，为领导层决策提供支持。

提高办公效率。信息化转变了政府工作方式，提高了工作效率，加强了业务流程的优化和规范化，人员工作量也相应地减轻。

保证数据的及时性。林业及防护数据信息得以及时地更新和获取，保证了业务应用数据的准确性。

提高事故的应急处理能力。系统提高了对于突发事故的处理、现场的应急指挥救助及远程监控指挥能力。

推进信息化建设。系统推进了信息化工作流程规范的管理体制。提高了对信息化建设的认识性，促进了信息化建设的进展。促使省林业局领导从省森林管理的角度和高度出发，对信息化做整体考虑和规划部署。

第二十二章 福建省森林资源监测管理应用系统

福建省是我国南方重点林区，林业建设位居全国前列，进入21世纪，福建林业提出了建设绿色海峡西岸的奋斗目标，并被国家林业局列为国家林业改革和发展综合试验区。为了加快福建林业发展、推进林业信息化建设，贯彻落实建设“数字福建”的发展战略，福建省林业厅从2004年开始实施福建省数字林业工程。森林资源监测管理应用系统（以下简称森林资源管理系统）列入福建省数字林业一期建设工程。该系统主要用于实现全省各级森林资源管理部门业务管理、森林资源监测及森林资源更新业务。

森林资源管理是林业建设中的一项带有全局性和根本性的基础工作，是掌握森林资源现状及动态变化、制定森林资源管理决策方案和确保森林资源稳定增长的一种行政行为。森林资源管理是各级林业主管部门一项基本的日常性工作，涉及面广、工作量大，同时需要确保森林资源的政策性、准确性和时效性。在林业建设高速发展的新形势下，传统监测和管理模式、手段已经无法满足现代管理的需求，应用信息技术建立科学、规范、高效、灵活和符合福建省实际情况的森林资源业务管理系统，进一步提高森林资源监测和管理水平，为其他林业业务管理提供优质服务，已成为福建省各级林业主管部门的共识。本系统建设对提升福建省森林资源监测管理水平，特别对提高林业管理的整体现代化水平具有重要的意义。

福建省林业厅于2006年9月委托北京大陆康腾科技有限公司建设福建省森林资源监测管理应用系统。历时3个月该系统的一期内容便交付并投入使用，随着系统的逐渐完善，极大改善了资源监测业务工作，增强了资源数据的统计与分析能力，使森林资源监测工作更好地为林业建设服务。目前福建全省9个市级单位、100多个县级单位及1500多个乡级单位全面应用了福建省森林资源管理系统，该系统已成为福建省森林资源监测、森林采伐限额编制、森林经营方案编制、生态公益林管理、林业站管理等工作的重要手段和工具。

第一节　主要功能

一、系统软件结构

对应系统的逻辑结构，系统的软件结构主要分为四层，分别为：数据库管理软件、服务提供软件、客户端应用软件和浏览器应用软件。总体而言，操作系统使用 Microsoft 的 Windows 系列操作系统，地理信息应用和发布方面使用 ESRI 的 GIS 平台，Web 发布使用 IIS + ASP. Net。

二、系统功能设计

（一）用户管理

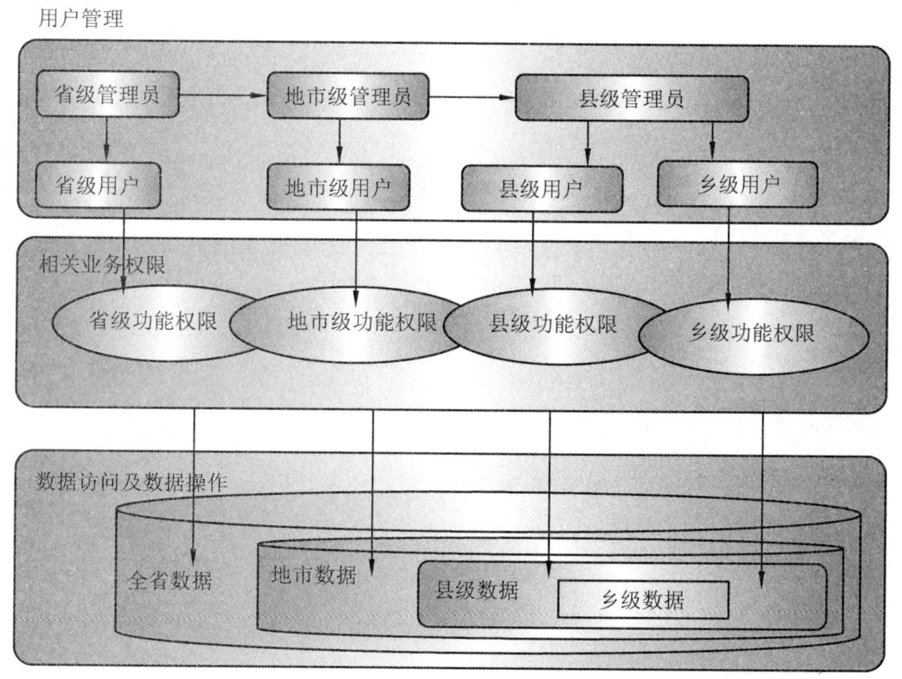

图 57　多级用户及权限管理图

系统采用多级用户及权限管理如图 57。系统用户可分为省级、地市级、县级和乡级等四级，各级用户的权限分配可以细化到系统功能模块中的各个按钮上，同时每一级的管理员设置本单位用户及下级单位管理员用户，例如福建省林业厅管理员设置资源总站的用户及福州市管理员用户，福州市管理员用户设置福州市林业局资源站用户及永泰县林业局管理员用户，永泰县林业局管理员设置县林业局资源站用户及管辖的林业站的用户。

采用多级用户管理可以满足全省各级森林防火部门对本系统的使用要求，大大节约软件开发投资，同时减少了省级管理员的系统维护工作量。

用户管理。在本系统中，存在两种类型的用户：一类是对系统进行日常维护和管理的用户，称为系统管理用户；另一类是日常使用系统功能进行数据的检索、上下载、浏览和业务应用的用户，称为业务用户。系统管理用户主要实现对系统的系统监控、用户管理和日常维护。系统管理用户可以有多个，有一个管理员(Administrator)对系统管理用户进行用户管理。业务用户主要实现对系统的访问和业务应用服务，可以进行数据管理、Web GIS服务、业务查询等一系列功能。业务管理用户按照组织机构可以划分为不同类型、不同级别的用户，有一个或多个业务用户管理员进行用户管理。用户管理功能是系统的两个管理员即系统管理用户管理员、业务用户管理员进行用户管理的工具，用于添加、删除、修改、查询用户信息，对用户进行授权、审批等管理工作。

部门管理。为方便系统权限的分配与管理，将每个用户划分到隶属的某个部门，以部门为单位进行管理，再给部门分配角色和权限。

角色管理。针对系统管理和业务用户的划分，角色也可分两类：系统管理角色和业务角色。角色管理模块负责定义和维护角色。

权限管理。权限分配完成对系统的用户进行数据权限和功能权限的分配、回收、查询等功能。可以将某个业务数据权限、地域行政级别权限、功能权限分配给某个角色，一旦某个用户被授予该角色的权限，该用户可以访问该权限控制的数据或功能。

日志管理。日志管理完成系统用户登录、访问、操作等各种工作日志的记录、查询、统计、审查、备份和恢复等工作，是系统安全审查的证据和依据。数据操作日志记录数据删改的操作者和时间，切实保证系统各级业务数据操作的安全性。

(二)森林资源信息(网络共享与发布)子系统

应用Internet/Intranet技术，将各级林业主管部门的信息集中存储，制定统一内部标准，实现各级林业主管部门之间的信息共享和信息交流，为林业信息化服务，为各级林业生产应用部门提供空间信息服务，以及林业日常办公提供服务。采用B/S结构，系统内各模块的信息均可发布到Internet/Intranet上，各登录用户根据各自权限仅可查看各自权限内的信息。

地图检索。系统提供了按经纬度检索和按地名检索等两种地图检索方式，方便地图的管理及查询。用户可以指定所要检索的地图位置，查询结果自动调整为适合的比例尺显示。

制图符号化及配色方案控制。本系统中的所有基础矢量地图的制图符号显示及配色方案均参照《中华人民共和国地图符号标准》中对各比例尺地图的相应规定执行。

图层控制。用户可以根据需要调整任意图层组中的任意图层的可见性 <可见/不可见>。由于系统中的每一种矢量地图图层都存在 100 万、25 万、5 万、2.5 万几种，通过预先设置每一图层的最大和最小比例尺可以控制在任意屏幕比例尺下，同时地图只有一个以上几种比例尺的图层可以被显示。此项设置完成后，当屏幕比例尺改变时，系统会根据需要自动完成按比例尺自动切换调图功能。

标注控制。各图层的字段标注均由系统自动完成(自动指定功能每一图层的标注字段)，用户无需参与，不提供用户自行更改图层标注的功能。

图例控制。图例的控制由系统自动完成。系统可以根据当前地图文档中的每层地图的配色及符号化显示相应的图例。

地图量算。显示当前鼠标所在位置坐标。当打开地图文档后，任何时刻用户鼠标所在位置坐标均可自动在状态栏处显示。用户可以选择屏蔽此功能。距离量算。用户首先点击距离量算工具，然后连续点击地图上所要量测的线段的两个端点，即可得到距离量算结果。面积量算。用户通过空间要素选择工具选择要参与计算面积的地图范围。面积量算包括：指定要素面积量算和自定义区域面积量算。

地图信息查询。针对指定的图层，查看指定范围内空间数据的属性信息。

打印。可以将地图信息、图例信息，以及地图鹰眼图打印输出。

(三)生态公益林监测管理子系统

本子系统主要实现对生态公益林资源管理、资金管理、管护管理、生态公益林调整、公益林监测样地管理等，生成公益林相关的统计报表和专题图(图 58)。

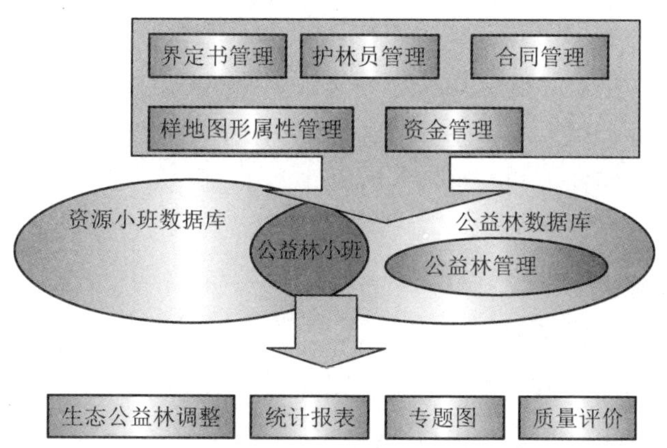

图 58　子系统功能结构图

界定书管理。界定书录入。对原有生态公益林区划界定结果进行录入或导入，对新签订的界定书在给定编号后，用户可选择该界定书对应的区划范围，以小班为最小单位，也可选择村、林班或大班，建立界定书和小班的对应关系并自动生成表格。界定书查询浏览。可建立生态公益林小班和界定书的交互查询，即根据界定书编号查询所包含的小班，也可根据小班查询签订的界定书；用户还可以在地图上方便地查询到某一界定书包含的小班图形信息。

资金分配使用管理。

资金分配使用情况录入：对公益林补偿的资金按照权属者补偿、护林员工资、抚育补值整地经费、公共管护支出等几部分的分配情况进行录入。系统可根据小班面积以及公益林保护等级等条件自动计算出补偿的费用，并能够自动生成补偿资金台账。

资金分配方法调整：根据不同地区的实际情况调整权属者补偿、护林员工作抚育补值整地经费、公共管护支出等几部分的分配标准。系统将根据调整后的分配标准对资金进行分配。

护林员管理：对护林员的基本情况及工资等进行管理，主要包括以下内容：护林员ID、护林员姓名、年份、乡镇、行政村、责任区号、护林面积、护林工资(预算)、拨付金额、实发工资、奖惩金额、其他金额等。

对公益林管护责任书的管理以及对公益林管护合同的管理与界定书管理类似，可以建立护林员和护林区域的交互查询，即根据护林员查询所管护的区域，包括村、林班、大班直到小班，也可查询某一区域由哪个护林员所管护；用户还可以在地图上方便地查询到护林员护林区域的图形信息。

生态公益林调整。

公益林调整：县级用户对生态公益林进行调整，主要是属性的变化，即将公益林变更为商品林或将商品林变更为公益林。系统自动计算生成调整结果，并报省级资源管理部门审核。

调整结果审核：省级用户对该县的本次调整结果进行审核，系统提供辅助审核功能，可根据条件自动判断调整是否符合相关法规文件、调整的总面积变化数量等。

样地图形属性数据管理。将生态公益林监测样地调查结果录入，包括图形数据和属性数据。生态公益林监测样地中和一类清查样地重合的部分可直接从森林资源连续清查子系统中获取。

生态公益林统计报表。生成上报国家及各级用户使用的统计表。生成的报表可以导出到 Excel 中。报表种类共 30 多种。

生态公益林专题图。根据生态公益林图形和属性信息生成各类专题图。

生态公益林质量评价。根据《GB/T 18337. 1 – 2001 生态公益林建设导则》及福建省地方标准，按照防护林和特用林的划分，进行一定规则的质量评价。

对选择的区域范围(分县或分区位或分级别等)进行生态公益林质量评价，一是小班评价，二是样地评价。对各小班或样地进行质量评价后，进行县汇总、地区汇总、省汇总。在进行县汇总时，应进行加权平均：各个小班的面积乘以相应得分值的总和/小班面积总和。地区、省汇总也应进行加权平均。在软件设计时要充分考虑评价指标的量化，才能实

现生态公益林质量评价的计算机化。

(四)森林资源连续清查子系统(图 59)

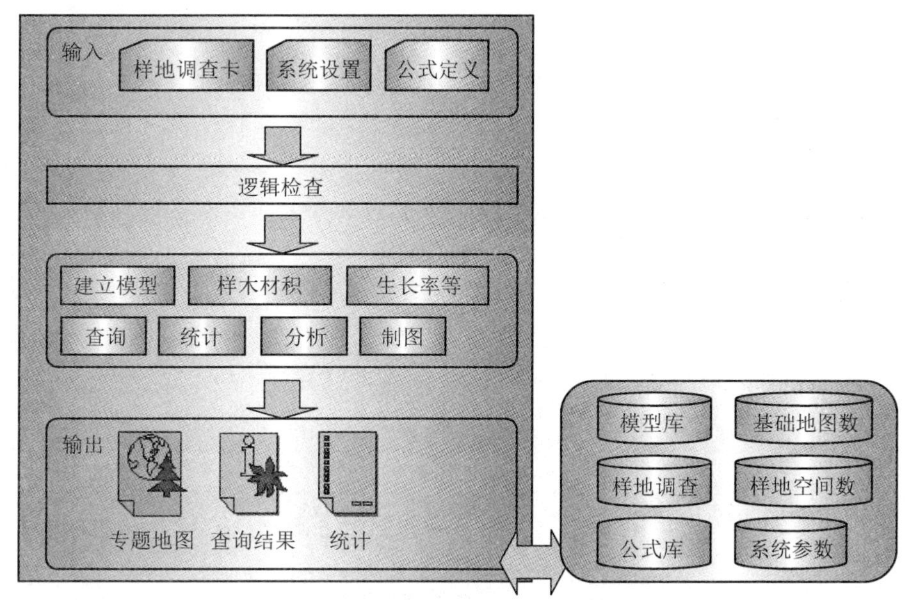

图 59　森林资源连续清查子系统的模块关系图

森林资源样地调查数据录入。将外业样地调查记录表、样地因子调查表、样地每木检尺登记表等数据录入到系统中，录入后要进行数据的逻辑检查，通过后方可入库。

材积公式定义。系统将定义的材积公式参数保存到数据库中，并可根据需要调整上述公式的参数。

树高计算。系统可根据少量样木的胸径和树高进行树高曲线公式拟合，然后根据公式计算出未测量树高的样木的树高。

样木材积计算。根据定义的材积公式通过测量和计算得到的胸径和树高计算出每株样木的材积。系统自动根据树种将其代入相应的公式，进行样木单株材积计算。

样地蓄积计算。对于样地采用每木检尺的测量方法，样地蓄积等于每株样木的材积之和。系统自动计算各样地的样地蓄积。

信息查询。系统能够对录入的样地信息、复位样地信息、样木信息、材积公式信息等进行查询浏览，可以设置组合条件，可以进行图形和属性的交互查询。

信息统计分析。系统可对连续清查数据进行统计分析，生成固定统计报表，用户还可以生成灵活的自定义表格。统计结果可以打印输出或输出到 Excel 文件。系统提供抽样统计分析及动态变化分析两种分析方式。抽样统计分析：用户可指定样本数量、样本条件，对样地进行抽样并进行统计分析。动态变化分析：将不同年份的样地按照地类林种、起源等进行比较分析，生成各类用户要求的转移动态表。

专题图生成。系统可生成固定格式的连续清查结果专题图。

模型生成。建立年度变化更新所需的亩蓄积、胸径、树高、郁闭度的模型。将不同时期的样地蓄积(因为样地面积就是1亩，所以每块样地的蓄积就是亩蓄积)、胸径、树高和郁闭度进行对比计算，获得年度变化的因子并保存到模型库中。系统可选择使用全部样地生成、复位样地生成、选择样地生成等功能，并给出该次生成参数的回归系数。

计算林木生长率、枯损率。系统可以根据不同时期的样地林分因子计算林木生长率及枯损率。查定不同材积类型的样地检尺材料，计算样地生长量，并依其分类计算总体各类生长率及枯损率，按照行政区划地区将各地的林木生长率和枯损率保持到数据库中。

(五)森林资源年度变化调查子系统(图60)

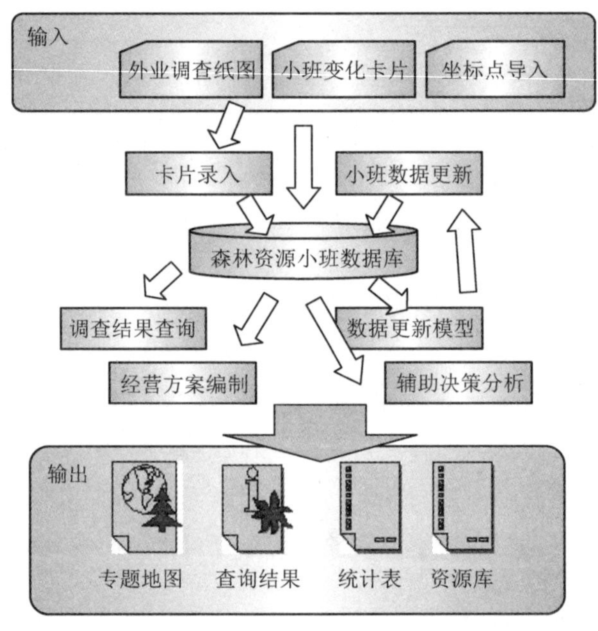

图60　森林资源年度变化调查子系统流程图

小班变化调查记录卡录入。该模块让用户以小班变化调查记录卡片的方式录入信息。系统设计时充分考虑用户的操作习惯和方便实用，并可将属性和图形一起进行录入。

小班数据更新。该模块提供三种更新方式，一种通过生长模型自动更新，一种通过编辑小班变化调查卡片，还可以通过其他业务接口人工更新。由于系统采用了离线编辑/在线更新的方式，小班数据更新完全可以做到实时更新。

调查结果查询。查询变化卡片，如：某经营单位有哪些变化卡片；某种变化原因有哪些卡片。查询小班数据，查询结果以小班卡片的方式显示。查询图形数据。查询某个单位小班所在范围。查询某种因子分布范围。以空间属性为条件查询，如山头或水库周围或河两岸的小班一览表或统计成表。查询满足某些条件的图。如：所有树种分布图，或林分分

布图等。查询林班号、大班号、小班号的使用情况，可以显示尚未使用的号码并打印。

年度调查结果输出。森林资源数据库输出。能够按照年度或任意时间点输出年度小班数据库，输出结果可以文件方式备份，也可以保存为历史数据存放在单独的表空间中。能够根据指定的条件输出数据，在输出的过程中可以根据定义的代码对照表实现和国家标准代码的转换，例如可直接生成生态公益林上报数据库。报表统计。能够根据选定的行政区划或经营单位生成各类固定格式报表，也可由用户自定义表头生成报表。报表可以直接打印或输出到 Excel 模板中。

经营方案编制。森林经营方案是在二类森林资源调查的基础上，在充分掌握林场内部条件和外部条件的基础上，以营林为基础，以市场为导向，以商品生产和商品交换为手段，为实现企业的经营目标，使企业的外部环境和内部条件在较长时期内达到动态平衡的一系列有组织、有计划的长远规划。编制森林经营方案是资源管理部门的重要工作之一。

辅助决策分析。用户可以指定比较的因子，做出不同年份的对比，如面积、蓄积、林龄组、径材等级等，并能够以表格、图表等多种方式表示。

（六）森林资源空间数据处理子系统

数据采集后台管理。在林业基层单位进行数据采集之前，森林资源数据管理维护子系统要做大量后台准备工作，包括数据采集图层的管理，采集任务的制定、分派和管理等。这是基层采集数据的基层单位不能直观看到的。

数据交换后台管理。对用户上传的数据进行入库审核，交换数据发布。用户上传交换数据后，管理员可以查看交换详情来决定是否审核通过。

数据采集流程。由于市、县(市、区)、国有林场、采育场、乡镇林业站用户进行林业调查，需要进行动态的更新和维护，需要实现空间和属性数据的采集、编辑、删除的功能，实现鼠标手工输入、半自动矢量化、全自动矢量化、边缘矢量化、地图编辑、拓扑关系生成。此功能主要面向林业基层单位。

地图索引。根据区域所在的范围自动生成对应的地图分幅索引网络。

地图制作。作为基础数据库，系统的制图功能是数据库的重要内容之一，该模块支持布局打印和输出为多页位图及分幅打印；支持地图边框、比例尺、指北针等地图整饰等等。

信息查询检索。该模块主要是向用户提供尽可能多的方式让用户能够快速、方便地浏览到用户感兴趣的数据情况。空间位置查询。该功能用于通过空间位置的定位来浏览显示各类数据，空间位置的定位主要由以下几种方式来确定，每种方式不是完全独立的，可以相互联系，使用户能够快速地找到自己感兴趣的区域。专题属性查询。该模块用于查询显示林业专题数据的属性信息，由于数据种类较多，数据格式复杂，因此在属性查询时将按数据集分类和数据层分类分别进行查询，并进行相应的属性显示。

第二节　主要措施和经验

福建省森林资源管理系统的建设坚持“以需求为向导，以应用为重点”的基本原则，遵循“统一规划、分期建设、信息共享、安全保密”的指导方针，根据系统的总体目标，实现信息资源共享和优化配置，以各级森林资源管理用户的需求为主要导向，充分利用先进、可靠的技术和产品，实现各级森林资源管理信息流实时双向交互，实现安全、便捷的系统管理，确保能为最终用户提供安全、高效、可靠、丰富、便捷的信息服务。

标准化。标准化、规范化是信息化建设的重要技术支持和保障体系，是实现互联互通、资源共享的技术基础。因此，在系统设计与实施过程中，必须严格执行国家有关的法律法规，依法开展工作，坚决实施有关强制性标准。采用公共规范，符合开放系统环境，是本项目开发选择标准的基本原则，只有这样才有利于数据共享、资源共享、保证互操作性和可移植性；采用一致的用户界面，一致的安全性接口，一致的管理接口。

开放性。本系统设计采用开放标准，选用的技术产品符合开放标准。其次，在本系统平台之上搭建的各应用子系统又能够保持相对的独立性，各应用子系统能够根据福建省森林资源管理未来业务的发展变化而灵活地改变系统设置和参数，能够充分满足系统今后进一步扩展的需要。

实用性。本系统设计以满足用户需求为目标，方便用户使用为基本原则。本系统的用户包括省林业厅各处室、全省 9 个设区市林业局、90 个县(市、区)林业局、108 个国有林场、118 个国有采育场、972 个乡镇林业站。系统设计必须充分考虑多用户并发的特点，应用先进、成熟的技术，保证(至少 100 个用户能同时调用同一内容)能同时高效使用本系统并实时处理有关信息。系统必须根据福建省各级森林资源监测管理业务的基本流程，抽象出科学、完整的管理模型，融入先进的管理理念，同时兼顾现有业务操作习惯，为各级各类用户量身订造功能齐全、方便实用的系统，并尽可能降低系统使用前的培训投入和使用中的维护投入。

安全性。本系统的安全性是整个系统建设的关键。本系统安全体系结构主要分为三个层面，网络级安全、系统级安全、应用级安全。网络级安全主要采用物理隔离、防火墙技术、VPN 技术、入侵检测、漏洞扫描和网络管理保证网络级安全。系统级安全主要靠使用安全等级较高的操作系统，并从操作系统的角度考虑系统安全措施，防止不法分子利用操作系统的一些 BUG、后门取得对系统的非法操作权限。应用级安全主要是在应用层保证应用系统信息访问的合法性，确保用户根据授权合法地访问数据库。应用层的安全防护是面向用户和应用程序的，主要采用用户认证、授权管理系统和作为安全防护手段，实现应用级的安全防护。另外，由于 Web 技术带来的数据库物理屏障的消除，使得对数据库的访问变得透明而简单，也带来数据库系统维护和使用的可靠性问题。对于系统开发和维护人

员无意地造成数据破坏的情况也必须考虑给予必要的防范措施，要将直接操作数据库的权限限制在最小范围内，并对系统设置级别、权限管理，真正确保系统数据的安全。

可靠性。本系统应能够设定备份周期和备份内容，进行多级多层次系统备份。对系统主要的信息实行自动备份，以保证系统在出现异常情况下的补救措施，并设有系统自动恢复机制。除了系统主要的信息自动备份功能，本系统还要设计对历史业务数据保存与自动备份的管理机制，保证系统能实现透明查询历史业务数据。

可扩展性和可维护性。本系统作为福建数字林业电子政务的一个重要组成部分，应能通过福建省林业信息服务系统提供的标准 XML、GML 接口与其他应用系统或目前已经在用的系统进行通信和信息交换。为适应未来林业管理工作的发展，系统应该具有完善的管理功能，能在不需要修改源代码的前提下，灵活地对系统参数和工作流程进行配置，以达到改变业务流程的目的。

经济性。本系统要在保证实现系统功能，保证系统先进性、可靠性、扩展性的基础上，尽量降低整个系统的成本造价。因此，进行系统设计时，应充分考虑当前信息技术发展的趋势，并紧密结合我国和福建省的实际情况，尤其是充分了解了各级森林资源管理部门的需求，一切以先进、实用、可靠、满足用户需求为本。

本项目的设计及实施必须满足省、市、县、乡四级业务部门的需求，满足沿海地区及山区等不同地区管理模式和习惯做法，同时项目开发周期紧张，因此必须尽快充分了解各种业务需求，并能够在此基础上抽象出科学的业务流程。针对以上情况，结合“福建省林政业务应用系统”开发过程中需求调研的成果，有重点地了解对现有系统需求不明确的内容，减少重复调研的工作量。项目初期，在南平、三明、福州等设区市及所属的建瓯、建阳、尤溪、永泰、福清等市县进行了为期一个月的细致调研，对沿海地区及山区等不同地区资源管理模式和习惯做法有了初步的了解。同时对本系统涉及的接口及数据共享标准等也进行了细致的讨论。在项目实施过程中，各部门全力配合开发商工作，如期建立了全省统一的基于 Oracle 存储的森林资源小班数据库。

第三节　效益分析和所获荣誉

森林资源是森林生态效益的载体，森林资源是大自然和先人赐予当代人和后人的宝贵遗产，所有人在享受其神奇魅力的同时都应该保护她，特别是对其管理部门而言，保护森林资源更是其神圣的职责。森林资源信息和森林资源管理是林业的基础管理，是林业建设各项决策的重要依据，建立森林资源管理信息系统，全面提升福建省森林资源管理的现代化水平，是适应林业跨越式发展要求，促进林业宏观决策科学化，加速林业管理现代化的具有全局性、战略性的基础工作。

建设福建省森林资源监测管理应用系统，借助现代信息技术手段，有效地提高了各资源管理部门在森林资源管理方面的能力，从而确保资源永续利用和可持续发展，造福子孙后代。系统建设后大大提高部门效率，通过提高流程的自动化程度和规范程度，全面提升整体工作效率。同时信息手段能够最及时地向决策层提供最基础的信息，减少信息在流通环节的失真，帮助实现科学决策，从而获得间接的经济效益。

第二十三章　福建省林政管理业务应用系统

为加强林业信息化建设，提高林业决策、管理和服务水平，福建省林业厅从 2004 年开始实施福建省数字林业工程建设，提出福建省数字林业建设的总体目标是：标准统一、功能完善、安全可靠的林业政务信息网络平台发挥支持作用；重点业务系统建设取得明显成效；林业基础信息资源数据库建设取得重大进展，信息资源共享程度明显提高；初步形成林业电子政务网络与信息安全保障体系，建立完善人才队伍建设机制。

林政管理业务应用系统作为福建省数字林业一期建设工程的重点业务应用系统，是数字林业建设中的一项带有全局性和根本性的工作，是依照国家的法律、法规和政策来调整国家、集体、企业和个人之间的关系，是确保森林资源稳定增长的一种行政行为。林政管理的主要目的是保持适当的森林面积，维护森林可持续发展，使森林资源对国家和社会提供最佳的生态、社会和经济效益，满足社会主义现代化建设对森林资源不断增长的需求。林政管理是各级林业主管部门的一项基本的日常性工作，涉及面广、工作量大、具有很强的政策性和时效性。在林业建设高速发展的新形势下，传统管理模式和手段已经无法满足现代管理的需求，应用信息技术建立科学、规范、高效、灵活和符合福建省实际情况的林政业务管理系统，进一步提高林政管理依法行政的水平，为促进当地的山区经济持续发展和生态建设提供优质服务，已成为福建省各级林业主管部门的共识。

目前福建全省 9 个市级单位、100 多个县级单位及 1500 多个乡级单位全面推广应用了福建省林政管理业务应用系统，日常用户 1000 多位，全省范围内的所有采伐许可证、木材运输证、林地征占用许可证、经营加工许可证等业务工作均通过政务网办理，全年全省在线行政审批达 70 多万件。该系统应用进一步规范了审批行为，增加了审批透明度，降低了行政成本，提高了行政效率和公共服务水平，取得了显著的社会经济成效。

第一节　主要功能

一、系统体系结构

系统体系结构主要分为四层，分别为：数据层、服务层(中间层)、业务应用层和用户界面层(图61)。

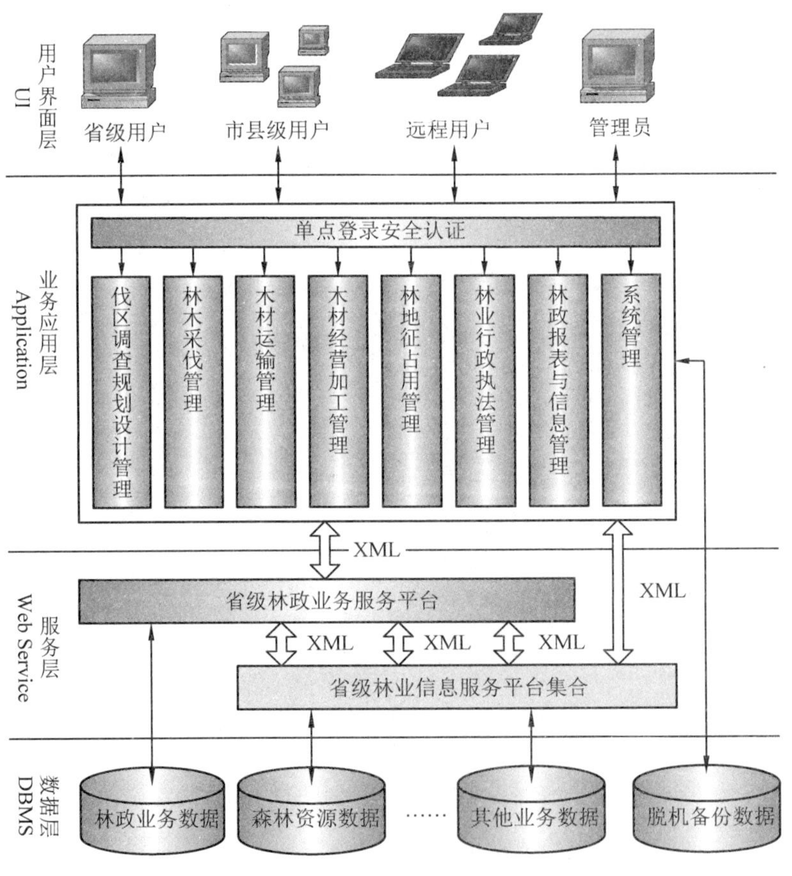

图61　系统体系结构图

(一)数据层

为了建立全省统一、高效、安全的林政管理系统，并实现与福建数字林业其他系统的互通互联、数据共享，本系统将集中建立省级林政数据中心，以及各地市区县的数据分中心。

省级林政数据中心设在省厅林业数据中心，采用 Oracle9i 企业版数据库，集中存储全省所有林政数据，包括伐区规划数据、伐区调查设计数据、林木采伐数据、木材运输数据等，将这些数据紧密集成，通过福建林业信息服务平台提供的 Web 服务实现对全省林政管理业务的全方位监管。

同时，充分利用分布式数据存储的优点，建立各地市区县的数据分中心。利用 Access 等小型关系数据库，备份存贮本地数据，以保障网络出现故障时也可以完成部分业务功能。

（二）服务层

在省厅林业信息中心，建设省级林业政务信息服务平台，实现系统内各子系统之间的通讯和整合，将相对分散的子系统组成一个统一的整体，实现子系统间的功能控制和信息交互与共享。

服务平台通过福建林业信息服务系统提供的标准 XML、GML 接口和数据交换模式，可以使用福建省林业基础数据服务平台、福建省林业信息共享服务平台等系统提供的多项服务，包括访问基础数据层的林业资源数据、其他业务数据，享用全系统的安全认证，以及与国家林业数据中心的接口定义等。

服务平台通过标准 XML、GML 接口，与其他应用系统实现数据共享和信息交换，为其他系统提供服务。同时，系统设计采用相关业务系统的接口，具备与“数字福建”的相应接口，可实现与“数字福建”的无缝连接。通过林政信息服务平台，可以向其他部门及社会发布全省的林政共享信息。

（三）业务应用层

系统主要业务应用包括伐区调查规划设计管理、林木采伐管理、木材运输管理、木材经营加工管理、林地征占用管理、林业行政执法管理、林政报表与信息管理、系统管理。

各业务应用安全验证都采用福建省林业信息服务系统提供的全局统一的授权管理、用户身份管理和单点登录认证服务，保证了系统的安全性。

（四）用户界面层

用户界面层统一采用 Web 浏览器作为运行环境，部分功能采用嵌入式瘦客户端方式实现（如打印功能）。

二、系统网络结构

（一）网络拓扑图（图 62）

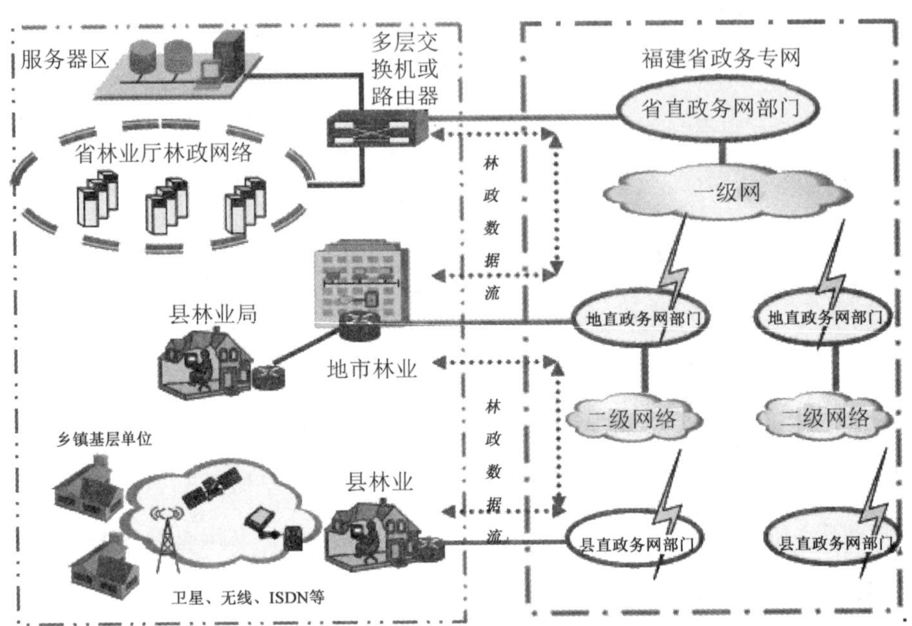

图 62　网络拓扑图

（二）基层单位接入方式

主要考虑林政基层单位网络的接入方式。林政资源基层单位网络是整个福建省林政管理业务应用系统的使用末端，其网络位置、业务及工作特点给了网络接入方式极大的灵活性，可根据当地运营商提供的接入业务和资费情况，按照各类接入方式的特点设计接入方案。

三、主要功能介绍

系统功能包括伐区调查规划设计管理、林木采伐管理、木材运输管理、木材经营加工管理、林地征占用管理、林业行政执法管理、林政报表与信息管理、系统管理（图 63）。

伐区调查规划设计管理。主要通过对指定的伐区进行伐区规划、外业调查数据管理、内业设计计算、林业规费预交测算，实现计算机辅助伐区采伐作业设计，为及时准确掌握伐区现状、实施森林采伐限额和制定年度木材生产计划提供信息和依据，最终生成伐区规划设计书、伐区作业设计书和林木采伐申请书等规划设计成果。

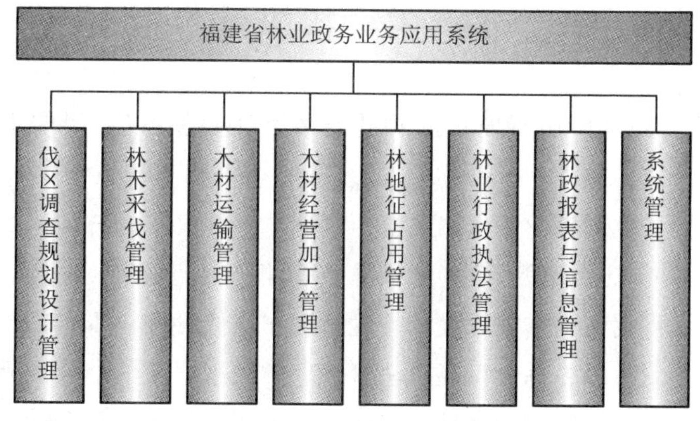

图 63　主要功能模块图

林木采伐管理。根据森林采伐限额上级下达的年度木材生产计划和森林资源数据库提供的信息，完成各级各类林木采伐的申请、审核、审批、发证和管理，实现林木采伐的审核、审批、发证、管理和伐区管理的计算机化，有效保护森林资源。

木材运输管理。主要实现对木材运输证的发放，随时掌握采伐证审批的执行情况，尽最大努力控制来源不明的木材进入合法的流通渠道。

木材经营加工管理。主要监督木材经营单位的木材库存量、木材进仓数量以及木材出仓数量。同时对木材加工及经营的木材消耗进行处理。木材经营加工管理关注被监管单位的贮量及进仓量，通过对其贮量的掌握控制其出仓量。

林地征占用管理。通过建立森林资源档案库，实现对林地信息的查询、分析、统计、汇总、建档、各种征占用林地申请的办理、审批、收费和管理。

林业行政执法管理。主要面向林政处和法规处的用户，在完成林业法规数据库建设的基础上，实现各种林业行政案件的办理、审批和管理，各种林业执法文书的生成与管理，各种林业行政执法信息的查询、分析、统计和汇总。

林政报表与信息管理。主要实现对林政信息管理和相关的统计报表输出，完成各种文件、合同、签名和批示信息的图像扫描输入与管理，并能根据不同级别、不同层次的审批、审核、发证、管理机构的权限，实现与各种证件有关信息的自动查询、有关报表的自动统计、上报、申报和下达，具备临时报表组织与生成功能。

系统管理。为确保林政业务管理系统数据的安全，各级分系统必须具有设置系统管理员功能，对系统管理员的授权应有完善严密的审批机制，授权应尽可能细化，授权单位应按基本行政管理组织来划分。各级系统必须具有限制系统操作员对数据删除和修改权限的机制，登记对数据删改的操作者和时间，切实保证系统各级业务数据操作的安全性。因此，按照功能划分为用户管理、权限管理、日志管理和系统备份四个模块。

第二节　主要措施和经验

“福建省林政管理业务应用系统”是“福建省数字林业”建设项目的主要业务应用系统之一，其目标是将计算机技术、网络技术、数据库技术和GIS技术与林政管理业务相结合，建立全省统一的林政管理业务应用系统，实现对森林资源的林地采伐、运输、经营加工、行政执法等环节的有效管理，改善各级林政管理部门信息交流的实时性，提高林政管理的办公效率。系统将伐区调查规划设计管理、林木采伐管理、木材运输管理、木材经营加工管理、林地征占用管理、林业行政执法管理、林政报表与信息管理等林政管理应用集为一体，实现对森林资源从征占用林地、采伐、运输到经营加工整个林政管理流程全过程管理的功能。根据不同层次、不同级别林政管理部门的不同需求，由本系统统一完成省、设区市、县、乡四级林政主管部门的林政管理业务和信息管理。在开发系统时坚持以下原则。

实用性原则。全面汉化，易于使用，更新和维护简单；操作简单、方便、友好的用户界面，使用户易理解、易学、易操作；充分考虑已有资源(软、硬件设备及数据)的合理利用，避免出现不必要的浪费；充分考虑系统数据冗余和容错能力，保证系统的可靠性。

实事求是原则。目前，资源林政管理存在的主要问题，大多数与不实事求是有关，如发放林木采伐许可证时不按采伐限额的要求、采伐作业时不凭证采伐、作业验收时弄虚作假等。所以，在林政管理系统的设计中，必须根据实事求是的原则，严格把好每一个关，使之真正为林政业务管理和林业生产服务。

高效、准确、快捷原则。林业从总体上来讲是一种较为粗放的经营，但对于资源林政管理，要求必须准确。特别是采伐限额数据、采伐证中的数据、验收数据和销售运输证数据，如果模模糊糊或误差太大，将会造成严重的后果。另外，高效和快捷也是必需的，因为在发放林木采伐许可证、林木采伐和作业验收等关键环节，森林资源档案、采伐限额的余额等数据都会发生变化。如果这些数据未变或变化不能及时跟上节奏，也会造成决策上的失误。另外在木材运输过站检查时如果速度太慢会影响交通。

统一标准、系统整合原则。在数字建设进程中，必须充分利用有限的资源，调动各方面积极性，利用各部门现有工作基础，整合现有资料。要根据统一的规范标准，将大量的林政管理资料整编、数字化形成林政管理信息综合集成框架，实现资料共建共享，避免重复劳动，以减少人力、物力和财力的巨大浪费。同时必须明确不同部门和单位对信息提供、维护和查询的权利、职责和义务；信息开放度的规定和开放等级划分；信息与资料的产权界定和保护策略等。

安全原则。采伐限额管理、采伐证管理、验收证管理、销售运输证管理等几个模块的主要功能是对重要证件的录入、修改和删除，以及对重要台账的浏览等。设计时除考虑实

事求是、操作简单、高效、准确等原则外，还要求系统具有较高的安全性和完整性。必须符合国家的安全标准和软件安全要求，以保护内部信息特别是密级信息不被非法访问。系统设计时应充分考虑数据库和应用系统的安全性，对重要内容进行加密处理，建立数据库的更新和备份机制、系统用户的身份认证、权限认证，彻底屏蔽内外非授权用户的非法访问，将各种可能出现的误操作造成的损失降至最低。

可扩充性原则。系统设计具有良好的可扩展性，这样不论是数据库的内容扩充、数据增长、数据更新还是系统的功能增强，都可以很好地并入原有的系统，使系统可以不断地进行生长，达到一种自适应的要求；系统尽量采用原子模块化的设计，在系统安装时，采用搭积木式的安装方式，使系统的近期、中期、远期达到完美的结合。

开放性原则。系统设计采用面向对象的分析与设计方法（OOA&D），使系统逻辑结构清晰、易读，在功能的划分和设计时，合理划分各模块的颗粒度，使系统易于扩充、维护和修改；系统设计遵循构件化设计原则，各部分遵循标准的规范接口，支持各个部分之间灵活的沟通与联系，在统一的安全控制下，实现信息数据的充分共享与灵活集成。

兼容性原则。考虑到福建省数字林业信息工程的建设，作为林业业务应用系统的一个子系统，本系统应当与福建省数字林业信息工程共享数据，做到与相关系统的兼容。

第三节　效益分析和所获荣誉

通过本系统建设，建立了一个覆盖省、设区市、县、乡四级林政管理的行政区域、管理制度科学严密、系统反应高效敏捷、查询统计快速方便、网络运行稳定安全的林政管理体系，加强和改善了各级林政管理工作，提高了林政管理的服务质量和服务水平，基本实现了有关林业行政许可的审核、审批和证件办理本地化，林业行政执法网络化，林政管理信息公开化。

规范了管理，实行自动控制。系统把采伐限额、林木采伐审批、木材运输与及木材经营加工企业的管理工作进行了有机结合，各项管理之间从原来形式上的关联变为实质上的联系，对林政资源管理工作提供了强有力的支撑平台。林木采伐许可证的核发全部控制在下达的年度木材生产计划和限额采伐量内。木材运输证的办理也均控制在有合法来源的木材上。同时相关的行政审批条件也由系统统一设置，极大地规范了审批工作，也减少了审批工作的随意性，在一定程度上保护了队伍。目前，所有涉及林政资源的行政许可及相关管理全部都在网上进行，每天上班时间在线处理事务平均都在 500 人以上，全年全省林业在线行政审批达 70 多万件。

有效地提高效率，节约申办行政许可成本。林业基层场、站均可上网办理林政资源相关业务。目前已有 108 个国有林场、部分林业站实现政务网办理有关业务，木材生产经营者可在乡镇林业站、国有林场上网申请办理林木采伐许可证、木材运输证，为公众提供了更加公开、公平、公正和方便快捷的服务。根据统计，仅全省国有林场通过应用该系统申请办理林木采伐许可证、木材运输证，一年就可少支出100多万元(林场采伐证办证数仅约占全省6%，采伐量占全省15%)。另在未使用系统时，采伐规划是采用基层逐级上报，直到省厅审核同意，前后大约需要4周时间。使用林政管理业务应用系统后，由计算机按照省上的有关法律、法规、政策的规定对所有申请采伐的对象对照资源档案自动进行审核，每个小班的审核在不到1分钟的时间，计算机就会自动给出是否审核通过的报告，同时对没有通过的伐区，给出了为什么没通过的原因，极大地彰显了公开、公平、公正，也极为有效地提高了工作效率。

加大了行政监督的力度，防范腐败的滋生和蔓延。例如，以往有的地方采伐指标不是与可伐资源挂钩，采伐指标分配存在不公平、不合理等现象。现在应用系统对采伐资格实行准入审查。伐区资格审查制度主要是对采伐资源真实性和采伐条件合法性进行审核，确保采伐指标直接与可伐资源、与具体的山头地块挂上钩。同时也加大了对行政相对人的监督检查力度。由于每年伐区多，尤其是重点林区县一年伐区多则近3000片，少则也有上千片，木材加工企业数量也较多，基层林业工作人员少等问题，对伐区的监督及木材加工企业的监督都存在难度。有了该系统后，可以通过网上体现的数据，有目的、有针对性地进行监督检查，一定程度上弥补了人员不足和工作量大的问题。

具有丰富的信息量，为科学管理提供重要支撑。各级林业主管部门均可以通过网上提供的林政资源信息平台，随时掌握相关信息，了解木材生产的最新动向和林地使用情况，为宏观管理提供了强有力的数据支撑。

第二十四章　福建省林权管理业务应用系统

福建省是集体林区，林地所有权国有的占10%，集体的占90%，林木所有权国有的占15%。共有国有林场107个，国家级自然保护区10个，国有林业采育场94个。2003年率先在全国开展了以“明晰所有权、放活经营权、落实处置权、确保收益权”为主要内容的集体林权制度改革，将集体林地使用权、林木所有权和经营权落实到户、到联户或其他经营实体，落实和完善以家庭承包经营为主体、多种经营形式并存的集体林经营体制，极大地调动了广大林农以及社会各方面造林育林护林的积极性。经过3年多的努力，全省基本完成明晰产权改革任务，实现“山有其主、主有其权、权有其责、责有其利”的目标，建立经营主体多元化，权、责、利相统一的集体林经营管理新机制。与此同时，省委省政府在明晰产权主体改革任务基本完成之际，又及时做出了以“稳定一大政策、突出三项改革、完善六个体系”为主要内容的深化集体林权制度改革部署，进一步完善林业发展机制，加快海峡西岸现代林业建设。

在福建省林权管理业务应用系统投入使用之前，福建省各县(市、区)也使用了一些林权发证软件。这些软件大多是单机版，不支持多部门数据共享与交换，输出林权证时当遇到权利人姓名很多时(超过50个)无法打印，无法制作林权图，变更登记栏只能变更一栏，审批后注记栏无法注记，报表统计结果有错漏重现象。有个别县使用的软件是采用C/S技术设计的网络化管理软件，客户端需要安装的软件，造成软件的管理和维护比较困难，此软件运行于Internet上不符合国家的信息安全要求，系统管理只能管理本县的数据不能满足全省统一管理的要求，也没有林权宗地图的制作和管理功能。

建设福建省林权管理业务应用系统对提升福建省林权业务管理水平，特别对提高林业管理的整体现代化水平具有重要的意义。工程项目所形成的数据和成果将提供给全省林业系统及农口相关部门进行应用，以推进林业行业的技术优化升级和提高行业的科技含量和管理水平，为福建省经济建设、社会稳定和“三农”服务提供现代化的保障和支撑作用。

总体目标是在遵循“统筹规划、统一标准、联合建设、互联互通、资源共享”的指导方针下，充分利用已有资源，做到少投入、高效益的建设，在前期已建设完成的福建省数字林业工程项目的基础上，建立一个覆盖省、市、县、乡四级行政区域、管理制度科学严密、系统反应高效敏捷、查询统计快速方便、网络运行稳定安全的林权管理体系，加强和改善各级林权管理工作，提高林权管理的服务质量和服务水平，基本实现有关林权登记的审核、审批和证件办理本地化，林权流转网络化，林权登记信息公开化。

第一节　主要功能

一、窗口服务

窗口人员对业务申请过程中的业务收件、登记结果通知发证管理的办理，主要实现对申请的客户业务办理指导、资料接收、结果通知和证件发放的管理。

（一）业务收件

窗口岗位人员负责登记申请人基本信息、选择办理的业务、登记相应的申请资料、打印回执单和提交任务。对特殊的工作单被回退到业务收件岗位的，可根据实际情况调整为暂缓或恢复办理。

办理业务数据分为：

待办—申请任务在本节点（业务收件），且是本人负责受理的申请；

暂缓—暂时不能受理的申请单；

异议—申请业务存在异议未通过审核的业务；

已办—在本节点上本人已提交任务的所有申请单。

操作功能要项：

查询—选择查询类型、填写关键字进行查询；

新增—选择业务办理的登记类别，或是初始登记的需选择宗地坐落，其他是选择林权证，填写申请权利人信息及业务办理材料；

查看—查看该申请单的详细信息；

办理过程—可浏览此申请单经过的流程；

删除—删除申请单；

转为暂缓—暂时不能受理此申请单；

打印—打印申请单；

编辑—编辑申请单信息；

提交任务—将申请单提交给下一节点的办理人，并填写节点意见。

(二)业务办理通知

申请在各关键节点(如业务复审、申请公示结果和业务报批)自动生成的通知信息，窗口人员通知收到的信息后，电话告知或邮寄通知单给客户并登记通知日期。

通知信息分类：

待通知—未通知申请客户的信息；

已通知—已通知申请客户的信息。

操作功能要项：

办理过程—可浏览此申请单办理过程；

通知—填写通知主要内容、通知时间、通知人，并打印；

查看—查看此通知单信息。

(三)林权证发放

申请在各关键节点(如业务复审、申请公示结果和业务报批)自动生成的发放通知信息，窗口人员通知收到的信息，告知客户并登记通知日期。

操作功能要项：

查询—可根据登记类型、发证状态、林权证号、证本编号进行相关的查询；

发证登记—登记领证人、电话、身份证等详细信息；

修改—已发证可进行修改。

(四)权利人管理

查看所有权利人信息，可根据证件号、权利人名称、联系电话进行查询。新增权利人，填写新增权利人名称、权利人类别、证件名称、证件号码、联系电话、联系地址等等。提交后，也可进行权利人信息进行编辑。

操作功能要项：

查询—输入相关关键字进行权利人查询，本查询为模糊查询；

新增—填写权利人个人信息，提交；

编辑—对权利人个人信息进行修改。

二、业务受理

业务受理主要完成业务审核、勘验结果、受理登记，根据申请客户提供的申请材料进行业务审核，对符合申请条件的申请，确认是否宗地勘验，接着正式进入受理登记和制作林权图。

(一)勘验/调查结果录入

对需要进行宗地勘验的业务申请，通过外业调查人员现场调查后，录入相应的宗地相关信息。

办理业务数据分为：

待办—申请任务在本节点(勘验/调查结果)，且是本人负责受理的申请；

已办—在本节点上本人已提交任务的所有申请单。

操作功能要项：

查询—选择查询类型、填写关键字进行查询；

查看—查看该申请单的详细信息；

办理过程—可浏览此申请单经过的流程；

勘验/调查结果—选择需要勘验的宗地，并填写宗地权利信息、勘验人员及勘验日期等；

提交任务—将申请单提交给下一节点的办理人，并填写节点意见；

回退—不符合办理条件给予回退。

(二)林权申请受理

对符合申请且已通过勘验的申请，本节点受理人对申请进行填写业务申请单。

办理业务数据分为：

待办—申请任务在本节点(受理登记)，且是本人负责受理的申请；

已办—在本节点上本人已提交任务的所有申请单。

操作功能要项：

查看—查看该申请单的详细信息；

办理过程—可浏览此申请单经过的流程；

录入申请表—选择登记的权利、登记林地权利使用期限，并填写所有权权利人意见和日期及申请日期等(具体操作按登记类型填写)；

提交任务—将申请单提交给下一节点的办理人，并填写节点意见；

回退—不符合办理条件给予回退。

(三)业务审核

节点岗位人员根据客户提供的申请材料，判断是否符合所申请业务。

办理业务数据分为：

待办—申请任务在本节点(业务审核)，且是本人负责受理的申请；

已办—在本节点上本人已提交任务的所有申请单。

操作功能要项：

查看—查看该申请单的详细信息；

办理过程—可浏览此申请单经过的流程；

提交任务—通过查看申请的详细信息进行审核，将申请单提交给下一节点的办理人，并填写节点意见。

三、业务审批

对申请项目有需求公示的进行定义公示和登记公示回执情况，通过公示后的申请再进行报林业主管部门和发证机关审批。

（一）制作公示表

制作公示表即将已经登记机关受理的登记申请，将其相关信息制作成公示表，可打印，以便公示。

制作公示表类别：

待办—申请任务在本节点（制作公示表），且是本人负责受理的申请；

已办—在本节点上本人已提交任务的所有申请单。

操作功能要项：

查看—查看该申请单的详细信息；

办理过程—可浏览此申请单经过的流程；

公示制作—填写公示地点和日期；

查看公示—查看公示内容，并打印公示内容；

修改公示—修改公示地点和日期；

提交任务—将申请单提交给下一节点的办理人，并填写节点意见；

回退—不符合公示条件，给予回退。

（二）登记公示结果

登记公示回执即相关部门对公示的公示表是否有异议做出回执。

登记公示结果类别：

待办—申请任务在本节点（登记公示结果），且是本人负责受理的申请；

已办—在本节点上本人已提交任务的所有申请单。

操作功能要项：

登记回执单—根据回执单结果登记，选择是否有异议；

提交任务—将申请单提交给下一节点的办理人，并填写节点意见。

（三）业务复审

业务审核人员对申请项目进行复审，确认其他是否符合申请。

办理业务数据分为：

待办—申请任务在本节点（业务复审），且是本人负责受理的申请；

已办—在本节点上本人已提交任务的所有申请单。

操作功能要项：

查看—查看该申请单的详细信息；

办理过程—可浏览此申请单经过的流程；

提交任务—将申请单提交给下一节点的办理人，并填写节点意见。

（四）林业主管部门审批

林业主管部门审批即人员负责对登记公示无异议的业务申请进行审批，并提交。

办理业务数据分为：

待办—申请任务在本节点（林业主管审批），且是本人负责受理的申请；

已办—在本节点上本人已提交任务的所有申请单。

操作功能要项：

查看—查看该申请单的详细信息；

办理过程—可浏览此申请单经过的流程；

提交任务—将申请单提交给下一节点的办理人，并填写节点意见。

（五）发证机关审批

发证机关审批即对林业主管部门审批通过的业务申请进行发证机关的审批，并提交。

办理业务数据分为：

待办—申请任务在本节点（发证机关审批），且是本人负责受理的申请；

已办—在本节点上本人已提交任务的所有申请单。

操作功能要项：

查看—查看该申请单的详细信息；

办理过程—可浏览此申请单经过的流程；

提交任务—将申请单提交给下一节点的办理人，并填写节点意见。

四、宗地管理

窗口管理人员对宗地信息（宗地档案信息、权利登记信息、小班档案信息）进行录入、

编辑、查询和删除等操作；对宗地图片、林权图片进行上传、修改、查询、预览和删除操作。

宗地管理岗位人员负责管理(录入、编辑、查询和删除)宗地档案信息、权利登记信息和小班档案信息。

操作功能要项：

新增—选择宗地的坐落，并填写宗地相关信息；

编辑—编辑宗地相关信息；

拆分合并—将一宗地进行拆分为多宗地，再将拆分之宗地进行合并；

删除—删除该宗地信息；

宗地权利—查看四项权属信息；

地图—查看宗地所在位置。

五、林权证管理

林权证管理，实现对林权证的制作，林权证进行管理，对证本信息进行管理，对各级林权登记机关领用的林权证进行管理。林权证管理包括：林权证的添加、修改、删除和查询、打印林权证、证本信息登记等功能。林权证证本信息管理主要包括：林权证登记、作废林权证登记、林权证挂失。

制作林权图。岗位人员负责管理林权图片(上传、修改、删除、查询、预览)。

办理业务数据分为：

待办—申请任务在本节点(制作林权图)，且是本人负责受理的申请；

已办—在本节点上本人已提交任务的所有申请单。

操作功能要项：

查看—查看该申请单的详细信息；

办理过程—可浏览此申请单经过的流程；

上传林权图片—上传宗地所在位置的地图；

提交任务—将申请单提交给下一节点的办理人，并填写节点意见。

林权证本领用。对证本编号进行管理，县(市、区)使用单位在使用前必须进行证本领用，证本打印通过证本编号的验证，保证证本的唯一性。

操作功能要项：

新增—选择登记机关，填写证本起始编号、结束编号、领用人及领用日期；

修改—修改登记机关，填写证本起始编号、结束编号、领用人及领用日期。

制作林权证。用于制作林权证，管理林权证。林权证编码的生成，林权证拥有的证申请表选择，顺序设定。

办理业务数据分为：

待办—在本节点(制作林权证)，且由本人负责受理的权证制作；

已办—在本节点上本人已提交任务的所有申请单。

操作功能要项：

查看—查看该申请单的详细信息；

办理过程—可浏览此申请单经过的流程；

制作林权证—填写林权证号(自动生成)，打印证本，已打印证本不可回退；

回退—不符合制作条件给予回退；

提交任务—将申请单提交给下一节点的办理人，并填写节点意见。

林权证登记。用于变更登记，林权证的抵押、注销和挂失登记。

办理业务数据分为：

待办—在本节点(林权证登记)，且由本人负责受理的权证制作；

已办—在本节点上本人已提交任务的所有申请单。

操作功能要项：

查看—查看该申请单的详细信息；

办理过程—可浏览此申请单经过的流程；

登记林权证—回退：不符合登记条件给予回退，提交任务，将申请单提交给下一节点的办理人，并填写节点意见；林权证查询，证本的查询和打印。

操作功能要项：

查询—根据所属地区、林权相关信息、操作人员进行查询；

打印—打印证本内容信息；

查看—查看证本信息。

林权图。宗地所在地图位置。

资料归档。资料归档人员负责档案信息录入、档案卷宗存放登记、档案材料登记上传及宗地电子档案信息入库等工作，业务流程到此结束。

办理业务数据分为：

待办—申请任务在本节点(档案归档)，且是本人负责受理的申请；

已办—在本节点上本人已提交任务的所有业务。

操作功能要项：

查看—查看该申请单的详细信息；

办理过程—可浏览此申请单经过的流程；

归档资料—提交登记业务资料进行整理、归档；

完成归档—业务结束。

六、统计查询

综合分析包括报表统计和抵押证明书。报表统计，主要是对林权管理业务系统管理过程产生的一系列数据。林权信息的报表统计，可以反映各级行政区、各种特殊生态公益单位等林权登记发证、林木经营及林权扭转情况，从客观上把握生态保护与绿色经济发展的关系，协调生态效益与绿色经济效益，为林业发展规划、森林经营管理，为宏观调控提供辅助决策服务，查询和打印已抵押证明书。

报表统计。统计各类报表。

操作功能要项：

查询—选择报表、类型、开始和结束时间及地区范围。

抵押证明书。查看抵押证明书。

操作功能要项：

查询—由单位(个人)、证明书编号和抵押权利人进行查询；

查看—查看该证明书的详细信息；

打印—打印该证明书信息。

七、系统管理

系统管理主要实现对系统平台的用户管理、功能管理、角色管理、机构管理、代码维护、流程维护和系统公告。

机构管理。提供为机构及子属部门的整合管理，统一维护，易于扩展。

操作功能要项：

新增—添加下级机构，填写机构名称、简称、上级机构等信息；

查看—查看该机构详细信息；

修改—修改该机构信息；

删除—删除该机构。

代码维护。主要是系统或是用户配置一种字典形式，方便在系统中更好地使用一个别名或是更简洁的代码来代替一种名词。

操作功能要项：

新增—选择代码类别、填写代码名称、值及系统代码等；

查看—查看该代码信息；

修改—修改该代码信息；

删除—删除该代码。

系统公告。系统公告的信息发布。

操作功能要项：

新增—填写公告标题、区域、时间、内容及发布人等；

查看—查看该公告信息；

修改—修改该公告信息；

删除—删除该公告。

第二节　主要措施和经验

一、需求整理过程

深入调查需求。2008 年年初，福建省林权系统项目通过立项，成立了由福建省林权登记中心、省林业信息中心组成的项目需求调研小组，12 名成员分成 2 组，先后对省内 10 个县林权登记中心进行了实地需求调研，还到河北省进行考察，通过深入了解业务办理，整理出林权业务应用的业务需求模型。

制定业务规范。2010 年 3 月 1 日颁布了全国首部规范林权登记行为的地方性法规《福建省林权登记条例》，2010 年 11 月出版发行了《福建省林权登记条例》释义，解决了由于《森林法》、《森林法实施条例》对林权登记发证规定过于原则，仅明确森林、林木和林地所有者或者使用者向林业主管部门申请同级政府登记发证，对如何发证没有做具体的规定，致使各地做法不一，不很规范，出现了一些问题。诸如：登记管理主体不明确，登记条件不清、程序不顺、时限不明，共有林权证发放不到位等，使森林、林木和林地所有者或使用者的合法权益难以保障，有效减少了林木林地权属争议，有利于集体林权制度改革的深化和林业发展，维护了林区社会安定稳定。2011 年 3 月底制定完成了《福建省林权登记规范用表和格式文本》，《福建省林权登记条例》规定此类文书格式由福建省人民政府林业主管部门统一制定，是为了统一各种文书的格式，以便于实际操作，实现林权登记的规范管理，规范了各种通知书和各种统计表格式等。

二、系统设计过程

按照福建省林业厅对系统总体规划的要求，充分利用现有的数据资源作为系统建设的基础，遵循安全性、可靠性、容错性、先进性、实用性、开放性的原则。为了系统发挥最大效用，满足客户需求，适应新技术不断发展、管理功能日趋完善的新形势，在设计系统时应综合考虑以下几个方面。

先进性与实用性相结合。首先，系统建设应使用先进、成熟的技术，确保本系统在全国同类型软件中的领先地位；其次，实用性应该是本系统的立足之本，系统应易于使用、更新和维护。

实事求是。在设计中，根据实事求是的原则，严格把好过程中的每一关，使之真正为林业业务服务。

使用安全性。系统安全性必须科学、统一、全面、纵深规划，采用多级、多种安全防护与保密措施，涵盖用户层、网络层、操作系统层、物理层、管理层等。

系统可靠性。整个系统简单、经济、实用；界面友好、方便、直观；满足当前的实际需求。系统应具有较高的容错能力和较强的抗干扰性，可以长期稳定、高效可靠地正常运行，能及时实现对故障的分析、隔离和排除。

系统开放性。系统设计采用面向对象的分析与设计方法，使系统逻辑结构清晰、易读，在功能的划分和设计时，合理划分各模块的颗粒度，使系统易于扩充、维护和修改；系统设计遵循构件化设计原则，各部分遵循标准的规范接口，支持各个部分之间灵活的沟通与联系，在统一的安全控制下，实现信息数据的充分共享与灵活集成。

第三节　效益分析和所获荣誉

福建省林权管理业务应用系统改版升级后，全面应用于福建省林权登记管理业务，符合福建省林权登记管理的法规和规范，将林权业务办理、林权登记管理整合到统一的软件平台，实现无缝对接。系统实现了规范业务操作、统一平台、功能完善、易学易用、方便决策、管理灵活等特点，为实现全省林地“一套数、一张图、一个库”奠定了基础，确保人、地、证相符，图、表、册一致。整体实现效果如下：

全省统一平台。从省、市、县和乡镇实现四级全省联网，统一部署一套业务管理系统，系统覆盖全省 9 地市和平潭综合实验区、86 个发证机构和 1078 个乡镇林业站。系统用户统一管理，同一入口，业务数据集中存储。

系统功能涵盖全面林权。系统按业务需要设计了林权登记(初始、变更、更正、注销、预告和异议)、林权流转、林权抵押、林权证、宗地、林权权利人、业务办理流程、电子档案等管理内容；系统根据不同用户身份设计了窗口服务、业务受理、业务审批、宗地管理、林权证管理、统计查询、系统管理等模块。

完善的林权登记管理监督体系。系统对每一个林权登记业务进行统一编号，对每一个业务节点进行跟踪、记录操作人员、操作时间、业务办理进度等情况，还对业务办理数据建立电子档案，且可以实时查询。

方便领导决策。系统提供了 20 张数据分析报表，并且报表的数据是从数据库中实时统计，准确无误的，为全省各级林权登记机构、各级发证机关提供了决策依据。

系统稳定，数据实时准确。严格控制业务数据的准确性，做到图、表、册一致，人、地、证相符。系统建立了林权宗地、林权登记申请表、林权证、林权权利人等数据库，管理了林权宗地与林权证、林权证与林权权利人、林权权利人与林权宗地等之间的系统，系统是通过林权登记将林权权利人与林权宗地建立起关系，林权登记发证将林权证与林权权利人和林权宗地建立起关系，严格约束林权宗地四项权发证情况。系统采用目前全球优秀的关系数据库管理软件 Oracle，数据存取安全可靠，性能稳定；应用系统已经稳定运行了半年多。

易部署，使用方便。系统是采用浏览器/服务器模式设计，只要服务发布实施，用户在本地电脑只需要 IE 浏览器，不需要安装任何软件即可使用，系统的实施与维护方便。

第二十五章　江西省林业产权交易系统

2004 年，江西省作为全国集体林权制度改革的先行试点省，率先在 7 个县启动了集体林权制度改革试点工作，2005 年全面启动全省的改革。2008 年，江西省率先在全国全面完成集体林权制度主体改革，700 万公顷集体山林分到老百姓手中，分山到户率达到了 82.5%，发放林权证 600 多万本，减免税费 50 多亿元。

近年来，江西省启动了集体林权制度配套改革，从林权抵押贷款、森林保险和林业产权交易市场等方面进行了有效的探索。建立了县级林权交易市场 68 家，建筑面积 2.68 万平方米，从业人员 532 人。全省已交易山林 5.99 万宗，林地面积 25.2 万公顷，交易金额达 32 亿元。其中：采取拍卖、竞价、投标、挂牌等公开方式对林地经营权进行流转的山林 1.59 万宗，林地面积 14.9 万公顷，交易金额达 24 亿元。同时，各林业产权交易中心大力推进林权抵押贷款工作及政策性林木火灾保险试点工作。全省林权抵押贷款余额达 44 亿元，其中 2010 年新增林权抵押金额 20 亿元；大部分县开展了森林火灾保险业务，办理森林火灾保险的林地面积 580 万公顷。

从交易量来看，全省 99 个县(市、区)可分三类，比例各占三分之一左右。其中：年交易量 2000 万元以上的交易中心有 25 个，如铜鼓县、遂川县、安福县等；年交易量在 200 万 ~2000 万元之间的交易中心有 26 个，如靖安县、青原区、乐安县等；其余交易中心年交易量在 200 万以下，甚至没有交易。

几年来，尽管县级林业产权交易机构取得了一定的成效，有效地规范了林地流转，但在发展中面临着一系列问题。主要体现在：一是市场空间有待扩展。有待于从以国有和集体林权流转为主转向以私有山林流转服务为主，否则极易导致交投不活跃，业务不饱满的现象；二是信息披露的面比较窄，参与的投资者不多，实力不强，竞价程度不够充分，有的甚至被当地的木材贩子垄断和控制市场；三是交易双方供求标的存在矛盾，家家户户均有面积不等的零星山林和市场需求方规模用地要求之间的矛盾制约了交易的进一步活跃；四是交易不够规范，存在纠纷隐患。由于全省没有形成一个统一的规则和文本资料，各地在把握风险方面参差不齐，相关投资者也感觉到有些无所适从。

2009年11月7日，为整合江西省及周边省市林权交易市场，形成统一、规范的区域性林权交易市场，江西省成立了南方林业产权交易所。南方林业产权交易所致力于统一江西省省内各县级林权交易机构，建立统一的林权交易系统，实现信息披露、交易报价、资金结算、规则制度和市场监管的“五统一”平台，规范现有市场主体交易行为，整合省内林权交易所形成全省统一林权交易体系；合理配置林业市场要素，有效形成资源变资本，吸引社会各类资本投资林业，形成资本有序进出林业的资本市场；加强监管，保护林农和林业投资者的合法权益，促进林业有序发展；建立联通周边省市的统一网上交易平台和权威信息披露平台，吸引周边省市加盟，建成辐射周边省市的具有区域影响力的林业产权交易市场。

第一节　主要功能

一、远程交易系统

远程林权交易系统主要实现交易市场与各交易会员单位的交易网络联通，各交易客户与交易系统的联通，实现各交易客户通过互联网进入交易大厅进行远程报价。交易系统必须实现远程拍卖、招标、竞价和议价等交易方式。主要分为远程林权拍卖系统、远程林权招标系统、远程林权协商系统。

远程林权拍卖系统主要设立主拍卖现场和网上拍卖大厅，各交易会员单位可实现与拍卖主场的网络联通；网上拍卖由拍卖师进行主持，各交易客户通过互联网进行网上报价；可集成现场和网上拍卖两种模式；自动生成中标确认单等表单。

远程林权招标系统主要设立主招标现场和网上招标大厅，各交易会员单位可实现与招标主场的网络联通；网上招标由招标主持人主持，各投标客户通过互联网进行网上投标；可集成现场和网上招标两种模式及明标暗投和专家评审等方式；自动生成相应的专家确认单等表单。

远程林权协商系统主要针对项目只征集到一个意向客户的情况下，双方通过协商系统协商价格和其他条款；网上协商主要以双方的交流为主，可集成现场和网上协商两种模式。

（一）交易活动信息功能

系统为所有浏览者提供搜索正在交易或者还在挂牌的挂牌项目的功能或服务。

系统为所有浏览者提供查看交易活动详情、活动公告、活动规则、标的物展示的功能或服务。

系统为游客提供查看某一个活动的告示详情的功能或服务。

系统为非竞价权限的VIP会员、竞买人、转让人、南方所工作人员、交易分中心工作人员（交易会员）提供进入某活动的交易大厅，查看交易的进行情况，进行竞价，管理交易的功能或服务。

转让人能进入交易大厅参与竞价及查看竞价情况的功能或服务。

可以让VIP会员进入交易大厅查看竞价活动，普通会员如果不是该活动的参与者，则不能进入交易大厅。并且可控制观看竞价活动的VIP会员人数。

各交易分中心工作人员及南方所工作人员能进入交易大厅观看竞价情况，以及为现场竞买人录入报价的功能或服务。

交易主会场工作人员能对活动发布告示，管理交易进展的功能或服务。

为竞买人在拍卖转让中提供优先权功能或服务。

系统为观看交易的会员、参与竞价的会员、南方所后台工作人员、交易会员等在交易大厅里观看和参与竞价的人提供离开交易大厅的功能或服务。离开时，相关的在线人数计数器要减少。

系统为普通会员、VIP会员提供意向竞买人在交易系统中申请参与交易活动的功能或服务。

（二）会员公共功能

系统为网站游客提供注册、登录、更换登录密码、修改自己的个人资料的功能或服务。

普通会员功能：

系统为普通会员提供申请成为VIP会员，开通VIP会员的功能或服务，享受VIP会员特权。

系统为普通会员、VIP会员、竞买人提供搜索成交记录、交易项目管理、我的成交记录、查看出价记录、拍卖举牌竞价、查看成交结果通知书的功能或服务。

系统为普通会员、VIP会员提供申请挂牌交易活动、修改申请挂牌信息，重新提交申请、提交挂牌申请、我的挂牌申请列表、删除挂牌申请的功能或服务。

系统为普通会员、VIP会员、转让人、受让人提供委托人，对受委托的经纪会员，及对受理其挂牌和报名申请的交易分中心进行评价的功能或服务。

系统为普通会员、VIP会员提供个人空间信息提醒的功能或服务。

系统为普通会员、VIP会员提供会员查看其参加竞买活动，以及转让活动的保证金缴纳及返还记录的功能或服务。

系统为普通会员、VIP会员提供已经挂牌交易活动的保证金缴纳和返还信息查看的功能或服务。

VIP 会员功能：

系统为 VIP 会员提供个人空间信息提醒的功能或服务。

系统为 VIP 会员 VIP 续费、缴费记录管理的功能或服务。

系统为 VIP 会员提供定制活动通知的功能或服务。

系统为 VIP 会员提供网络报价的功能或服务。

系统为 VIP 会员提供 VIP 文章的功能或服务。

（三）交易分中心功能和交易所工作人员功能

系统为交易分中心管理员提供交易分中心管理、挂牌申请管理、报名申请管理、挂牌及报名受理、初审、发受理通知书，竞价管理、查看会员注册信息、操作提醒（交易分中心工作人员空间首页）的功能或服务。

南方所后台工作人员功能：

系统为南方所后台工作人员提供后台登录、个人资料管理、交易分中心管理、会员管理、系统南方所后台工作人员管理、挂牌申请管理、报名申请管理、项目活动管理、会员资信管理、交易统计、查看挂牌项目详情、保证金记录管理、查看保证金信息、查看佣金收取详情、VIP 会员缴费记录管理、查看 VIP 会员缴费详情、发成交结果通知书的功能或服务。

交易核心业务及流程：

交易核心业务能够提供完善的挂牌流程、审核流程、拍卖交易流程、自由竞价功能、限时竞价功能、自由 + 限时竞价功能、竞买人报名流程、竞买人竞价功能、保证金及佣金管理功能、招标流程、协议转让流程、网络报价流程。

交易核心业务能够提供拍卖会场管理功能，根据拍卖转让的方式，在活动开始时，主会场管理员进行相应的操作。

系统配置项设置：

系统提供参数配置的功能或服务，包括交易大厅总人数、VIP 会员收费每月金额、挂牌保证金收费额占评估价的百分比、竞价保证金收费额占评估价的百分比、佣金收取方式、3 次唱价时间间隔，以及支持扩展参数的配置等。

系统提供 3 种转让方式：拍卖转让、协议转让、招投标转让。其中拍卖转让提供多种拍卖方式，包括自由拍卖、自由 + 限时拍卖、限时拍卖。

系统提供大屏定制及自动刷新显示挂牌信息列表。

二、南方林权交易门户网站

门户网站是一个信息平台，实现林地、林木等项目统一挂牌和信息披露；是一个服务

平台，交易、经纪和中介等会员统一在线服务，客户会员统一注册登录和交易竞价；搭建南方 15 个省(区、市)林权交易子网站，实现总网和子网的信息共享。

模板管理。门户网提供模板修改功能或服务。

子站群管理。门户网提供各省(区、市)子站功能或服务，各子站要求能绑定子域名，南方所总站可以管理各省(区、市)子站包括子站的新闻等。

信息共享。门户网提供各子站里的新闻，共享到其他子站的功能或服务。

统一用户体系。门户网与交易系统使用一个会员用户管理体系。

门户与交易系统的集成。提供门户网展示挂牌及成交项目信息。

VIP 功能。门户网提供 VIP 会员文章功能或服务。

信息服务。门户网提供栏目管理、新闻管理、文档下载管理等功能。

三、林产品网上商城

林产品网上商城是主要为广大林农和中小林业企业提供免费网上开店服务的电子商务平台，提供第三方支付服务，专业做林产品在线交易，是 B—B 和 B—C 的电子商务平台。

(一)前台展现

系统为所有用户提供信息浏览、公告浏览、频道浏览、商品搜索、商品浏览、店铺浏览、购物车、支付结算等功能或服务。

(二)个人空间

系统为登录用户或会员(买家或卖家)提供用户登录、注册、忘记密码、地址管理、收藏管理、评价管理、积分管理、订单管理、推广管理、投诉管理、退货退款管理、商品管理和店铺管理等功能或服务。

(三)后台管理

系统为商城管理员提供管理员管理、权限管理、用户管理、店铺管理、商品管理、交易管理、商品管理、交易管理、服务管理、信息管理、系统管理等功能或服务。

(四)其他技术要求

为满足南方林权交易所未来可能的管理需求，系统在设计时要求数据的分布可以根据客户、交易、资产进行分离设计，将数据进行分数据库设计存放。

所有业务可通过调用中间件上的子服务或者函数来实现，将业务逻辑前移到中间层，在应用服务器上采用子服务和函数的调用来实现业务逻辑，降低后台数据库系统的处理压力，提高系统的整体性能。

所有登录系统的用户采用统一的认证子系统，认证系统只校验客户的登录密码和查询密码，对于其他权限的校验放到对应的系统里进行处理，不论是各种业务权限还是一些统一的权限。

系统在设计时就充分考虑系统扩展性，采用组件化设计，各个业务系统可以采用插件的方式进行扩充。

系统体现核心的设计理念，交易功能作为系统核心功能，将相关的管理功能从核心系统中分离出来，确保核心系统稳定高效地运行。

交易和清算属于两个不同的部门，因此在设计时要求进行分离设计，便于实现交易管理和资产管理分属于不同的部门。符合一般管理性的要求，也适应当前监管部门对金融机构的要求。

四、系统总体要求

（一）性能要求

在正确输入所需的完整查询条件后，从发出查询请求到收到查询结果的单票查询响应时间应小于 3 秒。运行监控查询响应时间在 15 秒以内。

日常业务处理响应时间小于 3 秒，其中信息录入时响应时间应小于 2 秒。

所有报表必须保证能做到快速展示，静态报表查询的响应时间小于 5 秒。

在业务高峰期间的任意一个小时内，所有主机 CPU 利用率不高于 80%，I/O 平均利用率不高于 70%。

商城初期业务规模以日均 IV 达 1.5 万次、PV 达 15 万次、日均订单 3000 笔为基础量；业务规模每年增长速度按 50% 计算。投标人应据此给出 5 年内满足业务发展需要的主机处理能力估算及配置方案建议；投标人还应据此给出相关通信线路带宽及申请建议。

（二）平台要求

采用 J2EE 体系架构，使系统在稳定性、可扩展性、高效性和灵活性上获得更好的支撑。

（三）前瞻性要求

在满足现实需求的同时，充分考虑行业的发展趋势，如目前监管层对行业的管理需求、行业标准化的发展趋势等。

满足未来与国际接轨的需求。

业务品种参数化设置，支持业务品种的动态增加。

（四）可靠性要求

充分考虑系统的容错及冗余，避免单点故障，并自动实现热切换。

交易系统自动发现故障并进行故障转移，在故障修复后能自动恢复。

数据库采用热备份系统，保证在主机出现故障时能接管交易。

建立灾备系统，保证在中心机房出现问题时，灾备机房可以启用。

提供完备的数据校验和业务流校验机制，保证系统数据的正确性和完整性。

（五）扩展性要求

对业务系统进行抽象的划分，将核心业务独立出来，保持核心业务相对独立和稳定，便于业务的扩展。

采用模块化设计，各业务间自成体系，新业务的增加，只需开发相应的模块支持新业务流程即可。并且新业务的扩展对传统业务影响很小。

提高系统参数化程度，具有较好的通用性，充分满足产品商业化的需求。

支持多种数据库及主机平台，支持多数据库的平行扩展，满足未来千万级业务的交易需求。

中间件具备良好的负载均衡能力，支持通过增加硬件设备线性发展系统处理能力。

（六）安全性要求

建立完善的、多层次的、统一的安全管理体系，确保系统、数据和网络传输安全，最大限度地防范金融风险。

建立集中与分布相结合的权限管理体系，在保证各地会员端操作灵活性的同时确保权限的集中管理与系统的安全。

通讯过程采用令牌校验原则，所有不符合令牌校验原则的指令均被认为是无效指令，令牌是动态的且密钥是由用户指定。

建立集中运行监控系统，保证系统运行安全。

建立集中业务监控系统，防范异常交易和操作，保证客户交易的安全。

（七）高效性要求

在硬件平台选择上，确保业务处理要求，同时考虑充分的冗余。

选择成熟的负载均衡机制，消除峰值瓶颈。

消除中间转换环节，减少补丁程序。

交易系统和通讯系统具有强大的处理能力，满足大客户量的要求。

系统确保对客户下单、查询的快速响应。

（八）易用性要求

提供集中监控的报警功能，保证运行管理人员能够及时、准确发现运行过程中出现的各种问题并采取相应措施。

提供集成的、易用的管理界面，降低运行管理难度。提高解决问题的效率。

提供版本控制和部署功能，减少维护的工作量和人为造成错误的可能，减少各地会员端维护量，降低或实现各地会员端的零维护量。

（九）可维护性要求

系统在设计时全面简化维护工作，避免维护点的分散，降低维护成本。强化可自我维护的系统错误提示，帮助使用者尽快定位错误原因，及时解决，争取以尽可能短的时间恢复系统的正常运作。

第二节　主要措施和经验

一、整合全省68家县级林权交易机构，建立了统一、专业的林权交易市场

以会员制的形式，将各县级林权交易机构发展为交易会员，明确与各会员之间的权利义务、责任分工、利益分配，实现信息披露、竞价交易、资金结算、制度规则和监督管理的全省“五统一”。2010年7月，南方林权交易统一平台正式在网上启动，全省各县级林权交易中心逐步纳入南方林业产权交易会员体系，全省统一的交易体系基本形成。

二、开发完成了南方林权交易网、林产品网上商城和交易系统，建立统一的网上林权交易市场

一是建立了南方林权交易门户网站。南方林权交易网实现了林地、林木等项目统一挂牌和信息披露，交易、经纪和中介等会员统一在线服务，客户会员统一注册登录和交易竞价，注册了中国林权市场、中国林产品交易网、南方林业产权交易市场、北方林业产权交易市场等60多个域名。二是开发了林产品网上商城专业电子商务平台。林产品网上商城主要为广大林农和中小林业企业免费网上开店服务，是专业的林产品网上连锁超市。南方林权交易所致力于做专业的林产品B—B和B—C的电子商务平台，主要销售木材、竹子、人造板、地板、家具、松香、香料、苗木、花卉、油茶、果品、森林蔬菜等上千个品种的林产品。三是开发完成了远程交易系统，实现森林资源网上交易。网上交易系统开发了拍

卖、竞价、招标、议价和小额项目挂牌竞价等交易方式，实现了网上远程林权交易，参与交易的客户不必到交易现场，通过互联网直接在家中或办公室就可以轻松报价。

三、坚持资本化思路运作林权市场，打造林业资本市场

一是引进战略投资者，共同建设林权市场。为将林权市场建设成为更具活力和影响力的市场，南方林权交易所将引进战略投资者作为工作重心，利用战略投资者的资金、管理等优势提升市场影响。南方林业产权交易所与北京环海投资管理中心及15个市县林业主管部门注资5000万元发起成立了南北联合林业产权交易股份有限公司，公司将作为今后资本化运作林权市场的主要平台。二是搭建金融服务平台，提供林权抵押贷款服务，解决广大林农和林业企业融资难问题。与金融机构合作开展抵押担保贷款业务，充分发挥南方林权交易市场平台和金融机构的风险控制功能，为林业产业引进金融资本。目前，南方林权交易所已经获北京银行、招商银行和农业银行等三家银行林权抵押贷款服务授信120亿元的额度。三是引进投资、投机资金及市场服务机构，建立健全市场体系。采取“两个积极引进”，即积极引进大型林业加工企业、大型林场、投资、投机资本等，参与林权交易，发展成为做市商；积极引进林地收储基金等投资机构，收储具有价值的林地项目，对林地项目利用自有资金或信贷资金进行低改，适当时机再进场交易，形成有活力的市场；并与经纪代理、评估拍卖等机构洽谈合作，将其规范引入林权交易市场并提供有效服务，目前已经发展了省内外交易、中介和经纪会员10多家。

四、加强宣传推广，打造权威的、有影响的区域性林权交易网

与百度、谷歌、新浪产权等网络媒体合作，利用网民网络搜索习惯，制定搜索关键词，开展针对性宣传推广，迅速提升网络影响力；加强与中央电视台、新华社、人民日报和江西电视台等媒体的沟通合作，形成相关媒体对南方林权市场的跟踪报道，提升市场公信力。中央电视台《新闻联播》报道了南方林权交易所的运行情况，新华社制作了专题宣传片；在国家林业局网站等林业网站开展链接宣传，提升行业的影响力；制作了宣传册和宣传信，直接寄送给林农、造林大户和林业企业，与客户开展亲密接触，提升亲和力。

第三节　效益分析和所获荣誉

截至2011年12月份，南方林业产权交易所已经开展林地、林木等林权交易1100多宗，成交58万多亩，成交金额近13亿元；初步辐射到了湖北、安徽、福建、广西、四川和湖南等20多个省（区、市）的林业投资者，应邀参加了林权改革国际研讨会、产权市场

业务创新研讨会、全国林权抵押贷款座谈会等各类研讨会，并进行典型发言；接待了全国人大农委主任王云龙、江西省省长鹿心社、省政协主席张裔炯、省委副书记尚勇、国家林业局副局长赵树丛、财政部胡静林部长助理等省部级领导。南方林业产权交易所被授予省级林权交易示范点，被国家林业局授予林业信息化示范省，被省鄱阳湖办公室列为鄱阳湖生态经济区先行先试的典范，南方林业产权交易网被评为优秀网站，南方林权交易市场区域性影响地位已经初步形成。

第二十六章　江西省林业视频会议系统

江西省林业信息化建设起步于2002年，为进一步加快全省林业信息化建设步伐，2004年8月成立了省林业厅信息化与电子政务建设工作领导小组。随着全省林业系统信息化建设的稳步推进，江西省林业厅于2006年建设完成了覆盖全省林业系统的省、市、县三级广域网络。为进一步提升网络的应用水平，江西省林业厅决定开展视频会议系统建设，利用“宝利通”建设一个覆盖全省的省、市、县三级联网的高质量、高清晰、综合性的视频会议系统，并扩展远程教育、业务培训、IP电话以及其他扩展应用。江西省林业视频会议系统实现了省厅、11个设区市局、95个县(市、区)局三级联网，省厅可自主召开省、市、县三级视频会议，各设区市局也可自行通过系统召开本地范围内的市、县两级会议。该系统能够实时采集和传输数据、图像和声音等，以供电视会议系统使用，并具有召开多点研讨会、评审会、业务培训、远程教育、IP电话等其他扩展功能。会议期间，与会者可以看到各个会场的情况，主会场可以任意切换分会场的图像、声音，各个会场也可以自主控制和调整本端会场的摄像头和声音。省厅主会场和各设区市局分会场还可以传输本地的PC画面给远端的所有会场。该系统通过通信网络把两个或多个地点的多媒体会议终端连接起来，在其间传送各种图像、话音和数据信号，使出席会议者有亲临现场的感觉，以达到代替传统会议的目的。与传统会议相比，视频会议运用高科技的视听通信手段，既可以分享即时的资讯，集中咨询服务资源，同时又可以通过互动的方式，增强沟通效果。可以缩短不必要的差旅时间和费用，提高工作效率，加强内部沟通，减少办公费用开销等。江西省林业视频会议系统自2007年正式开通后，运行稳定，成效明显。召开会议100多次，及时将会议精神传达到基层和林农，节约了时间，提高了效率，节省经费1500多万元。

第一节　主要功能

江西省林业视频会议系统架构在一个完善的、高性能的TCP/IP网络基础之上，基于全省林业政务内网专线光纤网络，以省林业厅为主会场，全省11个设区市林业局、95个县(市、区)林业局为分会场，共107个会场。在功能方面，提出了以下建设目标：系统以省厅为中心，可与其他分会场召开视频会议，提供满足业务交流、培训等应用的多媒体服务；各单位可以根据需要随时召开与其他单位的视频会议；具备会议的录制、转播、点播；具备丰富的远程会议控制；具备良好的系统扩展性，可随时按照需求进行扩容；系统的管理和控制简便；系统具备优秀的QoS策略和安全策略；可以与会议室的多媒体设备结合。

一、网络拓扑图

各设区市林业局分会场的视频终端通过网络连接到相应的设区市林业局的MCU上，省厅主会场的视频会议终端也连接到省厅的MCU上，省厅MCU再与各设区市林业局MCU级联，通过2级MCU级联形成了覆盖全省的视频会议网络(图64)。

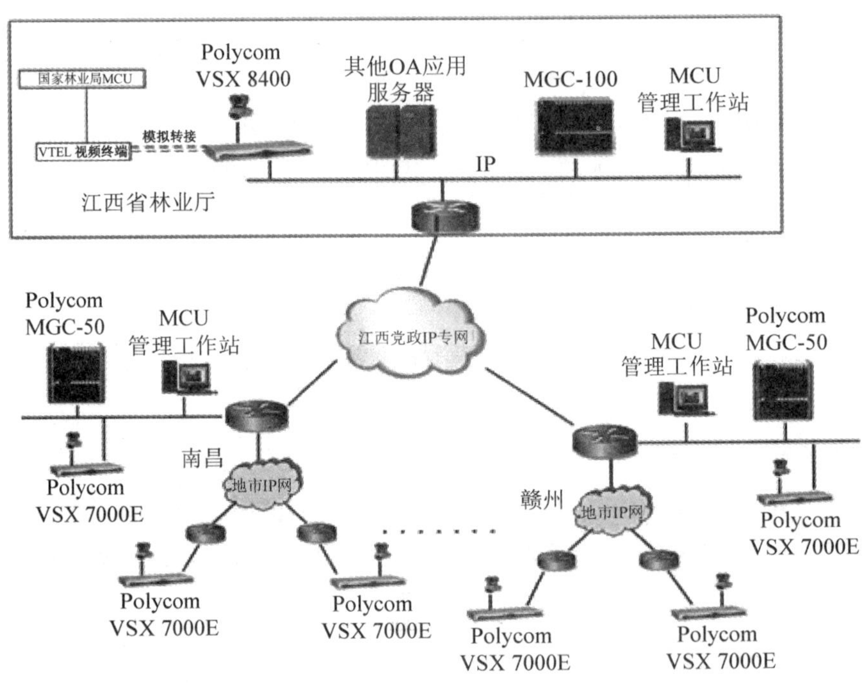

图64　网络拓扑图

二、系统功能

(一)会议支持方式

终端点对点会议。系统中的任何一台终端都可以直接呼叫系统中的另一台终端，建立

双向连接，进行会议和交流。可以选择 H. 264 或 H. 263 视频压缩协议。在 384K 时就可以达到每秒 30 帧的高动态效果，512K 时达到 TV 级的效果。音频协议采用目前视频会议领域最优秀的 G. 722. 1 Annex C 音频算法，音频质量接近 CD 水平。

多点会议。多点会议是江西省林业视频会议系统的主要应用形式之一，这种会议需要 MCU 和各地的终端配合完成。这种会议参与会场较多，参会人数也较多。多点会议又分为设区市局与县(市、区)局的会议，省厅与设区市局的会议，省厅、设区市局、县(市、区)局的大型会议。设区市局与县(市、区)局的会议只用到设区市局的 MCU，省厅与设区市局的会议只用到省厅的 MCU，省厅、设区市局、县(市、区)局的大型会议要用到网络内的所有 MCU。

多组会议。系统可以同时召开多个会议，这样可以同时满足系统内同时产生的多个远程视频会议的要求。MGC 的多组会议数量不受任何限制，可以召开任意数量的分组会议。

双流会议。视频终端通过 H. 239 的双流技术，采用 CIF(352 × 288)传送人物，XGA (1024 × 768) 传送内容。用户将笔记本电脑或 PC 机连接在终端上，用户发送双流时终端将自动获取 PC 上的图像画面，然后在不牺牲分辨率的情况下将这些画面送到远端。宝利通的双流技术是可以通过多级 MCU 级连的，支持所有网络类型。在 MCU 的支持下，可以召开全网双流会议，所有节点的设备均可以接收两路视频图像。

(二)会议控制方式

导演控制方式。导演控制方式，由省厅管理员进行视频切换，可以完成如下视频任务：广播主会场，使各分会场观看主会场的图像；广播任意一个会场，使所有的点观看其图像；主会场轮巡观看各个分会场的图像；开启、关闭各个终端的声音；开启、关闭各个终端的视频图像。

语音激励控制方式。在多点会议中，当同时有多个会场要求发言时，MCU 实时对多点输入的语音电平进行比较，选择音量最强的发言者的图像、声音信号传送到其他会场。为了避免不必要的干扰引起的画面切换，宝利通设备具备声音切换时间间隔设置，时间间隔从 1. 5 秒至 10 秒，并以 0. 01 秒为间隔递增时间。

演讲者控制方式。系统具备独特的演讲者模式，演讲者模式可以使所有分会场观看主会场(演讲者)画面，而主会场可指定观看任一分会场画面，或自动轮巡观看各分会场画面，或观看通过语音激励切换的任一分会场画面，或观看多个分会场的分屏画面。

(三)会议组织方式

会议组织有“预定会议”和“即时会议”两种组织方式。预定会议方式下，会议的开始时间为将来某一时刻，当该时刻到达时，会议自动开始。在即时会议方式下，会议从当前时刻马上开始。

（四）会议显示方式

会议采用双显监视器和画中画功能，可同时显示本会场及不低于 4 个分会场图像；全部会场的画面可依次显示，由主会场进行操作；当主会场切换各分会场画面进行轮换广播时，不中断发言会场的声音。支持双显仿真，双显仿真是在一个显示设备的两个不同视窗中同时显示远端会场图像和本地会场图像，非常适合在只有一个显示设备的会场中使用。当召开双流会议时，屏幕自动变为三个视窗，分别显示高清晰 PC 信号、远端会场图像、本地会场图像。

（五）会议发言方式

会议除主会场与发言会场可对话外，还要允许其他会场插话；任何会场均有权请求发言。

（六）会议其他功能

流媒体广播功能。终端内置流媒体服务器，具备了会议广播功能。省厅网络管理员可坐在自己的座位上使用普通 PC 机，通过 QuickTime Player 等免费软件即可收听省厅会议的语音、收看会场图像。

AES 加密功能。系统支持 AES（Advanced Encryption Standard）加密算法，通过将安全服务认证和通话隐私合并的方法，提供了改进措施：如安全文档（简单密码和复杂数字签名）、新的安全对策和逆向服务支持等。

存储与备份功能。会议音、视频文件可以存储、备份和导出。可将会场视频会议的现场音视频信号同步保存下来供以后随时点播调用。

远程诊断和管理功能。MCU 和视频会议终端都支持专用管理软件、Web、SNMP 协议等多种远端管理方式，可方便地进行远程诊断、维护及呼叫控制，这样技术人员可以在异地完成对系统的软件升级以及维护。

三、系统特点

易用性。所配置的视频会议终端设备采用图形化的中文界面，菜单结构简单、合理，导航键设置明显。操作方面更是简单、易用。宝利通终端背板的接口都标有彩色标记，线缆的连接非常方便，对设备的主要操作都利用红外遥控器，而红外遥控器各个按键的分布也充分考虑了用户的日常使用。因此整个设备的使用就如同使用 DVD 机一样方便。

灵活性。宝利通的 MGC 和视频终端支持专用软件、SNMP 及 Web 等管理方式，并提供图形化管理界面及远程管理、维护及软件升级等功能，使系统的管理方式更为灵活。

清晰性。宝利通的全智能化麦克风可以做到在会议过程中只传输讲话人的声音而不传输桌面的噪声。同时终端支持的图像格式包括 H. 261、H. 263、263 + + 标准，更可提供高达 30 帧的帧速，在大运动量时仍能维持图像帧速使图像更流畅；编解码时延大大降低，使会议更自然、真实。

稳定性。宝利通独特的视频差错隐消技术和音频差错隐消技术，即使在 5% 的网络丢包率的情况下也可以维持一定的视频质量。终端和 MCU 都支持 IP Precedence、Diffserv 的 QoS 保证机制，大大提高了系统的稳定性。

安全性。MCU 和终端具有多种灵活的调试诊断机制，以便于安装和调测。终端能够进行安全性的设置如管理员密码、观看流媒体密码设置，更可以选择是否启用 Web、FTP、TELNET、SNMP 等远程管理方式。

开放性。开放的开发软件包和系统所有的控制接口指令集，更能方便用户将视频会议系统集成到以后的应用中。

完整性。系统综合了各种视频会议的先进技术于一身，在现有的网络上开展多媒体应用，适合视频会议、远程讨论交流、远程培训等会议应用，真正实现了多网合一。

扩展性。本系统除了可以提供所有的视频会议功能外，还具备了相当的扩展空间。通过这个平台，可以实现模拟语音的接入、IP 语音的接入、SIP 系统的接入、与微软的无缝集成。

第二节　主要措施和经验

一、领导高度重视，确保信息化建设顺利开展

建设视频会议系统是林业信息化发展的重要一环，江西省林业厅领导十分重视。刘礼祖厅长亲自参加视频会议系统建设专家座谈会，倾听专家意见，多次在全省性会议上强调视频会议系统建设工作的重要性和必要性，对工作作重要指示，强调要高水平、高档次建设全省林业视频会议系统。分管副厅长郭家多次主持建设工作会议，亲自督促市、县林业局的工作。同时，省林业厅在资金十分紧张的情况下，挤出了 700 余万元，保障了资金投入，有力地促进了视频会议系统的建设。

二、争取相关部门支持，确保系统建设有序推进

全省三级联网的林业视频会议系统依托省政务内网建立。在网络建设过程中不仅需要省信息中心和电信的技术支持及协调，而且需要省财政厅等相关部门的支持。江西省林业厅信息中心多次拜访省信息中心的领导和网络部门的负责人，并聘请他们为技术顾问。在

江西省林业视频会议系统建设方面，省信息中心给予了大力支持；同时还加强与省财政厅农业处、预算处、政府采购办的协调，确保了项目采购计划的及时下达。

三、加强调研考察，确保产品和服务性价比最优

从2004年下半年开始，江西省林业厅信息化与电子政务工作领导小组就分别组成了几个调研小组到北京、上海、广东等地对宝利通、泰德、华为、中兴等公司进行考察，并与用户进行了交流。实地考察各厂商在江西的备品备件库，详细了解产品各项参数，并就有关配置向专家多次请教；与省水利厅、地税、公安厅及其市、县单位等部门进行沟通，并实地参观、考察，咨询相关技术、组网经验、视频产品的使用、碰到的问题等情况，为林业视频会议系统建设取得真经；组织省厅、九江市局、永修县局三级联网的视频会议测试，泰德和锐讯、宝利通、科达、华为、中兴6个品牌参加了测试，厅信息化与电子政务工作领导小组成员现场观看了各个厂商产品的效果。在大量考察参观和测试的基础上，并与厂商技术人员进行了深入交流。省厅根据林业视频会议的需求，对各厂商产品配置提出了更高的要求。

四、统一品牌型号，确保价格和服务最优

江西省林业厅在系统建设过程中，始终坚持全网建设统一规划的原则。始终坚持全省一盘棋，统一洽谈了各设区市、县林业局接入政务网的电信光缆租用费用；统一采购市、县全网联通的基础硬件设备，如交换机、路由器、UPS电源、视频会议多点控制设备、视频终端和摄像头，正是这种全网统一采购和大单采购的思路，争取了最优的价格，节约了宝贵的资金，江西省林业视频会议系统不仅采购到了国际顶尖的宝利通品牌产品和高参数配置，而且创下了亚洲地区最低折扣。

五、加大督导力度，确保系统建设如期完成

江西省林业视频会议系统包括省厅、设区市局、县局共计107个建设点，工程范围大、技术要求高、对带宽要求大，加之，该系统涉及设备均为国外订单产品，有较长的供货期，因此，工程实施具有一定的难度。为加快视频会议系统施工进度，尽快建成和应用视频会议系统，省厅加大了对供货商及生产商的督促力度，加强了全省设区市、县林业局信息化建设督导和林业系统技术人员的培训，组织了为期5天的100多人的以实践操作为主的培训，提高了技术人员的动手能力；把控进度，调配人员，确保视频会议系统施工按期结束。省厅组织三家集成商派出了13个施工队伍，协调各县、市林业局相关人员，在

20天时间内完成了全省大部分县、市的施工任务；加强视频会议系统的整体优化工作，视频会议系统基本安装完毕后，省厅与各市、县林业局加强了系统的优化工作，用了近一个月的时间进行调试和试运行，发现和解决其中存在的问题。

第三节　效益分析和所获荣誉

一、效益分析

利用视频会议系统，江西省林业厅与各设区市、县(市、区)之间可随时召开各种例行会议，部门会议等，传达工作部署，组织学习讨论。各与会者只需在分会场，或办公桌面，即可以加入会议，节省会议开支，提高沟通效率，以最快的速度传达会议精神。节省领导决策时间，提升政府形象。

利用视频会议系统操作快捷，随时可以进行多点视频会话的特点，在发生紧急事务需要协调处理时，第一时间利用系统召集各有关部门参加协调讨论，做好相应的部署。

利用视频会议系统，避免疾病滋扰和意外侵袭，同时系统建设在内网上，保证了系统通信的安全性，让会议开得更安全。

利用视频会议系统，可以进行实时交互的培训，提高网上培训的效率，把更多的业务内容以最快的速度传达到相关工作人员，减少舟车劳顿和旅途消耗，让会议开得更舒适。

自江西省林业视频会议系统启用后，极大地降低了管理成本，提升了政府形象，促进了各级林业主管部门之间的合作和工作质量的提高。4年多来，围绕集体林权制度改革、造林绿化“一大四小”工程建设、国有林场改革等中心工作，利用视频会议系统召开会议100多次，及时将会议精神传达到基层和林农，节约了时间，提高了效率，节省了经费。据统计，4年节约会议经费1500多万元。其他间接效益更大。

二、所获荣誉

江西省是全国林业系统第一个将视频会议建设到县的省份，也是省内为数不多建立三级联网会议系统的单位，并成为了世界顶尖视频会议品牌——宝利通在江西的示范工程。江西省林业信息化建设起步早、起点高、应用广、效益显，江西省林业视频会议系统的成功建设与运用就是其中很好的体现之一。因此，江西林业信息化工作除了获得省里的多种荣誉外，还荣获2007年全国林业信息化十佳单位、2008年全国林业信息化先进单位、2009年全国林业信息化工作先进单位、2010年全国林业信息化发展水平十佳单位等称号，2011年江西省被国家林业局授予第二批全国林业信息化建设示范省。

第二十七章　湖北省森林资源信息管理系统

《中共中央国务院关于加快林业发展的决定》提出："建立完善的林业动态监测体系，整合现有监测资源，对我国的森林资源、土地荒漠化及其他生态变化实行动态监测，定期向社会公布。"国家"十二五"规划将森林覆盖率和森林蓄积量列为各级政府任期目标考核的约束性指标。因此，通过建立森林资源动态监测体系，实现"及时出数，年年出数"，为实施政府目标考核提供依据，已成为我国林业建设管理的一项长期性的中心工作。

新一期森林资源规划设计调查为建立全省森林资源动态监测体系提供了基础条件。湖北省林业厅及时部署实施了"湖北省森林资源信息管理系统"建设项目，为建立湖北省森林资源动态监测体系迈出了关键性的一步。

本系统是以建立覆盖全省的多类型、多尺度、多时态的森林资源信息管理系统为目标，实现对森林资源数据的存贮、管理、处理、分析表达，应用及信息交换与分发，在建立起"省—市(州)—县(市)"三级林业骨干专网的基础上，实现全省森林资源动态变化数据的"在线更新"，达到"及时出数，年年出数"。项目启动后，确立了以"3S"技术为支撑、以实现对全省森林资源实行动态监测管理为目标的技术体系，并先后编制了《湖北省森林资源信息管理系统建设需求报告》和相关技术方案，完成了系统建设的软硬件配置，并积极投入系统开发。

第一节　主要功能

一、系统建设原则

实用性。系统需全面汉化，易于使用，更新和维护简单，用户界面友好，功能明确，执行效率高，能完成数据入库、建库、查询检索、数据提取等主要功能。确保项目实施的可操作性和系统运行的可靠性。

先进性。在深入研究当今“3S”技术及相关科技发展状况的基础上，采用相对先进的和成熟的技术方案。

开放性。采用大型通用的数据库管理平台，标准的空间数据模型，能提供良好的数据交换能力，以利于数据共享和系统集成。

可扩展性。在系统建设过程中应充分考虑其可扩展性，为数据库的内容扩充、数据增长、数据更新和功能增强预留足够的发展空间。

高效性。数据的管理与提供是系统的重点，因此检索和管理的高效性原则是进行技术设计时考虑的一个主要因素。

网络化。系统根据不同的使用需求，采用 Client/Server（客户端/服务器）和 Browser/Server（浏览器/服务器）结构结合的方式，实现系统的搭建。

标准化。标准化是实现数据和资源共享、二次开发、专题应用的重要前提。在系统设计和实施过程中，要参照已有的标准和系统的具体情况，对系统内部各个环节提出相应的标准化原则和要求，制定并贯彻相关的标准，实现系统资源和数据资源的标准化。

现实性。提供更新机制，以保证林业地理基础信息数据库的现实性。

二、建设内容

（一）森林资源数据库建设

1. 制定数据库标准

制定全省森林资源数据库标准，并使其与我国林业主流数据标准有良好的兼容性、扩展性。

与国家林业局信息中心相关标准相一致（参考辽宁、湖南、北京、江西、内蒙古等地的相关标准）；

标准内容包括：数据库平台、数据内容、数据结构（字段名、代码、字段类型等）；

扩展性：具有代码变更、字段增减、数据表扩充等功能。

2. 建设数据库基础平台

选择与我国林业主流数据库相一致的数据库基础平台，构建全省森林资源数据库结构，实现全省森林资源数据入库，入库图形坐标系统为西安 80 坐标系，系统提供坐标转换工具、跨带求积工具，入库栅格数据实现无缝拼接。

3. 数据质检

对入库的数据进行全面的质量检查，主要包括：图形检查、属性检查、图表关联性检查，确保入库数据的准确性、完整性。

4. 入库方案及工具

提供数据入库方案及针对数据入库需要开发相关工具软件，实现数据结构与代码标准化转换，批量数据入库规范化处理；实现海量数据的优化处理。

数据编辑处理功能：对各类建库数据进行入库前的编辑处理，主要包含：点编辑、线编辑、面编辑、属性录入、属性统改、属性运算(加、减、乘、除等并赋值)、林业注记可自动根据小班资源数据库进行更新，不需要重复标注。跨图层的要素捕捉，无限级的 Undo/Redo、长事务编辑、投影转换。

数据整理功能：提供将各类数据整理成符合湖北省规范的数据功能，主要包括格式转换、坐标转换、代码转换、图形整理、空间属性整理、符号属性整理、文字属性整理等内容。

数据检查功能：提供对各类数据进行数据拓扑检查的功能，保证数据质量，主要包括：数据的规范性、完整性、正确性为检查原则，对数据的定义和组织、数据精度、图形空间关系、属性逻辑关系、图属一致性、图幅接边等方面进行检查。

数据入库：提供各类数据批量入库功能，使数据能够快速正常地导入到数据库中，主要包括：数据结构与代码标准化转换、小班数据批量入库、基础地形数据批量入库、遥感影像数据批量入库、DRG 数据批量入库、元数据入库等。

(二)森林资源信息管理系统功能模块开发

包括二、三维一体化森林资源信息发布系统(B/S)和森林资源信息管理系统(C/S)，详见“系统功能”介绍。

三、系统功能及特点

(一)系统功能

1. 登录系统

全省统一授权，通过湖北省森林资源信息管理系统主界面，用户根据权限验证后进入系统，用户具有不同权限，系统配置相应的操作功能项，如果该用户没有授予任何权限，则默认以普通用户身份登录(只能操作基本的 GIS 功能)。含用户管理、权限管理、角色管理。

2. 森林资源信息发布系统

森林资源信息发布系统是基于 IE 浏览器的信息发布系统，主要面向全省林业系统人员，采用二、三维一体化的模式，实现对资源成果信息的查询、浏览、统计分析，满足其他部门对森林资源信息的需要，为领导决策提供服务的系统。系统包括二、三维一体化浏

览、信息查询、统计信息发布(实时统计)、地图打印、系统维护功能模块。

因主要面向管理层，所以在界面友好、操作方便、功能实用上下功夫。

数据浏览。森林资源信息发布系统，采用二、三维一体化的数据浏览模式，具体功能如下：

缩放、漫游：在切片的比例尺下缩放数据，以提高效率。

标注：根据不同的缩放级别，以及与视点的距离远近，显示不同级别的标注信息。

政区定位：根据政区树，地图主窗口地图自动跳转到目标政区。

坐标定位：通过经纬度、经纬度十进制或 XY 平面坐标的输入，在地图上定位，并进行标记。

鹰眼定位：根据鹰眼图定位到指定区域。

书签定位：可以对当前视角的场景保存为书签供以后方便调用。

显示全图：图层数据会自动缩放到地图显示窗口中，以便于全图浏览。

信息查询、分析。系统提供多种方式的信息查询工具，并根据查询的结构进行简单的统计分析。

空间查询：根据选择选项的设置，实现空间点、线、矩形、多边形、圆形的图层要素查询的功能。

缓冲区查询：根据选择选项的设置，实现空间点缓冲、线缓冲、选择对象缓冲的图层要素查询的功能以及清除缓冲区的功能。

数据叠加分析：根据空间查询或缓冲区查询的范围与资源小班等矢量数据进行叠加统计分析的功能。

属性查询：逐级设置市、县、乡、村信息，系统将按照设置的政区信息进行属性查询的行政区过滤，再根据用户设定的 SQL 条件，如果要构建较为复杂的查询条件，也可选择需要的逻辑连接词，进行选择图层属性条件的查询功能。

三维空间查询功能：提供点位置、点高程、地表距离、水平距离、坡度值、坡向值、挖（填)方、地表面积、区域平均高程和通视情况等量算功能，以及断面图、坡度图、坡向图、单点及多点通视图的绘制。能够对地形分析结果进行进一步显示、分析和输出。

小班查询。

小班简单查询：基于行政区划、林班、小班快速查询到林地小班信息。

小班高级查询：任意范围(从电子地图上任意选取)任意多因子(条件)查询林地小班信息。

地名搜索。该功能包括根据政区范围所有小地名和根据小地名进行模糊搜索两种方式进行地名搜索，用户可以设置市、县级政区信息，系统将通过政区过滤搜索查询处该政区下所有的小地名信息。

历史数据对比分析。资源专题系统历史数据对比分析是针对相同行政区范围不同年份的资源小班数据进行变化数据分析(最小行政区范围必须为村级)，变化数据可以针对图形或者图形及属性，点击变化数据分析后，系统自动跳转到选择的范围区域，点击属性查询，可以查看要素属性，并可对数据进行统计分析及报表输出。

专题管理。将显示系统中加载的图层数据，以及各类专题数据，进行统一管理，用户可以通过勾选，确认显示数据。以实现有选择的数据浏览、查询。

统计信息发布。按行政区划生成标准报表和输出由 C/S 端动态生成的自定义报表。

任意范围(从电子地图上任意选取)任意多因子(条件)查询并生成统计报表。

统计结果输出成文本、Excel 电子表格等多种格式。

三维路径飞行。在三维场景中进行人机交互，从各个不同的角度形象直观地展示三维场景，可以自定义飞行路径、角度，沿设定的路线进行飞行，并将飞行的视频导出。

地图输出。按行政区、图幅及任意范围(图)打印输出。点击地图打印，弹出打印视图，选择可用的打印机，点击打印即可打印出当前地图视图，输出各类专题图。

文档管理。提供系统数据及文件等管理和上传、下载功能。

系统管理。

用户管理：维护用户信息，添加、修改用户基本信息，并可以设置注册用户的行政区划信息。

权限管理：左侧为按政区机构组织的用户目录；右侧上部分为选中机构或个人的信息；右侧下部分为待授权限和已授权限列表；通过选择待授权限，来给用户进行权限的分配。

系统日志管理：通过输入查询内容或设置登录时间段的方式进行查询，并可以查看对应的日志详细信息，包括子系统名称、登录用户、时间名称、计算机 IP，登录时间等信息。

工具。提供 GIS 常用工具：如坐标定位、坐标换算、距离量测(三维贴地距离)、面积量测(三维贴地面积)、高度测量(三维)等等。

提供外网发布服务。要求将部分信息提供 Internet 网络访问、查询。

3. 森林资源信息管理系统

森林资源信息管理系统 C/S 模式，是传统的局域网桌面应用系统，主要面对业务技术人员，协助业务人员完成森林资源数据的更新与管理，以及与资源相关业务工作的完成。系统包括数据组织与管理、数据查询与更新、数据检查、动态统计报表、专题图制作、数据备份与恢复、系统维护功能模块。

数据组织与管理。提供对资源数据、基础地形数据、DRG 数据、遥感影像数据及 DEM 高程数据等图形数据的加载与管理，可以根据登录用户或用户组设置各类数据的管理和维护功能，满足不同用户对各类数据的管理和维护需求。实现数据图层设置、渲染和叠加，及各类数据的显示方案设置和保存。

提供林业资源专题图式符号库。对林业专题数据进行分数复合标注和符号设置等。

数据的增加与删除：实现基础数据（包括：基础地形数据、DRG数据、航测遥感数据等）、二类资源数据（包括：资源小班面、林带以及各类标注点）以及三类作业设计数据（包括：采伐作业数据、造林数据等等）添加或删除到系统中进行组织与管理。

图层属性控制：对添加到系统的数据进行图层属性的设置与配置，便于用户进行数据的浏览，主要包括：图层显示、矢量图层标注（简单标注、复合标注）、比例尺范围、栅格渲染、矢量图层符号显示（尤其满足湖北省林业资源数据的符号化，使其符合国家资源符号显示规范）、图层显示透明度控制、图层之间的顺序移动、数据保存。

属性表：能够实现对添加到系统内的矢量数据浏览其属性的功能，并且能够根据更新属性进行查询和快速定位、属性值运算。

数据浏览：实现放大、缩小、组合缩放、全图显示、任意比例尺缩放等多种方式进行地图上的数据浏览。

图幅号定位浏览：实现按照国家标准分幅图符号信息进行地图数据的浏览功能。

政区定位浏览：实现按照行政区划级别，实现市、县、乡、村地图数据的定位浏览功能。

经纬度定位：通过输入的经纬度，系统将地图窗口中心移到指定的坐标位置上。

坐标定位：输入坐标值进行定位。

图层定位浏览：实现按照用户选定的图层，按照其图层范围定位浏览其数据的功能。

鹰眼定位浏览：通过鹰眼图快速定位数据。

书签定位浏览：实现根据书签的管理与定位。

数据查询与更新。

空间查询：实现根据绘制的点、线、矩形、多边形查询地图数据的功能。

缓冲区查询：实现根据绘制的点、线的缓冲区来查询地图数据的功能；实现根据用户选择的要素进行缓冲查询数据的功能。

空间位置查询：设置需要查询的图层，并在过滤条件中设置需要的条件，在结果中设置查询结果的处理办法。

SQL查询：实现根据用户设定的条件或基于定制条件快速查询。

小班查询：根据县、乡、村、林班、小班号快速查询和定位小班，或直接输入小班唯一编码查询。

数据更新：在线更新。

图形编辑：能够实现通用编辑功能，如增加要素、点编辑、线编辑、面编辑等，属性具有继承性。

启动编辑：启动编辑状态，使用户能够开始编辑所选的地图矢量数据。

保存、停止编辑：将当前的编辑结果保存到数据库中。

撤销、重做：在没有进行编辑保存时，可以支持编辑结果的撤销与重做。

增加要素：根据当前选择的编辑矢量层，增加对应的点或线，或面状要素。

节点编辑：根据选择的要素，进行其节点的编辑功能，主要包括节点增加、删除、移动。

线分割要素：根据鼠标绘制的线对当前的线状图层或面状图层进行分割。

局部串联：根据鼠标绘制的线对当前的线状图层或面状图层边界进行更改。

面分割要素：根据鼠标绘制的面对当前的线状图层或面状图层进行分割。

要素合并：将当前编辑图层选择的要素进行合并。

编辑设置：实现对节点或边界的捕捉。

图形批量更新：依据已有的图形数据(如造林、采伐、征占地)对资源数据进行更新。

属性编辑：属性录入、属性修改(单个或批量修改相关属性信息)、属性运算(加、减、乘、除等并赋值)，无限级的 Undo/Redo。

属性录入：选择创建的数据要素，点击菜单[编辑→信息录入]，在弹出的“属性更新”对话框中，输入属性更新信息，点击“保存”按钮，完成信息录入，点击“返回初始值”，可以撤销更新数据。

属性单独更新：实现对资源数据的更新录入，并能够进行逻辑关系的检查。

属性批量更新：对资源属性数据进行批量的数据更新维护工作。支持对常见文件数据库(如 MDB、DBF)及 Excel 表格数据格式导入、导出。

离线更新：数据迁出，将数据迁出到个人数据库中，由单机更新系统进行数据更新操作，同时锁定该区域的数据。数据迁入，将迁出更新的数据迁入到数据库中，同时释放锁定。

自然生长更新：对于非人为干扰的资源数据，在年度内统一根据生长模型等进行自然生长更新(如森林蓄积)。可定义多个生长模型，进行选择。

用户可以在年度下拉菜单中选择更新的年度，根据不同的年度，系统自动判断用户所在政区的更新状态，对于未更新的政区，用户可以执行自然生长更新功能。

采用多线程技术及时刷新已更新政区的标记值，及更新完一个村就向系统中写入一条记录。并往用户登录注册表中更新用户的在线状态。

数据检查。

图形检查：线状图形悬挂点、线打折、自相交、自重叠等检查，面状图层面缝隙、面重叠等检查。对于检查出的错误数据列出列表，并逐条定位、修改或批量修改。

属性检查：包括及时录入检查和批量逻辑检查。逻辑检查规则可由用户自定义(可进行配置或直接输入 SQL 语句)。

及时录入检查——属性及时录入时，必须符合逻辑才让保存。

批量逻辑检查——选择一定范围，执行逻辑检查，将不合逻辑的记录进行列表，以便逐一修改。

小班号批量检查与修改。对当前登录政区的小班号批量检查，主要检查内容为是否存在空值、是否存在重复值，展示检查结果，对重复的小班号按值递增方式批量修改。

动态统计报表。根据用户的需求动态定制或固定模板进行各类报表的模板设计和保存。

报表输出：输出各类报表。

表内、表间关系检查：通过自定义表内、表间关系，并进行输出报表检查。

专题图制作。提供林业专题图标准图式，能够实现林业专题图制作和各类符号以及制图元素的增加和修改。能够自动生成森林资源分布图、林相图、地类分布图等国家标准图；能够通过自定义制图模板，自动生成自定义专题图，如：林地保护利用专题图、林分结构专题图、林地变化专题图等多种专题森林图。

历史数据对比分析：分析的结果可以以多种方式进行成果的输出，为其他应用部门提供信息服务。制作林业变化信息专题图，提供各种林地变化的统计报表。

数据备份与恢复。数据备份与恢复功能作为一个模块提供。实现定时备份与及时恢复功能。

数据备份：主要完成对数据库的备份功能，定时将数据库存储到指定格式的文件中，并能产生相应日志信息。

数据恢复：主要完成对备份数据库的恢复功能，将备份文件恢复到数据库中，并能产生相应日志信息。

系统维护。系统运行配置的维护，主要功能如下：

数据结构维护：按照湖北省森林资源数据规范，维护林地资源数据结构。

资源数据字典维护：按照湖北省资源数据字典规范，制作维护林地资源数据字典。

行政区划数据字典维护：对湖北省所属的行政区划进行维护，保证数据的实效性。

地图模板管理与分配：由系统管理员制作统一的地图模板，进行分配。

(二) 系统特点

本系统是在广泛吸收国内先进经验的基础上开发建设的，其系统功能和技术体系处国内领先水平，主要特点如下：

严格执行国家林业局信息化建设相关技术标准和规范。系统数据库结构及代码系统、数据内容、图形坐标系统均与我国林业主流数据标准有良好的兼容性、扩展性。

选用国内主流开发平台。根据国内林业信息系统建设的主流趋势，为确保本系统的先进性和可持续性，本系统开发数据库平台选用大型关系型数据库(Oracle)，地理信息系统开发平台选用 ARC/GIS。

系统功能先进、系统构架具有可扩充性和前瞻性。系统集成了森林资源、基础地理等矢量数据(DLG)、数字栅格地形图(DRG)、遥感影像数据(DOM)、数字高程模型(DEM)等图形数据和相关属性数据，并提供数据入库及管理工具。

系统集成的丰富的基础空间数据和详尽的林业专题数据，为林业工程规划和设计、湿地监测、碳汇、石漠化、林地征占用、森林采伐、森林防火、病虫害管理、林业重点工程建设管理等提供数据支持。

第二节　主要措施和经验

一、主要措施

加强组织领导。湖北省森林资源信息管理系统项目建设于2011年7月正式启动，湖北省林业厅首先成立了项目建设领导小组，本项目建设涉及技术领域众多，科技含量较高，其基础性工作和最终“用户”涉及全省各级林业主管部门，为使本项目能顺利启动实施，本项目建设由省林业厅直接领导。

成立技术开发专班。项目实施单位在项目正式启动后立即成立了技术开发专班，实行项目技术责任制。

全面动员部署。湖北省森林资源信息管理系统目前已经集成了全省306.9万个森林资源小班图形和属性数据；同时集成了林业相关基础地理信息数据，主要包括各级行政区划层、道路、水域、地名及地物、基础地理信息层、卫星影像及数字高程模型(DEM)数据等。为完成如此“海量”的巨大数据录入，省林业厅全面动员全省各相关单位力量，集中时间、群策群力、共同完成数据的采集入库。

加强学习培训。一是考察学习，交流经验。项目组开发的整过程中，以各种不同形式进行了大量培训和考察学习。二是开展咨询培训。系统的建设方案是在反复咨询省林业厅领导、专家的基础上才最终确定的，确保了设计的科学性、先进性。

二、主要经验

进行周密的项目考察和需求调研。为确保本项目建设先进性和实用性，项目组到广东、湖南、辽宁、北京等多省市林业相关单位进行了专题考察和业务调研，并编写了《湖北省森林资源信息管理系统需求报告》和《湖北省森林资源信息管理系统开发技术方案》。为系统的顺利开发及成功运行奠定了基础。

注重开发技术人员业务水平。本系统开发技术人员既熟练软件编程，又熟悉林业业务，使数据库建设在短时间内顺利完成，同时，软件合理设计、系统的实用性和通用性为

系统成功推广应用提供了保障。

第三节　效益分析和所获荣誉

一、效益分析

“湖北省森林资源信息管理系统”为全省森林资源管理提供了网络统一操作平台，统一了全省技术标准和数据平台。

系统为各级林业主管部门提供森林资源管理辅助决策的工具，提高了各级林业单位和部门的业务能力，节省了大量人力、物力和财力。

系统目前生成了2009年二类调查统计表和全省森林分布图。系统的基础数据正在为全省林地保护利用规划、湿地调查、荒漠化调查等大型项目提供基础数据以及技术支撑平台。

全面升级了森林资源信息管理手段、提高了森林资源信息管理水平，对实现森林资源信息管理的规范化、科学化、信息化具有十分重大的意义。

系统建成，使湖北省森林资源信息管理由传统的手工操作模式转为电子化、数字化办公，加速了森林资源信息管理的科学化、信息化。

二、开发前景

湖北省森林资源信息管理系统具有良好的兼容性和扩充性，开发和应用前景广阔。

开展森林资源动态监测。系统提供了森林资源动态变化数据的“在线更新”功能，以即时卫星影像为数据源，结合造林、森林采伐、林地征占等林业生产经营活动，对林地及林分变化情况进行动态监测、“实时更新”，实现与国家森林资源动态监测接轨。同时通过系统自动报表统计、制图输出功能，实现“及时出数(图)，年年出数(图)”，从而为政府目标考核提供依据。

森林经营管理应用。系统集成了丰富的基础空间数据和详尽的森林资源数据，为营造林、集体林权制度改革、采伐、运输等林政管理、工程规划设计、森林分类经营管理等提供了强有力的数据支持。

林业工程监测管理。以本系统为基础，开发建设林业重点工程专题系统，将各项林业重点工程信息置于统一的数字化管理平台之上，实现与国家管理规范相衔接。

森林灾害管理。在本系统基础上开发建设森林防火、有害生物防治等森林灾害防治管理系统，为维护生态安全、保护森林资源提供信息化管理手段。

其他应用。随着项目实施进程，本系统将在森林景观、碳汇、野生动植物管理、森林生态效益评价、林区综合开发管理、林业产业发展等方面进行深入开发，应用到林业更广泛的领域，从而发挥更全面的重要作用。

第二十八章　湖南省林地测土配方信息系统

生活中经常会遇到这样的现象，造一片林或植一棵树，几年，十几年甚至几十年都不能成材。究其原因，是对土地不了解，对树种不了解，对土地与树种之间的关系不了解。为了改变几千年来中国百姓盲目造林、营林的现状，帮助百姓科学造林、科技营林，提高林农积极性，为适地适树、科学造林和配方施肥提供科学决策，为湖南各级林业生产、管理和决策服务，湖南省在全国率先开展了林地测土配方工程。自提出以来，受到了国家林业局的高度重视和社会的广泛关注。湖南省林地测土配方信息系统就是帮助了解土地、树种、土地与树种关系的一个系统，能开出“方子”，使植树造林有了科学依据。

湖南省林地测土配方信息系统是综合运用“3S”、计算机、网络技术，依托湖南省林业基础地理数据库，对全省土壤普查数据进行征集、研究、整合，收集整理了涉及490多万个小班的8000多万因子数据，而建立的一个集图形和属性数据，具备查询与分析功能的综合应用系统。在充分利用新中国成立以来湖南省林业取得的1000多项科技成果的基础上，根据湖南八大土类适宜种植的主要造林树种、优材更替树种、无节良材树种和经济效益好的树种，该系统收集了85个可以覆盖全省的主要造林树种及由20多位各专业学科专家撰写的针对每个树种的最新栽培技术。系统在硬件、软件、网络、数据库等各方面都采用了先进的技术和设计理念。2009年年底，凝聚三湘林业人无数心血的“湖南省林地测土配方信息系统”初步建成。在专家评审会上，大家一致认为该系统直接服务于广大林农和各级林业生产单位，为适地适树、科学造林、配方施肥等提供决策依据和技术服务，社会、经济和生态效益巨大，填补了国内空白，达到国内领先水平，应加大推广和应用力度，使其更好地为百姓服务。

第一节　主要功能

湖南省林地测土配方信息系统是一个面向林农的综合服务系统。按照“外网受理、内网办理、外网反馈”的原则，部分信息如林木栽培技术、林木良种等可以在外网直接查询，但涉及电子地图等基础地理信息的数据，按照国家有关保密规定，目前在外网尚不能提供查询服务，在湖南林业电子政务网(内网)上则可以查询到综合又全面的信息。

用户只要通过输入林权证号或身份证号，即可在湖南省林地测土配方系统中定位到林权证小班所对应的位置，通过测土配方的查询功能即可详细了解该小班的土壤肥力、酸碱度等立地因子，进而可以查询到适生树种和各适生树种相应的栽培技术。

湖南省林地测土配方信息系统主要设计了测土配方、适地适树、树种管理、林权查询、历史数据对比、地图打印、系统管理、数据归档功能和坐标定位、缓冲分析等常用的实用小工具。

一、系统登录

湖南省林地测土配方信息系统登录湖南林业电子政务网，点击导航栏的“测土配方”菜单，用户通过权限验证后进入湖南省林地测土配方信息系统主界面(如果未通过权限验证，则直接将页面转向电子政务网登录页面)。根据用户所具有的不同权限显示相应的操作功能项，如果该用户没有授予任何权限，则默认以普通用户身份登录，只能使用基本的几个菜单功能。

二、功能菜单

(一)测土配方

通过林权查询功能或直接将地图放大到1∶1万比例尺以后，在地图窗口点击目标小班，系统根据树种适生立地因子，分析适合在目标小班上种植的树种，弹出新页面显示适生树种列表、当地推荐种植树种列表及小班的基本信息。

单击树种列表中的树种名称，显示该树种详细的栽培技术信息，如果栽培技术说明页面中存在附件，可以点击页面的附件将其保存到本地。

(二)适地适树

用户点击“适地适树”菜单后，弹出一个新页面，以列表形式显示所有可查的树种名称单击某个树种名称，弹出一个新页面显示该树种详细的栽培技术信息。

(三)树种信息管理

树种信息管理是指对树种信息的添加、修改和删除，内容包括树种基本信息、树种栽培技术和树种立地因子。录入的树种信息可供测土配方和适地适树查询功能使用。树种信

息管理页面的布局由三部分组成：左侧是所有树种的列表；右侧上部分是树种基本信息、树种栽培技术、树种立地因子三个切换页操作区；右侧下部分是保存、删除和清空当前页功能按钮。

1. 树种基本信息维护

新增树种。进入树种信息管理页面后，点击“新增树种”按钮，系统自动切换到“树种基本信息”页，输入树种基本信息后点击“保存”按钮，或者切换到“树种栽培技术、树种立地因子”页面输入所有内容后再点“保存”按钮，完成保存后弹出提示窗体告知用户是否保存成功。

修改树种。进入树种信息管理页面后，在左侧目录树点击需要修改的树种名称；在右侧操作区单击“树种基本信息”切换到基本信息修改页；输入或修改树种名称、科类、属类和拉丁文名称；点击“保存”按钮保存修改内容，完成保存后弹出提示窗体告知用户是否保存成功。

删除树种。进入树种信息管理页面后，在左侧目录树中选择要删除树种；然后点击右键，在弹出的右键菜单中点击“删除”菜单，完成删除后弹出提示窗体告知用户是否删除成功。

2. 树种栽培技术维护

进入树种信息管理页面后，在右侧操作区点击“树种栽培技术”切换到栽培技术信息编辑页，选择需要修改栽培技术的树种（如果树种存在栽培技术，则在编辑区显示栽培技术）；通过提供的文档编辑器，可以录入、删除、修改树种栽培技术文本信息，可以插入图片以及上传附件；修改完成后，点击“保存”按钮，完成保存后弹出提示窗体告知用户是否修改成功。

3. 树种立地因子维护

树种立地因子是指在测土配方功能中小班适生树种查询时使用的查询匹配条件。立地因子的设置规则为：树种所有的立地因子用“（）”括起来；每一个立地因子的所有查询条件用“（）”括起来，并且立地因子之间的条件关系只能使用“并且”；立地因子的单个查询条件用“（）”括起来，查询条件之间的条件关系可以为“并且”、“或者”。设置样例如下：

（（立地因子1查询条件1）并且（（立地因子2查询条件1）并且/或者（立地因子2查询条件2）并且/或者（立地因子2查询条件3））并且（（立地因子3查询条件1）并且/或者（立地因子3查询条件2）））。

进入树种信息管理页面后，在右侧操作区点击“树种立地因子”切换到立地因子编辑页；选择需要修改或添加立地因子的树种（如果树种存在立地因子，则在“树种立地因子信息列表”中显示立地因子）。具体维护内容如下：

添加立地因子。根据树种立地因子设置规则，在编辑页面的第一行设置立地因子的单个查询条件；点击“添加至列表”按钮将设置的单个查询条件添加到“树种立地因子信息列表”；完成所有的立地因子条件设置后，点击“保存”按钮，完成保存后弹出提示窗体告知用户是否添加成功。

修改立地因子。在树种立地因子信息列表中右键单击需要修改的立地因子，点击“修改”菜单后弹出立地因子单个查询条件修改窗体；设置需要修改的条件内容；点击“确定”按钮将修改内容更新到列表；完成所有的条件修改后，点击“保存”按钮，保存后弹出提示窗体告知用户是否修改成功。

删除立地因子。在树种立地因子信息列表中右键单击需要删除的立地因子，在右键菜单中点击“删除”按钮；删除所有不需要的条件后，需要按照立地因子条件设置规则进行逻辑检查；点击“保存”按钮，保存后弹出提示窗体告知用户是否删除成功。

(四)林权查询

将地图比例尺设置成1:10000，点击“林权查询”按钮，鼠标将变为拾取状态，直接在窗口点选林权小班要素，系统会弹出林权小班详细信息显示窗体。

(五)坐标定位

坐标定位功能是指按照用户输入的经纬度坐标，定位到目标点。点击“坐标定位”菜单后，弹出坐标输入窗体，按“度、分、秒”的格式输入经纬度坐标；点击“定位”按钮，在地图窗口显示以输入坐标点为中心的地图数据，并用红色实心圆标记。

(六)邻域分析

点击“邻域分析”菜单后，系统弹出“邻域分析”数据显示窗体，并在窗体左侧的“选择区域”列表中显示所有县级行政区划的名称(从行政区划编码表中读取)；

双击“选择区域”列表中的数据项，系统在地图窗口闪烁显示行政编码与之匹配的行政区空间数据，系统自动进行空间分析，获取与之相邻的所有县级行政区划，并在窗体右侧的“相邻区域”显示相邻的县级行政区划名称；

双击窗体右侧“相邻区域”列表中的某一项，系统在地图窗口闪烁显示行政编码与之匹配的行政区空间数据；

点击“定位”按钮，在地图窗口居中高亮显示“选择区域”列表中被选择数据项对应的行政区空间数据。

(七)缓冲分析查询

缓冲区分析是指利用图形要素或图形元素创建缓冲区多边形，包括分析数据源设置、缓冲距离设置和功能按钮，具体过程如下：

点击“缓冲分析”菜单后，如果当前地图数据中存在选择集或图形元素，则弹出缓冲区分析窗体；如果只存在选择集，则弹出缓冲区分析窗体并默认选择“使用图层要素做缓冲”；如果只存在图形元素，则弹出缓冲区分析窗体并默认选择“使用图形元素做缓冲”；如果两者都不存在，则提示用户“地图上没有选择任何地物”，不能进行缓冲区分析。

如果选择“使用图层要素做缓冲”，从下拉框中选择图层并输入“缓冲距离”，点击“生成缓冲区”按钮后，根据选择的图层要素和输入的缓冲距离在地图窗口生成半透明的缓冲区。

如果选择“使用图形元素做缓冲”，点击“生成缓冲区”按钮后，根据地图窗口的图形元素和输入的缓冲距离在地图窗口生成半透明的缓冲区。

点击“清除缓冲区”按钮，删除地图窗口中的缓冲区。

缓冲查询是指利用缓冲区分析生成的缓冲区多边形，对选择的查询图层做查询，高亮显示查询结果，并将查询结果更新到地图的选择集。具体过程如下：

点击“缓冲查询”菜单，如果地图窗口没有缓冲区，则提示用户“没有生成缓冲区”，不能进行缓冲查询；

如果存在缓冲区，则在窗体中显示当前可见图层列表；选择需要查询的图层后，点击“缓冲查询”按钮，利用地图窗口的缓冲区多边形和选择的图层构建选择集，并高亮显示查询结果。

（八）历史数据对比分析

点击“数据分析”按钮下的“历史数据对比分析”按钮，系统弹出历史数据对比分析界面，分别点击左下角年份和右下角年份后面的选择“日期按钮”来选择对比数据的日期，按上下箭头“▲▼”选择年份，按左右箭头“◀、▶”选择月份。

（九）地图打印

用鼠标点击系统主界面的“地图打印”，弹出打印设置对话框。进行打印设置。

（十）系统管理

系统管理包括系统的用户权限管理、系统日志管理和专题系统数据结构配置管理。

1. 用户权限管理

本系统中的用户权限包括三种：打包权限、分配权限、系统功能使用权限。打包权限是指可以将用户本身具有的再次分发权限（用户本身并不能使用这些权限对应的系统功能）打包或分配给其他用户，通过打包方式获取的权限，只能进行打包或分配，不具有实际操作系统功能的权限；分配权限是指可以将用户本身具有的再次分发权限（用户本身并不能使用这些权限对应的系统功能）分配给其他用户，通过分配权限用户分发的权限，即为系统功能使用权限，可以操作系统中的对应功能。此外，单个用户不能同时具有打包权限和分配权限；用户不能给自己分配权限（在用户权限管理的用户树中，不存在当前登录用户）。

用户权限管理包括权限打包和权限分配。权限打包是指用户可以将本身具有的打包权限再次打包给其他用户/部门或分配给其他用户/部门，如果授权对象是一个部门，则被授权部门节点下的所有用户和部门都具有相同的权限；权限分配是指具有分配权限的用户可以将本身具有的分配权限分配给用户/部门，通过权限分配方式分发的权限是系统功能使用权限，如果授权对象是一个部门，则被授权部门节点下的所有用户和部门都具有相同的权限。

用户权限打包功能的操作界面左侧为按政区机构组织的用户目录；右侧上部分为选中机构或个人的信息；右侧下部为授权方式及权限列表（图 65）。

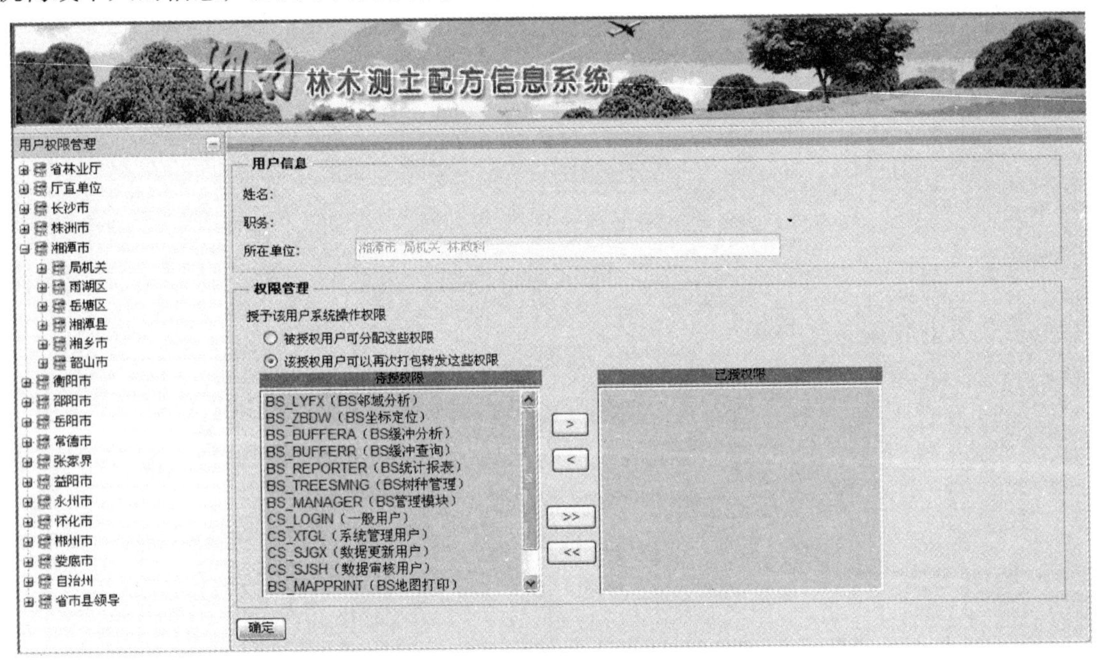

图 65　用户权限打包功能示意图

操作过程如下：

在左侧用户目录中选择需要授权的机构或个人；

选择授权方式，即点击“被授权用户可以分配这些权限”（分配权限）或“被授权用户可以再次打包转发这些权限”（打包权限）；

在“待授权限”列表中选择需要授予的权限项，点击“ > ”单项添加按钮将选中项添加到“已授权限”列表，也可点击“ > > ”全部添加按钮将所有的待授权限添加到“已授权限”列表；

点击“确定”按钮进行权限赋值，赋值完成后提示赋值是否成功的提示信息。

权限分配的操作界面左侧为按政区机构组织的用户目录；右侧上部分为选中机构或个

人的信息；右侧中间部分为待授权限和已授权限列表；右侧下部分为注册行政区下拉选择框，包括市、县、乡镇、村四级行政区；最底端为“确定”和“取消权限”按钮。操作过程如下：

在左侧用户目录中选择需要授权的机构或个人；

在“待授权限”列表中选择需要授予的权限项，点击“ > ”单项添加按钮将选中项添加到“已授权限”列表，也可点击“ > > ”全部添加按钮将所有的待授权限添加到“已授权限”列表；

点击“确定”按钮进行权限赋值，赋值完成后提示赋值是否成功的提示信息。

选择机构后点击“取消权限”按钮，可以取消该机构下所有用户的已授权限；选择个人后点击“取消权限”按钮，可以取消该用户的已授权限。

2. 系统日志管理

系统日志管理是指对系统功能操作日志的查询。包括按日期、用户名、IP 地址和事件类型查询。系统日志管理的界面左侧为按政区组织的用户目录树；右侧上部分为查询条件设置工具栏，包括查询内容输入框、操作时间段设置框、查询按钮及 Excel 保存按钮。系统日志管理的操作过程如下：

进入系统日志查询界面后，默认分页显示所有的操作日志，显示内容包括“日志 ID、登录账号(用户名)、计算机 IP 地址(计算机名)、事件类型、事件描述、操作时间”；

系统日志管理界面的目录树由组织机构及各机构的人员组成，对用户节点(机构下的人员)显示内容为“用户名(日志记录数)”；

如果点击用户列表中的某个用户，则显示该用户的系统操作日志；如果点击用户列表中的组织机构，则不做任何响应；

按日期查询：根据选择的开始日期(年 - 月 - 日)和结束日期(年 - 月 - 日)查询在该时间段内的系统日志；

按用户、IP 地址、事件类型查询：根据输入的查询内容做模糊查询；

可以将查询结果保存为本地 Excel 文件，对具有删除日志记录权限的用户，可以删除系统日志表中的所有日志记录。

3. 专题系统数据结构配置

专题系统数据结构配置是指为专题系统分配基础表中的可维护字段(执行编辑操作)以及可使用的字段。界面左侧为已经注册的专题系统列表，右侧为对应专题系统列表中选择项的可分配结构列表和已分配结构列表。一个字段(结构)只能作为一个专题系统的维护结构，一个字段可以作为多个专题系统的使用结构。

(十一)数据归档

自动归档是指按照预设的时间将当前最新数据复制一份到预先定义的数据库，并按固定规则命名复制的数据表作为归档数据表，并记录归档日志。

在BS系统中，提供用户对自动归档的时间修改，即可以修改某次(即某个季度)的归档时间，时间的格式为“年－月－日”。

删除归档失败日志。提供归档版本的日志(归档时按规则自动命名的数据表)列表，用户选择需要删除的归档日志后点击“删除”按钮，系统自动删除归档失败的日志数据。

(十二)地图刷新

对地图控件进行刷新。

(十三)退出系统

关闭系统主页面。

三、地名查找

地名查找包括地名的查询定位和小班号查询定位。

(一)地名查询定位

地名查询定位是指对市、县、乡镇、村的查询定位，从上到下依次为市(州)选择列表；县(市、区)选择列表；乡、镇、村选择列表；重置、定位和小班号查询功能按钮。

进入系统主页面以后，初始化“地名查找”中的市(州)下拉选择框，选择某行政区划后，初始化其下级行政区划选择列表。查询定位时的地名选择顺序为：市(州)→县(市、区)→乡、镇、村；点击定位按钮后，在地图窗口居中高亮显示选择的最低级别行政区名称所对应的地图要素。例如，默认定位到选择的“乡、镇、村”地名，如果“乡、镇、村”为空，则定位到选择的“县(市、区)”地名，如果“县(市、区)”也为空，则定位到选择的“市(州)”地名。

通过“重置”功能，可以清除已经选择的地名。

(二)小班定位

小班定位是指根据选择的“县(市、区)”、“乡、镇”、“村”、“林班号”和输入的小班号查找符合条件的小班号，如果存在，则在地图窗口居中高亮显示小班号对应的地图要素；如果不存在，则给出提示信息。在“地名查找”面板中点击“林权小班定位”按钮后，弹出的小班号查询界面，按从左至右、从上至下的顺序依次为：县(市、区)选择列表；乡、镇选择列表；村选择列表；林班号选择列表；小班号输入框和“查询”按钮。

四、地图比例尺设置

通过地图比例尺设置功能，可以将地图快速缩放到指定的比例尺。如果是从下拉列表中选择地图比例尺，则用户选择新的比例尺后，系统自动以原有地图中心点为中心，在地图窗口显示新比例尺下的地图数据；如果是手动输入地图比例尺，则输入地图比例尺并按键盘“回车(Enter)”键以后，以原有地图中心点为中心，在地图窗口显示新比例尺下的地图数据。

点击“地图比例尺”输入框，系统会自动清空原有显示内容；当“地图比例尺”输入框失去焦点时，系统自动显示当前地图比例尺。

五、林权证与身份证查询

根据身份证和林权证号信息进行查询。

第二节　主要措施和经验

一、整合前期建设成果，夯实基础

林地测土配方是一项艰巨、复杂的系统工程，也是一个造福子孙后代的民生工程。对山地实行测土配方，是少数发达国家才有的做法。发展中国家建立测土配方平台必须首先突破信息化制约。为了做好此项工作，考虑到现有经济承载力和林业的实际工作情况，经过充分调研和多次专家讨论，湖南省林业厅开展了大量富有成效的工作。

一是综合运用“3S”、计算机、网络技术及全省森林资源数据库，按照《湖南省林地测土配方基础平台建设方案》要求，完成了湖南省林地测土配方信息系统硬件平台的搭建和软件开发工作。

二是充分利用湖南省林业基础地理数据库系统以及对全省土壤普查数据进行征集、研究、整合，将8000多万个数据全部输入到490多万个小班中，建立了全省林地测土配方数据库。

三是利用新中国成立以来湖南省林业取得的1000多项科技成果，组织林业专家及管理人员，根据湖南八大土类适宜种植的主要造林树种、优材更替树种、无节良材树种和经济效益好的树种，经过多次论证，确定了85个可以覆盖全省的主要造林树种及每个树种的17个主要适生立地因子及其栽培技术编写提纲，由20多位各专业学科领衔专家，用

"最通俗易懂的语言，最简单易行的技术"撰写了这些树种的最新栽培技术，通过审定后，全部输入到湖南省林木测土配方信息系统。

四是对系统基础数据进行了全面核查。据统计，省厅先后组织召开了6次专题研讨会、1次工作会，编发了9期工作简报。各市州、县市区林业局先后举办了400多期培训班，共组织1328个数据核查组、调动3000多名技术人员、投入经费2060余万元，核查了小班490多万个、立地因子和土壤肥力因子8000多万个、重新进行土壤采样分析小班151821个。这一工作的规模之大，投入力量之巨，工作之细，史无前例。同时，对系统软件也进行了优化升级，系统的可操作性、安全稳定性等大大提高。

五是开展了林地测土配方试验示范工作。依托中央财政林业科技推广示范资金项目在汨罗、南县建立了1000亩湿地松、国外松配方施肥示范林，研制和生产了200吨配方肥，进行了林地施肥和林木生产量调研，取得了较好的示范效果。

二、注重实际应用和推广宣传，不断完善，科学发展

建立"湖南省林地测土配方信息系统"，旨在为林农提供网上查询和专家咨询服务，这是湖南省林业厅党组让林农富起来、让山林活起来的初衷。只有林农富裕了，山林才能活跃，林业才能成为山区林区农民就业致富的重要渠道。为了充分发挥林地测土配方信息系统的作用，全省各级单位从实际出发，指导林农不断实践，加大宣传力度和推广应用程度。

一是切实加强领导。各市州和县(市、区)林业局建立和健全林地测土配方信息系统推广应用工作领导小组，各级科技部门具体负责本辖区测土配方信息系统的推广应用。工作经费实行分级负责制，各级多渠道多方筹集资金，确保了项目实施的需要。

二是开展技术培训。通过分区域逐级举办林木测土配方信息系统应用技术培训班，使广大林业基层技术人员了解掌握系统使用技术，为系统的推广应用奠定良好基础。省厅分区域负责培训到县级技术人员，各县至少举办了1～2期技术培训班，培训到乡镇技术人员或造林大户，技术资料发放到村。

三是抓好宣传推广。通过组织现场观摩、印发宣传册、进行实地指导、开展科技下乡及采取广播、电视、报刊、网络等多种媒体宣传方式，广泛推广林木测土配方信息系统的作用与用途，将林木测土配方知识传递到千家万户，使广大林农及涉林人员逐步了解、接受并使用系统。

四是搞好系统运用。一方面，在造林实施方案、作业设计的制定上，以测土配方系统平台为基础，做到土质分析、树种选择、水肥管理等与系统测试数据对接。另一方面，在造林验收上，将测土配方系统的应用作为重要指标，尤其长(珠)防林、血防林、油茶等国家有投入、需要验收的重点工程造林，都以湖南省林地测土配方信息系统的应用为支撑，

确保造林的科学性和林业的可持续发展。

第三节　效益分析和所获荣誉

2011 年初召开的全省林业工作会议上，徐明华副省长等领导共同启动了湖南省林地测土配方信息系统。湖南省林地测土配方信息系统作为林业主管部门指导适地适树、科学造林的技术支撑平台，研发成功并投入使用的消息一经新闻媒体发布，立即引起了社会各界的高度关注，纷纷来函来电询问使用方法，这反映了人民群众的迫切要求。

现在，林农只要登录湖南林业电子政务网上的测土配方信息系统，就能迅速查到自家山头地块适宜种什么树、怎么种、施什么肥。全省 3000 万林农因此享受到网络时代和技术创新带来的实惠和便利。同时，广大林业基层单位进行造林设计时，也可通过林地测土配方信息系统进行，为实现适地适树、科学造林提供了科学依据。目前，通过技术培训、业务骨干带动、科技特派员的传帮及发放资料、光碟、U 盘等各种有效途径，系统推广工作取得了较好成效，系统可查询率达 100%、林农使用率达 70% 以上。湖南省湘潭市利用该系统指导造林，节约成本近 400 万元，肥料利用率提高 10 多个百分点。这项工作被广大林农称为民本工程、德政工程。该项工作得到了省委省政府的高度肯定，被媒体誉为真正实施民本行为的科技造林工程。中央电视台《新闻联播》、人民日报、新华社、中国林业网、中国绿色时报、湖南卫视等对此作了相关报道，境内外媒体评价“湖南林业把科学发展观贯彻到了山头地块”。目前，该系统已成为林业主管部门指导适地适树、科学造林的主要技术支撑平台，成为三湘百姓植树造林的好帮手。

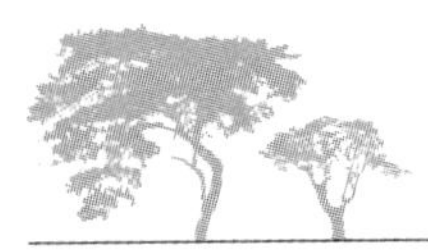

第二十九章　湖南林业电子办证系统

林业行政审批是林业行政管理工作的重要组成部分。目前，湖南省林业行政审批涉及资源林政管理、野生动植物保护、森林植物检疫及林木种苗等多个工作部门，每年办理各种证件总量达数百万份。采用传统方式办证，经过申请、审批、发证等多道环节，不仅效率低，花费大，而且无法及时监控和管理，尤其是办证失控，如超限额采伐，重复办证等问题多年来没有找到有效的解决办法。基于这一原因，湖南省进行了基于网络平台的全省林业电子办证系统研发工作。

湖南林业电子办证系统包括：系统管理、代码库、统计分析、综合查询、动植物保护管理、林木种苗管理、森林植物检疫管理、资源林政管理、待办事宜等几大模块，基于先进的 B/S 模式，用户只需要使用浏览器，就可以方便地进行使用。

系统于 2003 年 9 月开始开发，2004 年 5 月完成研发、调试，6 月在岳阳市进行试点示范，2005 年 7 月 1 日，全省 14 个市州、122 个县市区全部启用该系统办证。

第一节　主要功能

湖南林业电子办证系统采用大集中方式部署，即只在省厅建立应用系统，省厅用户通过局域网访问系统；市州县及其他分支机构用户通过湖南林业电子政务网访问办证系统；移动用户通过拨号方式进入湖南林业电子政务网访问系统。

一、系统网络结构

湖南省林业电子政务网络已连接省、市、县、乡镇四级林业机构，实现了省厅与 14 个市州、107 个县市区、2011 个乡镇林业工作站或政府政务中心的网络对接，并实现了与国家林业局专网、湖南省电子政务骨干网之间的网间互通，为全省林业电子办证系统的应用提供了坚实的基础(图 66)。

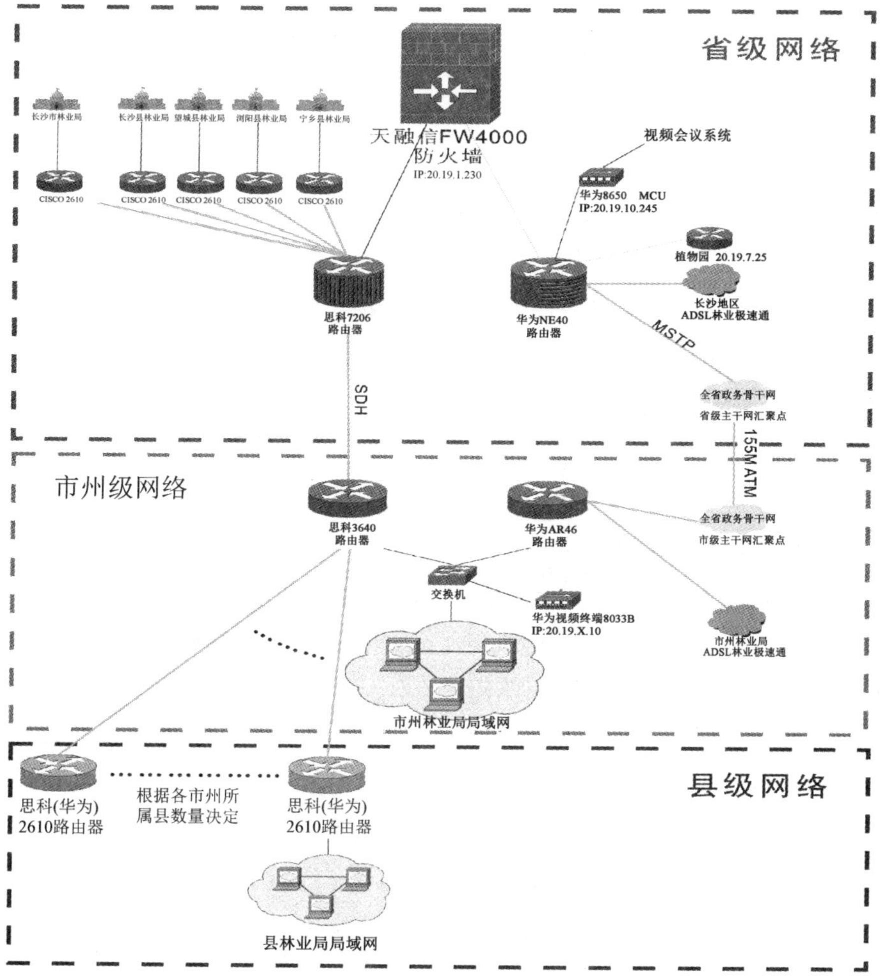

图 66　湖南林业电子政务网网络结构图

二、系统集成

湖南林业电子办证系统与湖南林业电子政务网的电子政务系统进行紧密集成(图 67)。

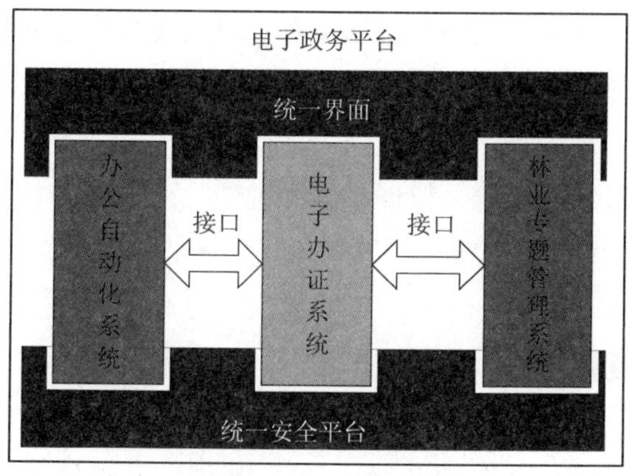

图 67　系统集成框图

集成内容主要包括如下几方面：

界面集成。湖南林业电子办证系统作为湖南林业电子政务系统中的一个子系统，用户通过单点登录，全网漫游。湖南林业电子办证系统的界面风格、内容的组织方式等都与现有的电子政务系统保持一致。

安全集成。用户认证及权限控制将延用现有电子政务系统的管理体系。即组织机构、用户建立和授权均在现在的系统中进行。

数据集成。数据集成及两个系统之间的业务数据共享和信息互动。

三、系统设计开发原则

先进性。在设计及实际的项目开发中，采用最先进的并且已经在实际应用中得到验证的技术。如：中间件技术、组件技术等。

开放性。系统的设计开发采用开放标准，选用的技术产品符合开放标准。在此系统之上搭建的各种应用系统保持一定的相互独立，各应用系统可根据湖南省林业业务系统的变化而灵活地改变，满足系统进一步扩展的需要。

实用性。系统设计开发以满足用户需求为目标，方便用户使用为原则，同时融入先进的管理经验，为用户量身订造一套实用的系统，并尽可能降低系统使用前的培训投入和使用中的维护投入。

安全性。安全是电子网络能否正常发挥其应有功能的前提和基础。在设计开发时，设有交叉验证、访问控制、信息加密（SSL 加密等）、安全审计、安全认证和防病毒功能。同时，由于 Web 技术带来的数据库物理屏障的消除，使数据库的访问变得透明而简单。进而带来数据库系统维护和使用的可靠性问题。系统开发时，将直接操作数据库信息权限限制在最小范围，并对系统设置级别权限管理，以保证系统的安全性。

可靠性。系统确定了备份周期和备份内容，进行多层次系统备份。主要信息实行自动备份，以保证系统出现异常情况时，能够及时补救，建立恢复机制。

可扩展性。系统在设计时，充分考虑了现有应用以及今后业务的可能扩展和系统的扩容。软件开发时，采用分布对象技术和方法，设置了扩展接口，以达到系统的合理性、可扩充性和可维护性。

经济性。在保证实现系统功能，保证系统先进性、可靠性、扩展性的基础上，尽量降低整个系统的成本造价，做到物美价廉。

四、系统的详细功能

湖南林业电子办证系统已开发的办证项目共 19 项，办证数量比较大的有林木采伐许

可证、木材运输证、林权证、木竹经营(加工)许可证、使用林地同意书、种苗生产许可证、种苗经营许可证、调运检疫证等。系统全部实现证件的申请受理、办证、证件打印以及数据的查询与统计功能。

(一)林木采伐许可证

林木采伐许可证是采伐森林或林木的合法凭证。《森林法》第三十二条规定，采伐林木必须申请采伐许可证，按许可证的规定进行采伐。除农村居民采伐自留地和房前屋后个人所有的零星林木外，采伐林木必须申请办理林木采伐许可证。

系统已实现林木采伐许可证的申请受理和申请数据的网上审核，以及数据的查询与统计。

流程描述如下：

县采伐证办事员和市采伐证办事员受理采伐证申请，填写采伐证申请信息。采伐证申请信息录入检查无误后，县采伐证办事员可以送交申请信息给县采伐证审核员审核。市采伐证办事员可以送交市采伐证审核员审核。

县采伐证审核员收到受理信息后，可以查看申请信息，签署审核意见。如果该申请信息县级有权办证，可以审核通过，然后将证件信息送县采伐证打印员打印。如果县级没有权限最后审批，则将证件信息送市采伐证审核员审核。

采伐证打印员收到要打印的证件信息，在待办事宜中打印证件。

市采伐证审核员收到受理信息后，可以查看申请信息，签署审核意见。如果该申请信息市级有权办证，可以审核通过，然后将证件信息送市采伐证打印员打印。如果市级没有权限最后审批，则将证件信息送省采伐证审核员审核。

省采伐证审核员收到受理信息后，可以查看申请信息，签署审核意见。如果该申请信息符合办证条件，可以审核通过，并将证件信息送市或县采伐证打印员打印。如果申请信息不符合办证条件，则不予办理，并将审批意见送市县相关人员。

(二)木材运输证

木材运输证是各类木材(含竹材)及其半成品、大宗木制品流通的必要证件。运输木材必须持有林业主管部门开具的木材运输证件。省、县内运输木材，须持有省林业主管部门统一印制的《湖南省木材运输证》；出省运输，必须持有国务院林业主管部门统一印制的《出省木材运输证》。木材运输证由县级以上地方人民政府林业主管部门核发。木材运输证在有效期内只能使用一次。办理木材运输证的业务流程为：①承运人或委托代理人需要对合法采伐或收购的木材办理木材运输证时，向运出地县级以上林业主管部门提出申请。②提交必需的证明文件：林木采伐许可证或者其他合法来源证明，检疫证明，省、自治区、直辖市人民政府林业主管部门规定的其他文件。③受理木材运输证申请的县级以上人民政府林业主管部门经审核申请符合有关条件，并且不超过所准运的木材运输总量，不超过当地年度木材生产计划规定可以运出销售的木材总量的，按照《森林法实施条例》规定，发放木材运输证。

（三）林权证

林权证是依法经人民政府登记核发，由权利人持有的确认森林、林木和林地所有权或使用权的法律凭证。按照《森林法实施条例》规定，林权证式样由国务院林业主管部门统一规定。林权证书中明确了林地范围、面积、林木蓄积等山场情况和森林资源状况，明确了林地所有权拥有者、林地使用权拥有者、地上森林或林木所有者、地上森林或林木使用者等权属内容，当权属中任何一项内容发生变更，如林地使用权依法发生流转等，需要依法及时办理变更登记手续。

办理林权证的一般程序是：由使用者或所有者（权利持有人）向县级以上林业主管部门提出登记或变更登记申请，该级林业主管部门负责现场勘探、验收和审核，并登记造册，由同级人民政府核发证书。目前县级以上人民政府是发证机关，同级林业主管部门为发证工作机构。县、地（市、州）局和省厅均为林权证发放审核、管理机构。

（四）木竹经营（加工）许可证

木竹经营（加工）许可证是经营、加工木竹的合法凭证。凡从事木竹经营加工的单位和个人，必须向县级以上的林业主管部门申请领取木材经营加工许可证，并凭许可证向县级以上工商主管部门申请领取营业执照后，方可从事木材经营加工活动。

《森林法》和《森林法实施条例》对于林区经营加工木材做出了明确规定：“在林区经营（含加工）木材，必须经县级以上人民政府林业主管部门批准。木材收购单位和个人不得收购没有林木采伐许可证或者其他合法来源证明的木材。”这里的木材，是指原木、锯材、竹材、木片和省、自治区、直辖市规定的其他木材。经营（加工）木竹的单位和个人，向所在地的县或市区林业局提交书面申请书和有关材料。县或市区林业局审查同意后，再报市（州）林业局审批。经市（州）林业局现场审核同意后，发给木竹经营加工许可证。

（五）使用林地同意书

根据《森林法》第十八条的规定：“进行勘查、开采矿藏和各项建设工程，应当不占或少占林地，必须占用和征用林地的，经县级以上人民政府林业主管部门审核同意后，依照有关土地管理的法律、法规办理建设用地审批手续，并由用地单位依照国务院有关规定缴纳森林植被恢复费……”使用林地单位必须向县级以上人民政府林业主管部门提出使用林地申请，经审核同意后，领取《使用林地审核同意书》。

根据《森林法实施条例》第十六条第二款：占用或者征用防护林林地或者特种用途林林

地面积10公顷以上的，用材林、经济林、薪炭林地及其采伐迹地面积35公顷以上的，其他林地面积70公顷以上的，由国务院林业主管部门审核；占用或者征用林地面积低于上述规定数量的，由湖南省林业厅审核。占用或者征用重点林区的林地，由国务院林业主管部门审核。

使用林地同意书的办理流程：①使用林地单位向县级人民政府林业主管部门提交申请报告、项目批文、被使用林地的林权证明、使用林地可行性论证报告、与被用地单位签订的补偿协议、使用林地蓝线图、占用征用林地建设单位的法人证明。②县级林业主管部门初步审查受理，派员进行现场查验，填写《使用林地现场查验表》，制定植树造林及恢复森林植被的措施。③县(市)林业局呈批。④市(州)林业局复核并呈批。⑤经审核后，省林业厅计财科征收森林植被恢复费。⑥属省级审核权限的，由省级林业主管部门向用地单位发放使用林地审核同意书，经国家林业局审核同意的，省级林业主管部门以文件形式写出请示，连同省申报资料报国家林业局审核。

(六)种苗生产许可证

林木种苗生产许可证的办理过程为：经营者提出申请，同时提交相应的材料；如果是主要林木商品种苗，则由县、市州林业主管部门审核，县以上林业主管部门核发许可证。如果是主要林木良种种苗，则由县林业主管部门审核，省级林业主管部门核发许可证。

(七)种苗经营许可证

林木种苗经营许可证是为规范林木种苗经营、依法保护林木种苗经营者的合法权益，林木种苗经营许可证由县级以上人民政府林业主管部门颁发的合法经营林木种苗的凭证。

种苗经营许可证实行分级审批发放制度。种苗经营许可证由种苗经营者所在地县级以上地方人民政府林业主管部门核发。主要林木良种的种苗经营许可证，由种苗经营者所在地县级以上地方人民政府林业主管部门审核，省人民政府林业主管部门核发。实行选育、生产、经营相结合并达到国务院林业主管部门规定的注册资本金额的种苗公司、从事种苗进出口业务的公司的种苗经营许可证按照国家的有关规定办理。

林木种苗经营许可证实行年审制。

林木种苗经营许可证的办理过程为经营者提出申请，并按规定提交必需的材料，县林业部门审查，市林业部门复查，省林业厅核准、发证。审查内容包括经营种苗的树种、范围、规模等。

(八)调运检疫证

调运检疫是指应施检疫的森林植物及产品运出发生疫情的县级行政区域之前以及调运林木种苗、苗木和其他繁殖材料时，所进行的检疫。根据我国《植物检疫条例》和《检疫条例实施细则》(林业部分)的规定，凡应施检疫的森林植物及其产品运出发生疫情的县级行政区域之前，以及调运林木种苗、苗木和其他繁殖材料不论是否列入应施检疫的植物、植物产品名单和运往何地，在调运之前，都必须经过检疫，取得《植物检疫证书》。

调运检疫森林植物及产品的检疫程序是：①调出单位在应施检疫的森林植物及产品调出前，根据调入单位事先征得所在地的省、自治区、直辖市森检机构同意并向调出单位提出的检疫要求，向所在地的省、自治区、直辖市森检机构或其委托的单位申请检疫。②森检机构按照《国内森林植物检疫技术规程》的规定受理报检和实施检疫。③调运检疫时，森检机构对可能被森检对象、补充森检对象或者检疫要求中的危险性森林病、虫污染的包装材料、运载工具、场地、仓库等也应实施检疫。④对检疫合格的，发给《植物检疫证书》。

第二节　主要措施和经验

一、抓好软件开发和调试

湖南林业电子办证系统是湖南省林业行业行政管理信息化的一曲重头戏。在开发前期，首先确定了开发原则，软件必须功能满足要求、操作简便、实用价廉。2003 年 9 月，湖南省林业厅面向全国邀请有关开发单位参与项目竞标，通过政府采购，专家评审，中国林业科学研究院、中科软科技股份有限公司以 50 万元的开发费承担湖南林业电子办证系统开发。11 月，开发单位技术人员来湖南对项目进行详细需求调研，2004 年 3 ~ 5 月，开发单位技术人员将软件安装在服务器进行调试，并在岳阳市平江县进行了现场测试。开发调试期间，湖南省林业厅主管领导多次召集有关单位人员进行研究，及时解决开发中遇到的各种问题，湖南省林业厅资源林政处、森防总站、种苗站、野生动植物保护处、信息办和各市州县林业局积极配合，为软件开发创造条件，保证了软件按要求顺利开发完成。

二、抓好试点示范

先示范，后推广，是湖南林业电子办证系统取得成功的一条重要经验。软件开发调试完毕，湖南省林业厅就安排 5 万元试点示范经费，选择岳阳市进行试点。2004 年 5 月举办培训班，6 月份开始试运行，7 月 1 日岳阳市全市试行网上电子办证。试点期间，积极收集办证人员提出的建议，及时与软件开发单位进行联系和沟通，对软件系统的界面、操作等进行了修改完善，为全省全面推广应用打下了良好基础。

三、抓好网络建设及配套设备购置

实行网上电子办证，网络及配套设备是基础。从2003年开始，全省共投入2000多万元用于建设省、市、县三级林业电子政务专网和购置计算机、打印机等办证必用设备。到2005年6月底，全省14个市州，107个县市区林业局全部完成内部局域网建设，并通过租用电信等部门的2兆光纤数字专线与省厅联通。办公地点在市州的城区农林局及设在市县区政务中心及乡镇林业站的办证点则通过电信给湖南省林业厅提供的"林业极速通"专线和普通拨号与林业电子政务网络联通。

四、抓好人员培训

采用网上电子办证，办证人员是关键。为了使办证人员了解系统，熟悉操作，采用了分层次培训的方式抓办证人员的培训。省厅抓市州县人员的培训，市州县抓乡镇站点人员的培训。从2004年5月到2005年7月，省厅共举办电子办证系统应用技术培训班17期，培训办证人员750人次。50多个县市区共举办培训班近60期，培训办证人员1000人次。通过层层培训，办证人员很快熟悉了系统，掌握了操作。

五、抓好平时及现场的技术指导

利用全省信息化建设成果，通过内部网络的电子邮件系统、视频通讯系统、视频会议系统等开展对办证人员的业务指导。办证人员遇到问题，可以通过电子邮件、视频通讯、视频会议等形式向省厅咨询，省厅及时解答他们遇到的问题。通过电话咨询，求得解决问题的办法。省厅及市州技术人员深入基层，深入办证点，对办证人员进行现场指导。

六、抓好网络维护保障体系建设

实行网上电子办证，涉及的环节多，技术多，情况复杂。能否快速、高效地为林农和经营户办出证件，直接影响到他们的切身利益，也关系到林业主管部门的自身形象。在推行电子办证同时，全省就建立了一支以信息化队伍为骨干，一些懂计算机知识、信息技术、网络技术的同志参加的网络维护保障体系。他们实时监控网络的运行，及时排除计算机、打印机等故障，为电子办证保驾护航。

第三节　效益分析和所获荣誉

一、办证标准规范

过去手工办证，办出的证件五花八门，填写内容也不统一。通过电子办证，办出的证件美观漂亮，字迹清楚，填写的内容标准规范。

二、数据集中，方便查验

该系统所具有的连环套查功能，对采伐证到县内运输证再到省内运输证可以实现全程实时监控管理。如将省内运输证号码输入证件查验系统，就可以调出并查验该份省内证，再通过办证依据的县内运输证号码，又可以调出并查验该份县内运输证，然后通过县内运输证的办证依据中的采伐证号码，又可以调出并查验该份采伐证。环环相扣，逻辑严密，能有效地堵塞内部管理上产生的漏洞和解决假证运输问题。

三、统计分析方便快捷

过去采用手工办证，很难即时准确地统计出所办证件份数，对办证的重要信息内容，如采伐量、出材量、商品材运输量等，更是难以准确统计。采用林业电子办证系统，上述问题全部迎刃而解，所需各种报表能及时自动生成，大大提高了工作效率，减少了基层同志的重复劳动，降低了行政成本。

四、管理科学

系统能通过限额采伐量自动控制采伐证的发放，而县内运输证、省内运输证的办理全部都由系统做出自动判别和控制，从而严格了行业内部管理，杜绝了办证的盲目性和随意性，真正实现了林业证件办理规范化、准确化、智能化、网络化。

第三十章　湖南林业办公自动化系统

办公自动化是将现代化办公和计算机网络功能结合起来的一种新型的办公方式，是当前新技术革命中一个非常活跃和具有很强生命力的技术应用领域，是信息化社会的产物。通过网络，组织机构内部的人员可跨越时间、地点协同工作。通过 OA 系统所实施的交换式网络应用，使信息的传递更加快捷和方便，从而极大地扩展了办公手段，实现了办公的高效率。

湖南林业办公自动化系统包括：电子邮件、即时通讯、信息查询、林情信息报送、电子公文办理、收文处理、档案管理、档案查询、信息发布、固定资产管理等应用系统。

系统于 2002 年 10 月开发，2003 年 5 月在厅机关进行试用。经过多年的努力，全省林业系统办公自动化系统开发全部到位，并形成一个有机的整体。2012 年，全省林业系统全部实现办公网络化、无纸化。

第一节　主要功能

一、开发原则及目标

（一）设计开发原则

湖南林业办公自动化系统在满足全省林业系统应用需求的基础上，必须符合全国及省电子政务总体思路和接口技术标准。系统建设应以先进性和实用性为根本原则，既要考虑满足现行的业务需求，又要考虑将来的发展需要。尽量采用成熟的开发技术和定型产品，有效地利用现有的硬件、软件、网络等资源，边建设、边应用、边见成效，有效地防止系统建设的失败和重复建设，促进林业信息化水平的提高。

统一原则。为了保证系统的集成与开发的合理性、先进性及可扩充性，系统建设必须以需求为导向，统一规划、分期实施、稳步推进。

安全保密原则。系统设计过程中要充分考虑部分系统和数据的敏感性，做好加密和登录认证。

标准化原则。统一安全标准、统一目录体系，保障系统互通与安全。各子系统必须遵循国际标准，具有可共享性、可扩充性、可管理性和较高的安全性。正确处理应用与安全的关系，重视网络与信息安全，逐步形成网络与信息的安全保障体系，综合平衡成本和效益。

（二）设计开发目标

一是实现全省林业系统内部办公自动化。

二是实现全省林业系统内部各单位协同办公，与国家林业局、省委省政府及省直厅局的交互。

三是实现与传统技术和系统的集成。

四是重构核心业务流程，以提供更快更有效的服务，服务于全省林业系统。

五是充分实现信息共享的目标。

六是便于全省林业主管部门之间协作，使不同部门之间需要协作的工作变得更快、更流畅，免去不必要的人力往返，省去重复劳动，节省开支。

二、系统的主要特点

统一平台和集中管理。湖南林业办公自动化系统采用当前最流行的三层结构方式——浏览器/Web 服务器/数据库服务器进行构建。将界面、数据、账号密码统一到湖南林业电子政务网平台上。用户通过登录湖南林业电子政务网，实现单点登录，全网漫游。省厅、市州和县市区按照同一标准进行系统开发，全省形成了一个有机的整体，所有数据集中到省厅，方便管理。

公文处理和档案管理融为一体。在公文处理系统中，公文和档案进行了有机连接。不论是发文还是收文，当文件完成全部办文过程后，将自动送入档案管理系统。档案管理员只需进入档案管理系统，将待归文件依照档案分类要求进行及时归档即可。

具备痕迹保留功能，能够保证电子公文的真实性、完整性、安全性和可识别性。办公自动化系统能清楚地、实时地记录每份文件从拟稿、会签、核稿、签发、编号到最后成文过程中所有用户的修改过程，记录所有插入、删除的相关内容、修改人和修改时间等。并随机产生不同的字体颜色以区别不同的修改人，让人一目了然，方便其他用户进行查询。

设置多重安全措施，保证电子公文的安全性、有效性和权威性。第一，在用户登录湖南林业电子政务网时，必须通过系统的身份认证，一旦用户名和密码输入错误，系统即拒

绝登录。第二，所有功能分别设置控制权限，无关人员根本看不到功能按钮，当然无法进行相关操作。第三，电子公章的盖章人员指定到人，非指定人员无法看到电子公章。第四，系统将盖章密码细化到每个电子公章，不同的电子公章拥有各自的盖章密码。

处理流程全程控制。针对公文办理的全过程，如操作环节名、受理人、到达时间、处理时间等，系统都会自动详细地记录。点击“文件接收情况”，还可以知道文件是否已阅读，何时阅读。因此，办文人员可以随时掌握文件的流向，查看每一步的处理情况，有针对性地进行督办。

短信平台与办公自动化系统集成。通过短信提示，办文人员将电子公文送后续处理人或将公文分发时，短信平台同时给公文受理人员发送一条提示短信，告知受文人员及时上网处理待办文件，从技术上彻底解决了公文处理过程中通知和督办难题。

三、系统的详细功能

(一)电子邮件

湖南林业电子政务邮件系统自 2003 年投入运行以来，现已成为全省林业系统用户之间快捷、简便、可靠且成本低廉的现代化通讯手段，是内部办公不可或缺的重要工具。但该系统由于开发时间较早，采用的是 Exchange2000 邮件系统，用户使用该系统时，必须先安装客户端才能收发邮件，而客户端的设置又比较麻烦，同时，用户接收邮件后，邮件存于本机，无法满足移动办公时进行查询和使用的需要。2011 年 4 月，湖南省林业厅采用 Web 邮件技术对原有邮件系统进行升级，改造后的电子邮件系统，用户只要登录湖南林业电子政务网，就可以使用 Web 浏览器收发邮件，而不用再配置邮件客户端程序。

新邮件系统的用户管理与 OA 系统的用户管理同步，即在 OA 系统中添加、修改、删除用户时邮件系统中也会相应地进行添加、修改和删除操作。

用户在使用电子邮件系统时，只要登录湖南林业电子政务网，就可以同时登录电子邮件系统，无需再次输入用户名和密码。

为加强与国家林业局和省委省政府的内部通信，在国家林业局信息办和湖南省委办公厅信息中心的关心支持下，全省林业系统实现了与国家林业局内部办公网的电子邮件系统和省委省政府内网电子邮件系统的对接。通过内部电子邮件系统，全省林业系统所有内部人员即与国家林业局和省委省政府间可通过电子邮件系统进行邮件的创建、发送、接收、阅读和回复等。

根据政府工作人员的特殊性，系统采用了人性化的设计，改填写收件人邮箱为选择收件人。

在新建邮件时，用户先点击下图左边红框所示“写邮件”按钮，右边就会出现邮件编写界面。

邮件发送人员可直接在“收件人”后面的输入框中输入收件人邮箱地址，也可以点击“系统用户”链接来更加直观地选择用户。

点击“系统用户”后，系统弹出一个新窗口。通过逐级展开部门，可以选择邮件发送用户，同时，系统支持选择多个用户，很好地解决了邮件的群发问题。

为提高发送邮件时选择多个用户的效率，系统还可以通过点击“用户编组”来同时选择多个相关的人。点击需要的编组或人员前面的小方框，然后点击“确定”，选中的所有人员就会出现在列表中，再点击界面中“确定”按钮，完成邮件接收人的选择，实现邮件的群发。

（二）即时通讯

湖南林业电子政务网的即时通讯系统类似于QQ的点对点交流工具，方便全省林业系统内部之间开展实时的文字、语音和视频交流及文件传递。

即时沟通交流。方便、快捷地即时消息发送与接收，提供不同颜色字体的文字，提供个性化展示。

语音聊天及文件传送。计算机备有话筒、耳机和摄像头时，通过即时通讯系统可以进行实时的语音和视频交流，同时，系统提供了文件传递功能。

状态展示。提供查看联系人在线状态信息，可以方便、清晰地了解联系人的在线状态。

组织架构。可清晰看到由树型目录表达的多层次组织架构，实时更新的电子通讯录。

联系人分组。支持常用联系人分组，把最频繁的联系人划入同一分组中管理。

快速搜索栏。提供快捷搜索条，可以悬浮到桌面任何地方，提供账号、拼音、中文姓名的模糊查找。

消息通知。提供广播消息和系统消息，通知用户关键信息。

历史消息查看器。对所有消息的历史记录进行查看、查找、归类。

（三）信息查询

湖南林业电子政务网的信息查询系统是一个比较大的资讯库，包括政务信息、政府文件、领导讲话、基层之声、法律法规、总结汇报、通讯簿等信息查询。

政务信息主要有三湘林情、林业动态、林改专栏、科技信息、市场信息、内部参考等。

政府文件主要包括：中央文件、部省文件、省厅文件和厅局市州县文件。

“领导讲话”主要收录了国家林业局、省委省政府和林业厅领导有关林业方面的讲话内容。

“基层之声”与湖南林业信息网上的“局长论坛”栏目内容对应，其信息内容由市州、县市区林业局主要领导围绕厅党组的中心任务，针对全省林业工作的重点、难点，谈想法、出主意，为网站提供的论文。

法律法规包括两部分内容，一是国家法规数据库，二是林业法规。

国家法规数据库包括国家法律与部委规章库、司法解释库、地方法规与规章库、裁判文书库、国际条约库、各国(地区)市场惯例库等。国家法规数据库每季度更新一次，目前，数据库里已收集文件139296份。用户可以按照更新法规库、国家法律与部委规章库、司法解释库、地方法规与规章库、裁判文书库、国际条约库、各国(地区)市场惯例库等进行查找，也可以通过文件的标题、正文、文号、题注等进行查找。

“林业法规”收录了林业工作者经常使用的一些法律法规。用户点击湖南林业电子政务网主页面中“林业法规”的“更多”或者主功能菜单的“林业法规”，页面显示“林业法规”标题列表。再点击林业法规某一标题，即可查看林业法规的详细内容。同时，系统提供了按文件标题、日期、文号、发文单位等条件的查询。

总结汇报收录了厅机关、厅直单位及市州、县市区林业局半年、年终总结及其他各类总结汇报材料。

通讯簿是全省林业系统相互联系的一个重要工具。主要包括厅机关、厅直单位、市州县区林业主管部门的干部职工所在的单位、部门、职务、办公电话、住宅电话、手机、通讯地址、邮政编码、内部电子邮箱等信息内容。

(四)林情信息报送

通过湖南林业电子政务网林情信息报送系统可以编辑、报送“林情信息”简报。

(五)电子公文办理

湖南省林业电子公文办理系统与档案管理系统实行文档一体化开发。系统实施后，运用网络技术利用电子文档信息更方便、更快捷，信息共享可以无障碍实现，彻底解决了纸质文档信息远程提供难度大、速度慢、即时性弱等问题。

进入湖南林业电子政务网主页面，点击“公文处理”菜单，即可进入“公文处理”系统，办理电子公文。该系统以Microsoft Word编辑器为平台进行开发，所有操作全部集中于一个界面里面，操作简单。其强大而灵活的流程管理及维护功能是系统的主要特色，并且系统在开发过程中还很好地解决了修改痕迹保留、电子图章等关键问题。

电子公文办理模块包括：待办公文、已办公文、接收公文和草稿箱。可实现以下功能：发文拟稿、会签、核稿、领导签发、编号、校对或整理、盖章、分发等。系统对公文流程可全程监控、并允许用户自定义流程，使系统可以满足各种公文流程需求(图68)。

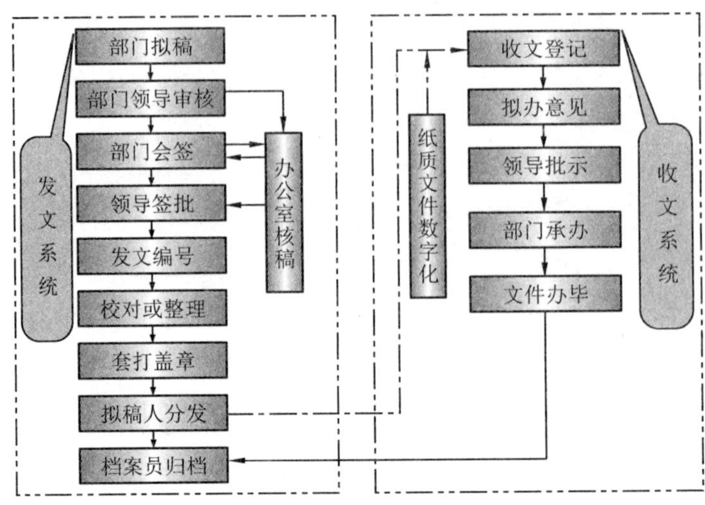

图 68　公文处理和档案管理一体化处理流程图

（六）收文处理

收文处理是公文处理的一个重要部分，来自上下平行单位的电子公文和纸质公文需要单位负责收文的人员进行登记和处理。湖南林业电子政务网的收文处理系统基于先进的 B/S 模式，用户只需要使用浏览器，就可以方便地进行使用。

目前，全省整个林业系统都已开发了办公自动化系统，具备了无纸化办公条件，全省林业系统都通过公文处理系统办理和分发电子公文，网上登记和网上传阅文件。

（七）档案查询

档案查询系统是湖南林业电子政务网提供给用户查阅全省林业系统电子档案文件的一个功能模块。档案管理人员将收集、归纳、分类后的电子公文归档后，在档案文件列表中就会自动显示出来，显示的内容包括文件的标题、文号、成文时间、载体类型。

系统经过多次升级后，目前已实现全省档案信息的共享和电子档案的网上借阅。查询借阅的原则：一是用户可以直接查阅本单位公开的档案信息，通过授权或档案管理员的审批，查看本单位的密级档案；二是用户选择全省归档单位，查看该单位已归档的档案信息目录，通过网上向归档单位的档案管理员提出申请，归档单位档案管理员批准后，用户可以直接查看借阅的档案内容。

（八）固定资产管理

固定资产的管理主要包括资产申购、资产验收、资产报废、资产调动、查询统计、资产盘点等。目前，湖南省林业厅机关已实现了所有资产的网络管理。

（九）信息发布

信息发布系统主要包括：滚动信息、一线传真、重点关注、三湘林情、总结汇报、政府文件、领导讲话、会议纪要等信息的发布。在公开发布、传递的各类信息、文件中，规定公开的，要及时、准确地发布、传递；不允许公开的，国家法律、法规规定不能发布的信息，一律不允许发布。

第二节　主要措施和经验

湖南省林业厅党组高度重视，领导参与应用是搞好办公自动化系统推广应用的根本保障。办公自动化系统作为林业信息化建设的重要组成部分，一直得到了厅领导的重视。时任党组书记、厅长葛汉栋多次强调：不懂信息化，不加快信息化工程建设，就会自绝于时代。先后分管过信息化工作的厅领导邓三龙厅长、胡长清副厅长、柏方敏总工程师和其他厅领导带头使用办公自动化系统签发公文，为办公自动化系统的推广应用起到了很好的带头示范作用。

与时俱进，是办公自动化系统不断完善和推广的客观要求。2003 年 5 月，厅机关公文处理系统使用之初，系统存在操作不方便、系统不稳定等问题，湖南省林业厅与软件开发单位一道，对原因进行了详细解剖分析，前后进行了 4 次大的升级更新，使软件性能得到了大幅度的提升。与此同时，根据使用人员的建议，还给系统增加了一些新的功能，使系统操作越来越简便，功能越来越实用。在厅机关办公自动化系统投入应用的同时，湖南省林业厅将市州县林业局办公自动化系统的二次开发暨推广应用工作列入了议事日程。先后派人到 14 个市州、20 多个县市进行实地调研和推广培训，为全省办公自动化系统的推广应用奠定了基础。

采用灵活多样的方式培训是办公自动化系统推广应用的重要保证。针对厅机关和市州县不同类型的人员，制定了不同的培训方案。一是集中培训。厅机关和市州县共举办办公自动化系统应用培训班 20 多期，参训人员达 1000 多人次。二是采取逐个辅导的方式，指导林业系统干部职工正确掌握软件的使用方法。三是对市州县林业局的工作人员进行分类指导。首先培训单位负责信息化建设的技术人员，然后由他们再给本机关的干部职工进行培训，力求培训取得实效。通过形式多样的层层培训，加快了全省办公自动化系统的推广应用进程，提高了林业系统干部职工的信息技术应用能力和综合业务管理能力。

第三节　效益分析和所获荣誉

湖南林业办公自动化系统起步较早，2003 年 5 月开始在厅机关试行，随着全省网络向市州、县市区、乡镇基层林业单位的延伸，计算机软硬件配备的日益完善，厅直单位和市州、县市区林业办公自动化系统开发日益成熟，为全省全面推广应用办公自动化提供了良好的条件。经过近几年的分步实施，湖南省在实施办公自动化方面积累了一定经验，并取得了一定的实效。

系统使用后所带来的好处是不言而喻的：它解决了困扰全省政务管理工作中的三大难点：一是提高了文件的传阅速度，特别是承办件，相关领导和处室能及时看到文件，并及时处理，办公过程渐趋规范；二是实现了信息的共享，扩大了信息面，使办公资源得到合理的使用，同时提高了干部素质；三是大大提高了信息传播的速度，从而提高了办事效率。

建立内部的通信平台。在全省林业系统建立了内部的邮件系统和即时通讯系统，使全省林业系统内部的通信和信息交流快捷通畅。

建立信息发布的平台。在全省林业系统建立了一个有效的信息发布和交流的场所，例如信息发布、电子简报等，使内部的规章制度、新闻简报、技术交流、公告事项等能够在全省林业系统得到广泛的传播，使全省干部职工能够及时了解林业的发展动态。

实现工作流程的自动化。变革了传统纸质公文办公模式，全省林业系统的收发文、呈批件、文件管理、档案管理、报表传递、会议通知等均采用电子起草、传阅、审批、会签、签发、归档等电子化流转方式，提高了办公效率，实现了无纸化办公。不用拿着各种文件、申请、单据在各部门跑来跑去，等候审批、签字、盖章，而是利用快速而廉价的网络传递手段，发挥信息共享功能来协调单位内各部门的工作，减少了工作中的复杂环节。

实现文档管理的自动化。可使各类文档(包括各种文件、知识、信息)能够按权限进行保存、共享和使用，并有一个方便的查找手段。文档管理自动化使各种文档实现电子化，通过电子文件柜的形式实现文档的保管，按权限进行使用和共享。

实现分布式办公。变革了传统的在办公室办公方式，扩大了办公区域，可在全省任何地方通过网络连接随时办公，大大方便了干部职工出差在外的办公与信息交流。

节省了办公费用的支出。将传统的纸张填写过程电子化，节约了大量的办公费用支出，如长途电话、传真、复印、打印和办公用纸等费用。如厅机关一年仅用纸就节约837万张，节省费用40多万元。

增强领导监控能力。强化领导的监控管理，增强管理层对组织的控制力，及时有效监控各部门、各个人员的工作进度情况；实时、全面掌控各部门的工作办理状态，及时发现问题及时解决，从而减少差错、防止低效办公。

大大地提高了工作效率。湖南林业办公自动化办公系统能极大地提高工作效率。不用拿着各种文件、报告到处跑来跑去，不用拿着文件等着领导审批，减少了办公程序和办公时间，极大地提高了工作效率。湖南林业办公自动化办公平台使干部职工与上级沟通更方便，信息反馈更顺畅，为发挥干部职工的智慧和积极性提供了舞台。

解决了纸质文件收集不全的难题。由于纸质文件很难实现全过程可控管理，而实行办公自动化系统后，电子公文从形成、办理到归档、保管、利用等全过程可以实现全程的、预知的、可控的管理。如果出现文档资料收集不全，能快捷地查到责任人员，责令其收齐那些应归档却没有归档的文件。同时，相比纸质档案远程提供信息难度大、速度慢，即时性弱等缺陷，电子档案信息提供更方便、更快捷，并可实现有条件、分层次的信息共享。

随着信息技术的不断发展，全省的应用也会不断发展，办公自动化系统也需要不断地更新和完善，它所能提供的信息量也将不断丰富。

第三十一章　广东省森林资源与生态状况年度监测信息系统

在当今经济社会高速发展、全球环境恶化、气候问题日益突显的背景下，世界各国对林业发展及生态建设日益重视。在现代社会对各行业信息交流与反馈的要求更加频繁、及时、准确、全面的今天，联合国及各国政府也逐渐要求林业主管部门每年向社会公布森林资源和生态状况，这就要求森林资源与生态状况监测趋于年度化。

关于区域性的年度森林资源监测，近几年来，一些省份做了有意义的尝试，其主要做法是每年抽取部分连清样地进行复查，来估计全省每年的资源数据，但这些数据只是对总体的估计结果，并不能落实到基层的经营单位，对指导基层经营单位的年度林业计划、经营活动并无太大意义。

由于我国目前的森林资源监测体系惯性大，监测内容滞后，服务能力不强，离现代林业和生态林业建设的要求存在一定的差距，且与当前全球科学技术发展及相关行业监测技术方法相比，当前森林资源监测装备陈旧，手段落后，方法滞后，迫切需要新方法、新技术、新手段来提高监测水平和监测能力。

目前有关森林资源监测的数据采集、信息提取与分析的信息系统开发也很多，但大多数系统对遥感信息乃至多源空间数据的挖掘不够深入，有较多系统仅仅将遥感图像作为底图，没有对其做深入的定量化分析，因此，遥感图像隐含的专业信息优势没有发挥出来，没有形成专业的知识库，在森林资源自动化、智能化监测监管方面还有所欠缺。

本项目从森林资源二类本底调查入手，从生产实践的角度出发，集成应用 RS、GIS、CORS、决策树、神经网络、生长模型、专家系统等技术，分别从基础理论、监测方法、系统实现、数据共享等方面提出了基于“3S”的森林资源与生态状况年度监测系统框架、技术流程与方法，解决了年度森林资源与生态状况监测技术落后、成果产出困难的问题，满足了各级林业主管部门对每年出数、每年出图的现实需要，为森林在应对全球气候变化问题方面所做的贡献提供了科学评价依据。

本项目的研究、应用和推广将使森林资源与生态状况年度监测工作科学化、系统化、工程化，实现森林资源管理的自动化、智能化和信息化。这对广东省乃至全国现代林业建设都具有十分重要的意义。

第一节 主要功能

一、基本功能介绍

系统的基本功能包括文件打开、保存工程、加载数据、重新加载数据、图像导出、页面设置、打印预览、打印、退出，视图放大、缩小、点击放大、任意移动、全景显示、回到前一屏幕范围、回到后一屏幕范围，刷新、中心放大、中心缩小、选择要素、选择图型，地图导出，标注等。

打开工程。打开工程可以打开上次保存对地图操作的工程。

保存工程。保存工程可以保存当前对地图操作的工程，如在地图上添加比例尺、图例，保存工程后，下次打开地图上还存在比例尺、图例。

加载数据。加载数据可以根据需要，加载程序外数据，如 GPS 采集数据。点击“加载数据”，可以加载 Shapefiles、Geodatabases、Rasters、Servers、Layers、MIF 等数据。

视图图像的输出。在图像输出文件菜单可以把当前数据视图图像输出为 . JPG、. BMP、. TIF、. PDF 等 10 种格式。

打印操作。打印操作包括页面设计、打印预览、打印。可以根据实际业务需要，设置打印尺寸为 A4 纸打印、A3 纸打印等；可以对要打印的地图通过“打印预览”菜单预览，选择打印机打印。

地图放大缩放、平移、刷新。直接点击菜单或工具按钮，对数据视图进行操作，包括视图放大、缩小、点击放大、任意移动、全景显示、回到前一屏幕范围、回到后一屏幕范围，刷新、中心放大、中心缩小。

图层卷帘显示。点击“视图”菜单栏下的图层卷帘，可对不同图层卷帘显示。

书签。将当前视图状态保存为书签，以便于快速显示。创建一个书签后，系统会在书签单中添加一个以创建书签名命名的菜单，可快速将视图转到书签对应的地图位置，还可通过书签管理对创建的书签进行管理。

设置图层的符号。通过点击图层控制框，可以设置点、线、面符号，可以改变符号的填充颜色、样式、大小、旋转角度等。

图层标注。可以自动生成小班注记，也可以根据图层字段灵活设置图层标注，通过点击图层右键，“属性设计”菜单设置图层属性，如果是小班图层，点击“小班标注”生成小班标注。

二、查询分析

查询分析模块可以方便地测量长度、面积，可以属性与图形数据双向查询、统计，在进行资源数据查询方面，可通过对林班、小班图形(图元)查询其相应的调查或统计数据(属性数据)，获得所要求的林班、小班数据；也可以通过属性查询相应的图元，获取适应某些条件要求的林班、小班数据。

查询属性特征。森林资源地理信息数据库可以通过空间数据直接查询属性数据。选择图形中的某一个或者多个要素，可以查询要素的记录，统计要素的最大值、最小值、均值、方差等信息。

通过属性特征查询空间特征。可以通过简单条件查询所需的空间要素，如地籍号、地名、图符号查询所需信息；也可以通过标准的 SQL 语言查询空间要素。SQL 命令可以构造一个相当复杂的查询，如地类 =“有林地“ and 面积 > 30，可以查询出小班面积大于 30 公顷地类等于有林地的小班。

空间对空间查询。可以通过线、多边形、圆形与图形查询与其相交的要素，如查询一个新设计的防火林通过小班的信息(线面查询)，公路穿过多少河流(线线查询)，火烧地块与小班相交的信息(面面查询)。

缓冲区查询。可以通过点、线、面，建立与其周围一定范围内的按一定规则(相交、包含等)叠加分析，获得图层要素的信息。如在林业规划中，需要按照河流一定纵深范围来规划森林的砍伐区。

点击查询。在查询分析菜单下点击信息查询(或者从工具条上选择) 可以选中获得要素、位置信息以及属性信息，可以查询窗口选择图层进行查询。

地图定位。可以根据地籍号、地名、图符号把地图快速按条件定位到地图中央。

条件查询。在查询分析菜单下点击“条件查询”(或者从工具条选择)，弹出查询窗体，在查询窗口中点击图层下拉箭头，选择需要查询的图层，单击创建图层的方法下拉箭头，选择一种查询方法。有四种选择方式(创建新的选择集、加入到当前选择集、在当前选择集中选择)，选择要查询的字段、运算符，以及唯一的字段属性值。在查询前要检查语法是否正确或者输入的条件是否会选中要素，单击应用，要素属性显示以及在地图空间位置高亮显示。

量测长度、求算面积。量测长度：点击相应的菜单或工具按钮，在数据视图单击进行长度量测，双击可以结果量测，单位为米，在状态栏的左边显示量测结果。在量测过程中，当前长度和全部长度均可实时显示。求算面积：点击相应的菜单或工具按钮，在数据视图单击画多边形，双击结束，求算结果在状态栏的左边显示，单位为平方米。

缓冲分析。通过缓冲分析获得某图层的要素，对于点缓冲区生成是以点为圆心，以指定的距离为半径画圆。对于线，分别对每个顶点和每条边生成缓冲区。对于多边形，按一定距离生成多边形缓冲区。首先选择要查询的图层，再选择缓冲范围(可以对点、线、面做缓冲分析)设置空间操作(包含相交分析、交叉分析、层迭分析)和缓冲距离。

三、资源监测

森林的面积蓄积、类型、林种、树种的结构和分布及变动情况等森林资源信息，过去只能从森林资源档案中的文字表格上了解情况，缺乏直观的空间数据反映，难以分析变化的空间分布规律。森林资源监测模块对森林资源信息(主要是二类调查数据)数据管理和分析功能弥补了这一不足，充分利用“3S”技术结合遥感定量模型、生长模型以及专家知识库来年度更新森林资源数据库，信息从单一的森林资源转向森林资源和生态状况的综合信息，信息更加丰富，方便林业生产及决策；系统把新编二元立木材积模型、新编植物生物量模型、新编林分形高表以及林分蓄积生长及生物量生长模型来更新自然消长森林资源因子；利用专家知识库来更新自然消长生态因子；利用计算机自动检测突变小班和人机交互录入台账来更新突变小班的空间和属性信息，做到图面和属性动态管理和监测，并以多种方式输出决策所需的地理空间信息。

森林资源模块主要包括遥感判读标志、台账录入修改、台账小班勾绘、台账逻辑检查、更新档案数据、档案数据逻辑检查、生成小班界线、自动提取突变小班。

建立遥感判读标志。通过 GPS 遥感建标，把采集数据分地类录入遥感判读标志数据库，为人机交互判读提供解译参考。

开始档案更新。点击“开始档案更新”菜单，如果是本年度第一次进行档案更新工作，系统会自动建立本年度的台账小班图层。

开始编辑台账。点击“开始编辑台账”，系统会激活相应的菜单及工具按钮。

台账录入修改。目前，由于高分辨率影像很难每年全省覆盖一次，所以在现阶段，档案更新所使用的是中分辨率遥感影像。在进行台账录入修改之前，请将比例尺设置在1:10000至1:25000之间，以便于台账小班录入及勾绘。点击台账录入修改，然后用鼠标点击要录入台账的小(细)班，点击后，被点中的小(细)班会闪烁一次，闪烁之后，系统会弹出台账调查表(台账录入修改对话框)。一张台账调查表输完后，系统会围绕台账类型对输入因子进行逻辑检查，提示错误信息。如果发现输入有误，可按“录入修改”按钮修改错误；在输入过程中可按“取消”按钮取消输入；输入完后发现不应该对该小(细)班进行台账录入，则可按“删除台账”按钮删除记录，可以删除该台账记录；输入完毕或不再输入，可按“退出”按钮退出台账输入。如果想要该小(细)班图形以1:10000显示在屏幕中央，可按“地图定位”按钮进行定位。因“录入修改”、“删除台账”仅针对当前记录进行，若要处理不是当前的记录时，可按“(第一条记录)”、“(上一条记录)”、“(下一条记录)”、“(最后一条记录)”、“地籍号查询”等按钮将要处理记录定位成当前记录，再按“录入修改”、“删除台账”、“地图定位”进行处理。其中“地籍号查询”要在左边的文本框中输入不含县代码的10地籍号进行搜索记录。

台账小(细)班勾绘。先用按钮选中要进行勾绘的原小(细)班，然后用按钮根据遥感影像特征对变化的小(细)班进行台账小(细)班勾绘。

突变小班自动提取。系统根据新一年度的遥感数据和上一年度小班数据，自动提取突变小班。以相邻两年度遥感影像和上一年度小班数据为基础，通过多时相遥感特征因子与植被变化相关性分析，筛选出对判断植被变化贡献较大的一些遥感特征因子，提取每个小班的遥感特征，对现实的遥感影像和小班历史GIS数据的先验知识进行综合分析，建立森林资源变化判别规则，对森林资源信息进行变化检测，确定变化小班。

突变小班自动分割。系统对突变的小班根据遥感影像特征和前一年度小班属性信息，以变化的小班内遥感影像为研究对象，利用图像分割方法自动提取变化界线，产生分割线，再用分割线自动更新小班界线。

自动录入台账。点击资源监测下“突变小班自动录入台账”菜单，系统对所有突变的小班根据自动提取的突变小班结果包括两年度NDVI之差、新一年度NDVI，专家知识库等信息，自动录入台账。

台账逻辑检查。点击“台账逻辑检查”，系统将执行全程逻辑检查。如果有逻辑错误，系统会弹出台账调查表，但是，假如这时在台账调查表上点击了退出，系统会说明没有将全程逻辑检查进行到底，后面的数据可能还有逻辑错误。

更新档案数据。点击更新档案数据，系统可自动进行档案数据更新，生成新一年的档案库(更新库)。如果已有更新的档案数据。如果从来没有做过新一年度的更新档案数据，则系统直接出现生成新一年度档案数据进度提示框。生成新一年度档案数据之后，请退出系统，重新以新的年度登录，以便进行新年度的档案数据逻辑检查、生成小班界线、统计报表等。

四旁数据。需要手工输入，请将原来的四旁数据进行手工录入，四旁数据是统计森林覆盖率和林木绿化率的必需数据。

档案数据逻辑检查及编辑。更新档案数据之后，请退出系统，以新一年度(如2007)进入系统，然后进行逻辑检查，如果有逻辑检查错误，则系统会弹出档案因子表，可以在这个对话框中进行修改。

生成小班界线。点击生成小班界线，系统可自动生成新一年度的小班界线。如果已有生成的小班界线，则提示是否覆盖。

四、统计报表

根据《广东省森林资源二类调查与森林资源生态状况调查工作操作细则》规定的森林资源和生态状况统计报表，系统采用功能强大的水晶报表(Crystal Reports)开发了森林资源二类调查统计报表，通过“报表统计”菜单，可以方便地统计县、市、省森林资源的数量、质量、分布状况。

在统计报表模块可以根据不同用户对象对森林资源与生态状况数据汇总，如果用户对象是县(区)，提供县级汇总接口，市级汇总和省级汇总为灰色，不能使用，如果是市级用户则提供市级汇总接口，省级用户提供省级汇总接口。统计与打印出各类土地面积统计、生态公益林面积统计表等报表。统计前先勾选要统计的报表选项，可以点击全选按钮，可以勾选所有的报表。点击统计按钮，可以对勾选的报表进行统计，如果以前有过统计，弹出提示，“是否覆盖以前的统计报表”。点击“确定”则覆盖，点击“取消”则跳过，继续汇总统计。选择“打印”则对汇总的数据打印。

统计完之后，点击打印标签页，可进行选择(选择其中的一个镇)打印(A3 或 A4)，可以全表打印(A3 或 A4)，也可以全县乡镇打印(A3)。

五、专题制图

林业专题图包含大量信息，能直观地显示森林面积、树种、龄级等多项林分因子的分布状况，且能体现规划设计的思想，因此它们是林业生产科研和管理不可缺少的基本资料，也是各类森林调查、规划设计工程必须提供的主要成果之一。利用森林资源地理信息数据库的建立，除了固定形式的专题图(地类分布图、林种分布图等)以外，通过专题图模块可以方便地定制不同的专题图：唯一符号专题图、唯一值(独立值)专题图、分级专题图、密度图、饼状专题图、柱状专题图等。在内容表点击右键，弹出菜单，点击专题制图。

(一)简单专题图

简单专题图包括地类分布图、林种分布图、生态功能等级分布图、事权与保护等级分布图、森林景观等级分布图、石漠化等级分布图、森林健康度分布图、森林资源度分布图。

(二)定制专题图

唯一符号专题图：唯一符号专题图可以清楚地表现出事物的分布状况，可以改变符号的颜色和改变标签。

唯一值专题图：在唯一值地图上，可以根据属性值(或特征)来绘制要素并用不同颜色来作色。

分级专题图：当用户需要对特定的事物进行定量或数量化绘图时，可以选择使用颜色分级地图，在颜色分级地图中，不同的颜色等级可以适合特定的属性值。

比例分号专题图：用比例符号能够精确地表示数据值，比例符号的大小反映出数据真实值的大小。

点密度专题图：可以用点密度来表示某一区域中大量的属性值主要集中在什么地方。

柱状专题图和饼状专题图：柱状专题图和饼状专题图，可以对大量定量化的数据进行表示，可以选择多个字段，设置背景，改变符号的颜色，以及过滤一部分。

六、图幅整饰

图幅整饰与打印模块能制作各种林业需要的设计图，可以添加标题、指北针、比例尺、图框、坐标网络、插入文字、插图图片等。

七、宏观监测

宏观监测模块主要是对土地第一生产力(NPP)计算，需要导入模型，包括太阳总辐射，植物吸收有效辐射，低温胁迫系数，高温胁迫系数，水分胁迫系数，最大光能利用率。输入参数后自动计算12个月NPP以及全年全省NPP。

八、系统维护

系统维护是给系统管理员使用的，用于对整个系统的初始化、维护、监控和定制工作。包括数据维护、林分模型管理、遥感模型管理、元数据管理、代码表维护，逻辑规则库管理等。

数据备份。点击“数据维护”下拉菜单“数据导出备份”，可对目标数据进行备份。

数据恢复。点击“数据维护”下拉菜单“数据导入恢复”，输入要恢复的数据库文件夹名，可将备份的数据导入到系统数据库中。选择要导入的数据(可以是矢量图形数据、栅格图像、统计表或数据表等)，点击恢复即可。如果系统数据库中已经有该数据，则系统会提示是否要覆盖。

林分模型管理。林分模型管理模块主要是对193个生长模型进行管理，可以添加模型、删除模型、修改模型参数。

元数据管理。元数据管理主要是森林资源元数据管理。元数据按层状结构进行组织，在森林资源数据库中，建立四层元数据，分别为数据库、数据集、数据项和数据值相对应，即数据库层、数据集层、数据项层和数据值层。

代码表管理。预览显示林业因子代码表。

逻辑规则库管理。逻辑规则库管理主要是添加、修改、删除逻辑规则库，包括逻辑条件和逻辑结果，系统运行台账输入和逻辑检查过程中需要调用逻辑规则库。

专家知识库。主要是对专家条件、输出结果、输出类别的录入和修改。

九、用户管理

用户管理模块主要完成权限管理、日志管理、修改密码等用户管理操作。权限管理可以对用户设置不同的权限(包括：用户、组、受控权限)，包括系统各部分的操作权限管理和数据操作的权限管理。系统应能对所有上机操作人员自动判断分类，拒绝、警示非法操作并加以记录；系统具有日志记录功能，一旦对数据进行访问，特别是修改数据时，系统自动记录下登录用户、机器名称、访问时间、对数据的修改内容，一旦将来发现问题，即可从日志获取数据访问情况。日志管理包括日志的查询、过滤、日志的删除等。

第二节　主要措施和经验

一、主要措施

全省森林资源小班数据库建设。将全省森林资源小班空间数据进行扫描、纠正、矢量化、拼接、建库。目前，已完成全省林地小班数据采集工作。数据库建设方面，在前几年，广东省以 SQL Server 为数据库管理平台，建立了数据库，但考虑到将来全省构建统一的林业核心业务平台，一定要选用大型数据库。因此，广东省正在将原来建立的 SQL Server 数据库向 Oracel 数据库中转换。

关键技术研究。本系统特色之一是将遥感定量化研究与地理信息系统应用紧密结合起来，为森林资源智能监测、监管奠定了重要基础。重点研究了森林资源空间及属性数据更新方法，综合应用空间信息技术，以小班为单位，研究了不同类型小班内部遥感图像特征，根据先验知识总结了森林资源变化的专家规则库，研发了森林资源变化遥感监测及空间数据动态更新方法；集成应用 RS、GIS、决策树、神经网络、生长模型、专家系统等技术，改进了传统的森林资源属性信息更新方法，尤其是森林资源空间数据自动更新方面取得了突破，实现了森林资源属性信息的智能监测；以 Managed DirectX 为三维图形开发接口，采用基于 LOD 技术的切片金字塔数据组织方式，实现了森林资源空间分布的计算机仿真模拟。

自主研发应用系统。开发了 C/S 架构的森林资源与生态状况年度监测信息系统，以 ArcGIS Engine 为组件，基于空间信息技术，实现了森林资源变化信息的自动检测和提取，集成应用 RS、GIS、生长模型、专家系统等技术，在空间数据自动更新方面有所突破。系统已在广东省森林资源与生态状况年度监测工作中推广应用，为森林资源管理提供了高效的操作平台，显著地提高了森林资源管理水平和工作效率。

二、主要经验

利用遥感技术增强系统的自动化和智能化。要实现森林资源监测监管的自动化、智能化，必须充分挖掘遥感信息技术优势。目前，全国有较多类似的基于 GIS 的森林资源监测系统，但大多数系统对遥感信息乃至多源空间数据的挖掘不够深入，有较多系统仅仅将遥感图像作为底图，没有对其做深入的定量化分析，因此，遥感图像隐含的专业信息优势没有发挥出来，没有形成专业的知识库。

基于林业专网推进系统应用。要充分推广应用林业信息系统，发挥其最大效益，需要覆盖面广、网络速度快的物理网络作前提条件。构建国家、省、市、县互联互通和技术先进的林业专网，可以满足广东省林业信息系统应用需求。本系统采用“3S”技术面向全省应用，数据流量较大，基于林业专网进行推广应用，才能发挥系统的最大效益。

重视业务扩展、资源整合和协同工作。林业信息化建设是一项庞大的系统工程，森林资源数据是最基础的数据，如何在资源监测系统的基础上，设计其他业务系统功能与接口，使其能够协同工作，是今后扩展其他业务系统时应注意的问题。目前该系统数据已经在省厅进行整合，在基础数据、运行条件和技术支撑等方面都有保障。

第三节　效益分析和所获荣誉

一、效益分析

2006 年以来，本研究的主要成果已在广东省森林资源与生态状况年度监测工作中推广应用，从实践情况来看，市、县林业局认为大大减少了外业工作量，工作效率成倍提高，监测结果准确，监测成果丰富，建立了年度森林资源空间数据库，大大提高了森林资源年度监测的工作效率及管理水平，产生了良好的经济、社会、生态效益，效果非常显著。

经济效益。生产应用实践表明，应用该项技术成果及应用系统开展森林资源管理与监

测，每年可节省一笔数额较大的调查经费。

生态效益。项目本身是一个生态公益型项目，存在巨大的生态效益。项目的实施，产出了多方面的成果，为全省林业生态建设更好地发展提供了决策所需的数据依据。项目的推广，提高了技术人员的经营管理水平，促进了森林资源更好的保护和利用。项目的应用，也为全省生态公益林建设提供了多种信息，利用生态监测成果科学决策，生态公益林建设成效明显。

社会效益。随着以生态建设为主的林业发展战略的全面实施，林业和生态建设越来越受到社会的广泛关注，森林资源年度监测成果的社会效益和作用日益凸显。

一是通过森林资源与生态状况年度监测，建立健全现代化的森林资源和生态状况监测技术体系和管理规范，创新技术方法，切实提高监测队伍素质，加强对数据采集、处理分析、成果使用的管理和监督，大大提高监测成果的准确性和时效性，产出县、市、省森林资源与生态状况年度公报，为林业又好又快发展提供有力的支撑和保障。

二是为各级政府制定林业规划计划、编制森林采伐限额和经营方案、实施森林资源资产化管理、评价具体经营单位的森林资源经营管理状况等工作提供科学依据。

三是凸显林业生态主体地位，推进生态文明建设，促进社会和林业可持续发展。健全的林业生态体系，繁荣的林业生态文化，已成为国家文明、社会进步的重要标志。通过每年度对森林资源和生态状况进行监测，向社会公布监测结果，可以强化社会公众的生态意识，培养和树立生态文明观念，推进林业生态建设，对促进社会和林业可持续发展具有重要的社会意义。

二、所获荣誉

获得 2011 年度广东省科学技术奖三等奖。

获得 2011 年度广东省优秀工程勘察设计“计算机软件”一等奖。

取得计算机软件著作权登记证书 1 项。

出版《基于 3S 的森林资源与生态状况年度监测技术研究》专著 1 部。

第三十二章　四川省林业有害生物监测预警综合信息系统

四川省监测预报工作在2008年以前主要是以人工调查为主，手工汇总报表，通过传真、邮件、QQ等方式逐级上报。省、市、县分别对辖区内调查监测数据分析处理，再向政府、相关部门、社会公众发布林业有害生物监测预警信息并指导防治工作。整个业务流程存在涉及单位多、数据处理量大、时效性差、信息传输方式不规范、表达方式单一、核查验证手段少等缺陷，已不能满足工作和生产需要，制约了四川省林业有害生物监测预警水平的提高。

为了贯彻"预防为主，科学治理，依法监管，强化责任"的林业有害生物防控工作方针，真正实现"全面监测、及时预警、准确预报"的目标。按照《国家林业局植树造林司关于林业有害生物预防体系基础设施建设项目实施工作的指导意见》(造防函〔2005〕77号)、《四川省林业有害生物监测预报工作方案》、《四川省林业有害生物监测预报信息报告制度》、《四川省林业有害生物监测预报工作流程》等制度、文件，开发建设了"四川省林业有害生物监测预警综合信息系统"。本系统是四川省林业信息化建设省级应用的示范项目，在同类系统中已处于国内领先水平。取得的主要成果如下：

一是通过多尺度、多时相、多数据源、多种类、多分辨率、动态化的地理空间信息数据库整合，建立了全省林业有害生物业务资源与地理空间信息数据资源中心；建立了数据资源中间库、服务库、知识库；建立了统一数据标准与分类编码体系；实现了专业的数据地理化存储、地图化显示。

二是通过对业务和空间数据的综合管理、多层次表达和深层次应用，为林业有害生物防治技术人员提供了可靠的数据分析处理手段；为省市(州)县等各级业务主管部门提供了科学的业务决策依据；为各级领导的宏观决策管理、指挥、调度、协调工作提供了快速、准确的信息服务；为林业宏观管理提供高效支持。

三是在基于WebGIS的专业办公平台上，实现了调查监测工作的实时监控，监测数据

的自动筛选分析，发生、防治态势多视角的地图、图形化显示。提供了辅助决策、知识库检索等多项专家系统功能，并为国家林业局森林病虫害防治系统提供数据交换接口。

四是利用便捷的通讯手段和移动信息终端，开发了林业有害生物外业调查系统，建立外业调查人员和各级业务主管单位的实时双向联系渠道，系统通过有线、无线通信手段实时传输监测数据，保障数据的时效性。

五是建立林业有害生物防治信息网，通过门户网站，向社会公众提供及时、科学、优质的林业有害生物防治信息服务。

第一节　主要功能

一、技术路线

GIS 平台。国际知名 WebGIS 平台（Geomedia WebMap Professional 6.1），通过近三年的使用，得出最适合解决省级森防应用的是 WebGIS 平台。

数据库。Oracle 10G 企业版作为数据库管理系统，将空间数据、属性数据、业务数据统一存储在数据库中，利用 Oracle Spatial 特性，将空间地理数据以开放的数据格式存储，用于满足系统将来更高层次的整合，保障系统投资的有效性。

开发模式。省集中的 B/S 结构建设模式，节约了建设成本和运营维护成本，经过近三年的使用暂未出现该架构下的使用性能问题。

系统架构。面向服务的架构，保障了系统的扩展性，同时也保障各子系统（如门户网站、办公系统、其他业务系统）可通过发布的服务获取数据。

系统结构。总共五层，分别是：基础网络层、数据资源层、服务接口层、业务逻辑层和用户接入层。安全体系贯穿于五层结构之中（图 69）。

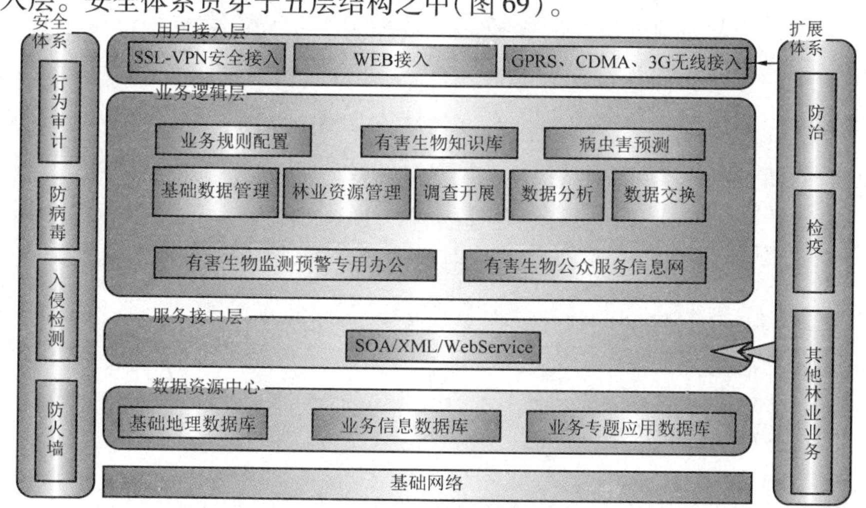

图 69　系统结构图

二、建设内容

为了达到健全全省林业有害生物监测预警网络体系、贯彻科学的管理制度、执行严谨的技术规程，保障业务活动的真实开展，全面提高数据质量，提升数据信息分析水平的目的，实现监测信息“及时、准确、全面”的目标，消灭现有工作中存在的“任务规划不科学，数据质量不可靠，任务执行不可控，工作质量不可评估，业务行为不可优化，工作开展不便协调”等问题，系统重点建设了四川省林业有害生物监控数据中心 、四川省林业有害生物业务管理系统、四川省林业有害生物野外数据采集系统、四川省林业有害生物监测预警专用办公系统、四川省林业有害生物公共信息服务网站等 5 个子系统。

(一) 监控数据中心

数据集中管理，“统一框架、集中使用、适度超前、便于共享”是数据库建设的指导思想。工作数据库、现状数据库和历史数据库数据的可靠回滚，保障数据不丢失，并可演变整个数据变化和操作过程是具体目标。采用开放的数据格式将空间和属性信息集中存储为手段，重点建设了以下内容。

数据库按照管理内容分为基础地理信息数据库、基础业务信息数据库和业务专题应用数据库。其中基础地理信息数据库包括：行政区划、林业区划、水系、交通、城镇居民点等基础地理数据；基础业务信息数据库主要包括：业务规则配置数据、森林资源数据、有害生物数据(有害生物基本属性、生物学特性、测报技术、防治技术、检疫技术等)、农业相关因子数据、气象数据等；业务专题应用数据库主要包括：项目、规划、任务、调查、趋势分析、灾情数据、业务专题图等内容。

系统重点对业务规则和有害生物知识库进行了建立。建立的业务规则主要有：联系报告制度执行配置、成灾规则配置、岗级技能系数配置、系统参数计量单位配置、主测对象确定配置、绩效考核标准配置、复核标准配置、预测预报模型配置、数据审核机制配置、有害生物调查表、统计表配置等内容；有害生物知识库针对病、虫、鼠兔、有害植物、寄主数据、天敌数据等建立了(基本属性、生物学特性、生活史、测报技术、检疫技术、防治技术、多媒体信息、检索库、文献库)等内容，并对知识库内容采用全文索引和关键字的技术建立了检索系统，为建立数据服务中心提供了业务和数据支撑。

系统对数据的入库、质量检查、数据备份、数据标准等做出了严格的规定，用于保障数据的有效性和准确性。

(二) 业务管理系统

结合全省立地条件和资源背景，构建网络版林业有害生物业务管理系统，对采集到的

林业有害生物信息进行汇总、处理、分析、建模、监测预报、适时预警。完成了数据整合、数据转换、规范化与标准化处理，系统主要完成了基础数据管理子系统、测报管理子系统、数据统计分析子系统、系统配置子系统、即时通讯子系统等内容建设。

基础数据管理子系统。主要提供了组织机构维护、有害生物数据维护、寄主数据维护、森林资源数据维护、监测预警网络体系维护、测报队伍维护、系统用户维护、用户责任区维护等基础数据维护功能；

测报管理子系统。主要包括确定年度监测对象、业务规则、监测调查填报（发生调查、防治调查、防治效果调查、目标指标、人财物、检疫数据、预测填报、发育进度等）、专项工作（突发快报、工作月报、枯死松树）、数据交换等功能；

数据统计分析子系统。主要包括趋势分析、发生分布图、成灾分布图、寄主分布图、防治分布图、寄主面积库统计、应施面积库统计、发生统计、防治统计、三六九年报表、目标报表、人财物报表等；

系统配置子系统。主要包括功能配置、角色配置、权限配置、使用参数配置、码表配置、计量单位配置、数据管理方式配置等；

即时通讯子系统。主要包括交流群建立、用户交谈、业务提醒、文档资料管理、历史消息记录查询等。

（三）野外数据采集系统

以无线通信为手段，借助地理信息系统技术、GPS 技术和计算机技术完成林业有害生物数据调查监测，让数据落实到山头地块，保障数据的真实性和时效性。

该系统主要包括地图操作、专题调查（突发、枯死松树）、常规调查（发生、防治、防治效果）、历史数据查看、数据上传、GPS 导航、多媒体采集等内容。

（四）监测预警专用办公系统

该系统是以现代管理理论为指导，以信息共享、协同共享、协同办公、知识管理为理念，以日常办公和协同办公的自动化为目标，使四川省森防行业内部人员方便快捷地共享信息，高效地协同工作，不断积累部门知识的一套办公自动化平台，达到提升单位管理和信息化应用水平。

该系统主要完成了文档管理（归类、上传、下载、共享等）、会议通知管理（收、发）、专项工作管理（分解、监控、执行、归档）、收发文管理、流程管理、个人办公管理（日程安排、文件传输、天气预报、站内消息、办公桌面）等功能。

（五）公共信息服务网站

林业有害生物信息网，就是一个知识库、图书馆以及森防部门对外的业务窗口。系统目标是扩大信息服务，加大信息发布力度，发挥规模效应，增强吸引力，做到准确和及时，保证信息质量。大力推进政务信息公开。在深度和广度两个方面保证信息发布的质量和效率。建立“一站式”森防应用和信息服务窗口，以统一的形象对社会公众服务。推行网上服务，关注行业热点问题，推进网上举报，实现在线知识库检索，开通网上领导信箱，提供良好的网上咨询、查询等服务。实现了为专业技术人员提供相关的专业知识和技能信息，也实现了为林业相关人员提供行业规则和相关法律法规的信息查阅。

主要的功能包括后台维护(联系方式、栏目管理、文章类型管理、滚动公告、文章管理、工作简报、用户反馈、便民服务、友情链接管理等)；网站前台主要包括政务公开(单位职能、机构设置、法规依据、行政许可)、便民服务(在线提问、领导信箱)、图片新闻，滚动新闻、网站公告、科普知识、监测预警、防治药械、疫源疫病、行业要闻、地方信息、专家知识库、信息举报、工作简报等栏目。

三、重点业务及功能介绍

四川省林业有害生物监测预警综合信息系统涉及的功能很多，覆盖了森防测报的大部分业务行为，系统在兼顾全面的同时，又对监测预警网络、预测预报、测报管理、有害生物知识库建设、专题图制作、即时通讯等模块进行了重点建设。

(一)监测预警网络

为了实时掌握林业有害生物发展动向，达到“治早、治小、治了”的目的，解决由于缺乏有效的林业有害生物调查监测体系，从而导致常发性林业有害生物面积居高不下，危险性林业有害生物也有小面积发生的情况，积极有效地保护现有造林成果，遏制全省林业有害生物发生面积扩大的潜在威胁，实现林业有害生物由被动救灾向主动防御的转变，达到及时有效、有条不紊，系统设计了专业级和普通级测报网络体系。针对专业级，主要是将国家级、省级中心测报点形成的网络建立在系统中，由市州、县分别进行下管测报网络的建立。

系统将测报网络级别划分为国家级、省级、市州级、县级、乡镇场级、工区村级，根据测报网络覆盖情况、人员队伍情况结合历史监测数据，系统辅助管理者做出增加或减少测报点的建议。通过系统可对各测报点进行测报队伍、管辖区域、重点监测对象的设置。可实时查询到各种级别的监测网络，根据测报队伍人员生成对应的责任区的分布图，也可完成根据监测对象查询到各重点监测对象的网络覆盖情况。通过系统的实施让建立健全全省测报网络体系成为可能。

（二）预测预报

预测预报是林业有害生物综合管理和预防林业有害生物入侵的重要组成部分。为了有效地为主管部门、决策者和生产者提供科学的决策依据和进一步掌握林业有害生物发生规律提供平台，达到控制林业有害生物危害的目标，根据现有的预测预报办法建设了预测预报功能。

该模块是根据当前林区状况、气象信息结合测报模型对未来可能发生的病虫害进行预测。对规定区域，规定有害生物的危害发生期（包括发生始、盛、末期）、发生量（包括虫害有虫株率、虫口密度、病害感病指数、感病株率）、发生范围（包括发生面积、发生地点）、危害程度（以轻、中、重三级表示）、可能的蓄积损失等的评估预测。

发生期预测预报主要是根据森林病虫害的监测数据（主要指发育进度数据的采集），来预测病虫害的发生期，用于为防治部门提供最佳的防治时期的建议。

发生量预测预报主要是对森林病虫害的发生量进行预测预报的，对森林病虫害的虫口密度、有虫株率或感病指数、感病株率等进行预测，以确定是否会造成危害，是否需要防治。

发生范围预测是通过对林业病虫害发生地点和发生面积进行预测，以便确定防治范围。危害程度预测是对林业病虫害可能造成的损失程度进行预测以便根据林业生态效益、经济效益和社会效益，确定有无防治的必要。

（三）测报管理

测报管理是整个系统的核心业务，通过对工作行为的梳理，目前已建立标准的业务流程。

业务规则设置包括（有害生物测报技术、有害生物寄主关系、年度监测对象等的设置）。林业有害生物测报技术主要完成对调查时间、调查次数、调查规程、调查指标、数据上报截止时间、调查区域（偶发、常发、安全）等参数的确定，用于辅助基层调查人员按照科学的测报技术规程去完成监测调查工作，保障工作的规范性和合理性；有害生物寄主关系是根据有害生物的生物学特性来设置的，用于确立有害生物检索的知识库和辅助数据监测填报；本地化的寄主关系是确定针对具体有害生物在本地的寄主情况，用于确定在辖区内的应施监测范围，结合资源数据情况，系统可自动计算出应施监测面积，辅助监测覆盖率的计算；年度监测对象的设置是为了确定辖区年度主要监测对象，将其作为各级森防部门年度监测任务和考核指标。

实施调查主要包括的工作有发生情况监测、防治情况监测、防治效果监测等主要内容，根据调查规程，数据可落实到小班，系统提供了满足多种力度（样地级、样株级、小班级、村林班级、乡镇级）的调查方式。

内业填报是将采集的数据录入系统，并可完成相应的数据整理工作。主要填报的有发生数据(危害程度、危害面积、危害区域、扩散情况、发生率)、防治数据(防治作业情况、防治用药情况、防治方式、防治时间、防治经费投入、防治区域、无公害防治情况、防治率)、防治效果数据(是否成灾、成灾面积、死亡株数、成灾率、挽回灾害)、发育进度数据(虫龄、虫态、病程、气象数据)、枯死松树专项工程数据(发现情况、鉴定情况、除治情况)等内容。内业的填报采用了智能化的数据判断约束规则，进行了数据有效性的检查，系统具有友好的提示，能帮助用户快速完成数据填报工作，相比以前的填报方式，节省工作量80%以上。

测报监控包括调查人员和监测数据监控。针对调查人员，如果在野外启用了GPS，系统就能实时在地图上监控到调查人员行进路线，并能根据传回的监测数据，对其进行远程干预，提高了监测质量和工作效率；数据监控是数据中心根据基层填报的数据，对照历史和经验情况，系统做出预警(如出现突发、出现枯死松树等)，业务管理人员可到实地进行核查，根据事态情况，按照报告制度，辅助制定相应处理办法。

统计分析是对调查结果进行实时分析，主要包括：利用地理信息系统技术、结合资源数据和测报模型可对发生态势进行预测，对蓄积损失做出评估。

发生情况分析，按照区域、时间范围和监测对象，生成发生分布图，同时生成发生数据表。

所有的统计表系统都提供了导出PDF、Excel和RTF三种格式。

所有的图表都提供了导出为PNG、JPEG、PDF和SG四种格式。

数据审核是系统按照数据异常规则(历史上从未发生、在安全区内发生、在应实施监测外发生、重度发生而周边无发生、连续三年发生而今年不发生、超过历史最高纪录、超过去年同期面积发生两倍等)进行数据异常提醒，由县级森防业务人员进行数据确认，确认后提交市级审核，市级审核通过后数据方可进行国家防治系统的数据导出，保障数据质量。

数据上报是省级业务管理员按照国家所有要求的数据上报时间下载对应需上报数据，通过国家防治系统，进行数据上报。系统跟国家防治系统在数据层面无缝集成，能为国家防治系统提供更准确的数据，同时也解决了国家防治系统中存在的不足。

(四)专题图制作

系统按照林业制图规范提供了制作有害生物分布图，变化规律直方图，有害生物数量关系饼图，发生面积、发生种类、发生时间、成灾面积范围等成果图，以及生物气象关系图、生物发生规律图、有害生物动态变化图、有害生物发展预测图等专题图。同时可制作有害生物发生量范围专题图和有害生物发生量插值专题图两种类型的专题地图。系统提供了丰富的样式定义和地图制作功能。

（五）有害生物知识库

建立有害生物知识库旨在规范有害生物数据录入和成果管理，实现有害生物调查数据网络化填报和处理，提高数据的准确性和利用效率，同时为广大林农和林业生产经营者提供知识库检索服务。主要包括的模块有数据维护、数据检索和公众服务。

数据维护。建立林业有害生物相关数据项（有害生物种类、分布地区、寄主植物、危害症状及部位等）数据字典，如病害症状词典（包括花叶、叶斑、梢枯、根腐、瘿瘤、丛生、疮痂、流脂、白粉、黑粉、溃疡、蕈菌、猝倒、穿孔、枯萎、落叶、黄化、白化）（图70）。

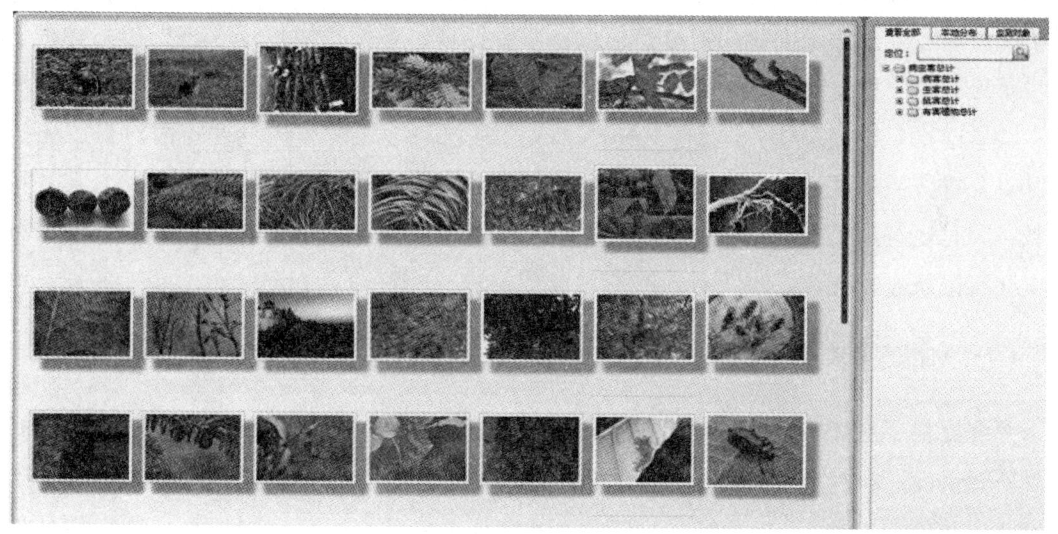

图 70　维护界面图

数据检索。以建立的该数据库为基础，通过系统，为森防工作者和林业工作者提供森林病虫鼠害诊断和鉴定服务。例如，要对某一森林病害进行诊断，可通过发生病害的寄主、发病部位、发病地区、发病环境、病害症状等先进行单项或组合多项模糊诊断，初步确定该病害的类别；再根据常识对查寻内容进行排除，进一步缩小诊断范围；然后再根据系统提供的图片等多媒体信息进行对照分析，最后通过系统提供的详细信息或专家系统进行精确定位，确定病害的种类，并可从系统中获取与病害相关的信息（包括治理病害措施）。同样，对森林虫害进行诊断，可通过害虫的寄主、害虫体形、危害部位、危害地区、危害症状、危害时间、危害方式等按相同方法诊断。

公众服务。公众使用普通浏览器，就能通过寄主植物、病虫鼠害的名称、别名、英文名、学名进行单项查寻，准确查找相关信息；还能通过寄主、分布、危害部位、症状等进行单项或组合查寻，通过这类模糊查寻能查到相关的一类信息，然后再逐步查寻到相关的信息。该数据库能查寻到的信息包括：病虫鼠害的主要寄主信息、天敌信息、鉴别特征、检疫信息、防治方法、详细介绍、多媒体信息等。

（六）即时通讯模块

由于 QQ 等即时通讯工具，存在用户数量限制、交流信息存储易丢失等缺陷，系统根据森防业务特点，量身打造了专业的森防即时通讯模块。通过该交流平台，解决了交流不顺畅，节约了交流成本。

通过该模块，可即时提醒各单位人员的待办事项（如有文件需接收，有数据需上报，有临时工作安排需执行）；系统提供了建立群的功能，可按照组织机构级别（市州、县乡、全省、中测级别）、特定用户等方式建立交流群；系统提供了用户在线信息的显示，针对在线用户可进行即时交流，针对离线用户也可发送离线消息。消息提醒可通过手机短信、电子邮件等方式提醒未上线用户进行信息接收和处理；系统提供了个人文档档案管理，包括目录建立、资料上传、资料共享（共享给全省，共享给指定单位用户，共享给中心测报点，共享给指定用户群体）、资料下载、个人资料删除等功能；针对省级用户系统还提供了针对全省按照年度进行公文（厅文件、站文件）的管理，便于各基层单位方便公文查找和下载，同时也解决了资料保管的问题；系统将所有的交流记录和文档存储于服务器，可对历史交流记录进行查询，也可针对交流主题或群进行交流信息查询。

（七）基础数据管理模块

系统提供了组织机构管理（针对组织机构代码、名称、社会经济情况、人员队伍情况、森林资源情况、机构职责更新维护），森林资源数据管理（森林资源分布图，森林资源数据统计、森林资源更新等），系统用户管理（用户基本信息、用户权限信息、用户责任区信息、用户密码修改、用户状态改变等）和码表管理（森林资源码表、业务码表、其他码表）（图 71）。

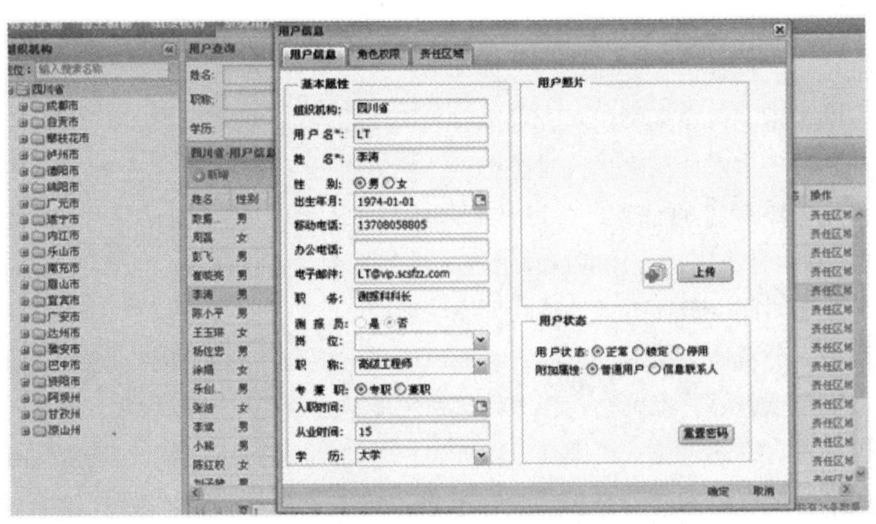

图 71　用户管理界面图

（八）系统配置模块

系统配置模块是为了完成系统初始化运行的必备条件，系统运行之前必须用超级管理员完成各项设置。

权限管理：基于数据的保密性、安全性，系统完成了用户角色的划分，权限的控制力度达到了操作级和数据行权限级，通过建立角色权限关系，对用户权限进行了严格控制，内置的安全和权限控管机制，允许超级管理员对指定账号设置特殊权限，对系统权限管理带来极大的灵活性。权限配置建立的基本流程为：

划分角色→建立角色权限→建立用户角色关系。

业务应用参数设置：主要完成根据资源小班所提供的地类数据，排除非林业用地，系统将自动生成以前需要在国家防治系统中手动输入的辅助_ 树种面积库，并且随着森林资源数据的更新能保障数据的准确性和实效性；系统提供锁定监测对象功能，用于在年初下达计划后，各基层单位调整完毕，业务管理员对监测任务进行锁定，防止中途进行常规任务变更，导致计划和实际监测行为出现偏差，在实际监测行为中如果需要调整（出现突发或不明有害生物），则由超级管理员进行调整。

（九）野外数据采集

为了保障数据填报的准确性，方便检查人员对数据进行核查，系统建立了林业有害生物数据采集功能，具体功能包括：

数据填报：系统提供了基于手动选择填报区域和由 GPS 自动确定区域两种方式进行地图选择，填报的方式主要有勾绘区域、选择小班、监测样株等方式。同时填报时系统自动根据所选区域过滤寄主，根据寄主关系自动过滤可能发生的病虫害，辅助用户快速选择，并完成数据上报。

在填报的同时系统提供了拍照、录音、录像等多媒体采集手段，针对不明确的信息，可在内业中进一步诊断，同时也丰富了填报内容。

填报数据查询：用户在使用过程中，可对所在区域的历史发生情况数据进行查看，同时也方便了上级管理部门对数据的检查工作。

数据上传：系统提供通过无线和桌面端两种方式将数据传输到内业数据管理中心。

（十）帮助和使用建议

系统提供了完整的中文帮助手册，在系统使用过程中可以通过系统提供的手册文档和录制的操作视频，辅助操作人员顺利完成系统使用。

系统也提供了意见收集和反馈模块，方便各基层人员在使用过程中随时提供系统使用建议。由省级管理员将收集的意见进行整理和分析，反馈给软件开发公司，让系统能够做到逐步完善。

第二节　主要措施和经验

统一规划。由于空间地理信息基础平台建设的复杂性和应用的广泛性，为此，四川省林业有害生物监测预警综合信息系统开发项目的建设，根据项目投资和应用的需求、统一规划、分批实施的原则进行。

规范性与开放性。林业有害生物防治业务资源可能不断扩展与空间地理基础信息的内容复杂，因此整个系统设计无论是数据库还是应用系统架构，遵从了规范性与开放性原则，建立科学合理的数据共享和服务共享机制，确保数据同步更新，以满足和适应不同部门、不同层次应用信息系统现在和未来的需要。

实施管理咨询与流程再造。引入管理咨询，开展流程再造（BPR）。业务流程再造作为一种管理理念和行为方式，通过诊断和梳理，明确系统的业务流程和核心价值，在此基础上对整个系统工作做出统一规划，明确工作重点，确定实施步骤，对与统一规划不相适应的业务流程进行彻底改造，最终使得资源得到最优化配置。

项目验收与效果重评。系统运行一段时间后，对系统缺陷进行及时修改优化。优化后再运行一段时间，才组织验收。项目验收除了有相应的行业专家外（四川省林科院、林勘院），还邀请了有经验的信息管理顾问。验收的内容除了系统的先进性、适用性、稳定性、安全性外，重点验收了整个工程是否体现了真正的用户核心价值，是否达到了预期的业务目标。

“一把手”工程。本次信息系统建设得到了四川省林业厅领导高度重视，同时省森防站站长亲自负责指挥协调，测报科全力配合实施。

选择合适的合作伙伴。由于四川省森林病虫害防治检疫总站无专业的信息技术专业人员，就需要找到认真负责的信息化建设公司来完成信息化建设的服务工作。本次选择的成都乐创信息科技有限公司根据四川省森林病虫害防治检疫总站的实际业务需求和投资经费，量身定制了建设方案和建设思路。把服务放在第一位，解决了系统后续维护问题，贯彻了软件即服务的理念。

加强行业内部合作。系统建设过程中，通过对其他省市进行调查，承建单位通过对浙江和四川的实地考察，找到共性，优势互补，进一步完善了系统。目前该系统除在四川省实施外，浙江省也于2011年底进行了正式启用。

遇到的问题。寄主植物名称与森林资源数据中的树种名称大量不统一，给确定应施范围、确定寄主关系等工作带来极大不便；林业区划代码跟国家防治系统不统一，加大了数据统计和梳理工作难度；由于本次系统建设走在四川省林业信息化省级应用系统的建设前列，森林资源数据标准不够完善，各地提交的二类资源调查数据格式多样，数据时效性不

高，增加了承建单位的数据整理难度；缺乏科学的林业有害生物预测模型，尚需加大科研力度。

第三节　效益分析和所获荣誉

一、社会效益

遵循生态效益、经济效益和社会效益相统一，生态效益优先的原则，通过门户网站，为广大林业工作者提供了良好的交流平台，同时方便为相关决策者提供了行业动态、预测预报等数据，为辅助决策带来了可能。借助有害生物信息网，积极宣传林业有害生物相关法律法规，推进政务公开和方便社会公众，接受社会各界监督，进一步增强预防意识。

二、经济效益

数据中心的建立。减少了各基层单位数据整理、数据汇总工作量 10 ~ 20 天/年，节约成本估计 40 万 ~ 50 万/年；数据集中管理，节约数据保管成本 30 万 ~ 40 万/年。

业务系统的实施。减少数据逐级上报成本 10 万 ~ 15 万/年；减少数据统计分析工作，节约人工 15 万 ~ 20 万/年；为防治部门提供防治辅助决策，提高了有效防治率，节约成本 50 万 ~ 80 万/年；通过落实到山头地块的监测工作，促进了森林健康，对危险性有害生物的及早发现，为林业生产创造经济价值不低于 100 万/年。合理的任务规划，节约成本 5 万 ~ 10 万/年。

办公系统的实施。节省文档档案纸张费、档案管理费 3 万 ~ 5 万/年；通过即时通讯系统，节约电话交流成本 10 万/年。

其他。节约数据填报人工月成本不低于 50 万/年。

三、业务效益

减少数据上报环节、防止数据丢失。在使用本系统之前，全省一直采用逐级上报，传输过程耗时，数据合并时易产生矛盾数据；并且由于各县采用单机版系统进行填报，容易发生数据丢失。本系统只需省上直接上报，不需市州、县级再进行数据汇总，极大地减少了工作量。

数据展现形式丰富。提供了地图、报表、图表多种表现形式，减少了数据加工环节。

数据来源可靠。基于资源数据作为最底层数据，数据更为准确，而不是以前采用手工方式进行统计录入，系统自动根据二类资源数据和测报技术，生成各类辅助数据库。

灵活应对业务变化。系统通过业务规则设置，经验转换为公式等手段通过智能化的方式提高了数据科学性；通过业务规则调整(如应施区域调整)可合理安排工作量。

填报便捷。系统采用地图和表格结合的方式完成填报，提高填报效率80%以上，让广大基层森防人员有更多的时间去钻研业务和实施监测工作；规范了业务流程，让业务行为可控；通过系统的实施规范了业务流程，采用了省上下达宏观任务，各级分解指标，最终落实到责任人山头地块，只要发现危害行为，立即反映在数据中心，保障了数据的时效性。

四、所获荣誉

2009年11月19日四川省森林病虫害防治检疫总站在成都组织省森林资源管理总站、省林业调查规划院、省林业科学研究院等单位专家和乐山、巴中等市森防业务人员形成了如下鉴定结论：

四川省林业有害生物监测预警综合信息系统采用先进的GIS平台，开放的数据格式，安全的信息管理方式，充分考虑了业务行为的扩展和优化，系统架构先进科学。使四川省林业有害生物监测预警工作处于全国领先水平。

评审组一致认为“四川省林业有害生物监测预警综合信息系统”建设成果达到预定要求。

第三十三章　云南省林权管理地理信息系统

云南是我国四大重点林区省份之一，也是全国生物多样性最富集的区域，地处长江、珠江、澜沧江、红河等六大国际国内河流的源头或上游，生态区位极其重要，素有“动物王国”、“植物王国”之称。

近年来，在省委、省政府的正确领导和国家林业局的指导支持下，云南省林业在探索中前进、在改革中突破、在创新中发展，取得了显著成绩——全省林业总产值稳步增长。特色经济林的种植面积不断扩大，产值产量位居全国前列；云南省先后开展了林业国有企业改制、林业分类经营、森林生态效益补偿、林业综合行政执法、集体林权制度改革等一系列重大改革。特别是集体林权制度改革开展后，逐步理顺了管理体制，激活了经营机制，扫除了制约林业发展的体制性、机制性障碍，为加快林业发展奠定了坚实的体制基础。

随着2003年中央9号文件和2008年中央10号文件的出台，在新的中国林业发展方针的指引下，拉开了新一轮集体林权制度改革的序幕。2006年，云南省在中央9号文件的指引下，开始了深化集体林权制度改革的试点工作，2007年深化集体林权制度改革工作已在全省全面开展。由于云南省的林改工作涉及面广、特殊情况较多，因此在实际工作中找到一个适合本省林改工作特点的软件成了急需解决的问题。

为贯彻落实云南省委《关于深化集体林权制度改革的决定》，以及省林业厅提出的数字林业的大构想，根据本省林权管理工作的特点，并结合信息中心多年林业内业工作经验，编写出了一套适合云南省深化集体林权制度改革的专业系统软件。

软件的设计采用当前最先进的地理信息系统理念，充分考虑了林业基层用户的实际情况，既做到了简单易懂，又实现了很强的管理、查询、统计等功能。对于今后林权配套改革的诸如变更、冻结、注销、流转、交易、纠纷处理等各种处理功能都进行了接口设计，并可实现省、市、县的多级联网。

第一节　主要功能

一、软件功能特点

由于全省林地面积及涉林人口分布不均，各地林业资源及生产情况差异较大，因此林权流转及林业产业管理操作模式多种多样，各地对软件的需求也各有不同，再有各县区基层林业工作人员较多，人员素质参差不齐，信息化认知程度不同，因此对软件形成了以下需求功能。

按工作流进行设计，软件界面简单、易于操作，便于内部推广使用。软件的界面采用了人性化设计方式，以工作流程为主线排列菜单及操作按钮，结合智能化的操控性设计，紧紧围绕勾绘宗地边界，填写相应宗地信息两个重点，使得每一块宗地都有相对应的唯一信息，做到图与表的完全对应。软件不仅勾绘宗地方便，填写信息简单，并且自动化程度很高，在“勾绘、填写”完成后，软件自动生成包括勘查登记表、公示表、申请表、承包合同、林权证、林权证附图等各种表格文档。操作人员不需再增加工作量，所有需要的信息已自动形成，所需要的无非是用鼠标点击相应的按钮即可(图 72)。

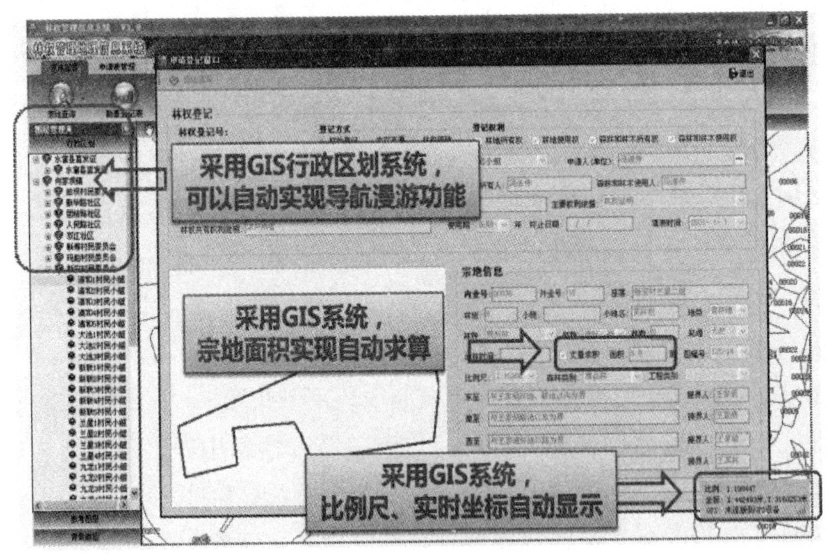

图 72　系统界面图

采用开放性原则，可以实现特色定制功能，在全省尽量统一的前提下，满足各县区对功能的特色需求。

基于角色分析，实现服务多元化，满足不同受众的服务需求。

充分利用林业基础数据资源，提高生产效率。

自动生成公示表、申请表、承包合同、权证、附图等。

各种表格文档及图纸。

管理功能强大。

与配套改革接轨。

二、软件特色

林权管理地理信息系统区别于其他林改软件的最大特色就是真正做到了图表关联，即将宗地图和申请表很好地融合在一起，既可以通过图查表，也可以通过表查图，真正做到图表一致。

表查图：本软件设计的通过申请表查看到宗地图，并自动漫游到宗地图上，打印宗地附图，可以在发证以前打印宗地附图，很好地解决了以往只能在发放林权证后才可以打图的缺陷。

图查表：本软件设计的通过图查看申请表的功能，可以在图上方便地查看任何一宗地的属性信息。

由于图表一致，因此，软件在使用过程中既可以同时进行，也可以将录入申请表和勾图的工作分开进行。先录入申请表和先勾绘宗地图，都可以通过关联申请表将图表关联。

三、软件功能介绍

软件界面根据工作流程设计，具有智能、直观、方便的特点，适合初学者快速掌握，可提高工作效率。

(一)宗地图勾绘

软件提供了三种宗地勾绘方式：智能笔直接勾绘形成宗地；结合智能笔、直接导入GPS点闭合后形成宗地；直接获取参考图层中的资源数据为宗地。宗地勾绘完成后，自动生成以亩为单位的、精确到小数点后2位的宗地面积以及宗地中心坐标。

1. 智能笔直接勾绘形成宗地

软件通过智能设置，可以快速勾绘出所需宗地图形。通过自动处理接边功能，在勾绘两块相邻宗地时，两宗地的公共边只需勾绘一次，即可完成相邻宗地的勾绘，减少了因为重复勾绘宗地公共边时造成的面积误差。

通过选择“删除前一节点”等选项，快速修改勾绘图形中产生的错误。

2. 结合智能笔直接导入 GPS 点闭合后形成宗地

软件提供的“导入 GPS 点形成宗地”功能结合了智能勾绘功能，不仅可以导入 GPS 点坐标，还可以根据实际情况，结合智能勾绘，对手持 GPS 的误差进行修正。

在用软件导入 GPS 坐标点前，只需新建“坐标点 . txt”文本文件，输入外业调查采集回来的 GPS 拐点坐标，并“保存”，就可结合智能笔直接导入 GPS 点闭合后形成宗地。

由于 GPS 受地域限制和本身精度影响数据会产生一定误差，为了避免由于误差导致勾绘时的数据位移，软件导入 GPS 点功能，这样不仅可以将 GPS 坐标点信息直接导入，也可以按实际需要，在按顺序导入 GPS 坐标点的同时，根据图形的实际情况，结合智能勾绘功能对地块的边界进行人工修正，使得勾绘效果与实际结合更加完善、精确。

3. 直接获取参考图层中的资源数据为宗地

此功能可先将已经形成的其他资源数据信息形成参考图层，置于软件中，然后将参考图层中的地块直接转换为宗地地块。获取成功后，宗地边界颜色与原参考图层中的数据边界颜色发生改变，并且宗地内显示“未申请”字样，这时直接在此地块填写申请表即可。

4. 图形修正及应用

软件在勾绘功能以外，还增加了删除、分割、合并等辅助的功能，可以对已经勾绘好的地块进行修正。

(二)宗地信息填写

软件的宗地信息填写功能简单明了(图 73)。按登记信息和宗地信息分栏设置，并且窗口中设有宗地草图界面，可做到图表一一对应，真正做到图表一致。为了提高工作效率，避免录入信息时产生错误，软件中的信息填写以选择方式为主，提供信息预置功能，将大部分共用信息都提前预置好(包括申请人信息，宗地属性、使用类型、林种、树种等

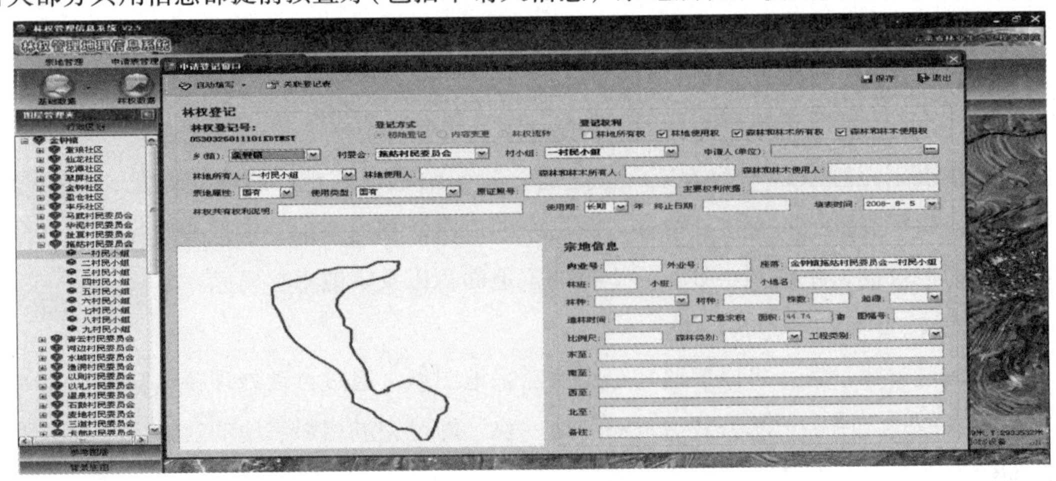

图 73　宗地信息填写页面图

信息），在实际填写时只需选择下拉菜单中的选项进行填写。

诸如申请表编号，林地权属等容易填写错误的重要信息，软件都根据填表时选择的选项自动生成，无需手工输入，最大限度地避免错误产生。

在宗地信息中“面积”为最重要的因子之一。软件设计了两种宗地求积方式，勾绘求积（勾图完成后，软件会自动计算宗地图形的图上面积）和丈量求积（可以根据实际丈量填写面积）。在实际工作中，有一部分面积求算是以实际丈量数值为准，此时就不能以电脑勾绘自动生成的面积为准，软件这时提供了直接输入丈量面积的功能（此功能的使用，只限于勾绘的面积与实际丈量的面积在正负5%误差范围内），勾选丈量求积选框，面积选框从灰色不能修改状态变为可修改状态，再直接填入实际丈量面积即可。

为了提高工作效率，软件设计了根据上一申请表填写和根据参考图层填写的功能。

如果前后两个表格信息相差不多，则在窗口左上角的自动填写下拉菜单中选择根据上一申请表选项，软件会自动将前一表格内容复制到当前表中，复制后只需修改部分内容，表格即填写成功。

如果某地块的外业调查信息与作为参考图层中的数据属性信息一致，则在窗口左上角的自动填写下拉菜单中选择根据参考图层选项，软件就会将该属性信息自动填写到相应的宗地信息数据框中。如资源调查信息与林改外业调查信息不一致时，也只需修改相应框内内容即可。

填写完申请表信息，并成功保存后，主页面的宗地范围内的“未申请”字样就会变为申请表信息内填写的内业号，表示此宗地已经填写了申请表信息，并且图表已经相互关联。

（三）宗地信息应用

软件是按照林改工作流进行设计，紧密结合林改实际工作，图表结合，在完成申请表填写后，内业工作已经过半，以后软件会自动将申请表中的基础信息形成林改工作所需的各种表格以及附图（公示表、申请表、宗地附图等），而此时录入人员只需按工作需要顺序进行打印、公示即可。

也可以对已经填写好的申请表信息进行统计生成各类统计报表，还可以将这些统计表导出成Excel表格。主要包括“确权勘查统计表”、“按经营形式登记表”、“涉及户数统计表”、“分类统计表”等。

（四）林权证管理

1. 林权发证

在林改工作中，当宗地信息经外业调查、内业录入核实并公示无异议以后，就需要对宗地发放林权证。

软件可根据各地不同的需求，设置不同的编码方式。以行政区划编码为基准生成林权证号，避免号段不清产生的重号。

软件根据宗地信息自动生成一本或多本林权证，并以林权证的实际样式在窗口中显示，设置或权证打印等功能操作简单明了，信息显示直观。

权证附图采用多模板方式，可根据不同的需求，设置自己需要的附图版式和内容，并进行打印。

2. 林权证查询

选择已发证的行政区划范围(到村小组一级)，可查询到该范围内已发林权证的信息。如果发现错误，还可以作废证书重新发放或重新制作证书。

3. 林权统计

在林权证发放完毕后，软件还提供了林权分类统计功能，可根据需求设置不同查询条件，生成所需的林权证分类统计表。还可以自动生成林权证的登记和发放台账。

4. 合同打印

在软件中，根据需求预置了不同类型的合同模板。打印合同时软件会将已录入的宗地信息自动填写在合同模板中，不需重复填写，大大提高了工作效率。

5. 数据管理

数据备份与恢复。在软件使用过程中，仅在填写申请表处需要点选保存按钮来存储申请表信息，勾绘的图形则会自动保存在林权数据中，但停电等仍可能造成数据错误，因此，为防止数据意外丢失和损坏，需要对数据进行备份或恢复。软件设计了以最简单的操作自动生成打包文件来备份数据的功能。同样也设计了由打包文件直接恢复的方式来恢复备份数据的功能。

申请人信息管理。在林改工作中，申请人信息的管理是最庞大工作之一。同名同姓，身份证重号等问题一直困扰着林改一线的工作人员。因此软件开发了申请人导入功能，可以将从户籍部门拷贝来的申请人信息直接导入到系统中，以便填写信息时来使用，避免了手工录入工作的繁杂，保证了申请人这一重要信息的准确性。并且提供了申请人信息的逻辑检查功能，可以快速地将录入错误的申请人信息检查出来并予以改正。

数据项维护。为了提高录入宗地信息时的工作效率，避免录入错误的产生，软件提供了数据项维护的功能，可以将部分共用信息通过此功能预先录入到软件中，在正式填写宗地信息时，只需通过鼠标在下拉菜单中选择，不需重复录入。

数据交换。由于林改内外业工作量巨大，参与人员众多，每个地区的宗地信息录入都是由若干人员分工完成。软件提供的数据交换功能可以将不同电脑中完成的数据通过“数据导出”和“数据导入”功能整合在一起，最终合并成一个地区完整的数据。也可以将整合好的数据，细分成局部区域的数据来使用。

批量修改宗地信息。批量修改申请表工具，可以将申请表数据中需要统一修正的问题，进行批量修改。需要使用批量修改申请表功能时，点击“批量修改申请表”选项，弹

出“批量更新数据”窗口后，先依据“更新条件”把需要修改的数据查询出来，然后根据“更新内容”把数据进行批量修改更新。

数据错误检查及修复。数据错误检查及修复功能，可以对数据中的错误进行检查及修复。点击“数据工具”的“地块错误检查”选项，弹出“地块错误检查”窗口，其中有4个选项：碎块清理、重叠清理、缝隙清理、面积误差检查。

扫描图校准。扫描图校准工具可以用来校正地形图和影像图等，区别于一般GIS软件扫描图校正功能的是操作简单容易上手，还增加了坐标投影带选择、控制点数值修改和控制点微调的功能，并且在校正预览中增加了网格，便于检查校正精度。

第二节　主要措施和经验

一、建立林权服务中心基础数据库及林权数据库

林业基础数据库是林权流转管理信息平台的基础，也是后期林业数字化管理的基础，它包含两个方面的内容：一是林权流转及宗地管理所需的代码库，如行政代码、宗地类型代码等；二是地理信息基础数据库，包含行政区划界线、地形图、卫星影像图等，同时把二类资源调查数据及公益林区划数据等放入地理信息基础数据库作为参考图层。

林权数据库也包含两类数据，一个是林权宗地及林权证的信息数据库，一个是宗地的地理信息数据库。

各县在前期林改工作中踏查的全县行政区划界线进行收集、转绘。形成地理信息矢量数据保存到数据库中，然后把原来录入的有效的宗地及林权证信息数据、行政代码等数据进行整理入库。同时，扫描并校准地形图、卫星影像等底图数据，并把二类资源数据及公益林数据等林业管理数据进行入库，整理原来勾绘的宗地边界图，利用软件进行勾绘和关联，最终完成了各县林业基础数据库及林权数据库的建库工作。

二、利用林权服务中心信息平台实现林权管理的信息化

有的地区在主体改革过程中，未建立林权宗地电子档案及宗地地理数据库，要把以前的文书档案及手工勾绘宗地图完全整理并入库的话，工作量非常大，在这些县区先建立起林业地理基础数据库及林权信息平台后，采取“一边流转，一边整理”的工作方式，逐步将林权宗地数据进行入库。这样，既可一步到位地建立起林权信息平台，又不影响到林权宗地数据的建库工作。

应用系统建立后，技术人员对系统的使用及维护进行培训，让各县能完全利用信息平

台进行林权流转相关操作。后期还可通过网站、QQ 群、服务电话等获得多渠道的技术支持。林权信息平台建立后，依托基础数据库及软件进行公益林管理、营造林设计、采伐设计等，真正将林改的成果与林业管理工作完全接轨，最终实现林业管理的数字化。

三、建立各县林权流转及产业管理信息平台为配套改革打基础

对发证数据进行整理建库后，各地区的所有数据通过检查，符合入网标准的数据将会存储到“云南省林权及林产业信息数据库”中，以供林权服务中心的信息平台使用。对于一个县级的应用，主要包含“林权宗地管理地理信息系统”和“林权流转管理信息系统”两套系统，“林权宗地管理地理信息系统”运行在内部网络中，它把林权宗地矢量地理图形及登记管理数据结合起来，可以基于地理图形及管理数据来对林权宗地进行勾绘、登记、查询及管理，其功能在前面已做了介绍。宗地的处理信息可以与“林权流转交易信息平台”进行数据交换。

“林权流转交易信息平台”进行林权流转相关的操作管理，同时，在基于外网的应用中，向 LED 大屏幕、网站、触摸屏等进行信息发送，以实现公众化的信息服务。其数据接口可向上级林业主管部门、政府部门、金融系统等相关管理部门开放，完成相关的管理工作。

第三节　效益分析和所获荣誉

一、效益分析

（一）直接经济效益

解决了手工无法完成的工作，大大降低了成本，节约了时间。所有表格的自动生成，节约了工作人员的时间，提高了工作的准确性和工作效率。通过对林权信息的统一管理，可以及时地更新和管理数据，同时可以快速地查询、统计和分析，提高了数据的唯一性和准确性，同时提高了工作效率。及时查询、了解、分析林权管理信息，为及时做出决策提供依据。通过对软件中蕴含的先进的管理理念的学习和掌握，改进了现有的工作方式和方法，提升了服务人员管理的水平。

（二）间接经济效益

面向公众及其他职能部门的多方位、多窗口的管理服务体系。在配套改革工作中，对于管理职能，将会面向政府、金融、保险等各个部门，林业管理及报批信息需要一个信息

平台与这些部门之间建立信息化的沟通。同时，林业的管理服务职能需要向公众及企业提供窗口，建立信息发布、查询、审核、办理等服务渠道，以满足政府、其他部门、公众及企业等各个层次对林业管理服务职能工作的需求。

（三）社会效益分析

随着云南省集体林权制度改革的顺利推进，全省林权主体改革工作已顺利完成，林权改革的工作重心将由“明晰产权”逐步向以“放活经营权、落实处置权、保障收益权”为内容的林权配套改革进一步深化。各县、市已陆续成立了林权服务中心，各县、市的林权转让、抵押、拍卖等流转相关工作也相继开展。

林权主体改革结束后，全省明晰产权并核发林权证的宗地接近2000万宗，各县、市形成了较完整的林权宗地文书档案，制定了较好的林权文书档案管理机制。但是，随着林权改革进一步深化，在后期配套改革中，如果仅依靠文本形式的林权宗地资料，采用手工档案管理，必然会给后期的林权流转、抵押等林权管理工作带来很大困难，甚至在此基础上的公益林管理、营造林、采伐设计等林业管理工作也会受到影响，从而制约林权制度配套改革工作的推进。同时，涉林产业越来越受到国家的重视，这就需要林业管理部门做好监督、指导、扶持工作，利用先进的手段为林业产业提供更优质的服务，以推动云南省林业产业的发展。

随着国家对生态建设的重视，同时也是现代林业发展的需要，林权管理及林业产业管理的信息化、数字化建设已经成为日益迫切的需求。

相关系统建设完成后，将形成对林权的综合服务和实时监管体系。这套系统投入使用后，可以对云南省林权信息进行动态监测、实现对林权交易的规范化管理。该系统通过互联网向社会公众开放，对于保护农民合法权益、活跃林权交易市场、减少林权纠纷、维护社会稳定具有重大的现实意义。

二、所获荣誉

2010年云南省深化集体林权制度改革领导小组办公室连续两次发文，专门指定“云南省林权管理地理信息系统”为云南省统一的林权登记及宗地管理软件。

2010年“云南省林权管理地理信息系统”的开发团队，被省政府授予省级林改先进集体称号。

第三十四章　宁波市森林消防指挥地理信息系统

宁波市经济发达，森林资源丰富，靠山吃山的局面逐步被打破，林中捡拾柴火等人为活动减少，林下枯枝落叶增多，杂草丛生；同时，封山育林成果显著，进山踏青旅游人员增加，这些都造成了林火隐患增多；近年来全球气候变暖，持续高温的天气增多，更加容易引起森林火灾的发生。森林火灾不仅烧死树木、破坏森林，同时还引起树种演替，降低森林利用价值。由于森林烧毁，造成林地裸露，失去森林涵养水源和保持水土的作用，容易发生水涝、干旱、山洪、泥石流等自然灾害，并直接威胁到林区设施和人员生命。另外，森林火灾会产生大量烟雾污染环境，造成持续的生态影响。

如何管好、保护好森林资源，预防森林火灾，及早发现火点，高效组织扑火力量，尽早扑灭林火，是林业主管部门一直在努力解决的问题。该项目的实施是数字林业的有机组成部分，将全面提升宁波市森林防火工作，同时也将大大推动宁波市数字林业工作。

森林火灾监测的需要。分析森林火灾发生原因，一是属于报警不及时，贻误扑火战机，扩大了火灾受灾面积；二是属于对火灾现场不了解，指挥不当，未能及时扑灭。为真正做到森林火灾“扑早、打小、灭了”，及时监测火情，了解火场现状是关键。建立的系统将解决上述问题：当系统接收到国家林火监测中心或局卫星接收器接收到的火点信息位置之后，可立即查询，指挥机构在第一时间通知火场所在的村，减少时间耽误；并根据扑救人员提供的扑救现况，随时将扑救方案下达给扑救人员；系统提供了地理信息(地形、地貌)及森林资源状况、交通条件等，能够为现场合理组织扑灭力量和确定扑灭方案；灾后，系统可快速定位、求算面积与灾情评估分析，及时提供案件现场依据，以利打击森林火灾的肇事者。

森林火灾预防的需要。系统可根据森林资源状况和火险等级落实防火隔离带、通讯网点、瞭望台建设规划，同时充分运用扑火组织、易燃易爆场所、通讯体系、防火带现场数据库制定扑火预案或规划。森林防火工作急需这样科学的监测和指挥耳目。

森林火灾扑救的需要。系统可根据火点定位模块对监测到的火点信息进行定位，落实到森林资源分布图中，察看森林资源分布、道路分布、水源分布、居民点分布以及地形状况，为扑火救援工作提供实际的基础信息，并查找一定范围内的隔离带分布情况、重点防火单位分布情况、扑火力量分布情况、扑火装备分布情况等有关信息，以更好地做出扑火方案。

林火信息发布的需要。Internet 的发展为森林资源和火场信息的共享提供了必要的条件，通过 WebGIS 的开发和应用实现系统信息发布功能，在 Internet 上发布森林资源以及与森林火灾有关的基础地理信息、带有空间特征的森林火灾专题信息，动态查询与显示地理空间和属性数据。“宁波市森林消防指挥地理信息系统”的实施，对实现林火信息的共享将发挥巨大的作用。

林业科技创新的需要。数字林业的建设，将为林业科学技术的跨越式发展提供强有力的信息支撑。同时，科学技术的发展也将不断丰富数字林业的内容和提高数字林业的服务能力。

宁波市森林消防指挥地理信息系统的建设工作，在 2002 年初开始启动，资金来源于宁波市财政支出。国家林业局华东林业调查规划设计院于 2003 年开始承担该项目的设计和实施；2004 年 12 月 5 日，《宁波市森林防火指挥信息系统设计方案》通过了宁波市林业局组织的专家评审；2004 年 12 月至 2005 年 8 月，国家林业局华东林业调查规划设计院按照设计方案的要求，进行宁波市森林消防指挥地理信息系统各项功能的开发；2005 年 8 月 22 日，系统在宁波市林业局安装调试完成，进入试运行阶段；2006 年 2 月 23 日，系统开始在宁波市森林防火指挥中心正式运行。

第一节 主要功能

系统根据其实现方式的不同，分为以 C/S 结构为依托的森林防火指挥部分和以 B/S 为依托的信息发布部分。

一、森林防火指挥系统

宁波市森林消防指挥地理信息系统划分为 4 个子系统，包括 13 个功能子模块。

（一）数据管理子系统

提供对林火相关数据的录入、维护、更新、查询等功能，分 5 个模块。

图件管理模块：与森林防火工作相关有诸多的专题数据，根据不同的应用，为了便于查询、展现、编辑，预先做好了“火险区划图”、“历史火点分布图”、“灭火队伍分布图”、“森林资源分布图”、“卫星遥感影像图”的专题图，通过本模块可以实现快速地调用和切换。

参数数据管理模块：根据灾后评估的需要，对林木的价格实现管理。林木的价格需要根据市场的变动而改变，提供了对林木价格的编辑、浏览、查询、存储的功能。

通讯录管理模块：实现对各防火指挥部通讯录、各乡镇指挥所通讯录、各乡镇林业干部通讯录的管理，以数据表的形式存放于数据库中。在防火指挥中可以快速查询到相关人员的手机、电话、通讯地址，以达到及时通知、尽早灭火的目的。

坐标转换模块：为了便于不同坐标系之间的坐标转化，专门开发此模块，根据用户的需要，选择相关的投影系统，输入相应的坐标，就可以得到新的投影系统下的坐标。

查询定位模块：可以通过防火物资储备库名称、地名、扑火队伍名称，在图面上快速定位，以便进行下一步的工作。

（二）火险预防子系统

本子系统由林火预报系统来实现。系统根据当时和未来的天气气象条件发布的一种林火危险等级和着火可能性大小的预报。林火的发生与天气有密切的关系，在可燃物、火源条件不便的情况下，天气因素是决定林火发生与否的首要因素。根据天气情况来确定林火火险等级是目前森林火险预报常用的方法。这个方法的核心是火险天气指标与火险等级的符合程度。

（三）扑火指挥子系统

扑火指挥子系统由火点精确定位、多点定位、火场资源配置、最短路径查找、森林林火模拟、指挥工具6个模块组成。

火点精确定位。在发现火警信号后，必须确定火点地理位置，进行火点定位，火点的地理坐标可以通过三种方式获得：

应用国家或省林火监测中心通过接收卫星遥感数据，经过必要的处理并配准之后，可以提取火点的经纬度。

村民报告火点定位。利用村民报告的森林火灾方位信息，采用前方交会方法可以在图上标出火点的位置。

通过现场巡护，由地面巡护人员的GPS取得火点的大地坐标。

火点定位模块可根据所提供的各种坐标或方位信息进行定位，落实到森林资源分布图中，可以察看森林资源分布、道路分布、水源分布、居民点分布以及地形状况，为扑火救援工作提供实际的基础信息。

多点定位。主要提供读入国家林业局林火监测中心提供的热点信息，根据需要可以对相应热点逐一定位。也可以手工输入多个热点坐标，进行查询定位。

火场资源配置。扑火队伍查询主要是根据火点的位置，查找一定范围内的扑火力量分布情况、扑火装备分布情况等有关信息。以图形方式直观地展现出来，充分发挥地理信息系统的功能，更加清楚地表现空间分布情况。

最短路径查找。最短路径查找实现两点间的最短路径查找，并报告相应道路的长度。系统通过建立道路的几何网络，调用几何网络的搜索功能查找最短路径。

森林林火模拟。森林火灾模拟根据风向、风速、地形、森林资源信息，针对森林火灾的特性，通过林火蔓延模型，模拟一定时间内林火的蔓延趋势，得出林火蔓延趋势图，为林火的扑救工作提供科学的预测信息。

指挥工具。防火指挥工具提供了风向、灭火机、二号工具、火点、消防车、摩托车等图标供防火指挥使用。用户可以根据系统提供的工具方便地制作出防火指挥图和兵力分布图等专业指挥图件。

(四)灾后评估子系统

森林火灾的规模及火灾破坏程度的估测和评定也是森林防火工作中的重要内容，系统提供了灾后评估模块。及时、全面和准确地进行森林火灾灾后评估，能使灾害管理工作者正确掌握有关森林火灾背景，现场破坏情景和灾害损失等各方面的信息。据此，可为决策部门提供可选择的辅助决策方案，制定恢复重建总体规划和单项计划的基础，为即将开展的灾后恢复和重建工作提供行为依据。亦可为研究林火灾害积累历史资料。

二、森林防火信息发布系统

森林防火信息发布系统划分为 5 个子系统，包括 11 个功能子模块。

(一)信息查询子系统

在宁波市森林资源二类调查空间数据和属性数据以及防火专题数据的基础上，实现森林资源地理信息在 Internet/Intranet 上发布和浏览。

图文资料查询模块。针对 Internet 网上普通用户设计，供普通用户查询宁波市林业局简介，包括：历史、现状、业绩、人员结构等非机密图文资料。

资源图件查询模块。针对市县林业系统或其他授权用户设计，为授权用户在 Internet/Intranet 网上提供了一个直观的查找县市、乡镇图件的接口。该功能在 ArcIMS 的扩展模块 ArcMAP Server 的基础上，结合 ArcSDE 开发。

防火专题查询模块。在 Internet 上查询通过卫星监测到的火点位置及火点所在地的装备及人员配置；查询 GIS 森林防火系统产生的中长期、短期天气火险预报和高火险天气警报、森林火险等级预报信息；查询具有空间分布的其他森林防火专题信息。

(二)分析定位子系统

坐标地名定位模块。根据用户输入的坐标或者地名，系统自动定位到相应的资源分布图，从而实现森林资源分布的快速定位和查询。

地形图图幅定位模块。根据用户输入的坐标，系统自动定位包含该点的地形图图幅号，并可根据用户的需要，将图幅号以 1:50 万、1:20 万、1:10 万、1:5 万、1:2.5 万和1:1万等不同的标准格式提供给用户，从而方便相应地形图图纸的检索和使用。

图上距离量测模块。在网上根据用户在地图上定义的线(可以包含多个线段)，系统自动给出线段距离和累计距离。用户可以设置距离显示的单位。

(三)用户交流子系统

为用户在网上建立一个技术交流和对系统进行反馈的空间，便于用户之间以及用户与开发设计人员之间的交流和沟通。

允许具有一定权限的用户发表通知(短文)，或者对其他用户提出的意见进行回应，以便用户在共享资源数据的同时，还能共享彼此的技术和经验，从而对更好地使用系统产生促进作用。

(四)用户管理子系统

对使用信息发布系统的用户实行集中管理，并分别不同的用户类型赋予不同的权限或角色，该功能在 Oracle 数据库系统用户管理的基础上开发。用户的严格管理可以保证在数据安全的基础上，充分共享森林资源信息。

用户注册管理模块。允许用户进行注册，以便获得注册用户的权限。对部分要求访问敏感信息的用户，还需要对其真实身份进行验证。对有恶意攻击行为或不良声誉的用户，系统管理员可以采取删除或锁定等操作，以保证站点的安全。

权限角色管理模块。对不同的用户设置不同的权限，通过角色的建立，可以对一批用户赋予同样的权限。站点上访问信息的范围以及功能模块的使用与用户权限直接关联。

(五)维护更新子系统

远程站点维护模块。该功能供信息发布系统管理员使用，管理员可以对站点的运行状态、数据的吞吐量等情况进行监控，如有异常可以及时采取措施，以保证站点的正常

运转。

本地动态更新模块。对数据的更新和编辑可以利用ArcInfo等系统在本地进行，数据更新后网络用户所看到的地图等信息自动动态更新，换言之，网络用户所看到的地图永远是最新的。系统管理员还可以在本地发布原站点上没有的新地图，实现站点的动态更新和扩充(图74)。

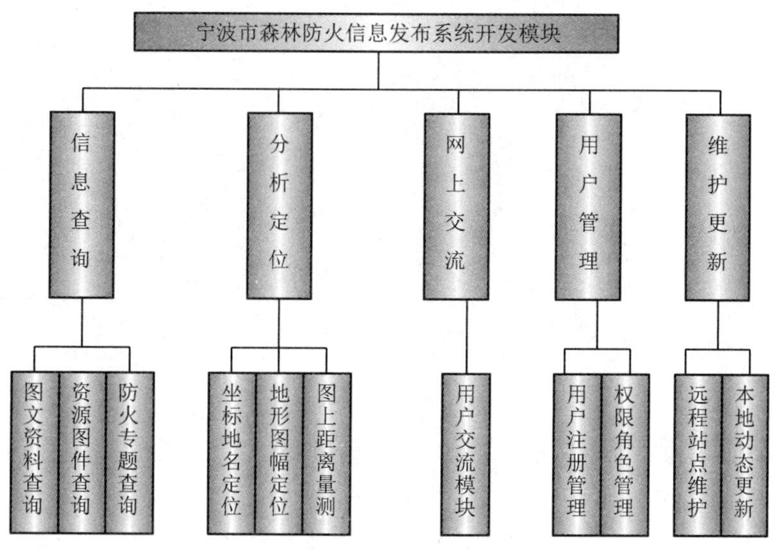

图74　网络发布系统功能划分结构图

三、系统的特性

宁波市森林消防指挥地理信息系统正式开始运行的时间是2006年2月23日，6年多来系统运行情况稳定良好，成果的可操作性强，表现在以下几个方面：

系统以ArcGIS为基础服务平台，采用了C/S与B/S相结合的模式，提供了火险预报、火点定位、指挥扑救、辅助决策、灾后评估等多种实用功能，界面友好，操作简便；依托金盾网发布森林资源以及与森林火灾有关的基础地理信息和森林火灾专题信息，性能稳定、安全可靠。

系统采用组件技术和WebGIS技术，保证了系统的可维护性、扩展性和先进性，并紧跟地理信息系统行业的发展趋势，系统在技术上先进。

系统的建成，有效地降低了地理信息系统使用的门槛，而且操作简洁、直观方便，使得宁波市区县林业主管部门基本不需要额外的投入，就能享受到网络地理信息系统带来的便利，为区县林业主管部门进行有关规划、设计和科学决策提供了技术平台(图75、图76)。

图 75　系统特性展示图

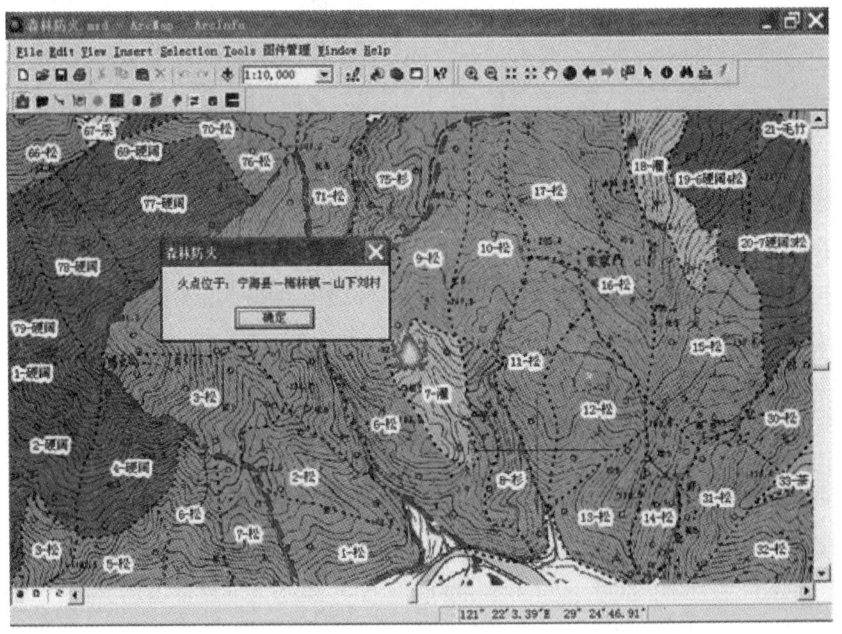

图 76　系统特性展示图

四、系统的关键技术特色

在数据需求与数据流分析的基础上，规划建立宁波林业 GIS 系统数据标准体系。重点建设数据的编码体系，在充分利用已有编码体系的基础上，结合实际需求与先进的数据编

码方法，确定数据编码体系。

系统的整体体系形成三层结构，即数据服务层、GIS 应用服务层和表现层。

系统采用 C/S 与 B/S 结构结合的方式、组件化的 GIS 软件技术，便于模块嵌入信息系统，赋予其 GIS 可视化功能，采用分布式组织结构，使应用系统的开发具有伸缩性、开放性、系列化和标准规范化的特征。

在软件集成上，采用 Oracle 数据库管理系统为数据管理平台，利用 ArcInfo 作为 GIS 应用服务平台，后台服务采用 ArcIMS 建立 WebGIS，进行系统的无缝集成，实现系统的各项功能。

在系统集成上，利用现行局域网和金盾网，搭建“宁波市森林消防指挥地理信息系统”平台。

在宁波市基础地理信息支持下，以森林资源调查数据、森林火灾等各项专题数据为基础，建立市、县两级森林资源空间数据库和属性数据库。

实现不同层次数据库间的数据传输和信息共享，为各级森林资源管理、林业工程管理和其他林业管理提供森林资源基础数据。

第二节　主要措施和经验

多次的交流与认真的需求分析是系统成功的重要保障，选择优秀的系统集成商及监理商是系统部署和顺利安装的可靠支撑。2006 年 6 月 22 日，系统通过了宁波市林业局组织的成果鉴定。鉴定委员会一致认为，该系统大大提升了宁波市森林防火工作水平，为 GIS 技术在森林防火系统的应用起了示范性作用，达到了国内先进水平。

系统的运行提高了预防森林火灾的能力，可以及早发现火点，高效组织扑火力量，尽早扑灭林火，从而有效减少火灾次数、减轻火灾损失；同时建立系统的信息发布能力，能够做到“信息服务社会化”。系统的运行已经产生了巨大的社会效益和经济效益。

本系统已经在宁波市森林防火指挥工作中得到了应用和检验，取得了良好的效果。总体上来讲，投入相对较少，而见效很快，基本上两年即可从直接经济效益上收回成本。由于系统采用 C/S 与 B/S 相结合的模式，除对于省、市级用户需要配备专业系统维护人员外，区县级用户基本不需要额外的投入就能享受到网络地理信息系统带来的便利，因而适宜于在基层大范围推广。

系统建成已有 6 年，在使用中也遇到了很多问题，积累了相关经验。比如：基础数据和地理信息系统软件没有得到及时更新、地理信息行业新的成果没有得到深入应用等，特别是矢量化地形图数据、高分辨率影像数据、DEM 高程数据等都没有得到很好的共享应用，而此类数据的应用将大大提高现有系统对森林资源情况及三维立体可视化呈现的支持，使指挥者、决策者能更直观地了解山形地貌、森林分布等静态信息，同时结合巡山护林队员 GPS 定位系统、森林资源远程视频监控系统、无人飞机火场侦测系统、扑救队员火场实时调度系统、火场气象要素感知系统等最新的技术与应用，使得火警位置、扑救队员分布、气象资料等动态信息都能实时、直观地呈现在指挥者、决策者眼前，做到森林火灾"预防、扑救、指挥一张图"，从而更有效地对森林火场进行排兵布阵和宏观指挥，实现以人为本、科学扑救的目标。

在系统的使用过程中，也深深感受到了统一规划、整合资源、促进共享的重要性，在市林业局信息化建设"十二五"发展规划中，也将其作为核心指导思想。相信，随着科学技术的不断进步和系统应用的不断深化，森林火灾的预警监测和扑救指挥将在"十二五"期间，有一个飞跃式的发展。

第三节　效益分析和所获荣誉

宁波市森林消防指挥地理信息系统在实际工作中的运行，提高了宁波市预防森林火灾的能力，可以尽早精确定位火点，高效组织扑火力量，为尽早扑灭林火提供保障，从而有效减少火灾次数、减轻火灾损失；同时系统的信息发布能力，能够做到"信息服务社会化"。系统的运行已经产生了巨大的社会效益和经济效益。系统运行 6 年多来，平均发生森林火灾次数和同期相比减少了 30%，平均每年减少直接经济损失 75 万元，平均每年减轻火灾损失折合人民币 45 万元。

系统获国家地理信息系统协会 2007 年地理信息系统优秀工程评选银奖。

第三十五章　黑龙江省森工林区伐区调查设计应用系统

伐区调查设计是组织林木生产、编制计划的依据，是一项重要的基础性工作。长期以来，龙江森工伐区调查工作主要是采用纸质林相图、地形图、调查卡片，数据资料都形成在纸图和表格上，不能满足全国森林资源数据库建设的要求；40 个林业局的调查设计工作，由于历史原因，设计标准不统一，各自为政，设计资料样式五花八门，在信息技术迅猛发展的今天，难以实现信息共享；而且内业工作量大、计算繁琐，人力物力消耗量大，急需通过高新技术的应用来改变滞后的调查方式，以符合当前龙江森工林区信息化建设不断向前发展的大趋势，符合现代林业发展的需求。黑龙江省第三森林调查规划设计院在认真落实科学发展观之际，将先进的科学技术与实际工作有机结合，开发建设了一套完整的、高效的伐区调查生产技术平台。

按照全国森林资源数据库建设规范，根据黑龙江省森工采伐设计管理的特点，利用地理信息和数据库技术，在掌上电脑中采用了嵌入式地理信息系统、嵌入式地图移动技术、移动定位技术、GPS 与掌上电脑的实时通信、高质量的遥感影像压缩技术、先进的数据查询和电子地图的快速显示技术等，解决了大数据量遥感影像在掌上电脑中显示的技术难题，保证了数据的实时性和地理位置的准确性，简化了工作流程，提高了调查精度，实现了伐区调查设计无纸化、标准化、图库一体化，实现了伐区管理的内外业一体化，是森林采伐工作方式的一大转变。

系统设计的完整性、可操作性、实用性、先进性是全国伐区调查技术史上的先例；系统的应用，实现了林区森林资源调查人员对新技术的渴盼，使黑龙江省森工伐区调查信息管理水平跻入全国先进行列，推动了林业资源生产与管理的现代化进程。

第一节　主要功能

一、系统的总体架构

系统构架分三层管理，分别为数据层、运行环境、应用层。

数据层。包括图形库和属性库。其中图形库包括全省森工 40 个林业局的林相图、地形图、遥感影像、经营区分布图、作业区分布图、作业小班分布图等等；属性库包括伐前测树因子、采伐测树因子、经理小班因子、作业小班因子等等。

运行环境。硬件设备：PDA 彩色触摸屏、内存 64M，SD CARD 128M，Pocketpc2003 CPU 312M，Pc 机 PⅢ以上 CPU，256M 以上内存，硬盘 20G 以上，显存 8M 以上，彩显；软件环境：PDA 操作系统 Wince3.0 及以上；PC 机操作系统：Windows98/me/2000/xp 及以上；数据库及技术平台、关系型数据库平台 Access，空间数据平台 Arcgis Engin Runtime。

应用层。构建在基础平台之上，实现系统的所有功能。包括林木采伐调查 PDA 和调查设计。其中林木采伐调查 PDA 包括踏查(伐区选置)、伐区区划、伐前抽样样点图绘制、伐前测树因子调查与计算、采伐测树因子调查与计算、林分因子和其他因子调查与记载、数检测、设计质量检查，调查设计包括设计报表、平面图制作、审查审核、历史数据管理、专题图管理、对比分析、多功能条件汇总等等。

二、林木采伐调查 PDA 功能

(一)任务管理

调查人员可以携带多份数据，调查作业时，根据所处位置，选择相应的数据打开即可以工作，任务管理模块，即负责管理这些不同的任务数据，其内容包括后台下发数据包的解开数据包、调查设计完成后的数据上传，以及任务属性的预览功能。

数据下载。PC 机上的后台中，包含资源数据、调查表格、数据字典、技术标准等数据，能通过后台的调查设计数据传输功能模块，将需要的地图和数据打包，供 PDA 使用。PDA 端得到数据后，需要一个解开数据包的过程，这个过程称作数据下载。数据下载之后，在 PDA 上就可以正常地使用地图并进行三类调查。

保存数据。外业调查作业过程中，一个任务可能需要多个时间段或长达数天的时间完成，在做完部分工作并需要暂停时，用户可以随时保存打开的数据，保存采集的图形数据和调查数据记录，并退出程序，下次启动后即可接着上次的任务进行作业。

数据上传。外业人员做完调查以后，需要对数据进行提交，提交的内容不包括下发的数据，只需要包括外业调查所得到的设计图形、注记、调查表信息。

数据属性。查看数据的坐标范围等信息。

数据同步。数据同步能通过导出导入的方式来完成。

（二）地图浏览

浏览工具。提供常用的放大、缩小、平移、1∶5000 显示、放大一倍、缩小一倍工具，供用户参考辅助使用。

地图定位。通过方便的定位方式，帮助用户快速获取当前地图位置。定位方式包括：GPS 打开，定位到当前位置；通过林相信息查询，定位到一个或多个经理小班；通过作业小班查询，定位到指定作业小班。

GPS 导航。打开 GPS 并打开导航以后，地图会以箭头方式实时显示外业人员当前在地图上的位置。

目标导航。协助用户到达目标地点，目标设置后，将进入 GPS 导航状态，同时状态栏会显示目标的距离与方位。导航方式包括：指定要导航到的目标的（X，Y）坐标位置；通过图上点击要到达的位置，作为导航目标；通过小班查询，指定小班作为导航目标。

到达提醒。通过设定提醒范围，在 GPS 移动到目标坐标的容差范围内，PDA 会提醒已经到达指定位置并突出显示提示，有以下几种表达方式，可组合显示：到达的目标突出显示；状态栏上显示已经抵达目标的名称；弹出提示框提示已经抵达指定目标；如果指定了为调查样圆的状态，到达后会自动弹出样圆信息录入窗口；声音提醒。

（三）数据查询

地图查询。对于矢量数据，可以查询地物的详细属性信息，可以进行小班信息查询，道路河流信息查询、等高线高程查询、其他带属性图层查询；对于栅格数据，可以从图上预先设置好的详细标注来查看信息。

林相信息查询。林相信息查询是通过设置过滤条件，对资源小班数据进行查询，将结果以记录列表形式显示，并对查询结果进行定位、导航，方便作业队员使用。

林班小班定位。提供一种快捷的林班、小班定位方式。

经营区查找。分类数据，是作业队员在伐区设置时最为关注的信息，提供此功能，方便用户查找。

作业小班查询。对已区划完的作业小班，通过过滤条件的设置，重新筛选出来，以利于继续调查、编辑、检查以及定位、导航等等。

长度面积查询。通用工具，通过点击要查询的线图形或面图形，弹出窗口显示该图形的长度或面积。线图形显示长度，面图形显示长度和面积。

长度面积量测。通用工具，通过在图上用触笔落点生成线图形，状态栏实时显示出图形的长度、闭合面积。

（四）伐区区划

工作方案。对于一个工作区包含多个小班的情况，为保证多组协同作业，特制定此工作方案。

作业区图形采集。利用 GPS 采集功能采集线图形，采集前可以切换采集类型，进入伐区区划模式。

作业小班构建。选中作业区内用于构建小班的所有线，执行小班构建命令后，将自动生成面状小班。其中悬挂点处理，提供节点聚合工具，可将范围内的多个线端点合到一个位置，以完成正确的构面操作。

小班定位点标注。系统提供小班定位点标注工具，使用本工具，点击小班标注位置的节点，本操作可以在任意时候进行，标志点不与小班作关联，即可以生成小班定位点。

图形属性录入。在采集图形后，需要为图形录入自身的属性，以作为与其他图形的区分。

（五）图形编辑

系统提供必要的实用的图形编辑工具，可以帮助用户对点、线、面等图形对象进行修改。

（六）样圆布设

以作业小班为单位，系统根据作业小班的小班面积、用户输入的抽样比和用户输入的样圆面积和间隔参数，并通过交互的方式将生成样圆分布，并自动编号。生成的样圆可通过整体移动或删除单样圆的方式进行调整。

（七）样带布设

系统提供布设样带的辅助计算和图形编辑工具，帮助用户手工设计样带。

样带面积计算与实时提示：自动计算当前样带的总长度、宽度，还需布设的长度，以及已采集面积百分比，并把结果提示显示在界面中，如果小班有多条样带，在计算时，会自动进行已有长度的累加。

（八）地图配置

图层显示与符号。

线符号：提供实线、点划线，可以设置线颜色，实线可以支持不同的线宽度，用于区

分不同的图形类型。

面符号：提供填充色或不填充形式的面符号。

点符号：定制一组点符号样式供选择使用。

样圆与样带显示。样圆(样带)的显示，包括标注显示开关，未调查样圆(样带)颜色设置，已调查样圆(样带)颜色设置。对于样圆，可以设置样圆标注的间隔，避免地图标注拥挤。

(九)调查因子录入

录入方式。系统提供图选录入、查询录入、新建录入三种途径来录入和查看小班的调查数据。对一个作业小班多个调查表，系统提供快捷菜单，方便进行各表间的切换。

因子录入。系统提供因子录入表有：基本信息、伐前测树因子、采伐测树因子、立地植被、幼树更新、林分因子、工程设计、更新设计。界面友好，人性化设计，完全采用窗口式录入，其中测树因子录入的同时，能时时为用户提供计算结果，方便用户参考决策使用。

(十)数据检查

数据完整性。检查每个作业小班是否有调查设计数据与之匹配。

数据合理性。以各字段的数据结构规定为依据进行检测。

自由语句检查。利用各录入表(表内与表间)各属性字段写入不同的语句(可为带逻辑关系的语句)，并附加错误描述作为检测依据，对需检测的录入表进行检测，检测结果(不合格)给予列表显示。

三、调查设计功能

调查设计管理系统通过与外业调查结合，实现 PDA 数据传输、数据查询编辑、数据汇总、设计图制作、系统维护等一系列功能。

(一)PDA 数据传输

调查地图配置。配置要输出的图层，可编辑图层以及带到 PDA 上的字段等信息(图 77)。

调查数据发送。系统可以将需要外业小队完成的调查设计区域范围内的背景资源数据、待采数据图层、待调查数据表以及数据字典、工作环境配置等等信息以任务分派的方式，将任务数据打包并提供给 PDA 到外业使用。数据可以按林场为单位发送，也可以自定义数据范围，指定地理范围发送。

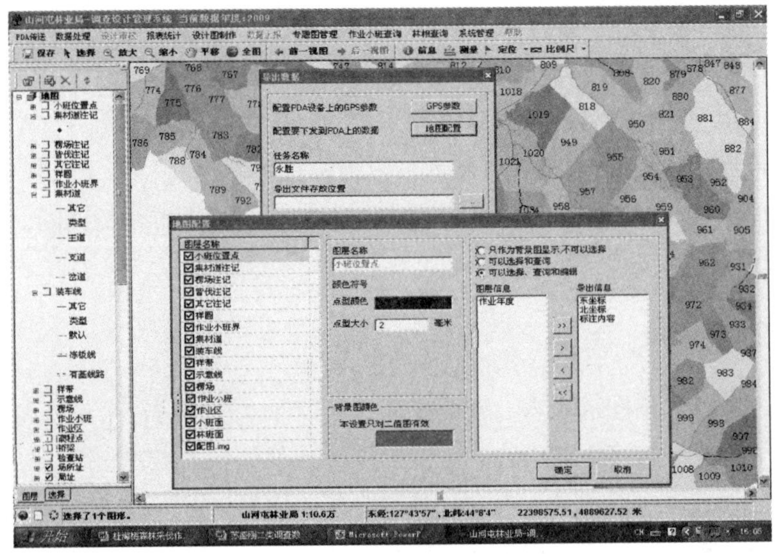

图 77　导出数据前配置图

调查数据接收。当外业小队完成了外业调查设计任务后，可以将调查设计数据回传到后台系统中，系统可以完整地接收该调查设计数据，并在接收数据的过程中自动检查数据的完整性和有效性。

(二)基本功能

地图的基本操作。地图浏览包括缩放、平移、放大、缩小、平移、全屏、长度量测、书签、鹰眼、刷新地图等。地图选择包括条件选择、线选择、多边形选择、圆形选择。以上都是基于底层平台的地理信息基本功能，这里就不再赘述了。

地图管理。地图数据是分年度管理的，创建年度后，即可以进行这一年度的数据录入、编辑、出图等工作。地图数据包括专题数据、资源数据和其他数据。

图库互查功能。基于 SQL 语句，提供快捷方便的查询方式，实现林相信息、地形信息、作业小班信息的图形及属性库的互查互动，方便用户完成特定的功能。

(三)数据汇总与分析

查询到需要汇总的小班，汇制各种业务报表，通过网络存储到森林资源数据库或送往打印机打印。通过饼状图、柱状图、图表对各类数据进行不同层面的数据分析(图 78)。

(四)设计平面图制作

制图模板。模板是将制图中会重复使用的制图对象作为模板存放起来，每次进行制图输出时即调用模板，将选择的作业小班相关信息套入模板，以提高制图的效率，减少重复工作量。

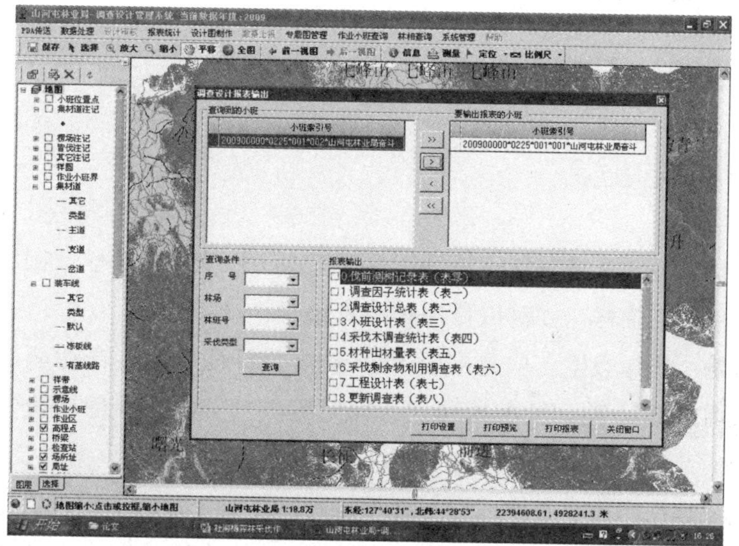

图 78　各汇总报表图

制图数据提取。设计图的数据来源于同一年度一个林班内，一个作业区里相同采伐方式的小班，用户通过小班查询，查到将要制图的小班，此时数据提取会将作业区数据和示意图所需数据提取出来，供制图使用。

制图工具。

制图页面工具：提供页面制图状态下使用的工具，包括页面放大、页面缩小、页面漫游、页面全屏显示、页面固定比例缩小、页面固定比例放大、页面按 1∶1 显示、页面量测工具等。

制图元素工具：提供点符号库、线符号库、面符号库、文字符号库，基于数据底图，添加整饰图形和文本；同时通过元素选择、元素组合、旋转与对称等编辑工具可以进行设置和调整。

图例生成。通过选择要生成图例的图层，指定需要输出的图例项，设置图例间隔等参数信息，系统会自动生成图例表并添加到制图页面。

保存与输出。配置好的平面图，系统可以以作业小班五要素命名保存起来，供下次调阅，也可以输出为栅格文件或直接传送打印机输出。

四、审查、审核功能

对调查设计资料进行不同方法的审查，并将审查结果以直观的方式显示出来，并支持将审查结果输出至打印机。审查方法包括：审查内容包括采伐类型、采伐方式是否合理；使用历史数据对回头采伐作业地块进行审查；按照调查设计技术标准对调查设计进行审查，用户可以选择指定的审查方案对调查设计进行审查；按照用户录入的年度采伐限额对调查设计进行审核。对在调查设计审查中使用的技术标准进行设置，该标准可以从文件中导入，也可以将修改后的标准以文件形式保存。

五、质量检查功能

质检小班抽样。系统支持对待质检设计小班根据用户输入的抽样比例以及其他抽样参数进行自动或者半自动抽样，并可以将抽样结果保存。

质检数据传输。质检数据传输是针对 PDA 调查设计质检的专项功能，它提供质检数据在后台系统与前端 PDA 之间的数据传递，同时完成部分数据验证功能。系统可以将需要到外业完成的设计质检区域范围内的背景资源数据、调查设计数据以及待采数据图层、待调查数据表以及数据字典、工作环境配置等信息以任务分派的方式，将任务数据打包并提供给 PDA 到外业进行质检使用。当完成了外业设计质检任务后，可以将质检数据回传到后台系统中，系统可以完整地接收该设计质检数据，并在接收数据的过程中自动检查数据的完整性和有效性，以保证接收的数据是完整和有效的。

质检数据处理。对接收回的设计质量检查或作业质量检查数据，实现方便查询与编辑。

质检结果输出。将质检结果与原设计或调查数据对比，产生质量检查报表，打印输出同时存储到森林资源数据库。

六、数据维护

(一)字典管理

用户可以对各个调查表建立数据字典，同时对已经建立的数据字典进行增加、修改、删除等维护工作。

(二)系统环境设置

龙江森工 40 个局各项参数存在差异，通过使用单位的注册，系统可以自动地获取本单位使用的各种计算参数，如材积表、材种出材率表、分类经营表等，作为信息查询、调查表填写以及参数提取的依据。对使用单位的各林场单位名称、材积表、材种出材率表、分类经营区表、剩余物利用系数以及调查因子参数等进行设置，各项参数的设置均可以导出成文件，供其他系统使用，也可以从已有的参数文件导入，来更新本系统参数。

系统自定义。提供配置工具，根据各个林业局的工作差异，对系统做不同的配置，使后台和 PDA 上的界面和菜单有相应的变化，以满足不同的应用。包括区划界线类型定义、

符号的类型与名称定义、抽样类型定义等。

GIS 数据配置。系统可以配置涵盖整个森林伐区内的基础地形数据和森林资源数据，以及配置与采伐作业设计、设计质量检查相关的图层，其中，设计质量检查相关的数据将被系统分发到 PDA 终端，并由 PDA 采集相应数据后传回系统。系统正确完整的 GIS 数据配置为 MIS 功能和 GIS 功能相结合提供有效的数据基础。GIS 功能为用户提供多样化的信息互查与可视化表现方式。

数据备份。为防止数据丢失并提高计算机的性能，各类数据在各流程使用中采取时时安全备份机制，以数据库文件的方式备份。

第二节 主要措施和经验

一、主要措施

在《系统建设方案》、《系统实施方案》的统领下，系统的建设历经以下阶段。

系统需求调研。先后调研的单位有伊春林管局的红星、桃山林业局，合江林管局的鹤北、清河林业局，牡丹江林管局的林口、八面通林业局，松花江林管局的山河屯林业局两次到达，为系统的建设做好了充分准备。

系统需求分析。形成《系统业务需求规格说明书》。

系统概要设计。形成了《系统概要设计说明书》。

系统详细设计。形成《系统设计说明书》。

系统编码。系统各功能模块软件开发。

系统测试。软件测试、调试与完善。

试点林业局试运行。山河屯林业局试运行 3 年，沾河林业局试运行 1 年。

数据规范。既有小班调查因子数据，又有地界采集数据，还有遥感林相地形背景影像数据，归结为空间数据、属性数据和栅格数据，形成《数据编码技术规范》，《数据库建设技术规范》。

数据加工。完成黑龙江森工林区 40 个林业局地形图、林相图等矢量数据的加工。

系统集成。各个系统进行集成联调。

系统评审。由国家林业局、黑龙江省森林工业总局、东北林业大学组成专家组对系统进行评审鉴定。

系统验收。验收队伍分别到达山河屯林业局、苇河林业局、亚布力林业局进行了实地验证。

系统应用、维护与技术支持。系统应用于全省森工林区 40 个林业局、4 个林管局、省森林资源管理局，主要采取电话、网络、现地指导的方式进行技术支持。

二、建设经验

系统的建设必须遵守以下原则。

方便性、实用性。系统的建立，首先考虑方便性、实用性的原则。既要考虑实际生产的规则和习惯，又要考虑基层单位操作员的整体能力。所以系统的建立，既要符合实际生产的要求，具有强大的功能，又要简单易懂，便于用户操作，使系统真正服务于生产，方便于基层。

先进性。在深入研究当今“3S”技术及相关科技发展状况的基础上，采用相对先进的和成熟的技术方案。嵌入式 GIS 平台，采用自主研发的平台，PC 机和数据库技术，都采用当前的主流技术实现。

开放性。采用大型通用的数据库管理平台，标准的空间数据模型，能提供良好的数据交换能力，以利于数据共享和系统集成。

可扩展性。在系统建设过程中应充分考虑其可扩展性，为数据库的内容扩充、数据增长、数据更新和功能增强预留足够的发展空间。同时考虑业务发生变化后，系统能够采取比较渐变的方式，实现功能的扩展。

检索和管理的高效性。数据的管理与提供是系统的重点，因此检索和管理的高效性原则是进行技术设计时考虑的一个主要因素。

标准化。标准化是实现数据和资源共享、二次开发、专题应用的重要前提。在系统设计和实施过程中，要参照已有的标准和系统的具体情况，对系统内部各个环节提出相应的标准化原则和要求，制定并贯彻相关的标准，实现系统资源和数据资源的标准化。

第三节　效益分析和所获荣誉

一、效益分析

调查精度提高。传统调查方式中罗盘导线测量、三次数据转绘、手工计算、手工平差等每个工作环节，都会带来人工误差，导致调查设计结果偏差较大。新的调查方式采用先进的 GPS 技术，依托于掌上电脑、计算机和打印机，避免了人为干预，实现了调查转绘零误差。

劳动力减少。可以节省传统作业方式劳动力的 50%。目前 1 个小队 2 人，只需 1 名具有掌上电脑应用能力的新手即可。传统的调查方式中，内业机构设有透图员、晒图员、计

算员、转绘员、数据录入员等等，人员机构多，内业量巨大；新的调查方式，功能与业务结合紧密，实现了“区划、布点、测树、建库一条龙”，实现了调查图表成果自动生成。

劳动强度降低。传统的调查方式，受罗盘导线只能记载相对位置的制约，调查员行走的所有路线要在山场上靠人工做标记，付出了森调人太多的辛劳和汗水；新的调查方式，GPS 时时定位技术的应用，使森调人得以彻底解放。

节约费用支出。三类调查的工期长、任务量大，传统的调查方式中，使用设备简陋，包括罗盘、米绳、计算器、求积仪、晒图机、硫酸纸、方格纸、各种表格、各种计算用表等等，磨损快、更新频繁，还需要付出大量的人工费用；新的调查方式的使用，每局每年人力、物力、财力累计节约费用约 260 万元。

森调队伍素质提高。系统所采用的地理信息技术、数据库技术都是目前业内主流技术，在全国同行业中处于领先水平，森调队员通过对系统的使用、认识和认知，可大大提高思想文化素质。

三类调查设计数字化。系统将先进的科学技术与实际工作有机结合，保证了数据的实时性和地理位置的准确性，简化了工作流程，提高了调查精度，实现了三类调查设计无纸化、内外业一体化，实现了森林采伐全过程、全方位信息化管理，是森林采伐工作方式的一大转变。系统的应用，对三类调查设计工作是一个推动，使三类调查设计登上一个新台阶，向科学化、规范化、数字化方向迈进，具有良好的应用价值。

社会效益。项目的建设，是黑龙江省森工认真落实科学发展观的具体体现，将科技成果转化成为生产力，实现了林区森调人对新技术的渴盼，是森工林区调查工作方式的一次革命性转折，推动了林业资源生产与管理的现代化进程。

二、所获荣誉

2009 年 12 月 27 日，黑龙江省森工总局主持召开“黑龙江省森工林区伐区调查设计应用系统”项目鉴定会。鉴定结论：该项研究立项思路清晰、技术路线合理、研究方法科学，研究成果总体达到了国内同类研究的领先水平。建议：在黑龙江省森工林区全面推广应用。

2010 年 3 月 4 日，系统荣获黑龙江省森工总局科技进步一等奖。

2011 年，黑龙江省森工总局批准项目为推广示范项目。

第三十六章　大兴安岭视频会议系统

大兴安岭林业集团公司视频会议系统始建于 2001 年，是在国内政府行业较早实施和投入应用的视频会议系统之一，系统的使用提高了大兴安岭地区的行政办公效率，节约了巨大的会议经费开支，节省了浪费在路途之中的宝贵时间，在召开会议、森林防火指挥调度、处置应急突发事件中发挥了重大的作用。视频会议系统成为大兴安岭林区政务信息化建设不可缺少的骨干系统，并为林区经济和社会事业提供了高效、便捷的服务。本系统经历了三个阶段：

第一阶段：2001 年 12 月至 2004 年 9 月，MCU 采用的设备是中国中太数据的 PenteView6180 产品，主会场分别选用以色列 VCON 公司的 MediaConnect8001 终端设备，12 个分会场采用以色列 VCON 公司 Escort－25 视频会议卡。通过简单的设备与 PC 机的组合在 2M 带宽的网络上实现音视频的传输。

第二阶段：2004 年 9 月至 2011 年 11 月，MCU 采用的设备是中国中太数据的 PenteView6180 产品，主会场和分会场采用美国视讯公司的 VISTA VX 终端设备。通过国际品牌稳定设备在 8M 带宽的网络上实现标清的音视频会议传输、流媒体广播和远程培训等应用。

第三阶段：2011 年 11 月至今，MCU 采用的设备是 POLYCOM 的 RMX518 产品，主会场和分会场采用 POLYCOM 的 HDX7000 系列终端设备。通过成熟的高清视频技术在 12M 带宽的网络上实现纯高清的音视频会议传输、多媒体传送、双流应用和远程培训等应用。

目前，大兴安岭视频会议系统是基于覆盖全区电子政务网络系统通过 IP 协议的方式实现的，视频会议系统所使用的终端包括美国视讯公司和 POLYCOM 公司的产品，核心设备 MCU（多点控制单元）采用 POLYCOM 公司生产的支持 H.323 框架协议，集图像、声音、数据、控制等媒体功能于一体的企业级多媒体交互平台 RMX500 系列产品。视频符合 H.261、H.263、H.263＋、H.264 协议标准，音频符合 G.711a/u、G.722、G.728、G.722.1 Annex C/Siren14、G.719、Siren22 协议标准，通信控制支持 H.225，H.245，

H.235 AES/DES 协议，多点会议支持 H.243 协议，所有终端设备和会议操作可以通过网闸(GK)来管理，并且是应用成熟的、经受过多年实际应用检验的系统。

第一节　主要功能

一、视频会议应用简介

大兴安岭视频会议系统建成于 2001 年末并投入应用，是黑龙江省、国家林业局和森工集团中最早建设该系统的单位，经过 10 年多的摸索、实践、发展、完善，视频会议系统已经成为全区在信息化建设方面最早建成投入使用、实际应用最多、稳定性最好、经济和社会效益最优、功能比较完善的应用系统，形成了全区成熟的技术与应用系统，并培养出了一批优秀的、熟练掌握专业音视频技术的技术人员。

二、系统运行环境

MCU。配置一台 POLYCOM RMX518MCU，RMX518 具有两个 LAN 口，其中一个 LAN 口配置为省政务外网的 IP 地址，另一个 LAN 口配置为行署、林业集团公司、国家林业局内网 IP 地址，这样既可以实现与黑龙江省政府视频会议系统主 MCU 的级联和全区各分会场的会议服务，又能够与国家林业局视频会议系统的主 MCU 级联或接受国家林业局召开的全国林业系统视频会议并同时延伸到所属的县、区、林业局和直属企业。

视频终端。各会场选择了 HDX7000 系列高清视频终端，支持22kHz 的 Siren 22 立体声音频技术、支持 H.239 双流、支持 H.460 协议，具备中文界面、支持中文 Web 界面。HDX7000 适合中大型会议室应用，具备丰富的音视频接口和控制接口，可以方便地与各类会议室辅助设备结合。

网络状况。视频会议即视频 + 音频的通信系统，在这个基础上添加一些辅助功能，比如电子白板、屏幕共享、双流发送、文件上传等。大兴安岭视频会议系统依托于政务外网建设，政务外网与各县、区、林业局间的带宽为 12M DDN 捆绑电路，与国家林业局带宽为 2M SDH 电路，与省政府之间采取 ATM155 方式连接。

附属设备。视频会议系统需要一些附属设备才能够实现现实应用中的具体应用需求和操作的灵活简便，通常用到的附属设备包括大屏幕投影仪、高清显示设备、调音与功放设备、会议麦克、摄像机、DVD 播放机、录像机、中控系统、矩阵系统、特技切换系统、计算机监视系统等。

三、系统的体系结构

大兴安岭视频会议系统包括4个主会场和14个分会场，目前根据通信网络结构采用星形拓扑连接，MCU放置在行署林业集团公司中心机房内，各个分会场通过政务外网与主MCU相连，建立起多点视频会议系统。MCU采用的是POLYCOM的RMX518产品，4个主会场选用POLYCOM的HDX7000－1080终端设备，14个分会场选用POLYCOM的HDX7000－720终端设备。中心会场控制系统采用的是美国AMX中控设备系统来控制多个视频矩阵和VGA矩阵，视频矩阵和VGA矩阵输入接各种视频信号源，输出至各种显示设备，高清液晶电视、大屏幕投影仪、等离子拼接显示屏等设备；输入主会场视频终端的视频信号由高清摄像机和多个标清信号源组成，通过导播台选出一路信号送入视频终端，传送到远端会场，保证随时可传送高质量的视频信号。同时可以通过流媒体服务器向局域网内部的计算机即时传送会议实况(图79)。

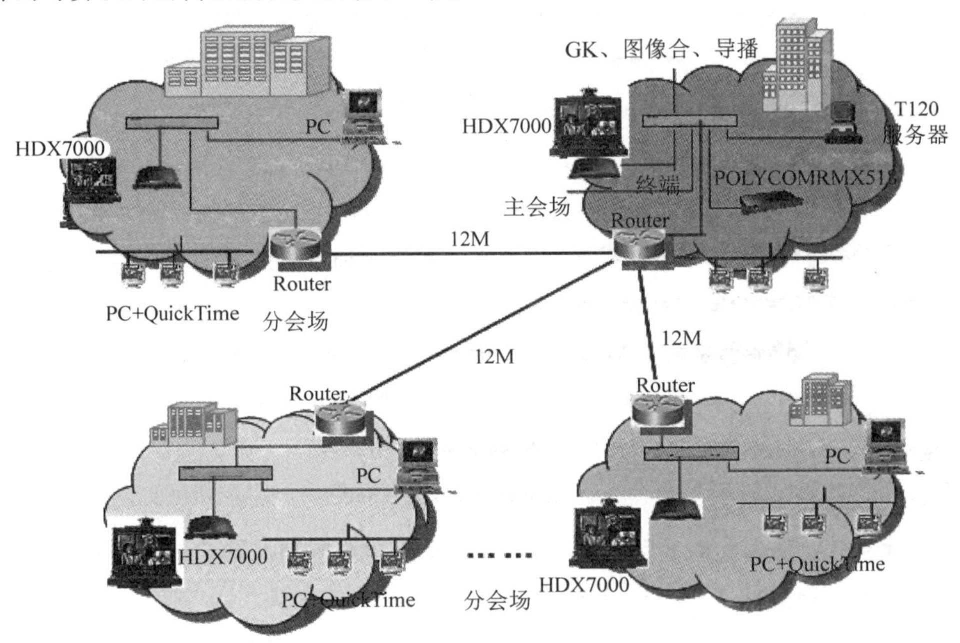

图79　大兴安岭林业集团视频会议系统结构图

四、系统功能

(一)网络纠错机制

在IP视频通话中，即使是少量的网络错误或丢包也会对使用效果造成明显的影响。用更高通话速率通常需要支持更高的视频分辨率，则使这一问题显得更为突出。大兴安岭

视频会议系统应用了POLYCOM公司的LPR(或称丢包恢复)算法，可以使视频会议系统中IP视频通话免受网络丢包的影响，LPR采用前向纠错(FEC)方法，这是一种差错恢复方法，由发送方系统为发出的数据流添加冗余数据，使接收方系统可以侦测并纠正错误，而无需请求发送方系统重新传送丢失的信息。这种无需等待网络传送就可进行纠错的能力，使得FEC非常适合于实时通信，如电视广播、IP电话以及IP视频会商。

LPR所带来的五大好处：

丢包保护。LPR使用户可以在误码率较高的IP网络上(DSL、有线、卫星、高冲突LAN/WAN等)进行高质量的视频通话，而无需忍受丢包带来的影响。

临时性网络问题补偿。通过对正在进行通话的码率进行临时调整，LPR可以保护视频通话免受短时网络问题的影响。一旦网络问题解决，LPR会自动将码率回调到最高水平(根据发起通话速率或当前的带宽可用性)。

降低延迟。通过允许接收方系统实时重建和恢复丢失的数据，LPR排除了接收方系统需要等待可能丢失的、延迟的或混乱信息的需求。反过来，也减少了动态抖动缓冲区空间以及相关的延时。

提高资源效率。LPR使一个企业或组织可以将所有可用带宽用于视频通话。用户可以在理想的呼叫速率下方便地通话，并且LPR可以自动调整码率，以利用全部可用带宽。这对于在容量不断变化的网络链路上(共享链路、高度拥堵链路)通话具有特殊的价值。

对媒体的全面保护。LPR保护包括视频会商通话的所有元素：语音、视频及内容。

(二)中文字幕及电子横幅

POLYCOM MCU支持中文字幕、滚动字幕和电子横幅显示。通过视频会议管理人员对即时召开的会议进行辅助的功能操作，可以根据不同地区的会场按照当地名称或机构名称命名。同时，在会议进行中如需发送其他信息消息至分支机构也可通过滚动字幕的方式，把信息发送至远端。当会议召开紧急会议时，行政人员无法及时对会议室中使用的横幅标语进行制作，则可以通过MCU的电子横幅功能来解决。

(三)双显仿真

POLYCOM高清视频终端能够根据连接速率和应用环境特点，自动选择最佳的视频算法，取得帧速率、图像分辨率和画面质量的平衡，从而保证在任何给定速率下都能拥有最佳的整体视频图像质量。双显仿真是在一个显示设备的两个不同视窗中同时显示远端会场图像和本地会场图像，适合在只有一个显示设备的会场中使用。当召开双流会议时，分别显示高清晰PC信号、远端会场图像。

模拟双显支持4:3和16:9两种显示方式，满足普通显示设备和宽屏显示设备的要求，方便用户根据会场情况选择信号的输出方式。

五、会议功能

（一）终端点对点视频会议

根据视频会议系统网络架构，会议系统上级任何一台终端，都可以直接呼叫系统中的另一台终端，建立双向连接，进行会议和交流。在点对点会议下，可以实现 25 帧动态效果，音频质量达到超 CD 水平。

（二）多点视频会议

POLYCOM RMX518 MCU 安装在中心节点，它可以适应多种网络环境，统一由视频会议管理员通过 Web 控制实现管理，方便了系统管理员对整个视频会议系统的管理，可以组建中心点和分支单位所有会议终端的实时会议。多点会议是视频会议系统的主要应用形式之一，这种会议需要 MCU 和各地的终端配合完成。这种会议参与会场较多，参会人数也较多，视频会议系统最主要的应用形式就是多点视频会议。

（三）多组多点视频会议

根据各个职能部门的会议需求，视频会议系统可以实现多组多点视频会议的并发召开，同时召开会议的数量不受限制。由系统的 MCU 负责进行会议资源的规划，各个职能部门间的会议互不影响。视频会议管理员可以对每个会议进行单独的控制和管理。根据会议过程中的要求，可以将任意两个或多会议进行级连，并组建成一个大会。不同职能部门的会议可以在不中断的情况下，组建在一起，构成一个全体大会。

（四）多分屏视频会议

POLYCOM RMX518 MCU 支持标准的多分屏，可在会议进行中任意选择和更改分屏显示模式，分屏中每个窗口的图像可以是指定的，也可以是自动语音激励切换，可以支持高清视频的多分屏处理，最高可实现高清 1080P 分屏显示方式，并且在会议过程中，任意切换分屏显示方式。

（五）混合视频会议

POLYCOM RMX518 MCU 支持高清与标清协议混合开会，具备多网络接入能力，具备语音与视频的混合能力，具备多种协议、多种速率、多种编码的混合兼容，既可以在同一会议中实现也可以在多个并发的会议中实现。

(六)双流数据协作会议

POLYCOM MCU 全面支持 ITU-T 的 H. 239 双流协议。HDX7000 系列视频终端全面支持 H. 239 双流技术，采用 1080P 图像清晰度传送人物视频，通过第二路电脑输入 XGA(1024 × 768）格式传送内容，实现多方、级连视频会议下数据内容共享功能。

它采用硬件处理的方式，用户直接将笔记本电脑或 PC 机连接在设备的 VGA 接口上。同时终端设备提供了 VGA 接口和音频输入接口，将图像和声音同时输入。并且 H. 239 双流技术是可以通过多级 MCU 级联的，并且支持所有网络类型，在 MCU 的支持下，可以召开全网 H. 239 双流会议，所有节点的设备均可以接收两路视频图像。

六、安全管理

RMX518 MCU 的 Web 操作管理页面支持三级密码权限保护，使用不同的用户名和密码获得不同的使用权限。终端还可以根据实际需要关闭 SNMP、TELNET、Web、FTP 服务，禁止远程的访问。MCU 和终端具有多种灵活的调试诊断机制。

(一)认证管理

会议口令。与会者若想参加会议必须提供口令。

身份验证。要求把与会者的名单提供给会议的组织者(视频会议管理员)。如果会议组织者发现某个不能识别的与会人，可以向其提出口头认证要求。

开除/邀请。会议组织者可以从电话上开除不需要或是无授权的与会者，如果组织者想要邀请某人加入会议，也可通过使用邀请功能来实现。

(二)数据加密

视频会议系统不以纯文本的形式发送会议内容。为了保证最大的安全性，采用 128 位的加密码给会议内容加密，防止传输过程中对于数据的非法访问。

(三)安全措施

会议的组织者可加强会议安全，即限制与会者的使用权限，只有那些主持人认为可以共享的权限，才能被与会者使用，与会者将无法使用未经许可的权限。

主持人有着比与会者都高的权限，这些权限包括：

禁止某人发言，同时禁止视频传输。

保存或打印任何发言或会议中共享的文件。

传递页(看前页或后页)。

批注文件、发言、Web 页或共享软件。

发送文本信息给其他与会者、主持人(或全部)。

查看与会者名单。

授予主持人权限。

七、会议管理

(一)多点会议的召开方式

在会议开始前确定参加会议的会场，非定义的与会者不允许加入会议，会议召开时可以呼入或呼出连接与会者，可为会议加锁，禁止任意终端加入会议。

可以立即召开会议。

可建立会议模板，从会议模板启动会议。

可预约会议，到预约时间该预约会议可自动启动。

预约会议可设置成例会方式，即按每周或每月同一时间启动该会议。

终端自动加入预约的会议。

召开主会场终端创建的多点会议。

(二)多点会议的控制方式

视频会议系统具备丰富的会议控制和管理手段，可以根据不同会议的需要，选择最适应的控制方式。

(三)语音激励控制方式

在一个多点会议中，当同时有多个会场要求发言时，MCU 实时对多点输入的语音进行比较，选择音量最强的发言者的图像、声音信号传送到其他会场。为了避免不必要的干扰引起的画面切换，POLYCOM RMX 具备声音切换时间间隔设置，时间间隔可调。

(四)导演控制方式

导演控制方式也称主席控制方式，将会议节点分为主会场和分会场，主会场具备最高的控制权，可以完成如下视频任务：

广播主席，使各分会场观看主席的图像；

广播任意一个会场，使所有的点观看其图像；

主席轮巡：主席依次观看各个分会场的图像；

开启、关闭各个终端的声音；

开启、关闭各个终端的视频图像。

（五）演讲者控制方式

具备独特的演讲者模式，演讲者模式可以使所有分会场观看主会场(演讲者)画面，而主会场可指定观看任一分会场画面，或自动轮巡观看各分会场画面，或观看通过语音激励切换的任一分会场画面，或观看多个分会场的分屏画面。

"演讲者"可以看其他多个会场组成的多分屏画面，其他与会者只能看到"演讲者"的大画面。"演讲者"可以看其他单个会场的全屏图像，其他与会者只能看到"演讲者"的大画面。"演讲者"看到的全屏图像可以通过管理员的操作制定为任意分会场，可以通过轮巡的方式，定时切换观看其他会场，可以通过语音激励的方式观看其他发言的各个分会场。

（六）与会者控制会议模式

视频会议管理员可以自己按树状结构定义整个组织机构，并且可以方便地自己定义权限角色，对用户进行权限管理。会议管理员可以方便灵活建立各种会议室，并且可以按照组织机构，添加自己的会议成员。通过用户和密码识别进入会议室的身份。

第二节　主要措施和经验

一、网络基础建设

网络是视频会议系统应用的基础，在电子政务网络建设上实行"适当超前"的思路，遵循"统一规划设计、统一技术标准、统一设备选型、统一公用平台"的标准，建成了主干网络以千兆光纤为主，对上与省政府和国家林业局采用的是ATM155和2兆专线相连；对下与县、区、林业局采用了12M带宽(6条2兆专线捆绑)相连，横向与中省直机关、地林直机关采用千兆光纤连接。该网络系统稳定可靠、性能优秀，并且能够综合考虑到该网的中长期发展计划。该网络为高清视频会议系统提供了优秀的应用基础平台，视频会议系统在稳定网络和充足的带宽保证下实现了最佳的应用效果。

二、核心设备选型

视频会议系统核心设备的选型是最重要的一项工作，要选用兼容性好、符合行业标准、技术领先、大品牌、质量好、性价比高的产品，系统采用行业技术领先的POLYCOM RMX 518高清MCU、HDX7000系列高清终端与专业会议音响系统、高清视频会议摄像机、

AMX 智能中控系统、矩阵系统的完美配合，实现了丰富多彩的应用功能，充分满足在党政视频会议应用方面的需求。

三、附属音频设备选用

视频会议系统是向参与人员展示视频与音频的完美结合，只有好的视频画面，没有清晰、动听的音频与之配合也不可能成为优秀的视频会议系统。因此音响系统采用了高品质的 BOSCH 数字会议主机系统、声艺调音台系统、百威的数字音频处理器和功放音箱等设备，使会场的音响效果达到最佳。

四、会场设计

大兴安岭视频会议系统采用分级式。

主会场：由主会场主席发起会议并且控制其他分会场显示图像和发言。主会场按照大会议室级别实施装修和布置。

分会场：由主会场的主席控制。分会场可按照大会议室级别实施装修和布置，也可按照桌面型会议装修和布置。

会场内要尽量避免使用自然光，同时还要保证充足照度，平均照度不低于 800lx，要求选用 3200lx 的三基色的光源进行照明，墙壁、天棚、窗帘、地面的装修要考虑使用吸引材料，供电电源采用 UPS 供电，并且进行专业接地，线材等要使用符合国家标准的专业线缆和接插件，同时线缆铺设要有施工图纸，以备以后的维护和检修。

五、供货商的选择

视频会议系统设备供应商必须具有相关的资质和行业经验，能提供全方位的服务，当设备出现问题时，供应商要有快速反应能力，维护工程师要迅速到达现场进行系统设备抢修和排查解决问题，并对所供应设备做好备用设备的准备工作，及时调配应急设备到达现场。

第三节　效益分析和所获荣誉

大兴安岭地区地域广阔，视频会议系统是一种现代化召开会议的多快好省的方法，它可使上级文件内容即时下达，使下级与会者面对面地讨论和深刻领会上级精神，使上级指示及时得到贯彻执行。

视频会议系统的应用可以减少差旅费用、差旅时间，减少会务费用、会务时间、娱乐开销，提高沟通效率，解决电话、文字等传统沟通方式信息传达不足的问题，缩短各类事件决策周期，保障信息传递的实时性、准确可靠性，充分利用现有网络线路资源，解决网络增值应用问题。

截至2011年末，10年间全区利用视频会议系统召开各类会议820余次。

与利用普通方式办会比较。会议主办单位会务费、接待费(按照小型会议计算)：10000元/次；参会单位食宿、交通、补助等费用(14个县区林业局及直属企业单位，2人/单位,往返2天)：400元×2人×2天×14个单位=22400元；10000元+22400元=32400元(每次会议)×820次=2656.8万元；即：10年来，如果采取普通会议方式(将基层人员召集到一起开会)至少需要2700万元，而实际视频会议系统的累计投资大约800万元，而且包括2011年末设备更新的投资。相比最低的普通会议耗费至少节约70%以上。

与租用通信部门会议系统比较。会议主办单位会务费(按照小型会议计算)：2000元/次；通信部门会议系统使用费(基准价6000元/小时，以后以5分钟计价，按照会议平均2小时计算)：约12000元/次；直属企业参会单位食宿、交通、补助等费用(2个直属企业单位，2人/单位，往返1天)：400元×2人×1天×2个单位=1600元；12000元+2000元+1600元=15600元(每次会议)×820次=1280万元；即：10年来，如果采取租用通信部门会场的会议方式(基层人员在当地通信部门分会场参加会议)全区至少需要1280万元。相比视频会议系统节约38%。

后　记

发展现代林业，必须要用现代科学技术提升林业，用现代物质条件装备林业，用现代信息手段管理林业，实现林业发展的科学化、信息化和机械化。加快林业信息化是新时代发展的必然要求，是加快转变林业发展方式的重要手段，是贯彻落实科学发展观、实现绿色增长的战略选择。多年的技术进步和信息化发展实践证明，信息化是发展现代林业的重要切入点，是推动林业技术创新的强大动力，是引领林业现代化方向的主推器和导航仪。

2009 年以来，国家林业局信息化管理办公室和国家林业局信息中心先后成立，24 个省(自治区、直辖市)成立了独立的林业信息化管理机构，确立了两批全国林业信息化建设示范省，出台了一系列制度标准，连续发布了中国林业信息化年度发展报告，为林业信息化又好又快发展打下了坚实基础。中国林业信息化的腾飞之旅正式启动，林业信息化全面加快发展的冲锋号角响彻全国，召开了首届和第二届全国林业信息化工作会议，确立了“加快林业信息化，带动林业现代化”的发展思路和“五个统一”的基本原则，发布了《全国林业信息化建设纲要》、《全国林业信息化建设技术指南》及《全国林业信息化发展“十二五”规划》，首次将林业信息化在全国林业发展五年规划中单独列章，科学谋划了林业信息化全面加快发展的新蓝图，把林业信息化建设推向新的阶段。

在国家林业局党组的亲切关怀、各地各单位的高度重视和有关高等院校、科研单位、IT 企业的积极参与下，我国林业已进入“加快林业信息化，带动林业现代化”的新时期，林业信息化建设实现了大步跨越，发生了翻天覆地的变化，林业信息化建设取得了几十项第一，获得了几十项突破，创造了林业信息化发展最快、收获最丰、成效最好的光荣历史。林业信息化已成为现代林业建设的一大突出亮点，成为展现林业部门良好形象的一张靓丽名片。

根据“五个统一”的基本原则，近年来各地各单位林业信息化建设工作取得了重要进展，形成了全国林业信息化蓬勃发展的绚丽景象。湖南实施了“测土配方”工程，辽宁搭建了数字林业核心平台，福建开发了森林资源监测管理应用系统，吉林森工建立了电子商务平台，北京市建设了林木有害生物监测网格化管理系统，山西省建设了森林远程视频监控，内蒙古加强信息化技术在林业主体业务管理中的应用，江西省建设了产权交易系统，河南省建设了林业信息网，广东省建设了森林资源与生态状况年度监测信息系统，浙江省建设了林权一卡通管理系统，沈阳市建设了数字林业核心平台……为了充分发挥典型示范的辐射作用，全面展示林业信息化的建设成果，共享林业信息化建设经验，在各地各单位的热情参与下，编撰了《中国林业信息化示范案例》。我们相信，该示范案例的正式出版，对林业信息化工作必将具有重要的推动作用。

由于水平所限，错谬之处难免，敬请批评指正。

编者

2012 年 2 月